Sur l'auteur

Ray Celestin vit à Londres. Il est linguiste et scénariste. Son premier roman, *Carnaval*, a été élu meilleur premier roman de l'année par l'Association des écrivains anglais de polar, et son deuxième ouvrage, *Mascarade*, a reçu en 2018 le Prix *Historia* du roman policier historique.

Du même auteur
aux Éditions 10/18

CARNAVAL, n° 5074
MASCARADE, n° 5300
MAFIOSO, n° 5583

RAY CELESTIN

MAFIOSO

Traduit de l'anglais
par Jean Szlamowicz

10
18

CHERCHE MIDI

Titre original :
The Mobster's Lament

Éditeur original : Mantle, an imprint of Pan MacMillan

Dépôt légal : mai 2021
ISBN 978-2-264-07636-6

À mes tantes : Georgia, Maria, Marina,
Panayiota, Sofia, Voula et Marie

PERSONNAGES

Ida Young (née Davis), détective privée
Michael Talbot, détective privé en retraite

La famille Luciano

Lucky Luciano, parrain, en exil en Italie
Frank Costello, parrain en exercice
Vito Genovese, parrain en second
Joe Adonis, lieutenant de Frank Costello
Gabriel Leveson, médiateur de Frank Costello
John Bova, taupe dans les rangs
du gang de Frank Costello
Nick Tomasulo,
taupe dans les rangs du gang
de Vito Genovese

Police de New York

Inspecteur David Carrasco,
attaché à la brigade criminelle
du procureur, contact de Michael
Inspecteur John Salzman, brigade des stupéfiants,
contact de Gabriel

LES AUTRES

Benjamin Siegel (décédé), représentant de la Mafia sur la côte Ouest
Albert Anastasia, parrain en second de la famille Mangano
Bumpy Johnson, truand de Harlem

« Peut-être que si je vous donne une image, vous comprendrez mieux ma vie. Imaginez quelqu'un au volant d'une voiture sur une route inconnue. Il ne peut pas arrêter la voiture. Sur son trajet, il n'y a que des événements inattendus, inédits, totalement différents de ce qu'il s'attendait à vivre. C'est terrible pour un homme de se rendre compte qu'il est au volant de sa vie, et que les freins ne marchent pas. »

Frank Costello, *Mafioso*
(1891-1973)

SUNDAY NEWS

LE JOURNAL ILLUSTRÉ DE NEW YORK

Édition hebdomadaire — Dimanche 3 août 1947

NOUVELLES LOCALES

LA MAISON DES HORREURS DE HARLEM

QUATRE PERSONNES MASSACRÉES DANS UNE PENSION DE HARLEM

UN VÉTÉRAN NOIR ARRÊTÉ

LE VAUDOU AU CŒUR DE CES MEURTRES BARBARES

Leonard Sears, correspondant aux affaires criminelles

Manhattan, le 2 août. Un certain Thomas James Talbot, 35 ans, employé dans un hôpital de New York, a été inculpé ce matin d'un quadruple assassinat à la suite du massacre qui a eu lieu tard dans la soirée de vendredi dans un hôtel de Harlem. La police, prévenue de nuisances sonores à l'hôtel Palmer, a découvert sur place un vrai carnage : des cadavres jonchaient l'hôtel et Thomas Talbot, couvert du sang de ses victimes, avait encore entre les mains l'argent et la drogue qu'il venait de leur dérober. Talbot, qui résidait à l'hôtel, a tenté de s'enfuir mais a pu être rapidement appréhendé.

« Une scène de meurtre épouvantable »

Les quatre victimes ont été tuées à coups de couteau : certaines ont été égorgées, d'autres partiellement démembrées et éventrées. Leurs corps ont été retrouvés à l'accueil, dans un couloir et dans deux des chambres. Le capitaine de police John Rouse, chargé de l'enquête, a déclaré : « C'est la plus épouvantable scène de meurtre que j'aie vue en trente années d'exercice dans la police. Toutes les victimes ont été tuées de sang-froid, après avoir subi des violences barbares. » L'arme du crime, sans doute un couteau à longue lame ressemblant à une machette, n'a pas encore été retrouvée.

ATTIRAIL VAUDOU

Thomas Talbot, un vétéran ayant servi dans le Pacifique, louait une chambre depuis plusieurs semaines au dernier étage de l'établissement. La fouille de cette pièce a permis de découvrir divers objets liés au culte vaudou : grigris, amulettes, petits ossements pour la divination, crânes et toges de cérémonie. Des bouteilles contenant des liquides non identifiés ont également été retrouvées, ainsi que des objets rituels en provenance des îles du Pacifique. Des objets similaires se trouvaient dans une chambre du deuxième étage où gisaient deux des corps, ainsi que des ouvrages concernant le Temple de la Tranquillité, culte vaudou originaire de Harlem. L'enquête doit déterminer si les meurtres ont été perpétrés dans le cadre de rites sacrificiels vaudous ou s'ils sont plutôt la conséquence tragique d'une dispute ayant opposé Thomas Talbot aux autres adorateurs résidant également dans l'hôtel. Au petit matin, Talbot était le dernier résident de l'hôtel encore en vie.

UN CHAUFFEUR ROUTIER PORTÉ DISPARU FAISAIT PARTIE DES VICTIMES

Parmi les morts, Arno Bucek, 25 ans, est la seule victime blanche. Le jeune homme avait été porté disparu par ses parents, résidant dans le Queens, six semaines auparavant. C'est dans la chambre où se trouvait le corps de Bucek que Talbot a été initialement appréhendé par la police alors qu'il tentait de s'enfuir avec de la drogue et de l'argent. On se perd en conjectures sur les raisons de la présence de Bucek, consommateur d'héroïne, dans un hôtel pour Noirs. On ignore également où il a passé ses dernières semaines. La police ne néglige pas la possibilité qu'il ait été séquestré pour servir de victime lors de tortures rituelles.

AUDIENCE AU TRIBUNAL

C'est un Talbot indifférent et à l'apparence hirsute qui s'est présenté à la cour d'assises de Manhattan. L'assistant du procureur Russell Patterson a réclamé une inculpation pour assassinat ; une date pour l'audience préliminaire a été décidée sur cette base. Talbot n'a pas souhaité inscrire de plaidoyer. Placé en détention préventive, il est actuellement incarcéré à Rikers Island.

VICTIMES

Voici la liste des victimes découvertes à l'hôtel :

Arno Bucek, 25 ans. Découvert au premier étage. Décédé des suites de multiples lacérations au torse.

Lucius Powell, 29 ans. Découvert dans le couloir du deuxième étage. Membre présumé du Temple de la Tranquillité. Décédé des suites de multiples lacérations au torse.

Alfonso Powell, 32 ans. Découvert au deuxième étage. Frère de Lucius, également membre présumé du Temple de la Tranquillité. Décédé suite à un seul coup à la gorge.

Diana Hollis, 45 ans. Découverte à l'accueil de l'hôtel. Mlle Hollis était une employée de l'hôtel. Ses blessures ont été décrites comme « particulièrement horribles » par le capitaine Rouse.

Pour plus de détails et des photographies de ce quadruple homicide, voir en page 4

I

NOVEMBRE 1947

« Pour avoir une idée des problèmes techniques auxquels sont confrontées les forces de police, il suffit d'envisager la complexité de l'organisation de l'île de Manhattan. Deux millions d'habitants aux origines, races, religions et couleurs variées et trois millions de personnes y transitent chaque jour, tassées sur un territoire de moins de 60 kilomètres carrés. C'est l'espace le plus congestionné au monde, et aussi celui qui possède la plus forte densité d'actes criminels. Nulle part le crime ne possède une variété aussi imaginative. Il n'existe pas non plus de lieu où un criminel puisse aussi facilement se fondre dans la foule. »

Rapport du procureur,
comté de New York,
1946-1948

1

Lundi 3 novembre, 1 h 45

Venez voir tous ces vampires. Regardez-les traîner sur Times Square. Regardez ce grouillement empressé sous l'orbe des étoiles. Les putes, les macs et les junkies, les dealers, les vendeurs à la sauvette, les arnaqueurs, ceux qui jouent des coudes ou du couteau, les grandes gueules, les poules dépouilleuses de poivrots, les détrousseurs d'ivrognes, les fugueurs, les flâneurs et les clodos, ceux qui claquent leur pognon et les pouilleux qui n'en ont pas. Ils se retrouvaient tous là, attirés comme des mouches jusqu'au cœur de la plus grande ville du monde par l'éclat des néons, la frénésie du jazz, l'appât du gain.

Partout, des marchands de sommeil de la Bowery, des piaules de camés du Bronx, des bars à pédés qui s'étirent le long des quais de Chelsea et de Brooklyn comme des guirlandes lumineuses, des gogo bars, des clubs de be-bop, des stations de taxis et des laveries automatiques, des portes des coulisses et des lofts d'artistes aux taudis sans eau chaude, des penthouses perdus dans les nuages, des ponts et des périphériques, des ombres nichées sous le métro aérien de la 3e Avenue, des tunnels et des ruelles, des caves et des caniveaux, du béton même dont est faite la ville, de partout, les ténèbres avaient émergé pour donner vie à quelque chose d'indistinct et de menaçant. L'empire de la nuit venait de s'abattre sur la ville.

Au cœur de cette horde de l'ombre marchait un homme. La trentaine, grand et brun, il avait remonté le col de son imperméable et incliné son chapeau de feutre, dissimulant un sourire sans joie et un visage marqué par une vie passée à magouiller dans les rues de New York. Ses parents, morts depuis bien longtemps, lui avaient donné le nom de l'archange Gabriel, et toute sa vie il avait eu une démarche un peu lasse, comme s'il devait supporter le poids d'une paire d'ailes.

Il passait devant des clubs de jazz d'où émanaient les tourbillons nocturnes du be-bop, devant des clubs de strip-tease hérissés d'enseignes – GONZESSES À GOGO !!! – qui illuminaient la rue comme une fête foraine. Son reflet, qu'il captait dans les vitrines des restaurants de nuit, se déformait à chacun de ses pas. Contournant les panneaux placés devant des cinémas douteux, ignorant les cris des racoleurs qui surgissaient de l'ombre, il arriva finalement à destination au 1557, Broadway Avenue, au Horn and Hardart's Automat, ce restaurant où des machines vous servaient à manger. Il leva les yeux pour contempler le bâtiment, avec ses immenses vitraux et son enseigne rutilante haut perchée qui dominait la rue.

Il jeta un regard alentour. Si jamais on le repérait, cela pouvait lui coûter la vie. Ou celle de la gamine. Et c'était pour elle qu'il jouait le tout pour le tout. Tout ce qu'il avait à faire, c'était entrer, récupérer les passeports et repartir. Le plus vite possible, avant qu'un regard fouineur ne fasse capoter six ans de préparation.

Le restaurant était plein à craquer et rugissait de la clameur des clients dont les files s'allongeaient devant les distributeurs de bouffe. En scrutant la foule à travers l'épais voile de fumée de cigarette, il aperçut son faussaire, seul à une table près des toilettes. Gabriel traversa difficilement la masse et s'installa en face de lui. Il constata immédiatement son air cadavérique. L'homme avait les traits tirés, la peau jaunâtre et les yeux éteints. Gabriel se demanda une nouvelle fois pourquoi le faussaire avait choisi d'effectuer la livraison à Times Square, au beau milieu de la nuit. Peut-être avait-il l'intention d'aller tirer un coup une dernière fois – le quartier était constellé de bordels comme un parvis d'église de confettis après un mariage. Mais il lui expliqua qu'il devait prendre un train de nuit au départ de Penn Station et que, de toute manière, il était tellement malade ces temps-ci qu'il ne dormait plus.

Gabriel devait faire un effort pour entendre sa voix éraillée et affaiblie dans le vacarme des machines à café, des pièces qu'on mettait dans les automates et le bruit des assiettes. Il y avait un affreux écho, c'était le genre d'endroit où le moindre son devenait cacophonie et rebondissait sur les murs, démultiplié.

L'homme prit une gorgée de café et fit la grimace. Gabriel lui tendit une enveloppe contenant assez d'argent pour qu'il puisse aller dans une clinique à Toronto et se payer suffisamment de calmants pour rendre supportables ses dernières semaines sur Terre. La mort du faussaire garantirait son silence, et c'était bien pour ça que Gabriel l'avait choisi. Récupérer les passeports était la dernière étape de son plan. Quand un ami avait parlé de ce faussaire sur le point de calancher, il était aussitôt allé le voir à Jersey City pour lui faire une proposition.

Le vieil homme hissa sa valise sur la chaise à côté de lui et farfouilla dedans. Gabriel regarda ce qu'il emportait avec lui pour son dernier voyage : des vêtements soigneusement pliés, une trousse de toilette avec le logo de la Pan Am, l'anthologie de Spinoza du *Reader's*

Digest. Il avait corné une dizaine de pages et Gabriel se demanda quelles citations édifiantes elles contenaient. Il pensa aussi à Doc, qui émaillait sa conversation de citations tirées de *L'Éthique*.

« "L'entendement, c'est la liberté" », cita Gabriel.

Le faussaire leva les yeux d'un air interrogatif. Quand Gabriel pointa son livre du doigt, il hocha la tête et retourna à sa recherche, finissant par exhumer un emballage en papier kraft.

Gabriel l'ouvrit et en sortit les passeports. C'était du travail d'orfèvre. Le vieil homme avait mis toute son expérience et son savoir-faire dans ces documents qui seraient, au bout du compte, sa dernière œuvre, son ultime occasion de pratiquer son art.

Gabriel les empocha et le complimenta. L'homme fut pris d'une quinte de toux et sortit de sa manche un mouchoir taché de sang bruni.

Détournant le regard, Gabriel jeta un œil dans le restaurant pour voir s'il reconnaissait quelqu'un. Il examina les distributeurs de repas, leurs emplacements vitrés, chacun de la taille d'une boîte à chaussures, qui se superposaient haut le long des murs. Les gens mettaient leurs pièces, tournaient une manette et récupéraient leurs assiettes de macaronis au fromage, leur soupe de tomate, du pain de poisson, une tarte au citron.

Un peu plus loin, des étudiants achetaient de l'herbe à un jeune Portoricain en blouson de cuir. À d'autres tables, on voyait des chauffeurs de taxi et des livreurs de télégrammes aux yeux fatigués, des strip-teaseuses, des junkies et des michetons, tous les paumés et les marginaux qui envahissaient Times Square chaque soir et s'évaporaient le matin venu. Ça lui manquerait, tout ça, quand il serait parti. Même s'il ne se faisait pas d'illusions sur cette faune dont le cynisme et l'opportunisme valaient bien ceux de la ville qui était la leur. Mais New York allait lui manquer. Son énergie, sa clameur, son effervescence, sa façon de vous rentrer dedans. Aucune autre ville ne faisait un tel effet. L'Europe et l'Asie avaient été décimées par la guerre, seule New York restait debout. Dans le ciel sombre de l'Upper Bay, la flamme de la statue de la Liberté était d'autant plus vive.

Le tourbillon des portes à tambour laissa entrer un groupe de touristes venus de la cambrousse. À leur air égaré, on avait l'impression qu'ils avaient mis les pieds dans quelque nouvelle Babylone et, après un moment de gêne, ils rebroussèrent chemin. Les portes se refermèrent dans un mouvement vif et la condensation des vitres transforma les lumières de Times Square en un kaléidoscope qui évoqua à Gabriel des constellations, des hallucinations et le tableau abstrait qu'il avait dans son appartement.

Il se retourna vers le vieux, qui prit une dernière gorgée de café et hocha la tête.

« Content de partir ? » lui demanda Gabriel, curieux de savoir si le faussaire avait lui aussi des sentiments contradictoires, à la veille de son départ.

Il prit son temps pour répondre.

« Content, pas content… Ça revient au même. »

Gabriel se demanda s'il tenait cet aphorisme de Spinoza.

Il l'aida à se lever et proposa de le conduire jusqu'à Penn Station.

« Vous avez beaucoup d'argent sur vous, fit Gabriel, espérant qu'il n'allait pas mal le prendre. On n'est pas dans un quartier très sûr. »

Mais le vieil homme refusa d'un signe de tête.

Dehors, il bruinait. Le faussaire releva le col de son manteau et se colla une casquette sur le crâne en jetant un regard hostile à Gabriel. Cette froideur ne l'étonna pas – il lui avait quand même demandé des passeports pour lui et une gamine de 13 ans. Il ne pouvait pas lui expliquer qu'il s'agissait de sa nièce et que, s'ils s'enfuyaient, c'était pour son bien. Tant pis, il n'avait qu'à penser ce qu'il voulait, y compris le pire. Gabriel avait l'habitude. Par le passé, il avait occupé diverses fonctions : il avait fait des filatures et enterré des cadavres de nuit, il avait été parieur professionnel et escroc à la petite semaine. Alors, question regards méprisants, il était plutôt entraîné. Ces temps-ci, il tenait un club qui appartenait à la Mafia et faisait l'arbitre pour régler divers conflits. Il savait y faire. Il possédait une aisance nonchalante que les autres truands n'avaient pas et pouvait faire preuve de charme et de sang-froid dans les situations délicates. Mais cela faisait aussi quelques années qu'il piquait dans la caisse. Et dans dix jours, le jeudi 13 novembre, ses patrons allaient s'en rendre compte.

Gabriel regarda son faussaire disparaître dans Broadway et se diriger vers Penn Station, vers Toronto et un abîme éternel lubrifié à la morphine. Il songea à une autre citation de Spinoza : « L'homme libre ne pense à rien moins qu'à la mort. » Il se demanda si le faussaire avait corné cette page.

Il s'alluma une cigarette et traversa la foule pour rejoindre les taxis les plus proches. A priori, il avait pu faire l'échange sans se faire repérer. Sa mission était accomplie mais son angoisse ne redescendait pas. Cela faisait plusieurs semaines qu'il vivait dans un brouillard d'inquiétude. Si Gabriel et sa nièce n'étaient pas au Mexique le jour où sa petite arnaque serait découverte, ils étaient condamnés. Le choix était vite fait : deux tombes creusées à la va-vite dans une forêt pas loin de New York, ou la plage d'Acapulco.

Devant lui, dans la queue des taxis, attendait un groupe de richards venus s'encanailler avec leurs costumes brillants, leurs rangs de perles et leurs visons. Plus loin, d'autres bandes de fêtards titubaient. C'était le début du mois et les rues étaient pleines de types ivres qui venaient de toucher leur salaire. Parcourant cette déchéance du regard, Gabriel aperçut un mur placardé d'affiches. Deux ans plus tôt, on y voyait des avis faisant la promotion des bons du trésor pour l'effort de guerre. À présent, des lambeaux de papier formaient une sorte de feston détrempé qui flottait au vent. C'étaient les affiches mises par la police, les objets perdus ou retrouvés et les personnes disparues.

Gabriel scruta le dernier avis. Il y en avait des dizaines, surtout des jeunes filles. Elles venaient de partout en Amérique. La dernière fois qu'on les avait vues, elles montaient dans un train ou un bus, dans des villes dont il n'avait jamais entendu parler. On décrivait ce qu'elles portaient quand elles avaient quitté leur domicile. Certains des communiqués comportaient une photo. Certaines n'avaient pas l'air beaucoup plus âgées que sa nièce. Il songea à tous les macs qui rôdaient autour de Penn Station et des terminaux de bus, à la recherche de fugueuses qui feraient des proies faciles, de la viande fraîche. GONZESSES À GOGO.

Il entendit une voiture klaxonner et se rendit compte qu'il était à présent le premier dans la file d'attente. Il monta dans le taxi qui attendait.

« Où on va, mon gars ? demanda le chauffeur.

— Au Copa. »

Le chauffeur acquiesça et déboîta. Jetant un dernier regard aux affiches, Gabriel songea à toutes les personnes disparues dans le monde, évanouies sans laisser de traces. Dans dix jours, d'une manière ou d'une autre, Gabriel et sa nièce seraient du nombre.

2

Lundi 3 novembre, 2 h 34

Ils se dirigèrent vers le nord et traversèrent le quartier de Midtown, laissant derrière eux Times Square et son arc-en-ciel nocturne. Ils passèrent par la 7e Avenue, puis la 52e Rue, qu'on appelait Swing Street parce qu'elle vibrait de la pulsation des néons, de la musique et de l'effervescence des clubs de jazz. Ils prirent ensuite sur Madison Avenue, plus calme, plus respectueuse de l'heure tardive. Les façades classiques des bureaux et des immeubles d'habitation, obscures et silencieuses, ressemblaient à des tombes, comme si l'avenue était bordée de cryptes. Gabriel s'imagina la ville comme une nécropole, avec des squelettes derrière chaque porte.

Le taxi s'engagea finalement dans la 61e Rue, où on retrouvait des traces de vie. Le Copacabana était situé dans une rue un peu vieillotte et très tranquille, dans le très chic Upper East Side. Malgré l'heure, des gens voulaient encore entrer et une queue s'allongeait sur le trottoir, au milieu des videurs, des taxis et des fêtards qui rentraient chez eux. Le frisson du jazz, le battement assourdi de la musique secouaient la nuit.

Le taxi s'arrêta derrière le camion de la radio qui faisait la prise de son. Gabriel sortit prestement, paya et leva les yeux vers le panneau annonçant *Entrée libre, consommation non obligatoire*. Les videurs détachèrent le cordon pour le laisser passer et il entra rapidement avec un geste de remerciement.

Il traversa le vestibule et descendit l'escalier. La musique était toute proche. Quand les portes du dancing s'ouvrirent, le son le heurta comme le souffle d'une explosion. Le set de 2 heures du matin atteignait son point culminant et Carmen Miranda se trémoussait dans une robe de satin moulante. Sa coiffure devait contenir toute une coupe de fruits. Derrière elle, une bande de Sirènes de la samba faisait fondre le public avec ses déhanchements réglés avec une précision troublante sur ceux de Carmen Miranda.

Le club était presque plein. Sept cents personnes réparties entre tous les étages, mezzanines et terrasses. Des maîtres d'hôtel et des serveurs s'affairaient sur les rampes et escaliers qui reliaient les différents niveaux. À son ouverture, le Copacabana n'avait été qu'une modeste tentative d'importer le charme de la vie nocturne carioca dans les froidures du nord. Mais il avait remporté un tel succès qu'il avait fallu constamment l'agrandir. Ils avaient même ouvert un bar à cocktails à l'étage, là où les types de la radio WINS s'étaient installés pour retransmettre une émission – « Quand les couche-tard débarquent avec leurs pin-up… vous êtes de la fête ! » Et puis quelqu'un avait eu l'idée de faire un film, *Copacabana*, avec Groucho Marx et Carmen Miranda. Il avait fallu une musique pour le film, et « Let's Do the Copacabana » était devenu la chanson phare. C'était d'ailleurs sur ce morceau que Carmen Miranda était en train de danser. L'actrice-danseuse-chanteuse brésilienne était en résidence au club durant cinq semaines pour la promotion du film et cette chanson était le hit du spectacle. Tandis qu'elle ondulait des hanches au rythme de congas à la puissance atomique, Gabriel scruta le public.

Près du bar, Frank Sinatra et Rocky Graziano faisaient un concours du meilleur danseur de *limbo* avec deux filles que Gabriel croyait avoir vues sur des affiches de théâtre sur la 42ᵉ Rue. Il reconnaissait les effets des amphétamines dans leurs pupilles. Quand une des filles tomba les quatre fers en l'air, ils éclatèrent tous de rire et Frank mit gaiement une tape dans le dos à son compère, comme s'ils venaient d'accomplir quelque chose de grandiose. C'était peut-être le cas, après tout.

Derrière eux, Gabriel aperçut quelques vedettes de cinéma de second plan et la moitié de l'équipe de baseball des Yankees. Depuis qu'ils avaient gagné en national, le mois passé, ils passaient leurs soirées ici. Des mafiosi de la famille Bonanno se frottaient à des femmes qui pouvaient aussi bien être leurs épouses que des amies ou des maîtresses. Les membres des quatre autres familles de la Mafia de New York étaient là aussi, éparpillés dans le club. Tout en haut, sur une des terrasses, caché dans l'ombre d'un faux palmier, derrière un gros pilier à facettes, Gabriel aperçut le maire, William O'Dwyer, installé à sa table avec des gens importants. Il touillait son *mai tai* sans grand enthousiasme.

Quand il leva les yeux, son regard rencontra celui de Gabriel à travers la foule des danseurs. Ils se firent un signe de tête. Si O'Dwyer avait été élu, c'était grâce au soutien de Frank Costello, le parrain de la famille Luciano, propriétaire pas franchement secret du Copacabana que gérait Gabriel. Il essaya sans succès de distinguer les hommes attablés avec le maire. L'un d'entre eux sortit une pilule d'un étui à cigarettes et se l'envoya derrière la cravate.

Tandis que l'orchestre montait en puissance, Gabriel contempla le club, songeant avec douleur à toute cette décadence. C'était à cela qu'avait mené la paix ? C'était ça, le résultat d'une guerre qui avait vu le monde entier s'entre-déchirer, des millions de gens se faire massacrer et l'ombre des morts s'imprimer sur les murs ? Il se demanda, comme souvent, si le monde n'était pas parti avec ce grand embrasement : peut-être l'humanité continuait-elle à vivre son existence dans les limbes, dans une nécropole, et Gabriel était le seul à s'en être rendu compte.

L'orchestre conclut le morceau dans un tonnerre de roulements de congas et de cuivres retentissants, et le public poussa un rugissement de plaisir. Les gens se prenaient dans les bras, certains s'embrassaient. Les yeux étaient humides.

Carmen Miranda salua le public.

Le maître de cérémonie prit le micro pour annoncer que l'orchestre allait faire une pause et présenter les musiciens suivants.

Dean Martin entra sur scène avec un whisky, Jerry Lewis les mains dans les poches. Dean remercia le maître de cérémonie et le montra du doigt pendant qu'il sortait de scène :

« Derrière tout homme qui a réussi, il y a une belle-mère étonnée. »

Le batteur fit retentir un roulement de caisse claire et le public éclata de rire.

Tournant le dos au spectacle, Gabriel se dirigea vers une porte indiquant *Accès réservé au personnel*. Il se retrouva dans un couloir humide et gris et, quand la porte se referma derrière lui, le bruit de la salle fut presque entièrement étouffé. Après quelques tours et détours, il atteignit son bureau. Il déverrouilla et entra dans ce lieu sans fenêtre, aussi gris que le couloir et qui sentait la moisissure toute l'année. Au milieu trônait une table recouverte de feutre vert sur laquelle trois hommes comptaient des piles de billets de banque. Ils faisaient des liasses qu'ils entouraient d'élastiques, posaient le tout sur des plateaux, passaient la langue sur leur crayon et griffonnaient des chiffres. C'étaient des opérations comptables compliquées : il fallait chiffrer ce qui arrivait sur la table, ce qui serait déclaré aux impôts, ce qui irait dans la poche des propriétaires officiels, et ce que Costello et la Mafia allaient se mettre dans la poche. Gabriel était sans doute le seul à pouvoir s'y retrouver.

Après avoir refermé la porte à clé, il s'affala dans son fauteuil. Il avait l'impression que les deux passeports allaient prendre feu dans sa poche. Six ans de préparation et plus que dix jours avant de passer à l'action. Il n'avait jamais autant eu les chocottes.

Il s'alluma une cigarette et s'aperçut que Havemeyer l'observait. C'était le plus âgé des caissiers.

« Qu'est-ce qu'il y a ?

— Costello veut te voir », lui répondit Havemeyer, sans s'arrêter de compter.

Gabriel sentit soudain sa poitrine comme bloquée par la panique, son torse transpercé par l'angoisse.

« Il est passé ? »

Havemeyer fit non de la tête. Il finit de prélever des billets sur une pile, fit une liasse avec un élastique, la déposa sur un plateau, crayonna une croix dans une colonne et se tourna enfin vers Gabriel. Un rayon de lumière artificielle tomba sur le plastique verdâtre de sa visière et son visage fut balayé d'un rayon glauque. On aurait dit un personnage tout droit tiré d'une des bandes dessinées que Sarah laissait traîner dans tout l'appartement.

« Il a appelé. Il a laissé un message à Augie.

— Il voulait quoi ? »

Il se rendit compte en même temps qu'il la formulait que c'était une question stupide. Les téléphones de Costello étaient sur écoute et, même avec l'expert qu'il avait embauché pour débusquer les micros, il préférait ne parler affaires qu'en personne.

« Qu'est-ce que tu crois ? » fit Havemeyer.

Gabriel essaya de se calmer. Costello devait avoir un boulot à lui proposer. Tout allait bien. Ou alors il avait tout compris et la tombe de Gabriel était déjà prête.

« Qu'est-ce que t'as ? Tu transpires ? s'étonna Havemeyer.

— Non, il pleut dehors. »

Le vieux eut l'air de croire à son explication. Il se contenta de hocher la tête et se remit à compter.

Un des hommes déposa un plateau plein de billets sur le dessus du coffre-fort dans le coin de la pièce. C'était une grosse masse d'acier trapue dont la forme avait toujours évoqué une bombe à Gabriel. Un autre type ouvrit la porte du coffre et les dollars furent avalés par les ténèbres de métal. Si tout était une illusion, si tout le monde vivait dans quelque royaume souterrain, alors cette bombe était le fourneau qui en alimentait la chimère.

Six ans de préparation. Plus que dix jours à tenir. Et voilà qu'il se faisait convoquer par le chef suprême.

3

Lundi 3 novembre, 7 h 05

Quatre heures plus tard, Gabriel, Havemeyer et les deux gros bras qui s'occupaient de la sécurité sortirent du Copa par l'entrée des artistes pour découvrir une aube couleur de cendre. Les deux types descendirent le volet roulant brutalement et, quand il toucha le sol, le fracas fit sursauter Havemeyer et résonna dans la ruelle. Il avait les yeux rougis et chassieux. Gabriel songea qu'un homme de son âge ne devrait plus travailler de nuit dans un club.

Les deux porte-flingue mirent le verrou sur le volet et donnèrent les clés à Gabriel. Puis chacun partit de son côté. Les deux costauds allaient à la salle de sport appartenant à Bova à Williamsburg, Havemeyer retournait du côté de Washington Heights retrouver son canapé (vu qu'il ne fallait pas qu'il réveille sa femme qui aimait bien faire la grasse matinée). Et Gabriel allait retrouver Frank Costello, le Premier ministre de la pègre, comme on l'appelait.

Il prit la 5e Avenue, encombrée d'hommes en costume et de secrétaires, de vendeuses, de petites bonnes noires, de jeunes vendeurs de journaux. La pluie nocturne avait couvert la ville d'un film luisant. Le trottoir était glissant, l'air moite et étouffant malgré la fraîcheur du matin. Gabriel prit un taxi pour aller de l'autre côté de Central Park. Ça lui ferait du bien de se poser dans une voiture pour se préparer à l'entrevue. Il fallait qu'il ait l'air décontracté, normal, tranquille. Pas l'air de quelqu'un qui s'apprête à s'évanouir dans la nature avec un gros paquet de pognon volé à la Mafia.

Il s'alluma une cigarette et repensa aux plages du Mexique où il était allé pendant la guerre. Il sentit la brûlure du soleil sur sa peau, la blancheur lumineuse qui se réverbérait sur le sable, le murmure apaisant des vagues. Pendant un instant, il quitta les rues sinistres de ce mois de novembre.

Et puis la réalité refit surface.

Le froid, la fatigue, l'angoisse d'une aube grise et implacable.

Il passa devant la station de métro qui dégorgea un flot de passagers. Chaque jour, les tunnels et les ponts de Manhattan déversaient un demi-million de voyageurs sur l'île. Gabriel se demanda si le sol, qu'on apercevait si rarement, tassé par leur poids, ne s'affaissait pas un peu chaque jour, si le fleuve ne venait pas lécher les quais un peu plus haut.

Le taxi s'arrêta à un feu rouge à Columbus Circle. Gabriel sentit les effluves appétissants du pain frais et vit un camion de boulanger arrêté devant une épicerie. On déchargeait des plateaux de petits pains enveloppés de papier paraffiné. Gabriel ressentit une pointe de jalousie. Au moins, après une nuit de travail, les boulangers avaient un résultat tangible, de la nourriture. Alors que lui, qu'avait-il entre les mains au bout du compte ? Avec les cinquante personnes qu'il employait, il avait passé la nuit à faire croire à une illusion, à recréer l'exotisme de Rio dans une cave de la 60e Rue. Un plantureux mirage qui s'évaporait chaque matin. Il n'en restait rien, hormis quelques centaines de gueules de bois disséminées dans la ville, qui allaient s'estomper après quelques heures de sommeil, et les derniers échos des congas qui résonnaient encore sous son crâne.

Le feu passa au vert et le taxi continua vers le nord. Gabriel compta les rues qui défilaient sur sa gauche, de la 60e à la 71e. À sa droite, Central Park oscillait entre automne et hiver. Le sol était gelé et les arbres avaient perdu leurs feuilles, révélant leur ossature noire et arachnéenne, de rares nids d'oiseaux, un ballon de baudruche depuis longtemps dégonflé et dont la perte avait dû faire pleurer un gamin un des jours de canicule de l'été passé.

La pluie se remit à tomber, crépitant intensément contre les fenêtres du taxi et transformant le monde extérieur en perles translucides. Ils s'arrêtèrent devant le Majestic, un bâtiment Art déco de deux tours au 115 Central Park West. Les patrons de la Mafia avaient tous habité là un jour ou l'autre. Mais aujourd'hui il ne restait que Costello. Gabriel régla la course et sortit dans le vent et le crachin. À l'entrée, il fit un signe de tête au portier et se retrouva à la réception, frappé par le souffle d'un air chaud et sec.

« Je viens voir M. Costello », dit-il au concierge qui lui fit signe de monter.

Il y avait toujours pas mal de gens qui venaient voir Costello à cette heure matinale.

Il monta dix-huit étages dans l'ascenseur qui s'ouvrit sur un couloir où un tapis rouge menait à la porte de l'appartement 18F. N'importe quel caïd de la Mafia aurait mis des sentinelles à cet endroit, et peut-être même en bas à l'accueil, voire dans la rue. Mais pas Costello.

Gabriel avait toujours apprécié que son boss soit si accessible. Costello ne portait pas de flingue, ne s'entourait pas de gardes du corps et n'avait même pas de chauffeur attitré. Quand il avait un rendez-vous, il prenait le taxi, seul, sans arme. Comme n'importe quel New-Yorkais. Pour les gens, c'était le signe que, après tout, Costello n'était pas si horrible : il avait beau être le *capo di tutti capi*, le chef de la Commission, le leader des cinq familles, le patron de tout le crime organisé, responsable d'une armée de deux mille hommes, c'était avant tout un petit gars du quartier qui avait réussi. Pour les habitants de Manhattan, c'était leur gangster à eux.

Depuis qu'il était aux commandes, la Mafia n'avait jamais été aussi puissante, aussi influente ni aussi riche. Et tout ça grâce à un homme qui n'avait jamais eu l'ambition d'en être le patron et ne l'était devenu qu'à contrecœur.

Gabriel frappa à la porte et Bobbie, la femme de Costello, lui ouvrit.

« Salut Gabby, ça roule ? » fit-elle en l'embrassant.

Malgré les années, elle avait gardé une voix haut perchée de petite fille.

« Ça peut aller, prêt à affronter l'hiver.

— Tu veux voir Frank ?

— Oui. »

Bobbie était une jolie brunette à l'esprit vif. Comme beaucoup de gangsters italiens, Costello s'était marié hors du clan, avec une fille juive qui venait de la 7e Avenue, à deux pas du taudis d'East Harlem où Frank avait grandi. C'était un autre élément de sa légende : le voyou qui avait épousé la bourgeoise des beaux quartiers. Il avait 23 ans quand il l'avait épousée, elle 15.

« Ça se passe bien au Copa ?

— Comme d'hab, répondit-il en souriant. De la musique brésilienne, de la bouffe chinoise et de la fripouille amerloque. »

Elle éclata de rire.

Deux chiens débarquèrent dans le couloir en aboyant : un Doberman miniature et un caniche nain qui grognèrent et jappèrent après Gabriel. Bobbie s'agenouilla pour les calmer en les attrapant par le collier.

« Vous allez fermer vos gueules, oui ? Je sais pas ce qu'ils ont en ce moment. »

Ils refusèrent de se taire et Gabriel se demanda s'ils étaient capables de sentir une odeur de traître. Peut-être qu'ils sentaient ces choses-là, le cancer, la peur et la trahison.

« Sarah va bien ? » demanda Bobbie en entraînant les chiens dans le couloir.

Elle demandait toujours des nouvelles de la nièce de Gabriel et, à chaque fois, il sentait comme un léger pincement dans sa voix. Bobbie et Frank n'avaient pas d'enfants, c'était peut-être pour ça qu'ils reportaient leur affection sur les deux chiens.

« En ce moment, elle n'arrête pas de lire des BD.

— Ouais, il paraît que c'est la folie chez tous les gamins.

— Je saurais pas te dire…

— Faut que tu sortes un peu, Gabby. De préférence le jour », fit-elle avec un petit sourire.

Ils arrivèrent au salon et entrèrent directement. Cette scène matinale rappelait toujours à Gabriel le restaurant d'un hôtel au moment du petit déjeuner. Contre le mur du fond, des tables étaient installées, couvertes de bacon et d'œufs, de pain et de pâtisseries, de confitures, de cafetières et d'un samovar de thé. Deux serveuses à l'air las se tenaient près des tables et attendaient les commandes. Les gens importants occupaient le reste du salon, installés dans des sofas et des méridiennes, debout près des fenêtres ou du piano, de la cheminée ou des machines à sous, occupés à boire et manger, à discuter, à faire des calculs et à orchestrer leurs plans.

Gabriel repéra des gros bonnets de l'Hôtel de Ville, de Wall Street, des syndicats et de toutes les familles de la Mafia – à l'exception d'une seule.

Chaque semaine, Costello organisait un petit déjeuner d'affaires et c'est ainsi que démarrait la journée pour de nombreux acteurs de la vie politique new-yorkaise. Cela faisait partie de sa stratégie – se mettre bien avec les notables, leur rendre des services, leur prêter de l'argent, brouiller les frontières entre ce qui est légal et ce qui relève du racket, se faire tellement d'amis qu'on ne pourrait plus se débarrasser de lui.

Et cela fonctionnait. En tout cas jusqu'à présent. Non seulement Costello dirigeait le crime organisé de tout le pays, mais il avait sa part dans les décisions commerciales nationales. New York était le moteur économique le plus puissant que le monde ait connu. La moitié des importations et des exportations du pays passaient par le port de New York, lequel était contrôlé par la Mafia : c'était le noyau dur, le cœur de la ville la plus formidable du monde. Le cauchemar au cœur du rêve.

« Je vais voir s'il est disponible. Sers-toi à manger et prends un café. »

Elle s'avança dans ce vacarme tandis que Gabriel s'allumait une cigarette et en profitait pour vérifier si ses mains ne tremblaient pas. Il se dirigea ensuite vers le buffet et prit un café tout en scrutant la pièce. Le décor était saturé de dorures, d'antiquités, de décorations luxueuses : il y en avait partout. Costello avait fait acheter des meubles en gros pour remplir le gigantesque appartement et lui donner un côté accueillant. Un feu de cheminée crépitait, surmonté d'un tableau de Howard Chandler Christy dans un cadre doré. Il y avait aussi un piano, couleur or, et dans chaque coin de la pièce des machines à sous provenant des affaires de Costello à La Nouvelle-Orléans. Elles étaient réglées pour que le joueur soit forcément gagnant – Costello avait une certaine conception de l'hospitalité.

Malgré tous ces raffinements et tout ce mobilier, c'étaient les fenêtres qui dominaient la pièce en offrant une vue parfaitement dégagée de Manhattan, paysage majestueux et blafard sous le crachin matinal. Le bâtiment voisin était le Dakota ; en face se trouvait Central Park et, derrière, les vieilles tours bourgeoises de l'Upper East Side et l'appartement de Gabriel. Au sud, les gratte-ciel de Midtown, le quartier d'affaires de Manhattan, s'alignaient comme des couteaux crevant les nuages de pluie.

Gabriel baissa les yeux vers Central Park. La pluie avait fait fondre le gel qui couvrait le sol un peu plus tôt.

« Gabby ? » fit une voix.

C'était John Bova, un maquereau de bas étage qui faisait partie de la famille Luciano et était propriétaire de la salle de sport de Brooklyn où les hommes de Gabriel allaient s'entraîner. Bova avait le physique d'un boxeur qui s'était laissé aller, un visage rougeaud et marqué qu'une épaisse cicatrice sur le côté droit rendait encore plus grotesque.

« Tiens, Bova, tu es bien matinal. »

Bova hésita, se demandant si Gabriel le provoquait.

« Tu viens voir le boss ? demanda-t-il dans l'espoir de gratter une information.

— Nan, c'est le buffet qui m'intéresse. »

Bova le regarda de nouveau avec perplexité. Ça amusait beaucoup Gabriel de le voir aussi déconcerté.

Il existait deux factions au sein de la famille Luciano : celle à laquelle appartenaient Costello et Gabriel et l'autre, dirigée par Vito Genovese, le sous-chef de la famille, qui régnait sur le New Jersey. Dévoré par l'ambition, il attendait son heure pour s'emparer de la couronne. Bova était censé être du côté de Costello, mais en vérité c'était la taupe de Genovese. Costello et Gabriel étaient au courant mais gardaient Bova sous la main, au cas où.

« Et toi ? » lui demanda Gabriel.

Bova haussa les épaules, mais Gabriel comprit en le voyant soupirer que cela l'embêtait d'être l'objet de la conversation. Ce type représentait tout ce que Gabriel détestait chez les mafieux : la violence, la vanité, l'égocentrisme – et il se croyait beaucoup plus intelligent qu'il ne l'était.

« Je viens parler à des gens, répondit Bova. Tu sais ce qu'on dit : les pauvres se lèvent le matin et vont bosser ; les riches se lèvent le matin et vont parler à des gens… »

Gabriel se demanda si Bova n'avait pas étudié des manuels de management. Il gérait un cheptel de prostituées qui n'étaient plus de la première jeunesse et bossaient dans des appartements infestés par les rats du côté de Columbus Circle. Il les tenait par la drogue, les forçait à aller arpenter le bitume même quand il faisait un temps de chien et les cognait quand le relevé des compteurs ne lui plaisait pas.

Toutes les autres personnes présentes dans cette pièce étaient des personnalités au civisme impeccable. Gabriel se demanda quels contacts il pouvait bien espérer se faire.

« Tu saurais pas qui c'est, le youpin avec la gueule cuivrée là-bas, par hasard ? »

Bova montrait un homme bronzé, aux cheveux gris, qui se tenait près du samovar. Bova aimait bien employer des termes injurieux envers les Juifs quand il était avec Gabriel. Gabriel lui lança un regard froid. Bova s'en aperçut :

« C'est juste une façon de parler, s'excusa Bova en haussant les épaules, mais un petit sourire sournois vint tordre ses lèvres.

— C’est Jack Warner, le producteur, répondit Gabriel.

— Le Warner de Warner Brothers ? »

Gabriel confirma. Costello et Warner étaient de vieux amis. En jetant un œil dans sa direction, Gabriel se rendit compte qu’il devait se passer quelque chose : cela faisait deux soirs qu’il remarquait pas mal de producteurs hollywoodiens au Copa. Il faudrait en toucher deux mots à Costello.

La porte au bout de la pièce s’ouvrit et Bobbie adressa un sourire à Gabriel en lui faisant signe de venir. Il fut immédiatement soulagé de quitter la compagnie du maquereau obèse.

« Ah, t’es là pour voir le boss ! Il se passe quoi ?

— Si je savais… »

II

« Pour résumer, l'État de New York est l'îlot qui possède la plus grande concentration de population, de richesse et de culture. Il est également à la hauteur de ses superlatifs avec la plus grande concentration de criminalité. »

Rapport du procureur,
comté de New York,
1946-1948

4

Lundi 3 novembre, 6 h 35

Le soleil se levait sur l'État de New York, soulignant la ligne d'argent qui traversait en ondulant la vallée de l'Hudson River, se dirigeant vers le sud. C'était le *20th Century Limited*, le train de nuit express en provenance de Chicago. Il perçait le paysage comme une aiguille traversant le tissu des montagnes, longeant le miroitement des lacs et le feuillage enflammé des forêts, comme inexorablement attiré par le cœur hypnotique de New York. Les voies du chemin de fer décrivaient une large courbe à l'approche du Bronx, ce qui permettait aux passagers de voir les gratte-ciel de Manhattan et leurs sommets baignant dans la lumière froide et toute neuve de l'aube.

Le train entra dans un rugissement au cœur de la ville. Il poursuivit son parcours sinueux entre les toits des taudis, les pigeonniers et les enseignes au néon géantes installées au sommet des immeubles. Il s'élança par-dessus la Harlem River, plongea sur Manhattan en faisant trembler les bâtiments qui défilaient comme un bataillon de soldats de chaque côté des voies. Enfin, il atteignit la 97e Rue et pénétra dans le tunnel de Park Avenue pour terminer à la gare de Grand Central, où il s'arrêta voie numéro 13, libérant un flot de passagers qui inonda la gare en se bousculant.

Ida fut la seule à rester assise. Elle regarda sortir les autres voyageurs, impénétrable troupeau en migration composé d'hommes d'affaires, de familles, de touristes, dépenaillés, les yeux rougis, regrettant d'avoir choisi un train de nuit qui expulsait sans ménagement ses passagers et les abandonnait aux affres de l'heure de pointe new-yorkaise.

Une fois les travées vidées, Ida se leva, attrapa sa valise dans le compartiment à bagages et traversa le wagon en trébuchant sur les décombres de la nuit pour aller jusqu'aux toilettes. Ce lieu minuscule n'avait pas de chauffage et elle sentit le froid lui mordre la peau, mais il y avait un lavabo avec un miroir et c'était tout ce qu'elle voulait. Elle entendait les porteurs décharger le train, l'agitation de la gare, le rugissement étouffé des milliers de talons sur le sol de marbre et, au loin, le grondement de la plus grande ville du monde. Huit millions de personnes qui se levaient pour affronter une nouvelle journée.

Elle se lava les dents, le visage, se recoiffa et se maquilla, se lava les mains. Elle s'observa dans le miroir pour vérifier si les dernières épreuves avaient laissé des marques. Un peu de gris sur les tempes, quelques rides au coin des yeux, des traits moins nets. Elle faisait plus jeune que ses 47 ans, et ce qu'elle avait perdu en jeunesse elle le compensait en assurance, en flegme. En tout cas, c'est ce qu'elle aimait penser.

Ida descendit du train et, en arrivant au bout du quai, vit enfin la gare de Grand Central dans toute son agitation. Des cascades de costumes sombres s'abattaient sur les escaliers de marbre et sur les quais, gagnaient les sorties, traversaient le dédale alvéolaire de la gare, le gigantesque hall, vaste voûte barrée de rayons de soleil tranchants qui dégringolaient des verrières.

L'agitation et le bruit ambiants engendraient cette effervescence qu'Ida avait toujours associée à New York, cette énergie fébrile et frénétique d'une foule en mouvement qui s'attaquait à une journée surchargée à un rythme effréné. Les gratte-ciel de Manhattan accueillaient de plus en plus de gens sur l'île et, de la même manière, la ville ne cessait de compacter leurs journées, de ramasser, de densifier, d'intensifier et d'épaissir le temps. Ida se demanda si cela ne finirait pas par lui porter sur les nerfs, si elle ne finirait pas brisée par la claustrophobie.

Elle se glissa parmi la cascade des voyageurs dans le vacarme des haut-parleurs et parvint aux bancs où elle avait rendez-vous avec Michael. Elle leva les yeux pour regarder l'horloge en cuivre au-dessus du guichet d'information. Les aiguilles qui se détachaient de leur vitre laiteuse lui apprirent qu'elle était légèrement en avance. Elle attendit en regardant autour d'elle : la cohue, les rayons du soleil, l'atmosphère oppressante, le lointain plafond aux peintures obscurcies par des années de crasse et de goudron de cigarette.

Elle parvint finalement à distinguer ce que représentaient les peintures : les constellations marquées par des lignes dorées sur fond bleu marine, avec les étoiles et, en surimpression, les figures de la mythologie grecque qui les représentaient. Dans la poudre d'or de la Voie lactée, elle put discerner Orion, le Taureau, le Bélier, les Poissons. Bizarrement, c'est sur les Gémeaux que son œil se posa. Elle regarda les jumeaux enlacés qui traversaient les cieux, l'un avec une faucille, l'autre avec une lyre. Il y avait quelque chose dans le mouvement de ces figures, leur façon de refléter la précipitation des gens dans le hall, qui la mettait mal à l'aise.

Tout en se demandant pourquoi elle ressentait cette gêne, elle repéra quelqu'un qui traversait la foule et s'approchait d'elle. C'était Michael, qui lui faisait signe. Il pénétra dans un des rayons de lumière que projetaient les verrières et, tandis qu'il était cerné par un tourbillon de poussière, sa silhouette fut enveloppée d'un chatoiement lumineux. Et puis, tout aussi soudainement, il sortit de ce rayon et le chatoiement cessa. Les yeux d'Ida s'adaptèrent à ce changement de luminosité.

Il la prit dans les bras et ils restèrent enlacés comme les jumeaux de la constellation qui traversaient la Voie lactée au-dessus d'eux.

« Michael…

— Ida, bienvenue à New York. »

Quand ils relâchèrent leur étreinte, Ida put contempler son ami. Michael avait un peu plus de 70 ans, mais les marques de variole qui grêlaient son visage masquaient ses rides et l'affaissement de la peau. Malgré son âge, il se tenait toujours bien droit et conservait son allure mince et élancée. Mais il avait changé depuis la dernière fois qu'ils s'étaient vus, quelques mois plus tôt. Il dégageait à présent une certaine lassitude et on le sentait sonné par la catastrophe qui avait fracassé sa vie et engendré une série de bouleversements. Ida aurait dû être contente d'être accueillie par ce visage familier dans une ville inconnue. Au lieu de cela, elle était inquiète pour lui. Tout ce qui lui venait paraissait insignifiant et elle se demanda si sa voix n'allait pas trahir son inquiétude.

« Comment vas-tu ? finit-elle par demander.

— Je continue à me battre. Et toi ?

— Je suis impatiente de m'y mettre. »

Il opina, montrant qu'il avait compris ce qu'elle ressentait.

« Merci d'être venue, dit-il simplement.

— Tu croyais que j'allais rester chez moi ? »

Il lui rendit son sourire, mais pas tout de suite, et ils restèrent là, un peu gênés. La question qui turlupinait Ida depuis ces dernières semaines – pourquoi ne m'as-tu pas appelée plus tôt ? – refit surface. Depuis vingt ans qu'elle dirigeait sa propre agence, elle était devenue spécialiste des erreurs judiciaires. Elle était la première personne qu'il aurait dû appeler.

« Tu veux passer à ton hôtel pour déposer tes affaires ? Il faut qu'on aille sur les lieux du crime et ensuite sur l'île. »

Elle fit non de la tête.

« Non, c'est bon. Je n'ai que ça, dit-elle en montrant la petite valise à ses pieds. Autant s'y mettre tout de suite. J'irai à l'hôtel après. »

Tandis qu'ils se dirigeaient vers le métro, elle scruta de nouveau son ami à la mine affligée.

« On va y arriver, Michael. On va le faire sortir. »

C'était raté en ce qui concernait les platitudes.

« Bien sûr », répondit-il.

Mais elle perçut son tourment et une incertitude qui faisaient écho à ses propres sentiments. Ils partageaient tous les deux la même angoisse, la crainte que cette affaire – la plus importante qu'ils aient jamais eue à traiter – soit justement celle qu'ils ne pourraient pas résoudre.

5

Lundi 3 novembre, 7 h 25

Quand ils sortirent de la station de métro, Ida constata que l'éclaircie était finie. Le ciel s'était marbré de gris, et du fleuve soufflait un vent glacial.

« Bienvenue à Harlem », fit Michael.

Elle sourit et resserra le col de son manteau. Ils prirent vers le sud par Lennox Avenue, une belle et large artère bordée d'arbres et d'immeubles en pierre brune qui comptait de nombreux restaurants, bars et boutiques. Sur les trottoirs se pressaient des gens qui rejoignaient le métro ou les arrêts de bus. Il y avait des femmes noires qui allaient travailler chez les Blancs des beaux quartiers avec un sac en papier kraft contenant leur uniforme de domestique bien empaqueté ; des hommes en caban et casquette qui se dirigeaient vers les usines et les entrepôts ; des bandes de gamins alourdis par leurs livres d'école.

Au passage, Ida décelait dans leurs voix le même accent du Sud que le sien. À New York comme à Chicago, les Noirs étaient des réfugiés de la Cotton Belt qui avaient fui la misère et la haine raciale.

Chemin faisant, elle remarqua que Michael se faisait dévisager : que faisait un grand Blanc tout mince dans Harlem ? Cela n'avait pas l'air de le déranger. Il avait épousé une femme de couleur et élevé leurs deux enfants à La Nouvelle-Orléans avant de déménager à Chicago, où il avait vécu des années dans le Southside, le quartier noir. Il avait l'habitude que la société le regarde de travers. Et aujourd'hui, un de ses enfants, qui s'était installé à New York, était accusé d'un quadruple homicide. L'hostilité des habitants du quartier était le cadet de ses soucis.

Un crachin comme en suspension recommença à tomber sur les trottoirs où les décorations d'Halloween du week-end précédent attendaient les éboueurs. Des crânes, des squelettes et des sorcières découpés dans du carton, de sinistres piles de citrouilles édentées et grimaçantes qui pourrissaient, à moitié éventrées.

Ida resserra encore le col de son manteau tandis que Michael rabattait le bord de son chapeau. Ils prirent par la 141e Rue, de l'autre côté de la 7e Avenue. Là, dans les petites rues, tout était plus délabré. Ida se fit de nouveau la réflexion que Harlem ressemblait beaucoup au Southside de Chicago. On y retrouvait les prêteurs sur gages, des repaires de junkies, des bars douteux aux volets fermés. Des demeures autrefois majestueuses tombaient en ruines, défigurées par les corniches cassées, les grilles rouillées, les fenêtres obturées. Les rues étaient jonchées des signes universels de décrépitude – meubles abandonnés, poubelles qui débordaient. Ce n'était pas la même ville, mais c'était bien la même indigence.

Ils arrivèrent devant une rangée de vétustes immeubles en pierre brune et Michael lui montra un bâtiment en face de la boutique d'un vendeur de sortilèges.

« C'est ici. Les lieux du crime. »

Ils traversèrent la rue et s'approchèrent. Une longue enseigne courait le long du bâtiment en pierre : *Hôtel Palmer*, pouvait-on déchiffrer, en lettres brunâtres sur un fond qui avait dû être ocre avant que d'innombrables années de pollution le transforment en une sorte de jaunisse bilieuse. Le bâtiment était imposant et menaçant. On aurait dit qu'il les regardait de haut et les dévisageait, comme si la façade allait se cabrer et s'abattre sur eux d'un moment à l'autre. Ce n'était pas un lieu où on choisissait de s'installer mais plutôt le genre d'endroit où on finissait par échouer. Mais qu'est-ce que le fils de Michael pouvait bien fabriquer dans un taudis pareil ? Il était diplômé de la fac de médecine de Northwestern et avait exercé à l'hôpital avant la guerre.

Ida jeta un regard à Michael.

« C'est quoi, le plan ?

— Tu te souviens de Dave Carrasco ?

— De West Town ?

— Oui. Il s'est installé ici il y a dix ans. Il est inspecteur à la brigade criminelle. Techniquement, il travaille pour le procureur, donc pour l'accusation, mais il me doit quelques services. Il m'a laissé jeter un œil au dossier et aux lieux du crime. Il ne va pas tarder à nous rejoindre. Viens, on va se mettre à l'abri. »

Ils se réfugièrent sous l'auvent de la boutique du vendeur de sorts vaudous. Ida regarda la vitrine et ses rideaux en dentelle blanche surmontés d'un panneau : *Le Prince Moïse – Authentique Docteur en Sortilèges de La Nouvelle-Orléans. Charmes Vaudous, Potions d'Amour, Désenvoûtement, Exorcisme, Cierges et Huiles magiques*. Sur le rebord de la fenêtre s'alignait une rangée d'urnes marron avec une étiquette sur chacune : *Attirance fatale – Disparition du Mal – Protection – Richesse*.

Ida observait les arabesques de l'écriture sur les étiquettes.

« Tu veux une clope ? »

Elle prit une cigarette du paquet de Michael et ils fumèrent ensemble en regardant l'hôtel à travers le rideau de pluie. Comment Tom avait-il bien pu se retrouver dans un endroit pareil ? Elle avait lu l'article dans son bureau à Chicago : *La maison des horreurs de Harlem*. Elle se souvenait du choc en reconnaissant le nom de Tom. Elle avait appelé Michael et c'était sa femme, Annette, qui avait répondu et lui avait dit que Michael était déjà en route pour New York.

Si le choc s'était atténué au cours des semaines suivantes, sa confusion n'avait fait que croître. Ida connaissait le gamin depuis qu'il était tout petit. Elle l'avait vu grandir ; il était comme un neveu pour elle. Tom avait toujours été très doux. Il voulait être médecin pour aider les gens. L'idée même qu'il puisse faire du mal à qui que ce soit n'avait aucun sens. C'était tout le contraire de sa personnalité et de tout ce qui lui tenait à cœur.

Elle se tourna vers Michael. Elle voulait lui parler de cette situation et de ce qu'il pouvait ressentir. Il était à la retraite depuis dix ans et voilà qu'avec un simple coup de téléphone de la prison de Rikers Island, tout d'un coup, au lieu de profiter de sa retraite, il se retrouvait là, sous la pluie, dans les tréfonds de Harlem. Ses sentiments n'étaient pas difficiles à deviner. Il n'y avait qu'à voir comme il était maussade et renfermé.

« Qui est ton avocat ?

— Len Rutherford. Il n'était qu'en sixième place sur ma liste, mais les cinq premiers ne prenaient l'affaire que si Tom plaidait coupable. Maintenant que Rutherford a vu les pièces du dossier, il nous met la pression pour faire pareil. Ils sont tous d'accord là-dessus : il admet sa culpabilité, et puis après on négocie. Pour sortir de taule quand il aura mon âge. Et encore. »

Michael tirait sur sa cigarette sans regarder Ida, le regard figé sur la façade décrépite de l'hôtel Palmer.

« Je n'aurais jamais imaginé devoir un jour recommencer à bosser sur une enquête. C'était quoi, notre dernière affaire ? Je ne m'en souviens même pas. »

Elle se repassa rapidement le film de leurs aventures. Ils avaient travaillé ensemble pour l'agence Pinkerton de Chicago pendant presque dix ans mais, même après ça, quand Ida avait monté sa propre agence et que Michael avait trouvé un poste au Département du Trésor, ils avaient de temps en temps fait équipe quand Ida avait eu besoin de l'aide de Michael, ou l'inverse.

« Le bookmaker chinois. À peu près à l'époque de l'émeute de Steel Mill. »

Michael hocha la tête. Ça lui revenait. La pluie ne s'arrêtait pas.

Une Plymouth s'arrêta devant l'hôtel. Michael lui fit signe et ils traversèrent, rejoignant un homme qui sortait côté conducteur. Âgé d'une bonne quarantaine d'années, il avait une grosse moustache, de l'embonpoint et un manteau Chesterfield à motif pied-de-poule.

« Inspecteur Carrasco, fit Michael. Tu te souviens d'Ida ?

— Bien sûr, répondit l'homme en tendant la main. Comment allez-vous, madame Davis ?

— Très bien, Carrasco. Je m'appelle mademoiselle Young, maintenant. »

Même deux ans après la mort de Nathan, elle avait encore du mal avec son patronyme. Comme si elle n'avait plus le droit de le garder à présent.

« Toutes mes excuses, répondit Carrasco. Tiens, Michael. »

Il lui tendit un épais dossier.

« Ce sont les pièces du dossier. Tu peux le garder. Une des secrétaires m'aime bien, elle m'a tout dupliqué.

— Merci, mon ami. »

Ils montèrent les marches et entrèrent dans le bâtiment. Le vestibule miteux sentait le renfermé. Le bureau de la réception était délimité par une cloison grillagée et, derrière, un escalier menait aux étages et un couloir s'enfonçait dans les profondeurs de l'immeuble.

Quand ils s'approchèrent de la réception, Ida aperçut, à travers la grille, un grand Noir dégingandé confortablement installé dans un fauteuil. Il lisait la rubrique sport du *New York Mirror*. Derrière lui, il y avait un comptoir chargé de casiers et une radio en Bakélite qui diffusait du blues.

L'homme leva les yeux de son journal mais ne les salua pas.

Carrasco montra son insigne.

« Police de New York. Je vous ai appelé tout à l'heure. Nous avons besoin de revoir les lieux du crime et la chambre du suspect. »

L'homme posa un regard éteint sur Carrasco avant de se tourner mollement vers les casiers et d'attraper trois clés qu'il déposa sur le comptoir. Carrasco les prit et les passa à Michael.

« Je vais rester ici, leur dit-il, comprenant que Michael et Ida préféraient y aller seuls. Si vous avez besoin, appelez-moi.

— Merci, fit Michael en hochant la tête. Tu veux commencer par quoi ? » demanda-t-il à Ida.

Elle réfléchit, se remémorant les détails des articles de journaux qu'elle avait étudiés ces dernières semaines.

« Tom avait une chambre au quatrième ?

— Oui.

— Commençons par là. »

La chambre 402 était minuscule et sinistre. Un cadre de lit vide dans un coin, une armoire dans l'autre, une table et une chaise sous la fenêtre. Savoir que Tom avait passé là ses derniers jours de liberté la rendait encore plus déprimante.

Michael ouvrit le dossier et feuilleta la paperasse avant de passer à Ida les photos prises après les meurtres. Les images montraient la chambre telle que les policiers l'avaient trouvée ce soir-là : il y avait un matelas et des draps sur le sommier, des vêtements sur la chaise, des livres par terre, mais surtout des amulettes vaudoues dispersées dans toute la pièce. C'étaient des objets insolites : des poupées de paille au visage noir grimaçant, une icône représentant la Vierge encerclée par des serpents, un cercueil miniature rempli de paille et de terre.

« C'est spectaculaire, ce côté vaudou », fit remarquer Ida.

Michael hocha la tête. Il voyait très bien où elle voulait en venir.

« Tom dit qu'il n'a jamais vu ces trucs-là. Il les a découverts sur les photos. Je le crois. La dernière fois qu'il a mis les pieds dans une église, il devait avoir 14 ans. Il n'est pas religieux, et encore moins superstitieux. »

Ida hocha la tête tout en regardant les photos une nouvelle fois. Dans le silence, la musique diffusée par la radio montait jusqu'à eux et les accords métalliques du « South Carolina Blues » de Guitar Slim produisaient un écho distant et fantomatique.

« Tu as sa déposition ? »

Michael acquiesça et sortit le document du dossier.

Tom disait qu'il dormait quand il avait été réveillé par du remue-ménage dans les étages du dessous. Il était descendu voir ce qui se passait et avait vu les deux corps au premier étage et les deux autres au rez-de-chaussée. Il était entré dans une des chambres et c'est là que les policiers étaient arrivés et l'avaient arrêté.

Ida releva les yeux vers Michael.

« On assassine quatre personnes et il n'entend rien ?

— Je sais. C'est pas cohérent.

— Et il ne change pas sa version des faits ?

— Non. »

Ida se rendit compte de la colère qu'il portait en lui et fut rassurée qu'il lui reste cette étincelle d'énergie. C'était déjà ça. Elle fit le tour de la pièce, s'arrêta à la fenêtre et regarda dehors. La boutique du vendeur de sorts venait de s'allumer. Une enseigne qu'elle n'avait pas vue auparavant brillait maintenant d'un bleu éclatant dans la pâle lumière d'automne : elle représentait un crâne surmonté d'un chapeau haut de forme. En dessous, en vert, était inscrit *Vaudou de Louisiane*. Elle repensa à La Nouvelle-Orléans, à ses parents, à tout ce qu'elle avait perdu depuis qu'elle était partie, trente ans plus tôt.

Ida regarda à nouveau cette pauvre chambre et fut traversée d'un frisson.

« Allons voir en bas. »

Tout en descendant, elle inspecta les murs, le parquet et les contremarches, à la recherche de taches, d'éraflures ou de n'importe quel indice susceptible d'être encore miraculeusement là des semaines après.

Rien.

« C'est ici que les deux premiers corps ont été trouvés : les frères Powell », expliqua Michael quand ils arrivèrent au premier étage.

Il déverrouilla la porte de la chambre 102, juste à côté des escaliers, et ils entrèrent dans la pièce.

La chambre était plus spacieuse que celle de Tom, et plus agréable. Il y avait deux lits simples, deux armoires, un lavabo, un petit réchaud à gaz. Comme chez Tom, la fenêtre donnait sur le bâtiment d'en face.

Michael sortit de nouvelles photos du dossier. Le premier corps était étendu dans une flaque de sang dans le couloir. Il avait des lacérations à la poitrine et à l'estomac et un des bras était tordu en arrière, les doigts effleurant la rampe de l'escalier. Le second était dans la chambre et reposait sur le ventre, près de la fenêtre. Des éclaboussures et des traînées de sang maculaient le mur. Un gros plan pris plus tard montrait le corps retourné. Une large entaille ouvrait sa gorge et laissait voir la blancheur des os de la colonne vertébrale.

« Ce sont les deux frères qui pratiquaient le vaudou ? »

Michael acquiesça et sortit d'autres photos montrant des objets vaudous similaires à ceux de la chambre de Tom. Il y avait aussi des brochures du Temple de la Tranquillité, la secte dont les frères Powell faisaient apparemment partie. Ida les étudia attentivement. Le Temple semblait appartenir aux églises prônant le Retour en Afrique. Elle avait déjà vu des dizaines de congrégations de cet ordre à Chicago et ne comprenait pas comment elles parvenaient à attirer du monde.

« Que faisaient-ils dans la vie ?

— Personne ne sait. »

Elle continua à examiner la pièce en la comparant avec les images de cauchemar qu'elle avait en main.

« Autre chose… » annonça Michael d'un ton las, en lui montrant la photo d'un bracelet de montre saupoudré de poudre d'aluminium qui révélait une empreinte digitale. C'est la montre d'Alfonso Powell. Elle était à son poignet et les empreintes sont celles de l'index gauche de Tom.

Quand Ida releva les yeux, elle vit à quel point Michael avait le teint terreux malgré les cicatrices rougeâtres sur son visage.

« Et Tom dit quoi ?

— Qu'il n'est jamais entré dans cette pièce et qu'il n'a certainement pas touché les corps », répondit-il sur un ton tellement froid qu'elle eut l'impression qu'il la provoquait.

Elle opina sans mordre à l'hameçon.

« Continuons », se contenta-t-elle de dire.

Ils refermèrent la porte à clé et redescendirent. Carrasco était appuyé contre le mur et fumait une cigarette. Il fit un signe de tête en les voyant arriver. Le réceptionniste était toujours dans son fauteuil, derrière son bureau, à lire la rubrique sport.

Michael et Ida empruntèrent le couloir qui menait à l'arrière de l'immeuble, passant devant un téléphone à pièces fixé au mur. Dans l'ombre, au fond, se trouvait la chambre 003. Michael ouvrit la porte. C'était encore plus lugubre que les deux autres, avec la même configuration que la chambre de Tom. Une grande trace brun sombre tachait le parquet et Ida devina qu'il s'agissait du sang séché qui devait maintenant profondément imprégner le bois. Une odeur de mort flottait dans la pièce, malgré tout ce temps, malgré le détergent au citron dont on l'avait arrosée, malgré les fenêtres grandes ouvertes.

D'ailleurs, la pluie entrait, crépitait sur le rebord et finissait par goutter le long du mur. Derrière les barreaux des fenêtres, Ida distinguait la ruelle qui longeait le bâtiment. Près de la fenêtre, une autre porte menait sans doute à la cour située derrière l'hôtel.

Michael passa en revue le dossier et lui tendit de nouvelles photographies. On voyait la pièce pleine de sang, avec le cadavre d'un jeune Blanc aux cheveux blonds étendu, par une étrange coïncidence, juste à l'endroit où se tenait Ida. Son torse lacéré laissait voir ses entrailles, comme s'il avait explosé. Son meurtrier l'avait presque coupé en deux.

« C'est ici que les flics ont trouvé Tom ?

— La main dans le sac. Selon eux, en tout cas », confirma Michael.

Ida repensa à Tom enfant, puis médecin. Elle essaya de se le représenter en responsable du massacre. Mais elle n'y arriva pas. Elle regarda à nouveau les images montrant la victime, Arno Bucek, ce garçon blanc qui avait disparu plusieurs semaines avant les meurtres pour réapparaître miraculeusement dans cette piaule de Harlem. Parmi les photographies se trouvaient des clichés des preuves matérielles : l'héroïne et l'argent qu'un Tom ensanglanté aurait essayé de dérober dans cette pièce quand les policiers lui étaient tombés dessus.

« Tout ça n'a aucun sens. Qu'est-ce que Bucek fabriquait à Harlem avec deux cent trente-huit dollars en liquide et vingt grammes de drogue de mauvaise qualité ?

— Les flics disent qu'il était revendeur.

— Un petit Polack maigrichon en plein milieu de Harlem ? »

Michael répondit par un petit sourire entendu et sinistre.

Ida observa à nouveau les photographies et joua à trouver des différences entre les images et la chambre telle qu'elle était maintenant. Le lit avait été retourné, le matelas, couvert d'éclaboussures de sang, était debout contre le mur. Sur les montants de la fenêtre, on voyait la trace d'une main ensanglantée. Elle examina la configuration des projections de sang, la position du corps, nota les repères que les policiers avaient mis en place ainsi que les éraflures et les traînées sur le parquet autour du cadavre. Elle enregistra les endroits où la police scientifique avait passé la poudre pour repérer les empreintes, les surfaces susceptibles d'avoir été touchées. Elle se fit une image mentale de cette pièce telle qu'elle était ce jour-là, en août dernier, et rouvrit les yeux pour la comparer avec ce qu'elle voyait à présent et fusionner ces deux tableaux.

Mais il y avait quelque chose qui ne collait pas. Quelque chose de bancal. Un truc pas net.

« Alors ? Tu as repéré ce qui manque ? » demanda Michael.

Elle vit qu'un petit sourire jouait sur ses lèvres.

« J'ai vu qu'il manquait un élément, mais je ne sais pas encore quoi.

— Il n'y a pas de photo de la porte. »

Elle passa les photos en revue. Oui, c'était ça.

« Plein de gros plans, mais personne n'a pensé à prendre une photo de la porte. »

Elle alla jusqu'à la porte, devant laquelle elle s'agenouilla pour passer ses doigts sur les montants sans y trouver d'éraflure ni de fissure. Elle examina aussi l'extérieur. Aucun signe que la porte ait été forcée ou qu'elle ait été récemment réparée.

« C'est pas rien, comme négligence », fit-elle remarquer.

Ils échangèrent un regard, conscients de ce que cela signifiait. Quand ils redescendirent, Carrasco et le réceptionniste n'avaient pas bougé d'un poil.

Ida regarda les autres photos. C'étaient celles de la dernière victime, Diana Hollis, qui travaillait à l'accueil cette nuit-là. Elle n'avait pas eu la chance d'avoir une mort rapide, comme les frères Powell. La sienne ressemblait davantage à celle de Bucek, sauf que sur elle les coups s'étaient concentrés sur l'entrejambe. Hollis gisait dans le passage entre son bureau et le vestibule. Des gros plans de la cloison et des marques de sang sur le sol laissaient penser que le tueur était allé la chercher derrière son bureau et l'avait traînée plus loin avant de la tuer.

« Hollis travaillait toujours de nuit ? demanda Ida à Michael.

— Non. Elle faisait un remplacement. Je ne crois pas que les femmes fassent beaucoup de nocturnes dans les hôtels de Harlem. Enfin, pas dans ce genre d'hôtel.

— Et le réceptionniste habituel ?

— Il avait pris sa nuit. »

Ida désigna le type derrière la cloison grillagée. Michael hocha la tête. C'était bien lui qui aurait dû être à sa place cette nuit-là.

« C'est aussi le propriétaire de l'hôtel », précisa-t-il.

Ida observa l'homme derrière les croisillons. Ses yeux ne quittaient pas le journal.

Elle scruta le reste de la pièce et nota le linoléum pourri qui faisait des bulles par endroits, le plafond en métal gaufré d'un beige décoloré, le téléphone à pièces près de l'escalier.

« Des photos du téléphone ? »

Michael vérifia dans le dossier et fit signe que non.

« Comment la police a-t-elle été alertée ?

— Un coup de fil anonyme signalant du tapage.

— Est-ce qu'une liste des appels passés de ce téléphone a été demandée à la Bell Company ?

— Je n'en sais rien. Il faut demander à Carrasco.

— Ça vaut le coup d'essayer. »

Ils étaient d'accord. Michael rendit les clés au réceptionniste et ils sortirent, se retrouvant de nouveau sous le crachin.

« Alors ? demanda Carrasco.

— On amorce les choses… répondit Michael. Merci, mon vieux.

— Pas de problème. Si tu as besoin de quoi que ce soit, tu me dis. Je vous emmène quelque part ?

— Non, merci, répondit Michael en hochant la tête. Mais il y a un truc que tu pourrais faire. »

Carrasco promit de lui trouver une liste des appels puis il sauta dans sa Plymouth.

« S'il se fait prendre à nous aider, il ne risque pas seulement son boulot. Il peut finir en taule, fit remarquer Ida.

— Je sais, fit Michael en allumant une cigarette.

— Tu as vraiment dû lui rendre un sacré service. C'était quoi ?

— Je lui ai sauvé la vie. Et celle de sa famille. »

Ida eut un sourire. Michael continua à fumer.

« Bon, allons-y. On peut aller au port de ferries en métro. »

Ils traversèrent la rue et passèrent devant la boutique du sorcier vaudou. À travers le rideau de pluie grisâtre, l'enseigne verte *Vaudou de Louisiane* brillait dans l'ombre, surmontée du crâne avec le chapeau haut de forme.

« Alors, comment tu vois les choses ? » demanda Michael.

Ida lâcha la boutique des yeux.

« Comme toi, j'imagine. Ça pue à plein nez le coup monté signé par la police.

— Exactement.

— Les photos de la porte de Bucek manquent – si elles ont jamais été prises. Sans parler de ce coup de fil anonyme et du timing : comment ont-ils fait pour arriver sur les lieux aussi vite ? Surtout pour un simple signalement de tapage nocturne, au cœur de Harlem, un vendredi d'été. Et puis, le patron de l'hôtel en congé pile le soir des meurtres, comme s'il avait été prévenu. Et tous ces grigris vaudous. Franchement, ça ressemble à un stratagème des flics. Nous, on sait très bien que Tom n'est pas du tout superstitieux : c'est un médecin, un scientifique. Le vaudou, c'est de la pure diversion. Le côté racial, les clichés avec la magie noire, l'hystérie dans l'air du temps : c'est fait uniquement pour guider un jury dans la mauvaise direction. Et les seuls qui ont pu organiser tout ça, ce sont les flics. »

Michael fit signe qu'il était d'accord.

« Tu vois la boutique du sorcier ? demanda-t-il. Je ne serais pas surpris que les agents qui sont arrivés les premiers soient passés par la boutique pour se servir en grigris divers et les éparpiller dans les chambres de l'hôtel.

— Ça leur ressemblerait assez, oui. Et puis le plus gros, c'est quand même l'arme du crime… Si les flics ont réellement couru après Tom qui s'enfuyait de la chambre de Bucek et qu'ils l'ont attrapé dans la ruelle, alors où est la machette ? Ça voudrait dire qu'il l'a jetée dans l'hôtel ou dans la ruelle, mais que les flics ne l'ont pas trouvée ? C'est bon, Michael, on a déjà pas mal d'éléments. C'est des bonnes bases. »

Elle tenta de lire sur son visage si ses paroles l'avaient un peu réconforté, mais elle n'y vit aucune émotion. Il se contentait de tirer sur sa cigarette.

« S'en prendre à la police, c'est pas exactement des bonnes bases, Ida. Les flics, le crime bidonné : il y a quelqu'un de puissant derrière tout ça. Et nous, ce qu'on va devoir faire, c'est présenter un homme de couleur dans un tribunal et convaincre le jury que c'est lui qui dit la vérité, et pas la gentille police blanche de New York qui a tout manigancé… Sans compter que si la police couvre tout ça, alors ça veut dire que Tom est en danger. Chaque jour qu'il passe en prison, ils peuvent s'arranger pour se débarrasser de lui. Et s'ils se rendent compte qu'on avance dans l'enquête, ils s'empresseront de le faire. S'ils décident de le liquider, il est foutu. Mon garçon à moi. Dont je me suis occupé toutes ces années. »

Ida fixa Michael et se rendit compte qu'en plus de sa stupeur, de son angoisse et de sa colère, il ressentait une autre émotion : la culpabilité. Cela avait beau être irrationnel, Ida savait qu'elle ressentirait la même chose si son fils subissait ce genre d'épreuve. Elle aussi se débrouillerait pour porter toute la responsabilité.

« Donc, on travaille contre la montre, poursuivit-elle. Et contre les autorités. Dans une ville qui n'est pas la nôtre et, en plus, personne ne doit se rendre compte de ce que nous faisons ?

— C'est bien résumé.

— Parfait. J'aime les cas difficiles. »

Elle sourit et le regarda. Et finalement, contre son gré, quelque chose céda en lui et il lui rendit son sourire.

III

« Costello est parvenu à devenir la personnalité la plus mystérieuse du monde criminel américain. »

Herbert Asbury,
Colliers Magazine, 1947

6

Lundi 3 novembre, 7 h 32

Gabriel pénétra dans le bureau de Costello et traversa l'étendue qui le séparait de lui : la pièce était plus grande que la plupart des appartements et ressemblait au grand salon, avec des meubles coûteux et un haut plafond décoré de moulures. Costello était derrière un gigantesque bureau en acajou et sa silhouette se découpait nettement sur les gigantesques fenêtres derrière lui. Assis en face de lui, séparé par deux ou trois hectares de sous-main en feutre vert, se trouvait Joe Adonis, le lieutenant de Costello.

Sous le regard des deux hommes, Gabriel s'avança et vint prendre place. Juste au cas où, pour masquer ses tremblements, il croisa les mains devant son ventre et les recouvrit de son chapeau. Il avait la tête humide mais il aurait été incapable de dire s'il s'agissait de la pluie ou de transpiration. Il se répétait comme un mantra que ce n'était rien du tout. Impossible qu'ils aient fait le bilan des courses de chevaux. Pas si vite, pas avant l'audit dont les résultats devaient tomber le 13 novembre.

« Alors, comment va notre croque-mort nocturne préféré ? » demanda Adonis d'un ton narquois.

Gabriel ne répondit pas à la pique.

Le visage d'Adonis passa du rictus au franc sourire, ce qui lui donna un air enfantin. Malgré ses 45 ans, c'était un éternel adolescent. Et sans doute aussi le type le plus vaniteux de tout New York. Son vrai nom était Giuseppe Doto, mais il en avait changé après avoir lu un article dans un magazine sur le dieu grec de la beauté.

Costello lui jeta un regard lourd de reproche et Adonis haussa les épaules.

« Comment ça se passe au Copa ? » demanda Costello de sa voix rauque.

Il avait connu plusieurs épisodes cancéreux à la gorge et il ne lui restait plus qu'un filet de voix rocailleux et abrupt. Ce qui ne l'empêchait pas de continuer à fumer plusieurs paquets de cigarettes par jour, des English Ovals.

« Ça va. Le maire est venu hier soir. Je n'ai pas vu qui étaient ses convives. Ils sont partis vers 4 heures du mat. De très bonne humeur. »

Costello acquiesça et prit une gorgée de café. En tant que gérant, le travail de Gabriel était notamment de tenir son patron au courant des visites des notables new-yorkais. C'était souvent durant les réjouissances nocturnes que des personnalités puissantes finissaient par faire des bêtises.

« Je viens de croiser Jack Warner dans le salon. Et il y a eu pas mal de gens d'Hollywood au Copa ces derniers jours. Il se passe quelque chose ? »

Costello haussa les épaules, comme souvent.

« Le gouvernement auditionne des témoins pour débusquer les cocos. Il y a une réunion au Waldorf pour élaborer une stratégie. Je suppose qu'il y en a qui arrivent en avance. Tu connais les gens du ciné. »

Gabriel acquiesça tout en observant son patron. Costello avait la cinquantaine, le teint basané, un nez imposant, des rides de partout et des cheveux très noirs coiffés en arrière. Il portait un costume impeccable à la coupe ample dont le tissu bleu marine faisait ressortir son bronzage artificiel.

« Alors, pourquoi tu m'as fait venir ? » demanda Gabriel en pianotant sur le bord de son chapeau, au rythme des percussions qui battaient sous son crâne.

Il voulait que cet entretien se termine le plus vite possible. Il avait hâte de connaître son destin – un trou quelque part dans une forêt ou la plage d'Acapulco.

Adonis et Costello se regardèrent. Gabriel se raidit, prêt à l'inévitable. Il ravala sa panique, la repoussa jusqu'au fond de son estomac, où s'agitait là aussi tout un orchestre.

Costello finit par prendre la parole.

« Vernon Hintz. On l'a chopé la main dans la caisse. »

Gabriel opina, inondé d'un soulagement qu'il essaya de ne pas montrer. Tout ça n'avait rien à voir avec les champs de courses. C'était Hintz, leur problème – un mec qui blanchissait de l'argent pour les cinq familles de New York.

« Et ?…

— Et il n'a plus accès à la caisse, maintenant », expliqua Adonis.

Ce qui voulait dire que Hintz avait eu droit à un enterrement express dans la forêt.

« Pauvre Vern. Je l'aimais bien, dit Gabriel.

— Bien sûr, poursuivit Adonis. Un type super. Et un voleur.

— Si on peut même plus faire confiance à un comptable véreux… » soupira Gabriel, malicieux.

Adonis lui lança un regard mauvais. Costello réprima un sourire.

« Bref, poursuivit Costello, histoire d'essayer de retarder l'inévitable et de nous amadouer, Hintz nous a avoué quelques petits commérages avant son départ définitif. »

Gabriel opina. Ce n'était pas la première fois qu'il se demandait comment ça se faisait que Costello soit capable de s'exprimer aussi bien.

« Hintz nous a raconté une histoire au sujet de Benny Siegel, expliqua Adonis.

— Quelle histoire ? » demanda Gabriel.

Il y avait toujours une histoire dans laquelle Benny Siegel était embarqué.

Costello se pencha en avant.

« Hintz nous a dit que l'été dernier, quand Benny est passé à New York, il est venu le voir pour lui demander de blanchir deux millions de dollars en liquide.

— Deux briques en liquide ? »

Adonis et Costello eurent une mimique de lassitude et Gabriel commença à comprendre.

Benny Siegel était le représentant de la Mafia à Los Angeles. Quelques années plus tôt, il avait eu une idée de barjot – construire un hôtel de luxe et un casino à Las Vegas, un trou perdu au milieu du désert du Nevada. Il avait rassemblé un financement de trois millions de dollars auprès de ses amis mafieux de New York… et tout avait été dépensé avant même le début de la construction. Il avait réussi à mettre la main sur trois autres millions, qui s'étaient évaporés aussi rapidement. Il était alors revenu à New York pour emprunter encore et avait fini par trouver deux briques, la majeure partie auprès de Costello. Le casino – qui s'appelait le Flamingo, rapport aux longues jambes de sa petite copine – avait fini par ouvrir ses portes, longtemps après la date prévue, et en dépassant le budget initial de manière spectaculaire. Et ça avait été un flop, une vraie hémorragie financière. Quelqu'un avait fini par en avoir assez de casquer et Siegel s'était fait dessouder à coups de carabine Winchester calibre .30-30 pendant qu'il prenait son café, tranquillement installé dans le canapé de sa copine à Beverly Hills.

Et maintenant Costello, grâce aux informations fournies par le fraîchement décédé Vernon Hintz, suggérait que Siegel n'avait en fait jamais prévu d'utiliser ces deux derniers millions pour son rêve de dingo.

« Donc Benny aurait tapé tout New York pour son casino chéri… alors qu'il voulait se garder la cagnotte ? »

Costello s'enfonça dans son fauteuil.

« Grosso modo, ça y ressemble, conclut-il.

— C'est pas mal trouvé, comme arnaque. Benny sait que son casino va se casser la gueule de toute manière, alors il emprunte de l'argent à tout le monde, fait semblant de l'investir dans l'affaire et quand le casino ferme ses portes, il peut dire que l'argent s'est perdu dans la faillite. Sauf que c'est pas ce qui s'est passé… »

De grands éclats de rire s'élevèrent dans le salon. Gabriel crut entendre Bova brailler plus fort que les autres.

Costello attendit que le silence retombe tandis que Gabriel jetait un œil à l'image nébuleuse de Central Park, dehors.

« Benny avait donné rendez-vous à Hintz pour lui remettre l'argent, mais il n'est jamais arrivé, poursuivit Costello. On a envoyé Katz au Flamingo, il y a quelques semaines, pour mettre le nez dans les comptes. Tu devines ce qu'il a découvert ?

— Des irrégularités comptables ?

— Les deux millions n'ont jamais été versés sur les comptes de l'entreprise, ni d'ailleurs sur les comptes personnels de Benny. Ils n'étaient pas non plus dans les coffres du Flamingo, ni chez lui, ni chez sa pute de copine. Ni sur ses comptes à elle. Ni même sur les comptes suisses que Lansky avait ouverts.

— Et il n'avait pas l'argent quand il est descendu de l'avion en Californie, précisa Adonis.

— Comment est-ce que vous en êtes aussi sûrs ? demanda Gabriel.

— On a vérifié auprès de son chauffeur et aussi de son comptable, le Polack avec qui Dragna et lui travaillaient. Et auprès d'un douanier de l'aéroport qui travaille pour nous. Alors, à moins qu'il ait tout balancé par la fenêtre de l'avion entre ici et la Californie, l'argent est toujours à New York. »

Costello reprit la parole :

« Nos deux millions sont dans la nature, là, quelque part », dit-il avec un geste large en direction de Central Park, de New York, des cieux.

C'est pour ça qu'ils avaient fait appeler Gabriel. Benny et lui étaient de vieux amis, juifs tous les deux. Gabriel connaissait les amis de Benny et était susceptible de savoir où il aurait pu planquer l'argent. Et puis Gabriel avait une certaine expérience en matière de blanchiment. Sous son crâne, la musique de la panique venait de reprendre de plus belle.

« Donc Benny a laissé deux briques qu'il vous a volées quelque part à New York et vous voulez que je vous le retrouve ? »

Costello confirma et prit une gorgée de café.

« Grosso modo, c'est ça. »

Gabriel n'allait jamais pouvoir retrouver l'argent dans les dix jours qui le séparaient de son départ. Et il fallait absolument que cette affaire soit résolue avant qu'il disparaisse. Sinon, il lui serait impossible de s'évaporer dans la nature. Et il était aussi hors de question de refuser, ça paraîtrait suspect. Il était piégé. Il se serait bien allumé une cigarette, mais il avait peur que ses mains le trahissent. Il se contenta donc de tapoter le rythme des percussions sur le feutre de son Stetson.

« Autre chose », ajouta Costello, se tournant vers Adonis pour lui faire signe de continuer son explication.

« Quand Benny est venu trouver Hintz pour lui demander de blanchir le pognon, Hinz lui a parlé de toutes les entreprises écrans et comptes en banque qu'il allait devoir mettre en place, pour lui expliquer combien ça allait lui coûter. Mais Benny lui a dit qu'il n'avait pas besoin de ça et qu'il pouvait faire transiter l'argent par des entreprises que Hintz avait déjà créées pour une des autres familles. »

Adonis leva les sourcils et laissa le temps à Gabriel de faire ses calculs pour comprendre ce que cela impliquait. Toutes les familles du crime de New York utilisaient Hintz. Si ce qu'il avait avoué était vrai, alors Benny avait comploté avec l'une des quatre autres familles pour dérober les deux millions.

« Hintz a dit de quelle famille il s'agissait ? »

Adonis fit non de la tête, l'air lugubre.

« Selon Hintz, Benny n'a jamais dit qui c'était. Il était censé revenir à New York pour s'occuper des détails, mais il a fini la tronche éclatée sur son canapé de Virginia Hill avant de pouvoir tout finaliser. »

Gabriel les regarda et enchaîna.

« Et Genovese ? Il devait avoir un compte chez Hintz. »

Le visage de Costello s'assombrit à la seule mention du traître qui était censé être sous ses ordres.

« Benny et Genovese se sont pris en grippe l'an dernier, expliqua Costello. Ils ne pouvaient pas s'encadrer. Aucune chance qu'ils aient été de mèche là-dessus.

— Sûr ?

— Sûr et certain. Laisse tomber cette piste. »

Gabriel se demanda pourquoi son patron était si prompt à éliminer la possibilité de chercher du côté de Genovese.

« Tu as vu Benny quand il est venu à New York ? demanda Costello.

— Bien sûr, il est passé au Copa dire bonjour. »

Gabriel repensa à l'été dernier et au dernier voyage à New York de Benny, qui faisait le tour des familles mafieuses pour gratter les deux briques qui allaient finir par lui porter la poisse. Benny était venu au Copa avec sa clique habituelle, des vedettes du grand écran, de jeunes ingénues et des mafiosi. Ils s'étaient parlé en privé et Gabriel avait eu le sentiment que quelque chose tracassait Benny. Pas seulement ses problèmes d'argent et le trou qu'il s'était fabriqué tout là-bas dans le désert du Nevada. Gabriel avait eu l'impression qu'il voulait lui dire quelque chose mais qu'il n'en avait pas eu le courage. Gabriel y avait pas mal pensé sur le coup, puis il avait oublié.

« Est-ce qu'il avait l'air d'aller bien ? » demanda Costello.

Gabriel fronça les sourcils. Costello ne lui disait pas tout.

« Bien sûr, mentit Gabriel. Pourquoi ? »

Costello haussa les épaules et Adonis se racla la gorge. Gabriel préféra changer de sujet.

« Il a pu mettre l'argent sur un compte. Ou le confier à un autre blanchisseur. S'il a fait ça, ça va être dur de remonter la trace.

— Hintz a dit qu'il apportait l'argent en liquide, fit remarquer Adonis. Pourquoi est-ce qu'il aurait pris le risque de le mettre à la banque pour les quelques jours qu'il allait passer en Californie ? En tout cas, s'il a été assez con pour ça, on veut savoir où c'est.

— Bon, alors je vais chercher quoi ? Un attaché-case bourré de biftons planqué quelque part dans New York et ses environs ? Si ça se trouve, il l'a laissé à une de ses gonzesses et elle a déjà tout dépensé. Ou il l'a fourré dans la consigne d'une gare. Ou il a loué un appartement avec un bail à long terme et il l'a caché sous le matelas. Ça va être l'aiguille dans la botte de foin, ce truc… »

Il croisa le regard de Costello, qui le lui rendit avec une expression indéchiffrable.

« Pas un attaché-case, Gabby, précisa Adonis. C'est trop petit pour deux briques. On parle sac de voyage, là. Peut-être même deux. Comme les bardas de militaires. »

Adonis montra les dents, lui adressant un sourire dénué de chaleur, et Costello le regarda fixement. Gabriel se mit à transpirer.

« Tu es bon sur ce genre de coups, Gabriel », reprit Costello.

Il prit une serviette de table en lin sur le bureau, en enveloppa son index et commença à se masser les gencives et les dents.

« Pose des questions à droite à gauche. Vois ce que tu peux dégoter. J'ai besoin de ce fric, Gabby. »

Il y avait quelque chose de désespéré dans sa voix. Il avait fait pression auprès de toutes les autres familles pour qu'ils investissent dans les chimères de Benny à Las Vegas. Benny disparu, c'était lui qu'on considérait comme responsable. Lui, le premier ministre des bas-fonds, le *capo di tutti capi*, avait désormais une dette de deux millions de dollars envers toutes les autres familles du crime. Et maintenant, voilà qu'il découvrait qu'une de ces familles avait magouillé pour voler cet argent. Si la petite enquête n'était pas menée avec un maximum de précautions, ça risquait fort de déclencher la première guerre des gangs à New York depuis vingt ans.

« Personne n'est au courant que l'argent est dans la nature ? demanda Gabriel.

— Seulement nous, répondit Costello. Donc ça serait bien que ça ne s'ébruite pas. »

Gabriel comprenait bien. Si l'une des autres familles l'apprenait, ils allaient se mettre eux aussi à chercher l'argent, et s'ils le trouvaient ils feraient comme si de rien n'était pour que Costello paie.

« Trouve-moi ce fric, conclut Costello.

— Et trouve aussi quelle famille est impliquée », ajouta Adonis.

Gabriel considéra ses maigres chances de réussite. Il était censé se carapater la semaine prochaine mais il fallait qu'il découvre ce pognon fantôme avant son départ, sinon personne ne le laisserait jamais en paix. C'étaient des années de préparation qui venaient de tomber à l'eau à la dernière minute.

« Pas de problème, répondit-il fermement, pour couvrir le bruit des percussions qui battaient sous son crâne. »

7

Lundi 3 novembre, 8 h 32

Gabriel prit un taxi pour retourner à son appartement, sur la 64e Rue Est. C'était un appartement traditionnel de sept pièces, au dixième étage d'un immeuble de la fin du XIXe siècle. L'ascenseur le propulsa jusque chez lui. Il déverrouilla la porte, traversa le vestibule et alla s'installer dans le salon. C'était un meublé – papier-tontisse, tableaux vieillots, quelques canapés et méridiennes antiques – et il n'avait pas la moindre idée de l'identité du locataire précédent.

Il entendit la douche couler dans la salle de bains et Mme Hirsch qui s'affairait dans la cuisine. Il se dirigea directement vers le bar sur roulettes pour se servir un petit digestif du soir – même si on était le matin – et, au passage, il manqua glisser sur le tapis de bandes dessinées qui recouvrait le parquet. Il soupira et se baissa pour les ramasser : *Adventure Comics*, *Marvel Mystery*, *All-Star Comics*... Au milieu se trouvaient le carnet de croquis de Sarah et quelques crayons. Il les posa à côté des carafes et se servit un Glenlivet qu'il but d'une traite avant de s'en servir un autre, qu'il sirota en observant le croisement de la 64e Rue et de la 4e Avenue. Trois nourrices noires poussaient des landaus en direction de Central Park. Une femme blanche avec un col de fourrure hélait un taxi. Un camion de livraison patientait à un feu.

Il tourna ensuite son regard vers les toits qui s'étendaient vers le nord. Il s'abandonna à cette méditation et, comme chaque fois qu'il se trouvait aussi haut, il songea à sauter. Bizarrement, il s'imaginait que ce serait comme un plongeon élégant, une gracieuse culbute dans le néant dont il serait sauvé au dernier moment par les ailes qui se déploieraient dans son dos. Pourtant, et il était bien placé pour le savoir, tomber du haut d'un immeuble se faisait rarement dans la sérénité.

Il préféra diriger ses pensées vers les millions disparus. Comment allait-il pouvoir retrouver ce fric en dix jours ? Il repensa à Benny qui était venu le voir au Copa l'été passé. Il le revoyait, accoudé au bar avec l'air de quelqu'un qui a besoin de lâcher quelque chose, une angoisse latente dans le regard.

En face de l'immeuble, une rame passa dans un grondement sur les voies du métro aérien de la 3e Avenue. L'air vibra de son fracas métallique. Gabriel reposa son verre et s'alluma une cigarette. Son regard se posa sur le carnet de croquis de Sarah. Batman, Superman, The Shadow, Dick Tracy, un personnage féminin que Gabriel ne connaissait pas mais qui affichait un décolleté tout prêt à faire exploser son corsage et les lois de la pesanteur. Divers scélérats avec les costumes adéquats. Tous en train de s'envoler, de se battre, de donner des coups de pied et de sauter dans tous les sens. Sarah avait du talent : même si les dessins n'étaient pas complètement finis, elle savait insuffler de la vie à tous ses personnages. Leurs traits se perdaient dans des ombres portées, des grilles et des lignes de perspective, avant de disparaître au fin fond des pages blanches du bloc.

D'autres images le glacèrent. C'étaient des représentations mexicaines du Jour des Morts, avec des squelettes portant des sombreros et des guirlandes qui jouaient de la guitare et de la trompette. Des squelettes-gangsters en costard fumaient de gros cigares et arrosaient les alentours avec de grosses mitraillettes qui crachaient un feu que Sarah avait dessiné en couleur dans de grandes zébrures orange et rouges.

« Il est encore un peu tôt pour ça, non ? » fit une petite voix nasillarde dans son dos.

Mme Hirsch se tenait dans l'encadrement de la porte de la cuisine, les mains sur les hanches. Elle portait un tablier par-dessus son gros pull en laine.

« Vous avez vu ses dessins ? » demanda-t-il en lui montrant les croquis.

Mme Hirsch fronça les sourcils et s'avança en claudiquant, ses mules claquant sur le parquet. Âgée d'une bonne soixantaine d'années, elle était un peu enveloppée. Elle prit le cahier et le rapprocha de son visage en plissant les yeux pour mieux voir.

Seules trois personnes connaissaient le plan de Gabriel : Gabriel, Sarah et Mme Hirsch, qui l'aidait à élever Sarah depuis toujours. Depuis que la sœur de Gabriel avait été assassinée.

« Ça ne va pas, ça, dit Mme Hirsch en levant les yeux vers Gabriel. C'est de l'angoisse.

— Ah, vous croyez ? » fit-il d'un ton ironique.

Mme Hirsch lui lança un regard contrarié.

« Parlez-lui un peu, conseilla-t-elle. Un peu de café pour aller avec le whisky ? »

Gabriel fit oui de la tête et elle quitta le salon en boitillant.

« Attention, si vous restez trop longtemps penché à la fenêtre, vous allez finir par vous transformer en gargouille », lâcha-t-elle avant de disparaître dans la cuisine.

C'était une de ses remarques préférées. Sans doute parce que Gabriel passait en effet beaucoup de temps à regarder par la fenêtre. Il contempla le salon en se massant les tempes. Il avait fait quelques ajouts dans cet appartement : un scanner radio de la police, un petit coffre-fort, un pigeonnier sur le toit et un tableau avec des gouttes de peinture dégoulinantes, posé contre le mur près de la fenêtre car il n'avait pas encore pris le temps de l'accrocher. Il l'avait gagné au poker quelques mois auparavant. Le collectionneur lui avait assuré qu'il allait prendre une valeur incroyable et que l'ivrogne du Wyoming qui l'avait peint était certainement le prochain Picasso.

Ce n'était pourtant que des taches et des éclaboussures, que l'artiste créait en laissant goutter son pinceau directement sur la toile. Les giclures de couleurs et les épaisseurs variées virevoltaient et s'entortillaient les unes dans les autres. Quand Gabriel était éméché, fatigué ou qu'il s'était enfilé quelques cachetons, le tableau prenait vie : il s'agitait, oscillait, dansait. Gabriel avait même l'impression de voir l'artiste lancer la peinture, de percevoir les mouvements de ses bras, son énergie, sa performance, figés à tout jamais dans la forme même de l'œuvre.

Mme Hirsch vint lui apporter son café.

« Un type balance de la peinture sur une toile et on appelle ça de l'art, soupira-t-elle. Littéralement, il balance de la peinture, quoi ! Vous avez tous ces beaux tableaux et c'est cette monstruosité que vous regardez. Sarah pourrait faire mieux que ça. »

Gabriel prit une gorgée de café et se sentit nauséeux. Ils restèrent un moment à regarder le tableau. Il fallait qu'il l'accroche, cela ajouterait de la crédibilité à l'histoire qu'il allait essayer de faire avaler à tout le monde : Sarah et lui étaient confortablement installés dans l'appartement quand des intrus avaient fait irruption et les avaient tués.

Gabriel et Mme Hirsch se retournèrent en même temps en sentant la présence de Sarah juste derrière eux. Elle les regardait en train de regarder le tableau.

« Je vais te chercher ton déjeuner », lui annonça Mme Hirsch en jetant un regard entendu à Gabriel avant de disparaître dans la cuisine.

Sa nièce portait une jupe écossaise et un pull marron très lâche dont la couleur faisait ressortir sa chevelure rousse. Elle avait le visage de sa mère, les mêmes taches de rousseurs, la peau laiteuse, les joues roses, comme si elle venait de se frotter le visage. Elle avait une fraîcheur montagnarde. À presque 14 ans, elle ressemblait chaque jour davantage à la sœur de Gabriel décédée depuis si longtemps.

« Qu'est-ce qu'il y a ? » demanda-t-elle.

Il fallait qu'il lui parle de ses dessins, mais il n'en avait pas le courage. Il était assez fatigué comme ça. Il lui parlerait après avoir dormi, même s'il ne savait pas quand il en aurait l'occasion.

« Rien. »

Ils se voyaient deux fois par jour. Quand il rentrait du travail, elle partait pour l'école, et le soir, ils se croisaient dans l'autre sens. Ils vivaient leurs vies sur des orbites différentes.

« Tu as l'air crevé, fit-elle remarquer.

— La nuit a été longue.

— Comme toujours, non ? »

Ils se sourirent et il se retint de lui passer la main dans les cheveux. C'était une belle jeune fille. Elle était talentueuse, chaleureuse, timide, pudique. Il la mettait en danger avec son mode de vie et maintenant il allait tout faire pour la sortir de cette situation. C'était pour elle qu'il faisait tout ça. Elle était le dernier membre de sa famille, la dernière personne pour qui il aurait volontiers donné sa propre vie.

Elle le laissa pour aller prendre son petit déjeuner à la cuisine.

Gabriel versa son whisky dans le café et se dirigea vers le scanner radio. Il s'agenouilla devant et l'alluma. Installé dans le canapé, il ferma les yeux et soudain des lumières se mirent à tournoyer dans sa tête. Il se concentra sur les grésillements de la radio. Il ne savait pas pourquoi, mais cela avait le don de l'apaiser.

« Accident avec chauffard en fuite au croisement de la 96e Rue et de la 3e Avenue. Un blessé. Véhicule Plymouth 44 marron avec dégâts à l'avant gauche… »

À travers le crépitement de ces parasites, il entendait New York qui se réveillait et constatait la récolte des crimes de la nuit, pot-pourri où se mêlait une profusion d'accidents de voiture, d'agressions, de cambriolages, de viols, de cadavres repêchés dans le fleuve, découverts au fond d'une ruelle, parsemés de détritus, abandonnés sur un banc dans Central Park. C'était l'écume et les résidus des beuveries et des bagarres, de ceux qui étaient allés au bout de leur rêve ou de leur cauchemar. C'était le grand nettoyage matinal, une fois que l'empire de la nuit s'était retiré pour une nouvelle journée.

« Agresseur en fuite sur la 73e Rue Est vers Central Park. On demande des renforts… »

Cela faisait des années que Gabriel cherchait à quitter sa vie de gangster. Avec le temps, il avait le sentiment de plus en plus prégnant que les murs se rapprochaient. Que, comme tout gangster, plus il durait dans le métier, plus il se rapprochait de la taule ou d'une tombe creusée à la hâte dans une forêt. Et cette impression se renforçait chaque jour ; sa cage rétrécissait tellement qu'il ne se rappelait même plus la dernière fois où il avait connu la tranquillité d'esprit.

Et puis un jour, six ans plus tôt, il avait gagné au poker un intéressement de 50 % sur le champ de courses de Saratoga. Le reste de l'affaire était la propriété d'Albert Anastasia, le chef de la famille Mangano, patron officieux des docks de Brooklyn, membre fondateur de la Mutuelle de l'assassinat, tueur et tortionnaire patenté. Bref, l'incarnation de la grande mécanique de la violence mafieuse.

Quand Anastasia avait appris qu'il était à parts égales avec Gabriel dans l'affaire, il lui avait demandé de venir le voir pour une petite conversation informelle, histoire de lui expliquer que, s'il se produisait la moindre irrégularité ou que Gabriel se permettait de gêner le fonctionnement bien huilé du champ de courses, il le ferait disparaître purement et simplement. Et cela n'aurait pas embêté Anastasia le moins du monde. Selon la rumeur, son compteur personnel dépassait les trente meurtres. Gabriel était resté tranquillement assis à acquiescer – parce que derrière les menaces d'Anastasia Gabriel venait de trouver un moyen de les sortir du guêpier.

« Au croisement de Canal Street et Allen Avenue. Cambriolage probable. Interprète chinois demandé… »

Le jeudi suivant, il devait se rendre chez le commissaire aux comptes du champ de courses pour récupérer les bilans de la saison estivale. Les années précédentes, Gabriel avait soigneusement dissimulé l'argent qu'il récupérait, mais cette année il avait fait ça moins proprement – le type le verrait forcément. Gabriel comptait rentrer retrouver Sarah à l'appartement. Mme Hirsch ne serait pas là, elle avait ses jeudis soir de libres pour aller voir sa sœur qui vivait dans le Queens. Gabriel s'était arrangé pour qu'Anastasia vienne en personne récupérer les livres de comptes vers 9 heures du soir.

Il prendrait ce qu'il était venu chercher et s'en irait.

Alors Gabriel mettrait le bazar. Il retournerait le mobilier, dérangerait les tapis. Puis il se ferait une coupure au bras pour laisser du sang partout. À 10 heures précises, comme tous les soirs, le concierge monterait sur le toit pour fumer un joint. À 10 heures, Gabriel et Sarah sortiraient en douce, iraient jusqu'à Lexington Avenue prendre le métro jusqu'à Penn Station, où ils monteraient dans un bus pour la Floride. De là, ils iraient jusqu'au Texas et utiliseraient leurs faux passeports pour aller à San Antonio, Monterey, puis Mexico. La liberté.

« Cadavre sur la jetée n° 88. Des agents sont sur place. On demande les inspecteurs de la brigade criminelle… »

Le vendredi matin, Mme Hirsch viendrait travailler comme de coutume et découvrirait avec horreur que Gabriel et Sarah avaient disparu et que l'appartement était sens dessus dessous. Alors elle appellerait la police et crierait au meurtre, leur donnant ainsi une demi-journée d'avance. Les flics feraient leur enquête, Costello ferait son enquête. Et il n'y aurait qu'une seule conclusion possible : Anastasia était venu récupérer les comptes le jeudi soir, il avait compris que Gabriel tapait dans la caisse, une dispute avait eu lieu, Anastasia avait tué Gabriel et Sarah puis avait caché les corps. Un truc pareil, ça ne serait pas une première pour Anastasia. D'ailleurs, il était connu pour piquer des crises de rage. Il pourrait toujours nier, tout le monde saurait que c'était lui. Après tout, question cadavres, son compteur dépassait les trente unités.

Gabriel et Sarah s'en sortiraient sans problème. Et Gabriel aurait enfin rempli son devoir envers sa nièce.

« Attroupement au coin d'Amsterdam Avenue et de la 134e Rue. Possible combat au couteau. Les agents disponibles à proximité doivent se faire connaître immédiatement pour intervenir. »

« Salut, tonton Gabby ! »

Quand il ouvrit les yeux, il vit que Sarah partait pour l'école. Le claquement de la porte fit vibrer son crâne. Il se frotta les tempes et étudia l'appartement en imaginant une nouvelle fois sa lutte imaginaire avec Anastasia. Il réfléchit aux meubles qu'il serait censé avoir heurté, aux endroits où le sang devrait être projeté. Il repensa au tableau derrière lui, couvert de dégoulinures de peinture. Ça serait comme une œuvre d'art en live.

« Plusieurs coups de feu. Le suspect se dirige vers le nord sur la 5e Avenue. Que toutes les unités libèrent cette fréquence… »

Cela faisait des années qu'il planifiait tout et il avait cartographié l'effet domino d'absolument chaque contretemps, chaque erreur. La seule chose qu'il n'avait pas envisagée, c'était de devoir retrouver les deux briques de Benny Siegel dix jours avant leur départ.

Six ans de préparation. Dix jours pour rattraper le coup.

« Je sais pas ce qui me dérange le plus : le tableau ou la radio de la police. Pourquoi vous ne choisiriez pas des objets un peu plus beaux pour l'appartement ? »

Gabriel se retourna et vit Mme Hirsch qui mettait son manteau dans le vestibule.

« Besoin de quelque chose ? Je vais faire les courses. »

Il fit non de la tête.

« Pour jeudi. Il faut annuler votre soirée », annonça-t-il.

Mme Hirsch suspendit son geste, contrariée.

« On vous a donné du boulot ? » demanda-t-elle prudemment.

Gabriel se contenta d'opiner.

« Costello ? »

Il opina à nouveau. Elle tira sur le col de son manteau et s'approcha de lui. Il lui raconta l'histoire des millions disparus et la mission qu'on venait de lui confier.

« Et si vous ne trouvez pas l'argent avant de partir ?

— Alors je ne pourrai pas partir. Sinon tout le monde croira que j'ai trouvé l'argent et que je me suis barré avec. Ils me poursuivront toute ma vie. Dire que je voulais faire table rase… Des années de préparation !… »

Elle hochait la tête, réfléchissant à la situation et en calculant les ramifications.

« Mais si vous ne partez pas, il faudra affronter Anastasia. Et tout ça n'aura servi à rien.

— Exactement. »

Gabriel repensa au nombre de meurtres qu'Anastasia avait à son actif. Il imagina ce que ça donnerait quand Anastasia s'en prendrait à lui. L'horreur.

« Bon, autant se mettre à chercher tout de suite, alors », conclut-elle après réflexion.

Puis elle se redressa et se dirigea vers la porte.

Gabriel lui fit un sourire et elle s'en alla.

Mme Hirsch était parmi les rares personnes qui lui manqueraient à New York. Il ferma les yeux et l'obscurité le détendit, même s'il savait qu'il n'arriverait pas à dormir – la brûlure des passeports dans sa poche était permanente. Il fallait qu'il les planque et qu'il se mette au boulot.

8

Lundi 3 novembre, 9 h 12

Gabriel monta sur le toit et se dirigea vers le pigeonnier. Le froid le faisait frissonner, mais il était content d'être là. Il avait toujours adoré les toits, même quand il était gosse. Il y trouvait une sérénité, un isolement très particulier dans une ville où il était devenu difficile d'être seul. C'était sans doute pour cela que tant de gens à New York avaient des pigeons : ça leur faisait une excuse pour monter sur le toit, au calme, s'envelopper dans le silence du ciel.

Quand leurs parents étaient morts, Gabriel et sa sœur avaient dû se débrouiller tout seuls, dans la rue. Parfois, l'hiver, ils passaient par les escaliers de secours des immeubles qui avaient le chauffage central pour pouvoir dormir près des ventilations et ne pas mourir de froid. Il leur arrivait de se réveiller couverts de suie, ils toussaient pendant des semaines et sa sœur volait des pastilles pour la gorge dans les pharmacies.

Parfois, les jours de chaleur estivale, ils dormaient sur les toits juste pour profiter du ciel nocturne, pour contempler l'imperceptible mouvement des étoiles sur la voûte d'encre. Au retour de l'automne, quand il fallait retourner à l'intérieur, passer la nuit dans une chambre leur donnait l'impression de dormir dans une cellule de prison.

Gabriel repensa à sa sœur avec qui il avait tant partagé et qui lui avait été arrachée si violemment. Sarah lui ressemblait tant. Il ne pouvait pas prendre le risque qu'il lui arrive la même chose.

Lorsqu'il arriva devant la cage, les pigeons s'agitèrent soudain et se mirent à virevolter derrière la grille. Il l'ouvrit et pénétra dans le pigeonnier secoué par le mouvement des oiseaux.

Après avoir retiré certaines cages du banc de rangement, il ouvrit le cadenas et releva son couvercle. Dedans, il y avait un espace avec un petit coffre. Il le déverrouilla et y plaça les passeports à côté de l'argent et des armes. Il sortit l'un des revolvers – un Smith & Wesson .38 Special – et l'examina. Il le chargea et le mit dans sa poche avant de refermer la caisse et le banc et de tout remettre en place.

Il était en train de verrouiller la porte quand il leva les yeux vers l'immeuble d'en face, sur la 64e Rue, qui s'élevait au-dessus du sien. À une fenêtre, une très vieille femme l'observait avec un regard furieux. Leurs yeux se croisèrent avant qu'elle se retourne et disparaisse. Il continua à fixer la fenêtre, à présent déserte, puis les autres fenêtres qui ressemblaient à un empilement de boîtes, comme les distributeurs automatiques de la veille avec leurs repas qui refroidissaient et se figeaient derrière les vitres.

Ses pensées furent interrompues par le grondement du métro qui serpentait sur le ruban d'acier des voies aériennes de la 3e Avenue en rotant ses nuages de suie. Il tonnait et secouait chaque vis et chaque écrou de l'échafaudage qui soutenait ces rails trois étages au-dessus du sol. Cela faisait des années que les habitants du quartier voulaient s'en débarrasser pour que l'Upper East Side puisse se détacher encore un peu plus du reste de New York. Tôt ou tard, leur campagne finirait par aboutir.

Gabriel regarda le vieux train se propulser maladroitement vers Harlem et le Bronx comme un bon gros géant de fer tout pataud qui ne sait pas encore qu'il a perdu le combat, que plus personne ne l'apprécie et qu'il n'a plus sa place au milieu des grands immeubles. Comme Gabriel et son pigeonnier. Les voisins avaient beaucoup protesté contre ses pigeons : c'était bon pour les taudis de Brooklyn et autres gourbis du Queens, pour les quartiers crasseux qui grouillaient d'immigrés, pas pour l'Upper East Side, résidence des princes du commerce et des barons du vol.

Gabriel ne s'était installé là que pour se rapprocher du Copa. Mais il s'était rendu compte à l'usage qu'il ne pouvait pas faire un pas dans le quartier sans tomber sur quelqu'un affichant un sourire en coin un peu hautain. Il aurait peut-être dû rester du côté de l'Upper West Side, avec Costello et les autres gangsters.

Il s'alluma une cigarette et laissa son regard vagabonder derrière les voies du métro, derrière les toits, vers le fleuve qui scintillait au loin, vers Welfare Island et, encore plus loin, vers la brume du Queens.

Les paroles de Mme Hirsch resurgirent dans son esprit. Il ne fallait pas passer trop de temps à contempler la ville, au risque de se transformer en gargouille.

Il se dirigea vers l'escalier et se retrouva face au concierge. C'était un jeune gars de Brooklyn, comme lui, et cela leur donnait l'impression d'être des alliés naturels face à cet immeuble bourgeois ancien. Même s'il ne le savait pas, c'était lui dont la pause cigarette de 10 heures allait aider Gabriel à disparaître.

Le concierge l'aperçut, lui fit un signe de tête et lui tint la porte en poussant un long bâillement. Ils avaient aussi en commun de travailler de nuit.

« Tu n'as pas fini ta nuit ? lui demanda Gabriel.

— Pauly est en retard. Je suis venu regarder la ventilation. Mme Ollson, la dame du numéro 5, m'a dit qu'il y avait encore un problème. »

Gabriel eut un petit sourire.

« Qu'est-ce qu'il y a de drôle ?

— Rien. »

La riche Mme Ollson faisait un scandale à cause d'une ventilation défectueuse. Il repensa à sa sœur et lui, bien des années plus tôt, l'hiver, quand ils se sauvaient tout couverts de suie, coursés par les pharmaciens, et grimpaient sur les tramways en marche pour se sauver.

Une nouvelle rame de métro passa avec fracas, dans l'autre sens cette fois-ci. Ils se retournèrent tous les deux pour le regarder passer, se dandinant sur les voies avant de disparaître derrière le toit du grand magasin Bloomingdale's, où les trains faisaient trembler toute la vaisselle au rayon Maison.

Le concierge secoua la tête.

« J'ai beau savoir qu'ils sont pourris, ils me manqueront quand même, ces trains.

— Amen », dit Gabriel en tirant sur sa cigarette.

Il lui adressa un signe de tête, remit sa clope entre ses lèvres et descendit l'escalier. Il avait un plan pour retrouver le pognon de Benny. Mais il allait falloir qu'il se replonge dans la rue pour le mettre en œuvre. Dix jours. Il avait d'autres soucis à se faire que de craindre d'être transformé en gargouille.

IV

« Dans tout le pays, les gens ont le sentiment que, partout, les anciens combattants se livrent à diverses activités criminelles menaçant les fondements mêmes de la société et la sécurité. Certains ont dépeint l'ancien soldat sous le jour sinistre d'une brute se jetant sur les passants pour les frapper et les détrousser. »

Harry Willbach,
Journal de droit criminel et de criminologie, 1948

9

Lundi 3 novembre, 9 heures

Le ferry fendait les eaux grisâtres en direction de Rikers Island, ce petit bout de terre en forme de larme perdu au milieu de l'East River, à mi-chemin entre le Queens et le Bronx. Ida était installée près de la proue et lisait le dossier de l'enquête. De temps en temps, elle levait les yeux vers les rives qu'on distinguait mal dans la lumière blême et brumeuse du matin. Tout autour d'eux, c'était le fleuve à l'heure de pointe : des ferries, des cargos, des traversiers-rails, des barges, et même des chalutiers dont les lumières vertes et rouges scintillaient comme les joyaux d'un paysage sinistre, tandis que leurs cheminées crachaient une fumée noire de suie que le vent soulevait dans le ciel d'un gris métallique.

Michael était appuyé contre la rambarde près d'elle mais, tourné dans l'autre sens, il contemplait les passagers assis sur les bancs qui parsemaient le pont, les épouses et les enfants qui venaient rendre visite aux détenus, les avocats, les employés de la prison. Ils étaient tous enveloppés de lourds manteaux d'hiver pour se protéger des morsures du vent qui balayait le fleuve. La plupart des femmes semblaient se connaître et elles bavardaient en petits groupes. Les enfants regardaient les bateaux d'un air triste ou couraient après les mouettes sur le pont glissant, poussant des cris aussi aigus que les volatiles qu'ils poursuivaient.

Comme ils arrivaient à destination, Ida referma le dossier et observa les contours de l'île, de plus en plus nets. Des buissons et de la rocaille, de petits bâtiments en brique rouge tous entourés d'un grillage de barbelés et de murs sécurisés. L'île avait un air étrangement moutonneux, avec de petites collines herbues qui faisaient des bosses parmi les broussailles et se jetaient parfois directement dans l'eau.

Ils abordèrent enfin. Le ferry cogna la jetée et on l'amarra avant que tout le monde ne descende. Ils progressèrent le long d'une allée en bois sommaire posée sur un sol boueux. Au bout, deux grilles les attendaient, interrompant le long mur de brique derrière lequel s'étendait le complexe de bâtiments du XIXe siècle qui constituait la prison. Les visiteurs firent la queue à la grille et, en attendant que les gardes leur ouvrent, Ida scruta le paysage qu'ils venaient de traverser. Les marécages étaient recouverts d'une couche de verglas qui donnait au sol et à la végétation noirâtre un scintillement de toundra arctique, comme si le bateau les avait débarqués en Islande ou au Groenland, et non à New York.

Et puis elle aperçut quelque chose d'étrange au loin : de la fumée sortait du sol noir et, çà et là, parmi les roseaux, le gel semblait rougeoyer et des lueurs orangées éclataient avant de disparaître, comme des méduses surgissant des profondeurs pour y retourner aussitôt. Cela lui rappela les énigmatiques feux follets bleus qui constellaient les marais de sa Louisiane natale.

Michael avait suivi son regard.

« L'île servait de décharge avant. Les ordures sont toujours là, enterrées, et parfois ça prend feu. C'est parce que tout a été construit sur des détritus que les bâtiments s'écroulent », ajouta-t-il en désignant les bâtiments en question d'un signe de tête : leurs imposantes façades étaient zébrées de fissures.

Une portion entière semblait s'être enfoncée plus bas que le reste dans les marécages. C'était donc pour cela que l'île paraissait penchée et irrégulière, comme Ida l'avait remarqué en arrivant. Avant d'y envoyer les humains dont elle ne voulait plus, New York y avait expédié ses rebuts. L'endroit n'en paraissait que plus glauque.

Les gardiens ouvrirent les grilles et la queue progressa jusque dans une cour boueuse avant d'entrer dans une salle d'accueil qui ressemblait à une étable délimitée par des cordes. On leur indiqua un bureau où l'on vérifia leur carte d'identité avant d'inscrire leur visite sur un registre, et on les fit encore patienter.

« Combien de temps dure la visite ? demanda Ida à Michael.

— Une demi-heure.

— On a à peine le temps de démarrer.

— Ouais. C'est sans doute fait exprès. »

Au bout de quinze minutes, des gardiens entrèrent et crièrent quelques noms. De petits groupes furent emmenés dans une salle où se trouvaient des tables numérotées devant lesquelles étaient assis des prisonniers enchaînés. La salle était sombre et sans fenêtre, hormis une mince rangée de verrières encastrées très haut dans le plafond et couvertes d'une crasse qui obscurcissait la lumière anémique de cette matinée grise.

On emmena Michael et Ida à la table 18, où les attendait Thomas James Talbot.

Ida fit de son mieux pour cacher le choc qu'elle ressentit. Elle ne l'avait pas vu depuis la guerre et il avait changé de manière spectaculaire. Bien que plus en chair, il ressemblait tout de même beaucoup à son père.

Ses cheveux grisonnaient déjà et étaient moins fournis. Plus inquiétant, il avait un gros bleu sale sur la joue gauche. Mais c'est surtout son regard qui alarma Ida. Ses yeux avaient perdu leur éclat, leur joie et ils semblaient hantés par quelque traumatisme. Elle avait perçu la même chose chez Michael, mais chez Tom c'était beaucoup plus profond, plus puissant, plus poignant.

Ils s'assirent et il leur adressa un sourire triste.

« Je suis content de te voir, Ida.

— Moi aussi.

— Papa, dit-il en se tournant vers Michael. »

Michael fit un signe de tête et Ida sentit comme un froid entre eux.

« Qu'est-ce qui t'est arrivé au visage ? lui demanda Michael.

— Une bagarre à la cantine. Ce n'est pas moi qui me battais, mais j'ai pris un coup de coude au passage. C'est rien. »

Michael lui lança un regard tout sauf convaincu. Comme Ida, d'ailleurs.

Elle examina les autres prisonniers autour d'eux. La plupart étaient habitués à cet univers. C'étaient des durs, des cogneurs, des brutes, des tueurs. Et au milieu de tout ça, Tom. Tom et ses manières effacées, sa passion pour la lecture, son tempérament altruiste et doux, qui se retrouvait enfermé dans la même prison. À la moindre échauffourée, agression, attaque, il était mort. Dans un endroit pareil, des flics n'auraient aucun mal à arranger sa disparition. Elle se demanda si Michael l'avait averti du danger qu'il courait.

« Merci d'être venue, lui dit Tom. Toute aide est la bienvenue. Je n'ai rien fait, Ida. Je le jure devant Dieu. Je suis médecin. J'ai passé toute ma vie à essayer d'aider les gens.

— Je sais, Tom. Nous allons découvrir ce qui s'est passé et nous allons te sortir d'ici. »

Cela le fit sourire et son expression s'illumina brièvement.

« Le temps de visite est limité, ajouta-t-elle. Il faut faire vite. Je vais te poser beaucoup de questions. Et tu as déjà dû y répondre des centaines de fois. Mais j'ai besoin d'entendre tes réponses. J'ai pu regarder le détail de l'enquête en venant ici et il y a beaucoup d'incohérences, Tom. Ton récit comporte beaucoup de bizarreries. Je vais t'interroger là-dessus et il va falloir que tu me répondes sincèrement. D'accord ?

— Bien sûr. Tout ce que tu voudras. Comme je l'ai dit, je n'ai rien fait.

— OK. Commençons par le commencement. Pourquoi vivais-tu là-bas, Tom ? À l'hôtel Palmer ? Un taudis pareil ? »

Il eut un temps d'arrêt. La question touchait visiblement une zone sensible.

« Le loyer n'était pas cher. Je traversais une mauvaise passe. »

Ida sentit immédiatement qu'il cachait quelque chose.

« Tu n'avais plus de travail ?

— J'ai quitté l'hôpital il y a quelques mois.

— Pourquoi ? »

Il eut un nouveau temps d'arrêt, de toute évidence la question le dérangeait. Il jeta un bref regard à son père puis haussa les épaules.

« J'en avais assez », conclut-il.

C'était un nouveau mensonge. Ida se tourna vers Michael, dont le visage exprimait la peine. Lui aussi savait que Tom mentait. Si son garçon persévérait dans cette voie, il était foutu.

« Tu vivais à l'hôtel depuis combien de temps ? poursuivit Ida.

— Quelques semaines.

— Et dans ta déposition, tu dis que durant tout ce temps tu n'avais jamais vu Bucek, le Blanc qui est mort. Pas une seule fois, jusqu'à la nuit des meurtres ?

— C'est la vérité. Je m'en serais souvenu si j'avais vu un Blanc dans cet hôtel.

— Ça, tu vois, c'est la première incohérence. Il avait signé dans le registre de l'hôtel six semaines auparavant.

— Je jure que je n'avais jamais vu ce gamin de toute ma vie. La chambre où ils disent qu'il vivait était fermée tout le temps que j'ai vécu à l'hôtel. Il ne vivait pas là-bas. Je ne l'ai jamais vu, et les frères Powell non plus ne l'avaient jamais vu. Ils me l'auraient dit, autrement.

— Tu connaissais les frères Powell ?

— Un peu. On s'est un peu liés à mon arrivée. On buvait un coup dans nos chambres certains soirs. Je ne faisais pas partie du Temple comme eux. Les journaux ont dit le contraire, mais c'est faux.

— Le Temple de la Tranquillité ?

— Oui. Ils s'occupent de drogués qu'ils essaient de sevrer. Ils les assomment avec leurs discours à vanter la Black Star Line de Marcus Garvey, tout le côté "Retour en Afrique". Ils ont essayé plusieurs fois de me convaincre d'y aller, mais ça n'était pas mon truc. Et tous ces objets de vaudou à la noix ? Je ne les avais jamais vus. Ni dans ma chambre ni dans la leur.

— Si tu n'allais pas au Temple de la Tranquillité et que tu ne travaillais pas, qu'est-ce que tu faisais de tes journées ?

— Comment ça ?

— Qu'est-ce que tu faisais de tes journées ? Comment tu t'occupais ? Qu'est-ce que tu faisais de ton temps libre ? »

Tom s'agita sur sa chaise, mal à l'aise.

« Je marchais, finit-il par dire timidement.

— Toute la journée ?

— Parfois, oui. Je marchais jusqu'à Battery Park dans Brooklyn et je rentrais. Ou je prenais le métro jusqu'à Brooklyn ou le Queens et je revenais à pied.

— Pourquoi ?

— Pour que, à mon retour, je sois suffisamment crevé pour pouvoir m'endormir aussitôt. Parfois, je buvais un peu. »

Il avait l'air si gêné qu'Ida ressentit une pointe de compassion. Elle savait par sa douloureuse expérience personnelle que son histoire de vagabondage dans les rues de New York était vraie.

« Parfois, quand il pleuvait, j'allais à la bibliothèque. Et puis il y avait une soupe populaire pour les anciens combattants dans le quartier. Parfois j'allais aider là-bas.

— Donc, le jour des meurtres, c'est ce que tu as fait ? Tu as juste marché dans New York ?

— Oui. Je me suis levé, je me suis lavé et j'ai quitté l'hôtel. J'ai pris le métro pour Coney Island, j'ai marché le long de la côte et je suis remonté jusqu'à Sunset Park. Je me suis acheté un sandwich, j'ai pris le bus pour Brooklyn Heights et j'ai fini le trajet à pied. Je suis rentré vers 9 heures.

— Et quand tu es rentré, demanda Ida en se rappelant sa déposition, tu t'es couché et tu as été réveillé par un hurlement ?

— C'est ça. Je suis descendu, j'ai vu que les frères Powell étaient morts, je suis allé jusqu'à l'accueil, j'ai vu l'argent et la drogue dans la chambre de Bucek, je suis entré pour les prendre et c'est à ce moment-là que la police est arrivée. »

Ida le fixa calmement.

« Tom, je vais être franche. Ça ne se présente pas bien.

— Je suis au courant.

— Ton récit ne tient pas debout. Personne ne va y croire. Il nous faut une histoire crédible.

— Je dis la vérité.

— Tu dis que quatre personnes ont été massacrées dans ton hôtel et que ça ne t'a pas réveillé… Comment a-t-il pu n'y avoir qu'un seul hurlement ? Ça ne tient pas. Et tu dis être entré dans la chambre de Bucek parce que tu as vu la drogue et l'argent ?

— J'étais fauché.

— Tom, si tu veux qu'un jury croie à ton innocence, il va falloir que tu expliques pourquoi le tueur a laissé la drogue et l'argent bien visibles depuis le couloir. »

Tom la scruta froidement avec un geste indéfinissable qui lui rappela Michael.

« Et tes empreintes sur la montre de Powell ? ajouta Michael doucement. Comment tu vas expliquer ça ?

— Je n'en ai pas la moindre idée. »

Tom baissa brusquement la tête et Ida crut qu'il pleurait. Mais, quand il releva la tête, elle vit que ses yeux étaient secs, presque durs.

« Il faut que tu nous dises ce qui s'est passé ce soir-là en détail.

— OK. Je suis rentré vers 9 heures. J'ai pris une douche parce que j'avais pas mal transpiré en marchant. Je suis rentré dans ma chambre, j'ai bu quelques verres et je me suis endormi la radio allumée. Je me suis réveillé à un moment. Peut-être que j'ai entendu quelque chose, un hurlement. Et puis j'ai entendu une voiture. Mais tout ça n'était pas très net dans mon esprit. La radio était allumée, j'avais un coup dans le nez et j'étais épuisé. Je me suis rendormi. Quelques minutes plus tard, j'ai entendu un nouveau cri et là je me suis réveillé pour de bon. Je ne savais pas quoi faire alors j'ai attendu sans rien entendre de plus. J'ai fini par descendre pour voir ce qui se passait. J'ai vu le cadavre de Lucius dans le couloir, au deuxième. Puis celui d'Alfonso dans leur chambre. J'ai eu l'impression d'être revenu dans l'hôpital de campagne à Saipan. J'avais la tête qui tournait, je n'arrivais plus à réfléchir. Je me suis repris et je me suis dit qu'il fallait que j'aille voir si tout allait bien du côté de Mlle Hollis. Et quand je suis arrivé à l'accueil, j'ai vu qu'elle avait été tuée aussi. Elle était toute tailladée, il y avait du sang partout. J'ai vu de la lumière dans la pièce derrière, au bout du couloir, et la porte ouverte. C'était la première fois que je la voyais ouverte depuis mon arrivée. J'ai regardé à l'intérieur et j'ai vu le corps de Bucek qui s'était pris des coups de couteau, lui aussi. Et la première chose que j'ai pensée, c'est "mais qu'est-ce qu'un petit Blanc vient faire ici ?". Et puis j'ai vu l'argent et la drogue. J'aurais dû sortir et appeler la police, mais je suis rentré pour prendre l'argent, j'en avais vraiment besoin. Et trente secondes plus tard, les flics ont fait irruption dans la pièce. »

Tom regarda Ida, puis son père. Et soudain, ce fut comme si un mur s'écroulait en lui, comme si les débris d'une construction s'affaissaient en un long soupir douloureux.

« C'est la vérité, je le jure devant Dieu. Je n'ai pas tué ces pauvres gens. Et celui qui a fait ça aurait mieux fait de me tuer aussi, comme ça je ne serais pas dans ce trou à attendre la chaise électrique. »

Il s'interrompit, les lèvres tremblantes. Des larmes s'accumulaient dans ses yeux et Ida comprit qu'il disait la vérité. Il mentait au sujet des raisons de sa présence dans l'hôtel et de ce qui lui avait fait quitter son travail à l'hôpital, mais il disait la vérité quand il clamait son innocence. Quand il reprit la parole, ce fut avec une voix chevrotante et saturée d'émotion.

« Je ne sais pas ce qui s'est passé ce soir-là. Je ne sais pas comment tous ces grigris vaudous sont arrivés là. Je ne sais pas pourquoi je ne me suis pas réveillé plus tôt. Peut-être parce que j'avais bu ou parce que la radio était allumée. Ma chambre est quatre étages au-dessus de celle de Bucek et trois étages au-dessus de celle des Powell. Ce que je sais, c'est que quelqu'un a déposé ces trucs vaudous dans nos chambres. Quelqu'un s'est débrouillé pour que mes empreintes soient sur la montre de Powell. Et quelqu'un a prévenu les flics, parce qu'ils sont arrivés plus vite qu'ils ne l'ont jamais fait dans toute l'histoire de Harlem. Et aucun d'entre nous n'avait jamais vu Bucek avant qu'on découvre son cadavre. »

Il baissa la tête et se mit à pleurer. Michael lui prit la main et Ida détourna les yeux, examinant la pièce et les autres détenus. Les cogneurs, les voyous, les tueurs. Elle repensa à la facilité avec laquelle les policiers pourraient se débarrasser de lui pendant une bagarre entre détenus. S'ils s'en prenaient à Tom ici, il était foutu.

10

Lundi 3 novembre, 10 h 57

Le ferry quittait l'île. Michael, appuyé à la rambarde, regardait vers Ward Island, devant Manhattan et ses pâles monolithes argentés. Au loin, des chalands transportant du charbon et des allèges faisaient retentir leur sirène. Les mouettes s'interpellaient dans leur langage strident. Chaque son paraissait plus sinistre que le précédent.

Sur le pont, les familles qui avaient fait l'aller avec eux avaient repris leur place au même endroit. L'excitation fébrile s'était à présent évaporée. Même les enfants étaient avachis sur leur siège et laissaient les mouettes encercler le bateau. Ce qui tout à l'heure pouvait être une agréable balade fluviale n'était plus qu'une corvée, un obstacle avant de retrouver la chaleur de son chez-soi. Michael avait fait le voyage un nombre incalculable de fois depuis l'incarcération de Tom et il connaissait bien ce sentiment d'abattement, cette plongée dans la grisaille, comme si la prison avait aspiré toute l'énergie mentale et physique des visiteurs. C'était lors de ces trajets où il revenait de Rikers Island, en traversant le fleuve glacé, que son foyer lui manquait le plus, son épouse, si loin de lui. C'est là qu'il était rongé par la tristesse et la culpabilité.

Il essayait d'imaginer comment un procureur et un jury pourraient percevoir les déclarations de Tom, la faiblesse de ses explications, l'empreinte sur la montre d'une des victimes. Chaque fois, Michael se retrouvait à imaginer la chaise électrique, cette chaise faite de bois, de métal et de cuir vibrant d'un courant de mort.

C'était pour ça qu'il avait fait venir Ida de Chicago. C'était la meilleure détective avec qui il ait jamais travaillé. Elle était à la fois sa protégée, sa collègue, son amie. S'il existait quelqu'un qui puisse lui apporter une lueur d'espoir, c'était Ida.

« Cigarette ? » proposa-t-elle.

Il se retourna et vit qu'elle s'était rapprochée pour lui tendre l'étui à cigarettes en argent qu'il lui avait confié quand il avait pris sa retraite. Michael le tenait lui-même de son propre mentor de La Nouvelle-Orléans, et il se demandait ce qu'il était devenu depuis toutes ces années. Il prit une cigarette et ils commencèrent à fumer.

« Tu ne m'as jamais dit ce qu'était devenue ton offre d'emploi », demanda Michael.

Elle se tourna vers lui avec une gêne dans le regard qui lui rappela la jeune fille de 19 ans qu'il avait rencontrée pour la première fois à Chicago, presque trente ans plus tôt. Elle venait de débarquer du train en provenance de La Nouvelle-Orléans et frissonnait sous la neige du Michigan. Il était fier de la femme qu'était devenue sa protégée, de la façon dont elle avait affronté les épreuves qu'elle avait subies – la mort de son compagnon avant même la naissance de leur fils, qu'elle avait dû élever seule, puis la mort de l'homme qu'elle avait épousé ensuite, tué à la guerre. *Elle a le chagrin dans la peau et la solitude sur les os*, avait soupiré l'épouse de Michael après une soirée de Noël, deux ans auparavant. Mais elle s'était battue. Sauf que, depuis le départ de son fils pour l'université, la solitude avait dû reprendre le dessus. Pour la première fois depuis des années, Ida avait retrouvé cet air perdu qu'elle avait quand elle était jeune, cette vulnérabilité qui donnait l'impression qu'un rien pouvait l'ébranler.

« L'offre d'emploi… » répéta-t-elle avec ce qui ressemblait à une grimace.

Quelques mois plus tôt, elle avait demandé à Michael ce qu'il pensait d'une proposition qu'on lui avait faite et qui émanait d'un enquêteur du Trésor public avec qui Ida avait déjà travaillé sur plusieurs affaires. Il lui offrait de participer à la création d'une nouvelle agence à Washington. Le président Truman venait de signer le National Security Act en juillet et de créer la CIA, pour le compte de laquelle cet enquêteur recrutait. Cela impliquait qu'Ida quitte sa propre agence et aille vivre en Californie. Michael n'avait pas l'impression qu'elle soit parvenue à prendre une décision.

« L'offre tient toujours, finit-elle par expliquer. Mais au préalable il y a des vérifications de sécurité et j'ai besoin de garants. Je ne corresponds pas vraiment au type de personne qu'ils ont l'habitude d'engager.

— J'imagine. »

Ils échangèrent un sourire et replongèrent dans le silence. Michael regardait l'eau tourbillonner, bien conscient qu'Ida l'observait tout en cherchant un moyen d'aborder le sujet.

« Ça pourrait être pire, finit-elle par dire.

— Inutile de retenir les coups, Ida. Si ce n'était pas mon fils, on examinerait l'affaire et on se dirait qu'il est coupable à fond.

— Oui, mais justement. C'est ton fils. On le connaît tous les deux. Et on sait qu'il aurait été incapable de faire une chose pareille. »

Il se tut un instant, tira une bouffée et acquiesça.

« J'étais tellement fier de lui. Je lui ai donné une partie de la récompense qu'on a eue pour l'affaire Van Haren, pour qu'il puisse payer ses études de médecine. Il est devenu médecin. Et il y en a combien, dans ce pays, des médecins de couleur ? Et puis après ça, il s'est porté volontaire comme médecin militaire pendant la guerre. Et voilà qu'à son retour, qu'est-ce qu'il fait ? Il laisse tout tomber, arrête de travailler, il s'installe dans un taudis et passe ses journées à marcher dans les rues et à se soûler avec des vauriens. Je ne le reconnais plus, Ida. Et je ne sais pas pourquoi il nous ment. »

Il la regarda dans les yeux avant de se tourner de nouveau vers le fleuve. Devant North Brother Island, la sirène d'un remorqueur fit entendre une longue complainte.

« Il n'est pas le seul à être rentré un peu secoué de la guerre. Ils ne deviennent pas pour autant des égorgeurs à moitié dingues. Je sais que Tom nous a raconté des salades, mais il ne mentait pas quand il a affirmé ne pas être le meurtrier.

— Je sais.

— Donc, si ce n'est pas Tom, c'est quelqu'un d'autre. Et c'est ça, notre point de départ. Il y a quelqu'un qui est entré dans cet hôtel, qui les a tués et qui est reparti. Tom est ensuite descendu, tout ensuqué de ce qu'il avait bu, et il a bêtement voulu prendre l'argent de Bucek. Et c'est là qu'il s'est fait prendre.

— Mais pourquoi quelqu'un serait venu tuer tous ces gens ? Pourquoi eux ? Pourquoi cet hôtel et pourquoi ce soir-là ? »

Il avait déjà fait le tour de tous ces raisonnements ces dernières semaines et il n'aboutissait qu'à des impasses ou à de nouvelles questions.

Il observa Ida qui tirait sur sa cigarette en regardant les vagues. Ils n'allaient pas tarder à arriver à Manhattan et il apercevait la proue des bateaux ancrés le long des quais.

« Mettons de côté la théorie du cinglé atteint de folie meurtrière, fit Michael. Mettons qu'il s'agisse de quelque chose de calculé. Mettons que quelqu'un soit venu dans le but délibéré de commettre ces assassinats, et que la police soit arrivée ensuite pour couvrir l'affaire. Quel peut être le mobile ? Pourquoi s'introduire dans cet hôtel pour massacrer quatre personnes ? Et pourquoi la police jouerait-elle un rôle là-dedans ?

— Peut-être que quelqu'un a voulu voler l'argent et la drogue de Bucek et que ça a mal tourné ?

— Je ne sais pas trop. Ce sont des meurtres à la machette, quand même. Pour un vol banal, on prend un flingue, pas une machette ! Et puis on ne s'acharne pas à charcuter les corps pour finalement laisser l'argent et la came… »

Ida le regarda en acquiesçant.

« Tu as raison, soupira-t-elle. En tout cas, moi, je parie que c'est avant tout lié à Bucek. C'est lui, la pièce du puzzle qui ne va pas. Le petit Blanc du Queens qui revient de la guerre, reprend son ancien boulot, vit chez ses parents – et puis un beau jour il disparaît, et pour réapparaître six semaines plus tard à l'état de cadavre à l'hôtel Palmer, avec assez de drogue et d'argent pour être un dealer…

— Le rapport toxicologique affirme qu'il avait pas mal d'héroïne dans le sang, souligna Michael.

— On ne passe pas de salarié lambda à junkie-dealer en six semaines, renchérit Ida. Et pendant tout ce temps-là, Tom ne l'aurait jamais aperçu ?

— Et les frères Powell non plus. »

Les images des meurtres défilèrent dans la tête de Michael. Et Bucek, allongé à la morgue, pâle et tout menu, le torse déchiqueté.

« J'ai bien pensé à un truc, mais ça ne mène nulle part…

— Vas-y, dis-moi, encouragea Ida.

— Bucek était peut-être bien là, mais il se cachait… »

C'était la seule conclusion valable à laquelle Michael était parvenu jusqu'ici.

« Il était peut-être en cavale, et ceux qu'il fuyait ont fini par le rattraper ce soir-là. »

Ida réfléchit à cette possibilité.

« Ça se peut. À ceci près que, quand on est un petit Blanc à New York, pourquoi aller se planquer en plein Harlem ? C'est là où on est le plus visible…

— Et c'est là que j'aboutis aussi à une impasse », opina Michael.

Ils se turent à nouveau et regardèrent les bateaux fendre les eaux de l'East River, les mouettes qui volaient.

« La participation de la police, d'accord, reprit Michael. L'idée qu'ils déposent des objets vaudous, qu'ils arrivent un peu trop tôt et même qu'ils persuadent le patron de l'hôtel de truquer le registre, OK. Mais les empreintes ? L'empreinte de Tom sur la montre de Powell ? C'est l'élément le plus tangible de toute l'affaire, et je ne vois pas comment on peut l'expliquer. »

Ida le regarda en fronçant les sourcils.

« Mais n'importe quel technicien peut déposer une empreinte. Il suffit de prendre une surface que Tom aurait touchée, de l'asperger avec un révélateur comme de la ninhydrine et de transférer l'empreinte sur un adhésif propre : on la prend et on la dépose où on veut. Le mieux, c'est les surfaces plates, comme le cadran d'une montre, par exemple. Je connais un professeur de Chicago qui peut témoigner comme expert. Il pourra dire que tout ce que l'empreinte prouve, c'est que la police y est mêlée. Ajouté au reste, ça ira dans notre sens. »

Michael parut submergé par un soulagement mêlé de gêne qu'il essaya de cacher.

« Qu'est-ce qu'il y a ?

— Je ne savais pas qu'on pouvait faire ça avec les empreintes », dit-il doucement en hochant la tête.

Cela lui apportait un peu d'espoir, mais il se sentait aussi rouillé, dépassé, inutile. Vieux. Elle se rendit sans doute compte qu'elle avait mis à mal l'assurance de Michael et abîmé son orgueil car son expression s'adoucit soudain.

« Tu ne pouvais pas le savoir. C'est une technologie dernier cri. Ça fait combien de temps que tu ne travailles plus ? C'est pour ça que tu m'as fait venir, non ? »

Son sourire le rasséréna, le réchauffa même, réveillant le peu d'optimisme qui sommeillait au fond de lui. Oui, c'est exactement pour cela qu'il l'avait fait venir : pour ressentir cette lueur d'espoir.

Le ferry atteignit son point d'amarrage et ils débarquèrent avec les autres passagers avant de se diriger vers la 134e Rue pour prendre le métro à Cypress Avenue.

« Est-ce que tu as parlé à Tom d'une possible implication de la police ? De ce que cela signifie et du danger qu'il court en prison ?

— Non. Je lui ai juste dit de faire attention et je lui ai expliqué ce qu'il fallait faire pour s'en sortir. »

Ils arrivèrent à Cypress Avenue au moment où passait le dernier camion des éboueurs qui remontaient bruyamment vers le nord où se trouvaient les décharges de la ville. Les crocs des machines à l'arrière mâchaient leur cargaison en produisant un vacarme irritant et en propageant leur puanteur dans la rue.

Ils regardèrent le convoi s'éloigner et, quand le fracas fut passé, Ida se tourna vers Michael.

« Je vais m'installer à mon hôtel. Laisse-moi le dossier. Je l'étudierai cet après-midi et on en reparle ce soir. »

Michael acquiesça et lui tendit le classeur et un jeu des clés de l'appartement qu'il avait loué dans Midtown, au sud de Central Park.

« Comme ça, tu pourras faire comme tu veux. »

Il lui avait proposé de partager son appartement mais elle avait préféré prendre une chambre au nord de Central Park, à Harlem. Elle les glissa néanmoins dans sa poche.

« Je suis heureux que tu sois là. Je ne pourrais pas y arriver tout seul.

— Mais si.

— Non, je suis vieux. Vieux et rouillé. Je croyais avoir pris ma retraite pour de bon et voilà que Tom se retrouve dans ce pétrin. Ces dix dernières années, je les ai passées à lire le journal et à aller à la pêche. Ce que j'ai fait de plus difficile, récemment, ça doit être les mots croisés. Je n'aurais pas dû me laisser aller.

— Tu ne pouvais pas savoir ce qui allait arriver. »

Il haussa les épaules.

« Michael, c'est vraiment un coup de malchance, qu'on soit mêlés à tout ça. Mais c'est surtout de la malchance pour ceux qui ont fait ça : ils ont voulu faire porter le chapeau au fils du meilleur détective que Chicago ait jamais connu. Ils ne vont même pas comprendre ce qui leur arrive. »

Quand il lui rendit son sourire et la prit dans ses bras, elle eut le sentiment que ses paroles commençaient à faire leur effet. Le vent eut beau exhaler son souffle glacial, Michael entrevoyait de nouveau une petite lueur d'espoir.

11

Lundi 3 novembre, 12 h 03

Dans le métro qui filait à grand bruit vers l'arrêt de la 125e Rue, Ida examina la carte du réseau. Les lignes de couleur se déroulaient le long de la ville comme des spaghettis. Des marques noires signalaient les intersections, des flèches indiquaient les directions. Comme les astérismes sur le plafond de la gare de Grand Central, la carte semblait dire que tous les destins étaient écrits, les trajectoires prédéfinies. À cet égard, les cartes proposaient une fiction rassurante.

Elle repensa à Tom, arpentant sans but les rues de la ville, dans n'importe quelle direction, sa vie en lambeaux. Il avait dû en voir, des choses, sur le front du Pacifique, pour ne plus trouver le sommeil, quitter son boulot, errer désespérément dans les rues dans l'espoir de redonner du sens à tout ça. Elle songea aussi à la vie de Michael qui venait de dérailler, de prendre une voie imprévue vers une ville lointaine. Et c'était la même chose pour Ida, à qui son époux avait été arraché pour aller combattre au loin. Et elle s'était retrouvée seule à se frayer un chemin à travers l'absence.

Le train arriva à la station de la 125e Rue et Ida traversa Harlem vers l'est, en passant par des rues un peu plus calmes que dans la matinée. Elle arriva à son hôtel, l'hôtel Theresa, un grand bâtiment sur la 7e Avenue qui comprenait tout un bloc d'immeubles entre la 124e et la 125e Rue. Elle se demanda une nouvelle fois pourquoi elle avait préféré s'installer dans le quartier noir. Certes, elle était noire, mais suffisamment pâle pour passer pour blanche. Elle aurait pu choisir n'importe quel endroit de New York. Mais elle avait choisi Harlem. C'était peut-être par manque d'imagination, par manque de cette indépendance dont elle était pourtant si fière. En montant les marches, elle contempla les briques blanches et rouges du bâtiment, ses oriels, la pierre taillée, et ne put s'empêcher de penser au contraste avec l'hôtel Palmer, à seulement quelques rues de là.

En donnant son nom pour la réservation, elle eut de nouveau le sentiment d'usurper le nom de son mari Nathan.

« Vous êtes d'où ? lui demanda la réceptionniste.

— Chicago. Et avant, La Nouvelle-Orléans.

— Moi, je suis de Lafayette. »

La fille lui sourit en lui donnant les clés.

La chambre n'était pas grande mais elle était propre et, surtout, il y faisait bon. À côté du lit se trouvait une porte menant à une petite salle de bains. Sur une coiffeuse se trouvait une radio et, à côté, une fenêtre donnant sur la 7e Avenue. Ida retira ses souliers et ses collants, se lava les pieds avec de l'eau chaude et les sentit revivre.

Puis elle poussa le lit dans un coin pour pouvoir étaler tous les documents sur la moquette : les dépositions des témoins, les déclarations de la police, les photos des scènes de crime, les gros plans des empreintes, la chronologie, les listes d'échantillon de sang et de fibres, la disposition des chambres, le plan de chaque étage. Assise en tailleur devant cet agencement, elle étudia les données.

Elle lut tout intégralement. Puis recommença. Il y avait tellement d'éléments qui n'avaient aucun sens, ne convergeaient pas ou étaient carrément contradictoires. En plus de tout ça, elle avait l'impression diffuse de louper quelque chose. Elle savait depuis bien longtemps que, quand quelque chose la tracassait, c'était soit qu'un élément était là alors qu'il n'aurait pas dû l'être, soit qu'un élément manquait alors qu'il aurait dû être là. Ce qu'elle avait sous les yeux créait un voile de confusion : les poupées vaudoues, les empreintes, l'argent et la drogue. Mais c'était ce qui manquait, le plus déconcertant : la machette manquante, les photos manquantes de la scène des meurtres, le mobile manquant, le tueur manquant.

Et il y avait autre chose d'encore plus insaisissable et dont elle ne parvenait pas à identifier la nature. Comment mettre le doigt sur une absence ? Comment poser l'inconnue capable de tout résoudre ? Il fallait en reconstruire les contours et voir ce qui pouvait s'insérer dans la forme ainsi reconstituée. Elle s'immergea dans cette tâche.

Le temps s'écoula. Pensées et idées tournoyaient, s'entremêlaient. Certains points revenaient s'imposer à sa conscience avec insistance. Mlle Hollis massacrée à l'accueil. Les frères Powell découpés. Ida les mit de côté pour réfléchir au cas de Bucek. Le petit Blanc dans Harlem. En fuite pendant six semaines. Que fuyait-il donc ?

Elle passa en revue les photos de Bucek à la morgue, étudia ses blessures, les compara à celles de Mlle Hollis. Elle s'arrêta un moment sur les photos montrant son entrejambe mutilé par les coups de machette donnés de bas en haut, comme un simulacre d'acte d'amour à coups de lame d'acier.

Ida reprit les photos de Bucek prises à la morgue pour les comparer à celles de la scène du meurtre. Elle observa les dégâts que le tueur avait infligés au torse de la victime et nota que les bras et les jambes n'avaient pas été touchés. Les membres étaient totalement intacts, alors que le ventre et la poitrine avaient été saccagés de lacérations meurtrières.

En étudiant les blessures, elle ressentit de nouveau cette impression que quelque chose n'allait pas. En matière visuelle, Ida était attachée à une précision clinique : visualisez correctement, et les émotions et les hypothèses finiront par se mettre parfaitement en place. Que manquait-il donc sur ces photographies ? Les questions se bousculaient dans son esprit. Elle continua de fixer les images tout en essayant de se calmer, attendant qu'une solution se dessine et apparaisse clairement dans le flot de ses pensées.

Rien. Le fil s'était rompu.

Elle poussa un soupir et alla regarder par la fenêtre. Des nuages gris crachotaient de la pluie. Elle consulta l'heure. Le temps avait passé et elle n'avait pas fait le pas décisif qu'elle attendait. Mais, en même temps, durant toutes ces heures, elle n'avait pas pensé à Nathan, à sa solitude, à ses peurs. Elle décida d'aller marcher un peu pour clarifier ses idées tant qu'il faisait encore jour.

Elle quitta l'hôtel, se dirigeant vers l'ouest dans la lueur glauque de la fin d'après-midi, et tomba sur un parc qu'elle décida de traverser. La pluie avait fait fondre le gel de la matinée, mais les petits fragments de glace qui résistaient, sous les buissons et au pied des arbres, faisaient comme de petites ombres blanches et fantomatiques. Elle s'installa sur un banc et observa les branches qui découpaient le ciel au-dessus d'elle, les globes surmontant les lampadaires.

Elle entendit un bruit derrière elle. Des enfants à la file indienne rentraient chez eux après une sortie scolaire. Elle les regarda passer, emportant leur tapage insouciant et joyeux. Le parc retomba dans le silence. Il ne restait que le souffle du vent et le fracas d'un camion de livraison sur St Nicholas Avenue.

Elle ressentit la solitude et un sentiment de détachement l'envahir de nouveau. Chacun continuait à vivre sa vie dans cet endroit qu'elle ne connaissait pas. Chacun avançait, comme si elle n'était pas là. Tout était comme d'habitude. Personne ne lui avait fait une place dans cette ville : elle restait à l'extérieur, contemplant sa propre absence. C'est à cela que ressemble la solitude dans les villes inconnues : on voit ce qu'est la vie sans nous. C'est ce que doivent ressentir les fantômes. Est-ce que ce sentiment deviendrait permanent si elle acceptait le poste à Los Angeles ? Cette impression d'errer comme un spectre ?

C'était là une autre raison qui l'avait fait venir à New York. Elle voulait voir si elle parvenait à s'en tirer dans une nouvelle ville, si elle avait le cran de faire table rase et de ne plus rester figée sur la mort de Nathan. C'était le changement dont elle avait désespérément besoin et qu'elle avait trop peur de mettre en branle. Et là, dans ce parc glacial, elle s'imaginait le vaste océan Pacifique devant elle, le murmure des vagues, le lever de soleil étincelant, le miroitement éternel d'un ciel bleu.

Elle se leva et reprit sa marche, songeant à Tom arpentant les mêmes rues. Elle savait qu'il avait dit la vérité à propos de ses errances, parce qu'elle aussi l'avait vécu à la mort de Nathan. Elle s'était mise à travailler de la même façon que Tom s'était mis à marcher, afin de s'effondrer de fatigue plutôt que de rester éveillé à fixer le plafond en revivant ses traumatismes et en luttant contre les cauchemars introspectifs.

Quand Nathan avait été envoyé à la guerre, elle avait fait front. Elle restait collée à la radio, lisait tous les journaux et absorbait absolument toutes les informations possibles avec la régularité d'une horloge. Elle avait organisé sa vie autour de cette absence, en avait fait une routine et un rituel. Elle ne pouvait pas passer devant un kiosque sans lire les unes et vérifier si on parlait de l'unité de Nathan en Europe. Quand la radio était allumée dans une boutique ou un bar, elle tendait l'oreille. Au cinéma, son cœur s'accélérait dès qu'ils passaient les nouvelles. Et aussi tous les matins quand elle allait chercher le courrier.

Et puis, à un moment donné, l'angoisse avait pris le dessus et elle avait commencé à éviter toute source d'information. Elle avait adopté l'axiome « pas de nouvelles, bonnes nouvelles ». Quand elle croisait quelqu'un qui lisait le journal, elle ne tendait plus le cou pour voir les titres.

Elle avait appris à craindre le futur. C'est l'avenir qui trouble notre vie en s'étendant devant nous comme un grand trou noir, un grand néant dont jaillissent les guerres et les épidémies, les ouragans et les tremblements de terre, un tohu-bohu de catastrophes sans fin, car il n'y a pas de limites aux horreurs que le lendemain peut apporter. Et tout ce qu'on peut faire, c'est de rester immobile devant ce néant en attendant de se faire laminer.

Alors Ida avait décidé de regarder dans l'autre sens et s'était réfugiée dans le passé. Car le passé possède une grande qualité : on en connaît déjà l'issue. Même s'il est terrible, il a l'avantage d'être certain, et dans les moments d'indécision il apporte du réconfort et met du baume au cœur des désespérés.

Et c'était seulement la nuit, lors des longs cauchemars introspectifs baignés de sueurs froides, qu'elle considérait cette indifférence forcée comme une trahison envers Nathan. Cela dura deux ans, jusqu'à ce qu'un jour, un télégramme lui parvienne. Il ne contenait pas grand-chose, juste la nouvelle de sa mort au champ d'honneur en Normandie, déjà vieille de quelques jours. Son sacrifice avait été héroïque.

Ida passa plusieurs mois dans le brouillard, barricadée derrière un chagrin qui faisait taire le monde extérieur. La vie passait comme une rumeur sourde. Plus rien n'avait de consistance, sauf quand elle était avec Jacob. C'était grâce à lui qu'elle était restée ancrée dans la réalité et n'avait pas disparu dans un monde de rêveries où elle songeait à ce que sa vie aurait dû être. Mais même sa relation avec Jacob en avait été affectée. Dans son souci constant de lui épargner du chagrin, elle en avait trop fait et leur relation avait été contaminée.

Quand Jacob était à l'école, elle se perdait dans le travail. Quand il était couché, elle se remettait au travail. Elle remplissait de labeur les heures vides pour s'empêcher de réfléchir et de se noyer dans le puits sans fond où ses pensées la tiraient dès qu'elle cessait de s'agiter.

Et puis, un jour d'octobre 1945, on avait frappé à la porte. Un jeune homme joufflu en uniforme serrait dans ses mains un béret vert. Il expliqua à Ida qu'il avait combattu aux côtés de Nathan. Elle le fit entrer et lui servit du café. Il venait de New York et retournait chez lui dans l'Ohio. Il lui parla des années qu'il avait passées avec Nathan, et Ida se rendit compte de tout ce temps qu'ils n'avaient pas partagé. L'abîme lui parut s'ouvrir devant elle une nouvelle fois. Il lui apprit qu'il était avec Nathan quand il était mort et lui demanda si elle voulait connaître les circonstances de son décès.

Que pouvait-elle répondre ? Elle voulait savoir, mais elle devinait en même temps que les détails de sa disparition rendraient sa mort ferme et définitive. Tant que cela restait vague, il restait un sentiment d'inachevé. Fallait-il vraiment ajouter de nouveaux clous à son cercueil ?

Ils décidèrent d'un compromis. Au lieu de lui raconter, il prit le temps de lui écrire, devant elle. Il se mit à remplir des pages d'explications. Elle lui fit à manger et lui resservit du café. Au matin, elle le ramena à Union Station. Ils se dirent au revoir et ne se reparlèrent plus jamais. Elle glissa les feuilles dans une enveloppe qu'elle referma et posa sur une console sans jamais l'ouvrir. L'enveloppe resta au même endroit. Parfois sa présence était réconfortante, parfois infernale.

Le temps passa. Jacob quitta le lycée et quitta bientôt Ida pour aller faire son droit à Berkeley. L'appartement devint encore plus silencieux et elle se retrouva seule, complètement seule, pour la première fois en presque vingt ans. Son chagrin n'en fut que plus vif, plus concentré. Ce qui n'était d'abord qu'un vague sentiment de solitude se transforma en solitude absolue, s'enracina et s'intensifia. Ces derniers mois, elle s'était rendu compte que la solitude était comme un courant sous-marin qui la renverserait si elle n'y prenait pas garde. Et puis Michael l'avait appelée pour résoudre cette sombre histoire. Et elle était venue. Après tout, il n'y avait pas meilleur endroit pour se sentir seul que New York.

Elle retourna à l'hôtel et prit l'ascenseur qui s'éleva bruyamment. Elle ressentit soudain une légère envie de retourner chez elle, dans son appartement vide de Chicago au lit si souvent défait, aux draps froissés par les insomnies. Elle retourna à sa chambre et c'est seulement à ce moment-là qu'elle se rendit compte que la faim lui rongeait l'estomac. Elle appela la réception et commanda un repas. Elle déjeuna et travailla, pour repousser ses idées noires, comme toujours.

Elle repensa à l'argent et à l'héroïne. Au gamin blanc – encore une âme perdue. Elle imaginait Bucek en train de dealer dans ce taudis de Harlem. C'était absurde. Pourtant, le paquet d'héroïne était celui d'un dealer. Et puis il y avait le rapport toxicologique. Il avait assez de came dans les veines pour une overdose, ce qui semblait prouver qu'il était consommateur, et même complètement accro. Et qu'il s'était piqué peu de temps avant d'être tué. Il devait être complètement défoncé quand le tueur avait débarqué pour le massacrer.

Elle reprit les photos, les plaies, les lacérations, le sang. Elle ressentit le même sentiment : il manquait quelque chose.

Qu'est-ce que ça pouvait bien être ?

Elle reposa les photographies, soupira et regarda de nouveau par la fenêtre. Les nuages sombres défilaient dans le ciel nocturne. Elle songea à la gare de Grand Central. Aux constellations sur le plafond. Aux dieux en toge mus par d'invisibles lignes de force, esclaves aux destins prédéfinis. C'était peut-être pour cela qu'elle s'était sentie décontenancée devant ce spectacle. Elle croyait que cela ne concernait que les humains, mais les dieux et les étoiles subissent le même sort. Toute existence ne consiste peut-être qu'à endurer son impuissance, à subir mécaniquement.

Elle repensa aux étoiles et à la destinée, à la divination et aux entrailles, aux lacérations, à la peau immaculée des bras de Bucek.

Elle s'interrompit soudain et ses pensées s'assagirent. Et soudain, elle comprit.

Tout était clair.

Elle savait ce qui manquait.

Elle reprit les photos de la morgue pour vérifier. C'était bien ça. Bucek était censé être un junkie. Alors pourquoi n'avait-il aucune marque de piqûre ?

Sur ses bras, la carte des points étoilés, les traces des comètes d'aiguille manquaient. Il était facile de passer à côté, dans ce chaos de blessures sanguinolentes. Le rapport toxicologique ne disait pas la vérité. Soit le tueur avait drogué Bucek, soit le médecin de la morgue mentait. Bucek n'était pas accro, on s'était juste arrangé pour le faire croire, mais de manière assez approximative.

Et tout d'un coup, chaque pièce du mécanisme s'enclencha et dévoila tout un pan de l'énigme. Le vide prenait forme.

Ida se leva précipitamment pour attraper dans son sac le numéro de l'appartement de Michael.

« Allô ?

— C'est moi. Bucek n'était pas un drogué. Il n'a aucune marque sur le bras. J'ai les photos de la morgue sous les yeux. »

Michael resta silencieux, le temps de comprendre ce que cela impliquait.

« S'il n'était ni junkie ni dealer, alors pourquoi y avait-il tout cet argent et l'héroïne dans sa chambre ?

— Parce que ce n'était pas à lui. C'était à quelqu'un d'autre : il y avait quelqu'un avec lui dans cette pièce. Et c'est cette personne qui avait l'argent et la drogue.

— Un dealer était avec lui… Et quand le ou les meurtriers sont arrivés, il a dû se sauver ou être enlevé.

— Exactement », conclut Ida.

C'était donc ce qui manquait. Ce vide mystérieux qui éclairait l'énigme d'un jour nouveau : l'hôtel avait un autre résident, un visiteur inconnu.

« Et donc Bucek n'était peut-être pas en train de *fuir* quelqu'un, mais plutôt en train de voir ce quelqu'un, dit Michael. Bucek est allé se cacher avec ce dealer qui vivait à l'hôtel. »

Ida se rappela ce que Tom lui avait dit : personne n'avait jamais vu Bucek dans l'hôtel. Une autre pièce du puzzle se mit en place : la disposition des lieux.

« Bucek était au rez-de-chaussée, ajouta Ida. C'était la seule chambre avec un accès direct à la ruelle sur le côté. La personne qui avait loué cette chambre pouvait aller et venir sans que les autres résidents de l'hôtel ne le voient. C'est l'endroit parfait pour se planquer.

— Et pour vendre de la came. Le propriétaire de l'hôtel pouvait louer cette chambre à des gens en cavale ou qui s'en servaient pour dealer. Ce qui signifie que l'hôtel Palmer n'est pas seulement un marchand de sommeil, mais aussi une taule pour le trafic de drogue.

— Le genre d'endroit qui se fait fréquemment attaquer, fit Ida dans un sourire. C'est ça, la vraie raison des meurtres. Bucek n'était pas la victime désignée. C'était l'autre, le dealer. »

Ils se turent un instant et elle profita du plaisir de la découverte en se demandant si Michael partageait ce sentiment.

« Si c'est bien ça, reprit-il, ça veut dire que le proprio est complice. Il savait qu'il y avait un dealer : il devait prendre une commission et ne pas mettre son nom sur le registre.

— Mais il a ajouté le nom de Bucek après les meurtres.

— Et il était de congé le soir des meurtres.

— C'est lui, notre piste.

— Ouaip.

— Il faut qu'on y retourne et qu'on l'interroge de près. »

V

« Bugsy Siegel, qui a été accusé de nombreux crimes allant du viol au meurtre, était autrefois le codirecteur de l'alliance d'assassins et d'escrocs du black jack, connue sous le nom de Bug & Meyer. Il a aujourd'hui les choses bien en main du côté de Los Angeles et de la côte Ouest et serait en train d'investir le Nevada, où le jeu est légal. Grâce à des fonds de la côte Est et de Californie, il semble en passe de faire de Las Vegas un concurrent de la ville de Reno. »

Herbert Asbury,
Colliers Magazine, 1947

12

Mardi 4 novembre, 14 h 35

Gabriel passa de nombreuses heures à parcourir New York dans tous les sens au volant de sa Delahaye bleu ciel. Comme tant d'autres choses dans sa vie, il avait remporté cette voiture de sport en jouant aux cartes. Il s'arrêta au Savoy-Plaza, où Benny avait séjourné, pour parler à Orville Hayes, le détective de l'hôtel, avec qui il avait travaillé par le passé. Il lui demanda si Benny avait pris la même suite que d'habitude. La réponse fut oui. S'il avait laissé quelque chose dans le coffre de l'hôtel. La réponse fut non. Si Benny avait utilisé le service de location de véhicule de l'hôtel ? Il ne l'avait pas utilisé, ce qui était inhabituel.

Gabriel proposa à Orville un bakchich d'une ampleur proportionnée à la réputation de Frank Costello pour avoir accès aux appels téléphoniques passés depuis la chambre de Benny. Orville se mit au travail sur-le-champ.

Ensuite, Gabriel parcourut Manhattan, Brooklyn et le Bronx. Il fit le tour des connaissances de Benny : amis, amours de jeunesse, anciens associés, maîtresses, ennemis. Il leur posa à tous les mêmes questions sans jamais mentionner les millions volés, préservant bien son secret. Chaque interlocuteur l'aiguillait sur de nouveaux noms à contacter, mais personne n'avait rien d'intéressant à raconter.

Le jour céda la place à la nuit et Gabriel rentra chez lui pour prendre quelques petites heures de repos avant de passer au Copa pour dire à Havemeyer qu'il bossait sur un truc pour Costello et lui confier la surveillance du club.

Il fit ensuite le tour des clubs où Benny était passé : El Morocco, le 21, La Martinique, The Hurricane. À la fermeture de ces boîtes, Benny et sa clique avaient rejoint les lieux de nuit, The Stage Delicatessen, Lindy's, Reubens. Il avait même eu le temps d'aller dans les clubs de jazz de la 52e Rue et dans les théâtres les moins reluisants du Manhattan de Midtown. Plonger dans les derniers jours de la vie de Benjamin Siegel fut pour Gabriel une tournée des clubs, des restaurants, des hôtels et des bars dont il sortit étourdi et épuisé, affligé de la vacuité des derniers moments de son vieil ami.

Tous ceux qui avaient croisé Benny lors de sa visite tenaient le même discours : Benny était en pleine forme, Benny avait l'air heureux comme tout, Benny était le boute-en-train de chaque soirée, et c'était lui qui régalait à chaque fois.

Il était censé être à New York pour réunir des fonds afin de sauver son casino et sa vie, mais il s'était plutôt comporté comme s'il rédigeait un guide de la nuit. Il y avait un truc pas net. Surtout quand Gabriel se rappelait son regard paniqué au Copa, quand il n'avait pas réussi à lui dire ce qu'il avait sur le cœur.

Gabriel parvint tout de même à trouver une piste, grâce au gérant de chez Hanson's. Benny était passé là-bas avec une quinzaine d'amis dans son sillage et le gérant avait dû modifier la disposition des tables. Et puis il était sorti fumer une clope et s'était mis à bavarder avec le chauffeur de Benny, un jeune Juif dont il n'avait pas saisi le nom.

D'autres témoins avaient confirmé l'existence de cette voiture et de ce chauffeur mais n'avaient pas donné d'éléments pour l'identifier. Si Gabriel pouvait retrouver le chauffeur, il saurait exactement où était allé Benny, y compris les banques ou les planques possibles. Mais comment retrouver l'identité du chauffeur ?

La nuit céda la place au jour et il n'avait toujours rien de concret.

Plus de vingt-quatre heures après avoir récolté sa maudite mission, Gabriel n'était pas plus avancé. Et, à mesure que sa liste de contacts s'amenuisait, il devait se résoudre au fait qu'il allait lui falloir rendre visite à la seule personne à New York à laquelle il n'avait pas du tout envie de parler avant de partir. Il finit par en prendre son parti et se dit qu'il ferait mieux d'arranger un rendez-vous avec Doc, parce qu'il commençait à fatiguer et qu'il avait besoin de continuer à avancer. Et aussi parce qu'il ne voulait pas aller *la* voir sobre et sans avoir dormi. Il avait besoin d'un petit fortifiant.

Il appela l'hôtel Mackley où Doc travaillait et ils convinrent d'un rendez-vous dans un drugstore-café – ce qui tombait à pic – de la 34e Rue, à l'ombre de l'Empire State Building. Gabriel connaissait l'endroit. Quand des gens se balançaient du haut de la plateforme d'observation située quarante mètres au-dessus, ils atterrissaient en général sur le trottoir juste en face du drugstore. C'était devenu un des repaires de choix des voyeurs macabres.

Gabriel arriva en avance. C'était un magasin au carrelage blanc, petit et bien aéré. Le comptoir du pharmacien était d'un côté et en face se trouvait l'espace de restauration, les tables et les chaises. Une radio diffusait à bas bruit la station NBC. Il y avait des clients côté pharmacie – une dame entre deux âges avec un boléro en fourrure et un gamin enveloppé dans un caban –, mais personne côté café. Le vieil homme qui tenait la boutique était assis à une table près de la trancheuse à viande, penché sur un paquet de cartes à jouer.

Gabriel fuma en buvant un café. Le vieux bonhomme faisait une réussite, ce qui lui fit immédiatement penser à Costello. Son patron était un joueur expert, qu'il s'agisse de poker, de *pinochle*, de bridge, de *sette-e-mezzo* ou même de ce jeu hongrois obscur, le *klobiosch*. Mais quand il avait besoin de réfléchir, il prenait un paquet de cartes et faisait une réussite.

« C'est un jeu pour les nuls, avait un jour dit Adonis. Il n'y a pas besoin d'être malin, il suffit de prendre ce qui sort du paquet. »

Costello s'était contenté d'un sourire.

« C'est exactement pour ça que j'y joue : il suffirait d'ajouter une couleur et ça serait pareil que nos cinq familles du crime… »

Et il s'était replongé dans sa partie. Adonis lui avait jeté un regard déconcerté, mais Gabriel avait compris. Costello s'entraînait à faire face à ce qui venait, la main que le destin lui envoyait, et il étudiait la façon dont le hasard provoquait des effets en cascade, des modifications d'alliances, l'effondrement et la recomposition imprévisibles des divers rapports de forces.

La porte d'entrée s'ouvrit et Doc entra, tout courbé à cause du froid, portant un chapeau en feutre et enveloppé dans un manteau en poil de chameau. Il avisa Gabriel et se dirigea vers sa table. Ils se saluèrent d'un signe de tête. Doc avait une soixantaine d'années, de bonnes joues, la peau tavelée et la chevelure hivernale. Avant de s'installer, il retira son manteau, qu'il posa sur le dossier de sa chaise dans de grandes respirations sifflantes.

Le serveur s'approcha.

« Un Celery-Tonic pour moi », dit le Doc.

Il se tourna vers Gabriel.

« Tu as mangé ? T'as pas l'air d'avoir mangé ! »

Gabriel fit signe que non.

« Apportez-nous des *pickles*, du pain et la soupe du jour », décida le toubib.

Le serveur hocha la tête et s'en alla. Doc se tourna vers Gabriel pour le détailler de haut en bas.

« Comment va la vie, Gabriel ? C'est le froid qui t'accable comme ça ?

— Ça pourrait être pire », dit Gabriel en haussant les épaules.

Doc lui rendit son haussement d'épaules et lui tendit un petit paquet qu'il avait sorti de sa poche. Gabriel y jeta un œil : Benzédrine et Dexedrine pour se réveiller ; Sécobarbital et Pentobarbital pour s'endormir. Amphétamines et somnifères.

« La chimie, c'est la vie… » fit le toubib en se versant un verre d'eau et en portant un toast ironique.

Gabriel empocha le paquet et fit glisser un gros billet vers son interlocuteur, qui le plia et le glissa dans la poche intérieure de son veston sport.

Doc avait été médecin à l'hôpital Beth Israel. Jusqu'au jour où son neveu – un junkie qui revendait sur la 105e Rue des ordonnances vierges qu'il avait volées – s'était fait choper : on était remonté jusqu'à lui, il avait démissionné et avait demandé à l'hôpital, en échange, de ne pas porter l'affaire devant l'ordre des médecins. Il avait pris un boulot à l'hôtel Mackley, juste en face du drugstore, où il s'occupait des éventuels problèmes médicaux des clients. En réalité, il se servait surtout de sa salle de consultation pour distribuer des médocs et des ordonnances sur lesquels le gérant de l'hôtel se prenait 30 % de commission.

« Tu as l'air fatigué, Gabby. Comment ça se fait ?

— Je gère un truc pour Frank Costello.

— Un truc ? Mais tu gères déjà sa boîte de nuit ! »

Le serveur arriva avec un verre et une bouteille de Celery Tonic du Dr Brown. Il fit sauter la capsule et versa la boisson. Quand il fut parti, Gabriel raconta qu'il faisait des recherches sur les derniers jours de Benny Siegel, sans mentionner bien sûr l'argent disparu. Il lui avoua qu'après toutes ses recherches, il se retrouvait les mains vides, et qu'il ne lui restait plus qu'une seule personne à aller voir pour apprendre quelque chose.

Le toubib fronça les sourcils.

« Beatrice ? »

Gabriel acquiesça et l'homme sourit.

« C'est pour ça que tu avais besoin d'un petit remontant ? »

Gabriel ne répondit pas et Doc éclata de rire.

Le serveur était de retour, cette fois-ci avec des *pickles*, une corbeille de pain de seigle et deux bols de soupe de nouilles au poulet. Le toubib attrapa une tranche de pain et une cuillère tandis que Gabriel regarda les cornichons avec lassitude, troublé par leur texture et leur couleur verdâtre.

« Hitler nous a massacrés par millions en Europe, et toi tu lui donnes un coup de main supplémentaire en te faisant du mal…

— C'est toi qui me les vends, les médocs.

— Je ne te parle pas des cachetons. Je parle de ton rôle de larbin auprès de Frank Costello. Il faut que tu passes à autre chose, Gabriel. Avant de finir comme Benny. »

Gabriel en était bien conscient, mais il ne pouvait pas lui en parler. Il songea au Mexique, à Cancún, aux colonies de flamants roses au-dessus des vasières du Yucatán, avec leurs ailes étincelant sous le soleil.

« Le gangstérisme, pour les Juifs, c'était bon pour une génération. »

Gabriel avait déjà entendu cette leçon de morale. Souvent.

« On est arrivés, on a fait ce qu'il fallait pour survivre. Et puis après, on a rejoint la classe moyenne et basta. Quand on persévère dans cette voie, on finit au boulevard des allongés. Les Juifs l'ont compris, les Irlandais l'ont compris. Les Italiens et les Noirs, pas encore. Et toi, Gabby, tu l'as compris, ça ?

— Pas encore. »

Il ne savait pas trop pourquoi il le laissait lui faire la leçon comme ça. Il le connaissait depuis qu'il était tout jeune. Depuis la mort de sa sœur, en fait. Le toubib était de garde à l'hôpital le soir où elle avait plongé du quatorzième étage. Gabriel se demanda s'il supportait Doc parce qu'il n'avait jamais vraiment connu ses propres parents, dont il se souvenait à peine. C'était peut-être aussi le cœur de sa relation avec Mme Hirsch. Gabriel se faisait la famille qu'il pouvait.

« Eastman est mort. Rothstein est mort. Reles est mort… »

Le toubib énumérait la liste des gangsters juifs – la *kosher nostra* – qui avait cassé leur pipe.

« Schultz est mort. Ton pote Benny Siegel, pareil. Toi et Lansky, ça vous pend au nez si vous ne changez pas de vie. La faculté d'adaptation, Gabriel, c'est la clé de la survie. »

Gabriel songea à la dégringolade du toubib, qui était passé de son poste à Beth Israel à sa piaule de consultation à l'hôtel Mackley, où il refourguait des médocs. Il se demanda si c'était ça, la faculté d'adaptation. Il lui jeta un regard qui en disait assez, et que son interlocuteur interpréta parfaitement.

« Oh, je sais ce que tu penses. Je te fais la leçon tout en te refilant des cachetons mortifères, dit-il en agitant sa cuillère en direction de Gabriel. Mais cela fait partie de mes capacités d'adaptation. J'économise pour quitter New York.

— Pour aller où ? demanda Gabriel en s'attendant à moitié à ce qu'il mentionne le Mexique.

— Eretz Israël. »

Gabriel éclata de rire, ce qui eut l'air de le vexer.

« Israël, c'est une chimère, tenta-t-il de se justifier.

— On verra bien, répondit Doc en le regardant avec attention. Une chose est certaine : on ne vit pas vieux à New York. Tu ne manges pas ta soupe ? »

Gabriel baissa les yeux vers son bol fumant. La surface du potage était brisée çà et là par l'affleurement des nouilles blanches, des carottes, de feuilles d'estragon, des bouts de poulet. Il n'était pas d'humeur à manger, mais il savait qu'il le fallait avant de prendre les cachets. Il leva sa cuillère qui lui sembla lourde comme du plomb. Mais la chaleur de la soupe irrigua sa gorge et son estomac, irradia tout son corps. Il se sentit soudain ragaillardi et épuisé.

« Les Italiens ont eu de la chance », dit le toubib.

Gabriel leva les yeux vers lui mais il avait le nez dans son bol : il arrivait à la fois à discourir et à se remplir le ventre.

« Mussolini lance une campagne anti-Mafia qui fait partir la moitié des gangsters italiens pour les États-Unis. Les Juifs et les Irlandais rejoignent la classe moyenne et les Italiens remplissent le vide que ça laisse. Une de ces chances… En quelques années, le gangstérisme reçoit le plus gros coup d'accélérateur imaginable avec la Prohibition, et ils sont pile là où il faut pour en profiter. Une aubaine… Et puis arrive la Grande Dépression et tous les ouvriers se syndiquent. Les Italiens s'en mêlent. Un coup de chance, là encore. Et après, c'est la guerre et Mussolini devient notre ennemi. Résultat : les Italo-Américains font figure de conseillers spéciaux. Encore un coup de veine. Et comme J. Edgar Hoover ne croit pas à l'existence de la Mafia, il préfère envoyer le FBI traquer les communistes. Si c'est pas de la chance… Les Ritals ont une destinée de chanceux comme je n'en ai jamais vue ! Et ça fait des décennies. Ils ont autant de chance que les Juifs ont de malchance. »

À parler de chance comme ça, Doc lui rappelait Frank Costello et ses parties de réussite obsessionnelles.

« Où veux-tu en venir ?

— Ce que je veux dire, c'est que leur chance va finir par se tarir. Bientôt. Et quand ça sera le cas, Gabriel, il vaudra mieux être loin d'ici. Crois-moi. Il faut que tu changes de vie. Sinon tu vas y passer. »

Gabriel resta songeur et prit une nouvelle cuillerée de soupe.

« L'homme libre ne pense à rien moins qu'à la mort, dit-il en citant Spinoza à l'intention du toubib qui lui avait déjà fait cette citation un millier de fois. »

Sa cuillère s'arrêta à mi-parcours et il éclata de rire en relevant les yeux vers Gabriel.

« Excellent. Au moins, je t'aurai appris quelque chose », dit-il en déchirant une tranche de pain pour saucer les dernières gouttes de potage.

Gabriel avait encore le sourire aux lèvres quand il repensa soudain à la mort de sa sœur.

« Dis-moi, Doc. Est-ce que Spinoza parle de la vengeance ? »

Le toubib réfléchit avant de répondre.

« Sûrement. Tout ce que tu cherches, tu le trouves chez Spinoza. Je regarderai. »

Ils terminèrent leur repas, réglèrent la note et sortirent dans le froid en boutonnant leurs manteaux. Le toubib observa Gabriel, l'examinant comme pour une consultation dans son cabinet avant de proposer son diagnostic.

« Il n'y a que deux façons de vivre, tu sais, Gabby. Soit on a un cœur d'argile qui peut changer, se laisser façonner par la vie, qui peut rendre vulnérable, qui reçoit coups et blessures.

— Soit ?

— Soit on a un cœur de pierre. Et c'est encore pire. »

Le toubib lui tapota l'épaule et repartit tranquillement vers le carrefour qui le ramenait vers sa petite salle de consultation miteuse.

Gabriel le regarda partir, s'alluma une clope et se dirigea vers sa voiture.

Une fois installé, il ne démarra pas tout de suite. Il ouvrit le paquet qu'il venait de récupérer et avala directement deux cachets de Benzédrine. Il leva les yeux vers l'Empire State Building. Il se sentait d'humeur sinistre, et ce n'était pas seulement à cause de son boulot, de son départ imminent ou de cette enquête sur les derniers jours de Benny Siegel. C'était quelque chose que Doc lui avait dit. À propos d'Israël. Ou alors sa propre réaction ?

Oui, c'était ça.

Il s'était moqué du plan du toubib pour partir loin d'ici, mais comment ne pas faire un parallèle avec son propre projet de départ pour le Mexique ? Après tout, son utopie d'évasion était peut-être tout aussi ridicule que celle de Doc. Son cœur se serra. Peut-être que tout le monde, à New York, portait en secret au fond de lui une terre promise, un mirage susceptible de s'évaporer à la moindre tentative. Benny avait essayé de donner forme à son rêve, et voilà où ça l'avait mené. Pour la première fois, Gabriel se dit que malgré toute sa préparation il n'arriverait peut-être jamais à atteindre le Mexique. Ce doute se transforma vite en angoisse.

Il leva les yeux sur la façade-falaise de l'Empire State Building et repensa à la chute mortelle de sa sœur. Au cas où un corps fendrait l'air avec quarante mètres de vitesse accumulée pour venir s'exploser sur le trottoir juste devant lui.

13

Mardi 4 novembre, 16 h 34

À l'heure magique où le ciel se nimbait d'une épaisseur dorée, Gabriel se garait au sud de Union Square, près de Greenwhich Village. Il regarda l'horloge géante du Consolidated Edison Building égrainer le temps en fumant des Lucky Strike, cigarette sur cigarette, et en réfléchissant à toute berzingue, comme chaque fois que les amphétamines commençaient leur course effrénée dans son système nerveux. Benny, Costello, les deux briques disparues, Doc, le faussaire, le Savoy-Plaza, Mexico, Beatrice Iverson – tout cela s'était mis à tournoyer dans l'étendue aride de sa boîte crânienne.

Il observa la place et son rectangle de pelouse arborée, les routes qui l'entouraient, les gratte-ciel qui l'encerclaient. Sur la 15e Rue, il pouvait voir des grues façonner le squelette d'un nouvel immeuble. Il repensa à Doc et à sa théorie de l'adaptation. La pierre ou l'argile. L'homme ou la gargouille. Il songea à New York, qui changeait chaque jour dans une mutation permanente. La ville se transformait, se réorganisait et s'adaptait à ses propres besoins en abattant des bâtiments, en éventrant des routes, en montant des ponts, en grignotant des terres, en creusant des tunnels. Quitter New York, cela voudrait dire passer à côté de ce ballet de destruction et de régénération, grand tango dont les danseurs étaient des poutrelles d'acier, des dalles de granit et des grues lançant leurs bras vers le ciel. Doc avait raison : la métamorphose permanente était la seule certitude. L'adaptation, la clé de tout.

La nuit s'abattit sur la ville. Les grands magasins Ohrbach's et S. Klein s'allumèrent, l'énorme enseigne Coca-Cola qui trônait sur le bâtiment au coin de la 16e Rue commença à faire clignoter sa lumière rouge électrique. Les trottoirs du quartier et la verdure du parc furent inondés de rouge pendant quelques secondes avant de replonger dans l'obscurité. Le clignotement lumineux semblait faire vibrer les rues.

Gabriel sortit de la Delahaye, mit son chapeau, remonta le col de son trench-coat et traversa en évitant les voitures. Il emprunta le parc et traversa de nouveau la rue pour arriver devant l'immeuble avec l'enseigne Coca-Cola géante vissée sur le toit. À la porte, il inspecta les noms sur l'interphone et trouva celui correspondant à l'École de danse Beatrice Iverson. Il appuya sur le bouton et attendit.

Quand on lui ouvrit, il prit l'ascenseur sur neuf étages et atteignit un couloir étroit où il suivit les flèches indiquant l'école de danse. Arrivé devant, il regarda par la vitre qui séparait le couloir du studio. C'était plus grand qu'il ne l'avait imaginé. Le grand rectangle de parquet était bordé de barres et de miroirs.

Une dizaine de jeunes filles en justaucorps faisaient un exercice tandis qu'un vieux bonhomme déroulait une polka sur un piano droit hors d'âge. Devant les élèves se tenait Beatrice, gracieuse, le port impeccable, même si elle n'était vêtue que de leggings et d'un grand chemisier bleu. Elle avait un chignon et semblait plus blonde que jamais.

Il l'observa examiner ses élèves d'un regard perçant et donner des conseils. Le moindre de ses mouvements exprimait une souplesse athlétique, mélange de force et d'élégance que seuls les meilleurs danseurs possèdent.

Elle se retourna et leurs regards se croisèrent. Quand elle le reconnut, elle fronça les sourcils puis sourit, ravalant sa tristesse. Gabriel ressentit soudain une excitation angoissée tandis que les filles continuaient leur polka.

Le pianiste finit son morceau à 18 heures pile, Beatrice termina son cours et il vit les élèves se décontracter. Certaines firent des étirements, d'autres allèrent directement chercher leur sac et partirent sans tarder. Beatrice lui fit signe d'entrer.

Il se faufila par la porte en même temps que sortaient les filles et pénétra dans le studio. Le pianiste lui lança un regard puis se tourna vers Beatrice, qui lui fit signe qu'il n'y avait pas de problème.

Ce n'est qu'en se dirigeant vers Gabriel qu'elle se rappela qu'elle était pieds nus. Ils se retrouvèrent au milieu de la pièce. Gabriel la regarda dans les yeux, heureux de constater que malgré toutes ces années ils n'avaient pas changé. Ils étaient toujours d'une teinte de gris marbré d'or, toujours incomparables.

Ils continuèrent à se fixer, et c'est Gabriel qui finit par perdre le duel silencieux.

« Alors, comment ça va ? demanda-t-il.

— Ça va comme ça. »

À côté d'eux, les danseuses enfilaient de lourds manteaux d'hiver pour s'en aller avec empressement tout en bavardant ou en allumant des cigarettes.

« Tu devrais me remercier, dit Beatrice. Si je leur avais dit que tu étais le gérant du Copa, il y aurait eu une émeute. »

Cela le fit sourire.

« On a ce qu'il faut en danseuses.

— Va leur expliquer ça… »

Le pianiste appela Beatrice de l'autre bout de la salle.

« Bea, je serai au Dillon's jusqu'à 20 heures, si tu as besoin de moi.

— Pas de problème, Herb, répondit-elle avec un sourire avant de se tourner à nouveau vers Gabriel. Viens, j'ai besoin d'une clope », ajouta-t-elle à son attention.

Elle traversa la pièce, Gabriel dans son sillage, tout en retirant une épingle de son chignon. Puis une autre. Et encore une autre. Sa chevelure dévala dans son dos dans un torrent de blondeur, se balançant avec un éclat flamboyant qui hypnotisa Gabriel. Elle avait fait exprès, évidemment. Elle lui envoyait un message. Juste pour lui montrer ce à quoi il avait renoncé. Comme un imbécile.

Ils passèrent une porte au bout du studio et se retrouvèrent plongés dans l'obscurité. Gabriel entendit un interrupteur et la petite lueur orangée d'une lampe de lecture apparut sur une console. Ils étaient dans un petit bureau tout encombré de dossiers et de paperasse. Il y avait un bureau et un siège, quelques meubles de rangement et une fenêtre qui donnait sur le parc plongé dans l'obscurité.

Elle se dirigea vers le bureau, s'installa dans le fauteuil en cuir et regarda Gabriel droit dans les yeux.

L'atmosphère s'empourpra soudain pendant trois secondes : c'était l'enseigne Coca-Cola de l'immeuble. Ils devaient être juste en dessous.

« On s'y fait, tu sais. »

Il examina la pièce et vit des piles de photos de danseuses, portraits ou clichés publicitaires, avec des notes indiquant leurs coordonnées. À presque 30 ans, Beatrice avait eu suffisamment de bon sens pour se rendre compte que sa carrière de danseuse touchait bientôt à sa fin. Elle avait alors décidé de monter une école de danse qui faisait aussi agence de recrutement. Gabriel avait entendu dire que les affaires tournaient plutôt bien. Elle avait toujours eu le sens du business.

Elle se servit dans un paquet de cigarettes qui traînait sur le bureau.

« Tu fumes toujours des Lucky Strike ? » lui demanda-t-elle en lui lançant le paquet.

Gabriel opina et en prit une. Il se demanda s'il subissait encore les effets des amphétamines, et si elle pouvait s'en rendre compte.

« Il paraît que ça marche bien, ton petit business ?

— Ouais, pas mal. Si ça continue comme ça avec l'agence, je vais même pouvoir arrêter de donner des cours de danse.

— T'aimes pas ça, les cours ?

— J'aime bien enseigner, mais j'aime pas le temps que ça prend. Surtout les cours en nocturne. J'en ai un autre ce soir de 8 heures à 10 h 30. Quand tu fais ça cinq jours par semaine en plus de la journée de boulot, il y a un moment où tu comprends qu'il faut changer un truc…

— Ouais, je vois très bien », répondit Gabriel.

Ils continuèrent à se regarder en reconnaissant leur lassitude réciproque.

« Comment va Sarah ? finit par demander Beatrice.

— Elle va bien. Elle va avoir 14 ans. »

Beatrice acquiesça mais sembla s'assombrir, comme si elle venait de se rendre compte de tout le temps perdu.

« Dis-lui que je pense fort à elle. »

Beatrice et Sarah s'entendaient comme des sœurs. Le plus dur, quand ils avaient rompu leurs fiançailles, avait été de l'annoncer à Sarah. Elle avait pleuré pendant des jours. C'était précisément la raison pour laquelle il n'avait pas voulu venir : voilà qu'il se remettait à penser au passé. Beatrice et Sarah, c'était la famille et la vie qu'il aurait dû avoir. Et il ne semblait pas être le seul à en souffrir.

« Bon, t'es venu pour prendre des cours de rumba ? »

Gabriel sourit, alluma sa cigarette et s'appuya contre le buffet en face du bureau.

« Je m'occupe des affaires de Benny.

— C'est un peu tard pour ça, Gabby…

— C'est ce que tout le monde a l'air de me dire.

— Tu dois être complètement désespéré pour venir me voir, fit-elle remarquer avec sa clairvoyance habituelle.

— Tu l'as vu quand il est passé l'été dernier ?

— Qu'est-ce que tu cherches exactement ? » demanda-t-elle, intriguée.

Gabriel haussa les épaules, histoire de lui faire comprendre qu'il ne répondrait pas à cette question. Elle comprit mais garda son air intrigué.

« S'il te plaît, insista-t-il.

— Bon. Oui, je l'ai vu. Il m'a appelée. Pour me dire qu'il était de passage. On est allés boire un verre.

— Il avait l'air normal ? »

Elle hésita.

« Il râlait pas mal, donc non, c'était pas comme d'habitude.

— Il râlait à propos de quoi ?

— Du Flamingo, bien sûr. Comme quoi ça ne se passait pas bien, qu'il devait du pognon à tout le monde, qu'il était venu pour taper encore ceux qu'il pouvait et qu'il avait dû supplier Costello de demander de l'argent aux autres familles. Mais bon, tu connais Benny : on a bu quelques verres, on a fumé des joints et après, il était content comme tout. »

Gabriel hocha la tête. Beatrice était donc la seule avec qui Benny avait laissé tomber le masque du type pour qui tout va bien. Pendant quelques heures, au moins.

« Vous vous êtes vus où ? »

Elle lui lança de nouveau un regard méfiant.

« Si tu me disais ce que tu cherches, je pourrais peut-être t'aider. »

Gabriel songea un instant à lui dire la vérité. Il repensa à ce qu'ils avaient vécu ensemble, au bonheur passé de leur jeunesse. Sur huit millions de personnes dans cette ville, elle était la seule à qui il pouvait envisager de se confier. Malgré ce qu'il lui avait fait.

Il haussa les épaules et elle poussa un soupir.

« Bon sang, Gabriel ! C'était il y a six mois. »

Elle s'interrompit, essaya de se rappeler en fronçant les sourcils.

« On s'est retrouvés chez moi. Il est venu me chercher et on est allés à l'hôtel Astor, où on a bu un coup. Et puis on est allés à la Casa Mañana. Ou La Cona, je sais plus. On s'est arrêtés pour manger chez Kellogg's. On n'est pas allés jusqu'au Copa ce soir-là, désolée. »

Elle avait ajouté cette dernière remarque avec un sourire désabusé.

« Vous avez vu quelqu'un en particulier ?

— On est sortis, donc on a vu à peu près tout New York, plus une bonne partie des habitants du New Jersey.

— Tu as parlé à son chauffeur ?

— Non.

— Tu as vu à quoi il ressemblait ?

— C'était un gamin. Un peu maladroit. Juif, je pense. Pas vraiment le genre de chauffeur qu'il avait d'habitude.

— Est-ce que Benny a fait un truc bizarre lors de cette soirée ?

— Du style ?

— Du style bizarre... Je sais pas, parler à quelqu'un à qui il ne parle pas normalement, n'importe quoi...

— Non, je ne vois pas », dit-elle en faisant non de la tête.

Sauf que Gabriel voyait clairement dans ses yeux qu'elle lui mentait.

« Tu es bien sûre ? insista-t-il.

— Fais-moi plaisir, tu veux ? Assieds-toi. Tu me mets mal à l'aise, à rester debout. »

Gabriel sourit et vint s'asseoir au bureau en face d'elle. La lumière rouge clignota une nouvelle fois, au cas où il aurait eu besoin d'un petit avertissement au sujet des dangers à venir.

« Allez, dis-moi ce qu'il y a, Bea.

— Mais rien !

— Dis-moi. Ça peut m'être utile quand même.

— Tu te souviens de Jasper ?

— Bien sûr.

— Il a ouvert un bar, dans Greenwich Village. Un bar homo. On est passés par là-bas en allant à La Cona. Benny a voulu y aller tout seul, je suis restée dans la voiture. Cinq minutes plus tard, il est ressorti et m'a dit de ne raconter à personne qu'il était allé là-bas. Mais très sérieusement, en insistant. »

Gabriel réfléchit. Benny dans un bar à pédés de Greenwhich Village. Et qui ne voulait pas que ça se sache. Même si c'était Jasper le tenancier, ça restait bizarre.

« Merci, Bea. Tu l'as dit à quelqu'un d'autre ?

— Bien sûr que non. »

Elle lui sourit et ils restèrent un moment silencieux tandis qu'elle tirait sur sa cigarette. La fumée enroulait ses boucles langoureuses dans la lumière rouge.

« Tu te souviens du Mexique ? »

Gabriel sursauta presque à la mention du Mexique, mais il comprit rapidement. Il avait fait un petit voyage là-bas en 1942. La guerre avait interrompu les approvisionnements en drogue asiatique et quelqu'un avait eu l'idée de se fournir au Mexique. Le pavot mexicain n'était pas aussi fort, mais ça ferait bien l'affaire le temps que la guerre se termine. Et puis Benny pouvait surveiller les importations depuis Los Angeles.

C'était Gabriel, Beatrice et Benny qui y étaient allés. Gabriel et Beatrice étaient encore fiancés à l'époque, et elle avait amené son frère. Ils avaient parcouru les villes le long de la frontière, rencontré des contacts, conclu des marchés. Gabriel avait entendu parler de cultivateurs un peu plus loin dans les terres, et tandis que Beatrice et son frère rentraient à New York et Benny à Los Angeles, Gabriel avait poursuivi jusqu'à Mexico tout seul. Il avait rencontré les cultivateurs, mis en place des accords. Et puis on lui avait parlé du Yucatán et il était allé à Cancún. C'était là qu'il avait vu les flamants roses, les vasières, les plages, les couchers de soleil. C'est à ces endroits-là qu'il rêvait en retournant à New York. Depuis, le bruissement des vagues n'avait jamais quitté son esprit. C'était là qu'il avait commencé à réfléchir à son plan.

« Bien sûr que je me rappelle le Mexique. »

Ils se mirent à sourire tous les deux et il se rendit compte que, même si ça faisait des années qu'ils ne s'étaient pas vus, quelqu'un d'autre à New York allait lui manquer. Plus il s'approchait de la date du départ, plus il se rendait compte de tout ce qu'il allait regretter.

« Comment va ton frère ? » demanda Gabriel.

À cette question, Beatrice s'agita et parut mal à l'aise, pour la première fois depuis qu'ils s'étaient retrouvés dans ce studio, à se manger des yeux comme deux adolescents.

Le frère de Beatrice était un petit trafiquant de drogue qui travaillait pour la famille Gagliano, raison pour laquelle il était venu avec eux lors de ce voyage. Un jour, il avait eu la mauvaise idée de se mettre à consommer sa propre marchandise, et comme il devait de l'argent aux Gagliano il avait fini en cavale. Aux dernières nouvelles, les Gagliano avaient mis un contrat sur sa tête.

« Je ne sais pas. Ça fait des mois qu'il a disparu et je n'ai plus entendu parler de lui. Mais même avant, je ne le voyais plus que quand il venait me taxer, en général habillé comme un clochard. Avant de quitter la ville, il en était réduit à attaquer des grands-mères, à ce que j'ai entendu dire. »

Elle regarda Gabriel dans la pénombre et ils restèrent silencieux un bon moment.

« Benny t'a raconté quoi sur le Flamingo ? »

Beatrice haussa les épaules.

« Juste que l'affaire était un désastre. Qu'il avait emprunté de l'argent et qu'il le perdait au fur et à mesure. Une vraie hémorragie. Il avait des vrais flamants roses dans son casino, tu savais ça ? Sur le parvis. Comme c'est pas des oiseaux qui supportent les climats désertiques, ils en ramassaient des pelletées de cadavres tous les jours et ils devaient en faire venir de nouveaux par camions entiers… »

Elle s'interrompit avant de conclure :

« C'est pour elle qu'il a choisi le nom.

— Je sais », répondit Gabriel.

Benny comparait sa compagne, Virginia Hill, à un flamant à cause de ses longues jambes.

« Je suppose que Benny avait un faible pour les jolies jambes.

— Selon la rumeur, elle lui piquait pas mal de blé, fit remarquer Gabriel. Elle avait un compte en Suisse. »

Beatrice acquiesça.

« J'étais là le soir de l'ouverture. J'étais à Los Angeles pour un rendez-vous avec une agence de casting. Benny a su que j'étais de passage et il m'a invitée. Je suis arrivée quelques jours avant, c'est pour ça que j'ai pu y assister. Tu es déjà allé à Vegas ?

— Non.

— C'est un trou perdu. Il y a un aéroport et un bout d'autoroute pour faire le lien avec la ville. Il n'y a que des bars et des bordels, comme au temps du Far West

– et rien d'autre. Un aéroport et des rades pourris. Mais si tu vas jusqu'au bout de la route, il y a l'hôtel de Benny. On dirait qu'on a arraché un immeuble chic à Monte-Carlo pour le déposer en plein dans le décor de *Règlements de comptes à O.K. Corral.* »

Gabriel sourit à cette image, tandis que Beatrice continuait son récit.

« Au retour de l'aéroport, il s'arrête et me met la main sur l'épaule, il me montre tous ces bars miteux et me dit : "Imagine-toi qu'un jour, ce sera la capitale des loisirs de ce pays."»

Elle écrasa sa cigarette dans le cendrier déjà rempli.

« Et le soir de l'ouverture, l'hôtel n'est même pas encore fini et il nous dit qu'il faut qu'on réussisse à faire rester tout le monde pour la nuit. Et – tu vas voir, c'est le pompon – ses potes d'Hollywood, les célébrités qu'il soigne depuis des années… ils se retrouvent coincés à l'aéroport de Los Angeles à cause du brouillard. La pire soirée d'ouverture de l'histoire ! Je te raconte pas l'ambiance, tendue comme une corde à violon ! Je n'avais jamais vu Benny si déprimé. On aurait dit qu'il allait se tailler les veines. Quand la météo s'est améliorée, je suis retournée à L.A. illico et j'ai repris l'avion. Et quelques mois après, le voilà qui vient me raconter qu'il est en train de mendier tout ce qu'il peut pour sauver son affaire. »

Gabriel hocha la tête tout en songeant aux deux millions de dollars.

« J'ai vu Benny au Copa. La dernière fois qu'il est passé. Il y avait un truc qui clochait. J'ai eu l'impression qu'il voulait me dire quelque chose. Mais finalement il ne l'a pas fait. »

Beatrice évita le regard de Gabriel et se tourna pour faire face à l'obscurité extérieure. La nuit se teinta de rouge et ses yeux scintillèrent dans la pénombre. Gabriel devait avoir le même regard.

« Tu ne me dis pas tout. »

Elle ne se retourna pas, continuant de contempler la nuit.

« Benny m'a caché quelque chose quand il est venu au Copa. Et tu fais pareil. »

Elle hésita. Et puis ce fut comme un déclic. Elle se retourna vers Gabriel et son regard s'assombrit.

« Ça fait combien d'années, Gabby ? »

Il eut beau hausser les épaules, il connaissait parfaitement le nombre d'années, et même de mois.

« Tu es sûr que tu veux savoir ? »

Il fit signe que oui.

Elle soupira.

« Benny m'a dit qu'il avait entendu parler de quelqu'un. Quelqu'un qu'il connaissait il y a longtemps. Il ne savait pas s'il devait t'en parler. Il m'a demandé ce que j'en pensais et je lui ai dit que ce n'était pas la peine.

— De qui s'agissait-il ? » demanda Gabriel, qui sentait une nausée monter en lui. Une crainte aux relents écœurants.

« Faron. »

Il eut l'impression de recevoir un coup de couteau. Il eut le souffle coupé et la pièce tourbillonna, se stabilisa, tournoya encore. Les effets de la Benzédrine se manifestèrent soudain par un violent vrombissement dans sa poitrine. Il ne savait pas quoi dire. Il avait un million de questions à poser et il n'arrivait à en formuler aucune.

Bea coupa le silence.

« Il voulait t'en parler, Gabby. C'est moi qui l'ai supplié de se taire. Je savais ce que ça te ferait. »

Gabriel tenta de rassembler ses pensées, mais elles partaient dans tous les sens et il n'arrivait pas à en fixer une seule. Il eut une bouffée de chaleur, se mit à transpirer et sentit qu'il allait s'évanouir. Il fallait qu'il sorte de là. Peut-être que le froid de la rue lui ferait du bien.

Mais il ne savait pas s'il aurait assez d'énergie pour ça. Il avait l'impression que la nausée venait d'exploser à l'intérieur de son corps, sapant toutes ses forces.

« J'ai le droit de savoir », articula-t-il.

Elle attendit, émue, et hocha la tête.

« C'est vrai. Mais tes amis ont aussi pour devoir de te protéger.

— Où est-ce que Benny l'a vu ? À New York ?

— Tout ce qu'il m'a dit, c'est qu'il avait entendu que Faron était de retour. Qu'il voulait revenir.

— Mais il ne l'a pas vu lui-même ? »

Bea fit non de la tête.

« Il a juste dit qu'il en avait entendu parler.

— Comment ?

— Je n'en sais rien, Gabby.

— Il travaille pour le compte de quelqu'un ?

— Je t'ai dit que je n'en savais rien, bon sang ! »

Gabriel vit qu'elle pleurait. Des larmes s'accumulaient dans ses cils, captant les lumières de la ville et les gardant prisonnières.

« Je suis désolée, Gabby.

— Ne t'inquiète pas. Tu as bien fait de m'en parler. Benny ne m'a rien dit, lui.

— On ne t'a rien dit parce qu'on ne voulait pas que tu fasses de bêtises. »

Il la scruta, hocha la tête, baissa le regard vers le sol et sentit le passé qui lui remontait dans les tripes, comme la résurrection de démons depuis longtemps disparus.

« Je suis désolé », dit Gabriel.

Elle le regarda et haussa les épaules.

« Il faut que j'y aille », dit-il simplement.

Elle opina.

Quand il se leva, il fut surpris de constater que la pièce ne tanguait pas plus. Sur le pas de la porte, elle le fixa un moment.

« Je suis vraiment désolée, Gabby. »

Les larmes étaient toujours prisonnières de ses cils.

« Pas la peine. Faudrait que tu passes me voir au Copa, un de ces quatre.

— Bien sûr, répondit-elle, alors que depuis des années qu'ils s'étaient séparés elle avait toujours soigneusement évité cet endroit. Et si tu veux des cours de danse, tu sais où me trouver. Je pourrais te faire progresser…

— Tu l'as déjà fait. »

Plus que neufs jours, et le type qui avait tué sa sœur était de retour à New York.

VI

DAILY NEWS

LE JOURNAL ILLUSTRÉ DE NEW YORK

Quotidien du soir — Mardi 4 novembre 1947

NOUVELLES NATIONALES

MORT D'AL CAPONE, DIT « SCARFACE », À 48 ANS

LE PATRON DU GRAND BANDITISME DES ANNÉES 1920 MEURT CHEZ LUI EN FLORIDE

Leonard Sears, correspondant aux affaires criminelles

Miami Beach (Floride), 3 novembre. Al Capone, ancien gangster de Chicago et figure du monde criminel de la Prohibition, est décédé chez lui ce soir. Selon son médecin, le docteur Kenneth S. Phillips, qui l'assistait depuis sa crise d'apoplexie mardi dernier, « sa mort s'est produite très soudainement ». Il a diagnostiqué un arrêt cardiaque, provoqué par une maladie vénérienne contractée il y a des années.

Détails et nécrologie complète en page 4

14

Mardi 4 novembre, 5 h 30

L'hiver n'avait même pas encore débuté et Frank Costello avait déjà un rhume. Quand il était allé se coucher, tout allait bien. Mais il s'était réveillé à 4 heures du matin tout haletant, incapable de respirer, avec la sensation de se noyer dans une congestion de mucus. Il avait passé les heures suivantes éveillé dans l'aube blafarde à racler des mollards en se demandant s'il aurait la force d'aller à la pharmacie. Chaque fois qu'il inspirait, il avait la cloison nasale en feu, et il sentait une excroissance âcre en haut de sa trachée – il avait beau se moucher et tousser à en pleurer et à s'en faire péter les oreilles, rien à faire, il n'arrivait pas à la déloger. Bobbie avait fini par le virer du lit.

Il avait besoin de pastilles, de mouchoirs, de sirop pour la toux, d'huile d'eucalyptus, de tout.

Il se fadait déjà les visites des producteurs de cinéma, le pognon évaporé de Benny Siegel, la fébrilité suspecte de Gabriel, une reprise imminente de la guerre contre le clan Genovese, des dettes avec tous les mafiosi de la ville – qui l'auraient bien fait descendre quelques mois plus tôt si Luciano n'était pas intervenu depuis son exil à l'étranger. Et il fallait qu'en plus il se tape un rhume.

Et le pire, c'était que du coup il ne pouvait même pas fumer.

Il finit par se lever à 5 h 30, comme il en avait l'habitude, mais au lieu d'aller promener les chiens dans Central Park, il passa un manteau, une écharpe en soie et un Borsalino et se précipita à la pharmacie de la 70e Rue. Il constata qu'elle n'ouvrait pas avant 8 heures, se sentit particulièrement idiot et rentra chez lui.

Il se fit un café noir et se beurra un toast, comme tous les matins, mais le toast adhéra à la boule qu'il avait au fond de la gorge et lui déclencha une quinte de toux. Il lut les journaux et vit l'article annonçant le décès d'Al Capone. Il en ressentit une pointe de tristesse, moins pour Capone que pour l'époque qui disparaissait avec lui. Cela faisait des années qu'il était mourant. Costello avait entendu parler de sa maladie grâce aux rumeurs qui circulaient en prison dès les années 1930. Capone avait complètement perdu la boule à Alcatraz, à cause de la syphilis. Les gens qui lui avaient rendu visite chez lui en Floride racontaient qu'il se comportait comme un cinglé ou un gamin, qu'il bavait et se déplaçait en fauteuil roulant. Il ne se rappelait même pas son propre nom. Le dernier fantôme des années 1920 venait de disparaître.

Costello se dit qu'il faudrait penser à envoyer une couronne pour l'enterrement.

Tandis qu'il lisait le journal, le soleil se leva, nimbant d'or les pointes des gratte-ciel de Manhattan. Costello contempla ce spectacle, vite gâché par le smog qui venait des usines du New Jersey, de l'autre côté du fleuve.

À 7 h 55, il quitta l'appartement pour retourner à la pharmacie. Il fut enfin 8 heures et le magasin n'ouvrait toujours pas. Costello se retrouvait à battre le pavé comme un clodo. Bon sang, ce qu'il avait envie d'une clope ! Ça lui était déjà arrivé de fumer malgré ses rhumes. Même avec un cancer, il avait continué de fumer. Mais il savait bien que ça n'était pas bon. S'il arrêtait de fumer, le rhume se soignerait plus vite.

À 8 h 05, il était enfin dans la pharmacie où il demanda au type derrière le comptoir de lui donner tout ce qu'il avait contre le rhume. Cinq minutes plus tard, il ressortait avec un sac rempli.

Il retourna à l'appartement, bourra les poches de son costume et ressortit. Il attendit sur le trottoir le temps que le concierge bondisse sur la chaussée pour lui attraper un taxi et lui refila un billet de vingt dollars. Chacun de ses déplacements était gratifié d'une nuée de billets.

« C'est pour où ? demanda le taxi en mettant en route le compteur.

— Mulberry. »

Tandis que le taxi évoluait dans la circulation, Costello préparait ses plans. Encore une journée à tenir son empire à bout de bras sans se faire tuer ni arrêter. Il fallait toujours avoir trois coups d'avance. Au programme, il avait un rendez-vous pour déposer de l'argent à une veuve, une réunion avec Cheesebox Callahan au sujet des producteurs d'Hollywood, un déjeuner avec Adonis, la réunion stratégique hebdomadaire au Duke et enfin un rendez-vous avec le docteur Hoffman.

Il regarda la ville qui se réveillait, les gamins qui vendaient des journaux aux coins de rue, les cireurs de souliers qui attendaient le chaland en frissonnant à côté de leur stand. Il voyait les lumières des boutiques passer sous ses yeux, les agglutinements de voitures à chaque intersection. À mesure qu'ils descendaient vers le sud de Manhattan, le numéro des rues s'amenuisait : 60e Rue, 59e Rue, 58e Rue… Il avait l'impression d'être dans un ascenseur qui descendait.

Ils furent retenus par la circulation en plein Midtown à cause des travaux pour retirer les voies du tramway qui traversait la 42e Rue et menait au ferry. Le chauffeur dut aller jusqu'à la 5e Avenue pour contourner les travaux et il se retrouva coincé derrière un bus à impériale.

« Je déteste ces embouteillages, mais je dois dire que je suis pas fâché qu'on soit débarrassé de ces tramways. »

Costello acquiesça, même s'il ne partageait pas ce sentiment.

Tout changeait, dans cette ville. Les tramways disparaissaient, les voies aériennes, les taudis même se faisaient démolir. On nettoyait les abattoirs de Turtle Bay pour y installer les Nations unies. À Jamaica Bay, on transformait Idlewild en aéroport. Le vieux New York avait survécu à la guerre, et maintenant c'étaient les rénovateurs qui allaient avoir sa peau.

Quand Costello était gamin, les hommes de son quartier quittaient leurs pauvres taudis chaque matin et allaient jusque dans le Queens et le Bronx pour poser les briques qui allaient constituer les taudis d'aujourd'hui. Les Italiens avaient les pires boulots à l'époque : ils creusaient des tunnels, travaillaient dans les égouts ou étaient éboueurs. C'était d'ailleurs pour ça que de nombreux mafiosi prétendaient toujours travailler dans la gestion des déchets. Et aujourd'hui, ces mêmes taudis construits par les hommes que Costello avait connus enfant, on les démolissait pour les remplacer par ce qui semblait être la solution aux problèmes de logement à New York : de grandes barres d'immeubles à petits loyers, avec peu de criminalité, beaucoup d'étages et encore plus d'illusions.

Quand Costello était jeune, il aimait voir New York se transformer en permanence, faire de la place pour s'agrandir. Maintenant qu'il n'était plus aussi jeune, il aurait aimé que ça s'arrête. Plus les choses changeaient vite, plus le passé se battait avec le présent et plus les frictions avec l'avenir se faisaient sentir.

Il regardait défiler les travaux à mesure qu'ils descendaient vers le sud et la 5e Avenue. Après Midtown vint Greenwich Village, puis Lower Manhattan.

Le taxi finit par s'arrêter au coin de Mulberry Street et de Grand Street.

Costello paya la course et se dirigea vers l'immeuble où vivait la vieille dame. Il monta deux étages. Son mari avait été condamné à quatre-vingt-dix ans, qu'il passait au pénitencier de Dannemora. C'était au nord de l'État de New York et tellement loin et froid qu'on l'avait surnommé la Sibérie. Costello connaissait bien. C'était là-bas qu'avait été emprisonné Lucky Luciano, chef de la famille de Costello, depuis déporté en Italie. C'était d'ailleurs dans cette prison, en allant rendre visite à Luciano, que Costello avait appris qu'il avait été promu chef de la famille. À cette époque, Costello était déjà devenu millionnaire de façon presque légale, et il aurait peut-être pu essayer de devenir totalement honnête. Mais il avait tout à coup été propulsé responsable du crime organisé de toute l'Amérique, chef d'une famille dont l'armée représentait environ cinq cents criminels endurcis. Il avait été aspiré malgré lui par cette vacance du pouvoir.

La vieille femme lui ouvrit la porte et Costello entra. Comme dans la plupart de ces taudis sans eau chaude, on pénétrait directement dans la cuisine. C'était un endroit sombre et lugubre, la seule lumière provenait d'une fenêtre minuscule à moitié barrée par l'escalier de secours. Costello lui tendit l'enveloppe mensuelle.

Son mari aurait pu balancer. Luciano, Costello et Adonis se seraient retrouvés avec des peines pouvant aller jusqu'à la chaise électrique. Mais il n'avait rien dit. S'il avait choisi de passer le reste de sa vie en Sibérie, c'était pour que sa famille ait de quoi manger. Il y avait assez d'argent dans l'enveloppe pour que cette femme se trouve un appartement bien plus agréable. Costello ne comprenait vraiment pas pourquoi elle restait là.

Elle prit l'enveloppe la tête baissée et se perdit en remerciements plaintifs, comme si elle venait de recevoir une bénédiction. Costello n'était pas obligé de faire ce genre de livraison en personne, mais il préférait. Il aimait bien. Cela lui permettait de rester en contact avec les gens – et ce n'était pas que par altruisme. Tout se savait. Et ainsi les autres savaient que, s'ils se taisaient, on prendrait soin de leur famille.

Quand elle sut que Costello avait un rhume, elle le força à s'attabler dans la cuisine pour lui servir un potage de poulet qu'elle avait préparé la veille. Il fit de son mieux pour se soustraire à sa sollicitude, car il avait un déjeuner au Waldorf-Astoria où, comme toujours, les plus grands cuisiniers de New York allaient s'occuper de lui. Il n'avait aucune envie de manger ici, avec cette vieille chouette, dans ce taudis. Mais elle insista en disant que sa soupe lui ferait un bien fou.

Alors, par pure politesse, il resta dans cette cuisine étriquée et ils bavardèrent pendant qu'elle réchauffait le potage dans une marmite antique, sur sa cuisinière à deux feux. Tout en papotant, il remarqua un crucifix dans la pénombre, tout en haut du mur. C'était juste un truc en plastique qui avait été trempé dans une peinture phosphorescente pour que le corps du Sauveur brille dans le noir d'une lueur verdâtre assez inquiétante. Costello songea aux enseignes criardes qui flottaient dans la nuit au-dessus de Times Square.

La vieille femme déposa le bol devant lui, sur la table recouverte d'une toile cirée.

En quelques cuillerées, ses sinus furent libérés. Il avait même retrouvé l'odorat et arrivait à sentir le goût de la soupe. L'arôme de la soupe, la vague odeur de moisissure de la pièce, la cire qui avait servi à nettoyer le linoléum. Elle avait raison : ça lui avait fait un bien fou.

Avant son départ, elle lui tendit un sac d'oranges. C'était un épicier qui les faisait venir exprès d'Italie.

Elles avaient le goût du pays. Elle lui assura que ça l'aiderait à combattre son rhume.

Il la remercia et partit. Au suivant.

Il dut marcher jusqu'à Broadway pour réussir à trouver un taxi.

« C'est pour où, mon gars ?

— Le Waldorf-Astoria. »

Il éplucha une des oranges en remontant sur Manhattan. Elle était vraiment bonne, comme celles qu'il avait goûtées lors de son unique visite en Italie.

En sortant du taxi, il passa devant le Waldorf-Astoria, traversa la rue et continua jusqu'à un immeuble de bureaux banal juste en face. Là, il parla avec le réceptionniste et prit l'ascenseur qui le mena au quatrième étage, où il frappa à une porte. On le fit entrer dans une pièce sombre et étouffante dont une fenêtre donnait sur l'hôtel en face. Il y avait quantité d'équipements téléphoniques, de câbles, de bandes et de machines d'enregistrement. Quatre jeunots étaient installés à une table avec des casques, occupés à écouter et à prendre des notes. Parmi eux se trouvait Gerard « Cheesebox » Callahan, son expert en téléphones, un ancien employé de la *New York Telephone Company* qui était passé de l'autre côté de la légalité. Costello l'avait rencontré dans les années 1930, quand Cheesebox trafiquait des machines à sous. Depuis, son fidèle Irlandais était chargé de déjouer les écoutes téléphoniques des flics, de mettre d'autres téléphones sur écoute et de bricoler les transmissions télégraphiques pour que Costello et ses potes puissent placer le maximum de paris possible sur des courses dont ils connaissaient déjà les résultats.

Comme les jeunots, Cheesebox avait un casque et écoutait attentivement quelque chose. Quand il vit Costello, il leva un doigt pour lui dire d'attendre un instant.

Costello alla donc jusqu'à la fenêtre pour regarder la rue en bas. Il voyait le Waldorf, avec sa façade de granit, ses décorations Art déco, ses moulures dorées et ses fenêtres.

La semaine suivante, une quarantaine de représentants de tous les plus grands studios hollywoodiens allaient pendant deux jours décider du sort des « Dix d'Hollywood », les dix personnes qui avaient été citées pour outrage pour avoir refusé de répondre à la Commission parlementaire sur les activités antiaméricaines. L'industrie cinématographique devait présenter un front uni. Certains studios voulaient établir une liste noire ou virer les accusés et se ranger aux côtés du gouvernement dans sa croisade anticommuniste. D'autres voulaient au contraire les défendre, sauvegarder leurs droits et poussaient à une confrontation avec les autorités. La décision finale aurait un impact sur les activités de Costello, puisque leurs affaires étaient aussi ses affaires. La réunion ayant lieu à New York, il serait à même d'influencer leurs décisions. Il était tout à fait énigmatique que New York, complètement à l'opposé de la Californie, ait été choisie pour cette conférence, mais c'était un sacré coup de chance. Les producteurs allaient arriver en ville par paquets de douze, et c'était la raison de tout cet équipement et de cette fiévreuse activité.

« Alors, on fait ses courses ? » lança Cheesebox en retirant son casque et en montrant le sac d'oranges de Costello, qui lui en envoya une à travers la pièce.

Cheesebox devait son surnom de « boîte à fromage » à une invention à lui : une petite boîte à fromage en bois remplie d'éléments électriques qui pouvaient être branchés sur le réseau de la *New York Telephone Company*. Cette boîte était un commutateur téléphonique miniature qui transférait les appels à une autre adresse. Les bookmakers donnaient à leurs clients un numéro à appeler – numéro qui correspondait bien sûr à une adresse où la « boîte à fromage » avait été installée – et le dispositif renvoyait l'appel à un autre téléphone, à l'autre bout de la ville. Quand la police finissait, après des mois, par remonter la piste d'un numéro et trouver une adresse, c'était pour tomber sur une pièce vide avec une boîte à fromage dedans. Depuis, Costello l'avait financé pour qu'il développe son business.

« Quelques-unes de nos cibles sont arrivées en avance, annonça Cheesebox. On est déjà à l'écoute. »

Il posa l'orange sur la table et tendit à Costello quelques carnets à spirale remplis de notes au crayon, prises par les gamins qui travaillaient sur les écoutes.

« C'est du bon boulot », dit Costello en fourrant les carnets dans sa poche, avec ses médicaments.

« Ce week-end, on va installer des micros dans la salle de conférences où ils vont se réunir. Et dans les toilettes à côté. Et puis, en attendant, on va travailler sur les chambres qui restent. »

C'était Jack Warner, le pote de Costello, qui l'avait prévenu de cette réunion et qui l'avait tenu au courant de tout : qui était en faveur d'une liste noire, qui était contre, et qui n'avait encore rien laissé filtrer. Costello avait déjà préparé un peu de compagnie féminine pour six des producteurs qui comptaient se prononcer contre la liste noire. Quelques photos viendraient immortaliser ces bons moments. Au cas où. Mais il gardait toujours le chantage en dernier recours. Mieux valait essayer de parler aux gens d'abord.

Cheesebox avait mis les chambres de six autres producteurs sur écoute. Costello avait une bonne expérience des élections. Il savait comment les faire pencher d'un côté ou de l'autre, il l'avait fait un nombre incalculable de fois à la mairie ou pour des élections de juges. Luciano et lui avaient même fait basculer le choix du candidat démocrate de 1932 à la convention de Chicago pour que Roosevelt soit élu.

« Euh, il y a un truc dont il faut que je te parle, ajouta Cheesebox.

— Vas-y.

— Les deux producteurs qui sont arrivés en avance, Rosberg et Jackson. Ils ont déjeuné avec quelqu'un qui t'intéressera sûrement.

— Qui donc ?

— Ton vieux pote, Vito Genovese. »

Costello sentit son cœur se serrer. Qu'est-ce qui pouvait bien pousser Genovese à se mêler de cette réunion au Waldorf ? Ses affaires se concentraient sur la côte Est et l'Europe, et son réseau d'héroïne entre l'Asie, l'Europe et New York, d'où se faisait la distribution dans tout le pays. Genovese n'avait rien à voir avec Los Angeles et le monde du cinéma. Jusqu'à nouvel ordre, en tout cas.

« T'as entendu ça avec tes micros ?

— Non. Les deux producteurs sont allés déjeuner, et quand ils sont rentrés ils parlaient de leur rendez-vous avec Vito. Apparemment, il a dû leur faire une offre et ils discutaient pour savoir s'ils devaient l'accepter ou pas. Tu as tout là-dedans, précisa-t-il en montrant du doigt les carnets qui dépassaient de la poche de Costello.

— Merci, mon vieux. Continue tes écoutes, ils laisseront peut-être échapper quelque chose. Si tu entends quoi que ce soit d'important, tu m'appelles direct.

— Pas de problème. »

Ils échangèrent un salut, Costello remit son chapeau et sortit.

Au suivant.

Déjeuner avec Adonis au Starlight Roof, le restaurant du Waldorf-Astoria avec le plafond en voûte étoilée. C'était au dernier étage du bâtiment que Cheesebox avait mis sur écoute. Une toute petite marche à faire, à travers l'agitation de mi-journée sur la 49e Rue et les taxis jaunes qui luisaient sous les rayons du soleil hivernal.

Adonis l'attendait à leur table habituelle.

« Tu as fait les courses pour ce midi ? » dit-il en voyant son sachet d'oranges.

Costello ne prit même pas la peine de répondre.

« Tu as entendu, pour Capone ? demanda Costello.

— Ouais, pauvre gars. Qui est-ce qu'on envoie pour l'enterrement ?

— On peut se passer de qui ?

— Petrelli ? demanda Adonis après un instant de réflexion.

— OK. Petrelli et la plus grosse couronne qu'on ait jamais vue.

— Pauvre gars », répéta Adonis.

Costello lui balança les carnets et lui raconta ce que Cheesebox venait de lui dire.

« Il veut peut-être faire du cinoche ?

— J'aime pas ça. Qu'est-ce qu'il nous prépare, ce con ? »

Tant que les différents clans travaillaient ensemble et prenaient garde à éviter une nouvelle guerre, rien ne pouvait entraver leur marche en avant. Et tous les chefs de famille étaient d'accord là-dessus. Tous, sauf Genovese. C'était lui, l'homme qui risquait de mettre fin à leur âge d'or. Qui ne comprenait rien. C'est tout le problème des âges d'or : on ne sait jamais qu'on est dedans. C'est rétrospectivement qu'on s'en rend compte. Mais Costello en était bien conscient, lui. Puisqu'il avait travaillé pour le faire advenir.

Et ce Genovese en menaçait l'existence.

Le serveur arriva et Costello commanda une soupe, Adonis un steak.

« Puisqu'on parle de notre ami du New Jersey, fit Adonis, j'ai eu un coup de fil de mon flic dans le 10e District. »

L'un de ses cousins bossait au commissariat du 10e District et leur fournissait des informations.

« La nuit dernière, ils ont arrêté un gamin en faisant une descente près du parc de Washington Square, dans une des cafétérias. Il vendait de la came. Quand les flics ont fouillé sa piaule, ils en ont trouvé assez pour l'envoyer en zonzon pour quinze à vingt ans. Une fois retourné chez les poulets, il était prêt à donner tout son circuit de distribution, y compris le fournisseur.

— Vito Genovese ? »

Adonis hocha la tête.

« Et il disait qu'il avait des preuves. Il a offert Genovese à mon cousin direct, sur un plateau. »

C'était bien pour ça que Costello interdisait à ses hommes de revendre de la drogue. Pas pour des raisons morales, mais parce que les peines de prison étaient si élevées que les mecs étaient prêts à tout pour y échapper, y compris à balancer leur patron. La drogue, c'était un pied de biche qui ouvrait toutes les consciences.

« Et ton cousin, qu'est-ce qu'il a fait ?

— Il a dit qu'il allait réfléchir. Il m'a appelé ce matin. On pourrait peut-être le retourner ? »

Costello réfléchit un instant. Adonis proposait que le gamin devienne leur informateur au sein du camp Genovese. Costello avait déjà une taupe dans le camp de son adversaire du New Jersey – Nick Tomasulo –, mais il avait l'impression que Genovese l'avait repéré. Il n'invitait plus Tomasulo aux réunions importantes, et Tomasulo n'avait donc plus accès aux informations qui auraient été utiles à Costello. Il recevait un traitement similaire à celui que Costello réservait à Bova, le maquereau-proprio de salle de sport qui était la taupe de Genovese.

« Qu'est-ce que tu en penses ? demanda Costello à Adonis.

— De toute façon, Tomasulo est grillé, fit-il en haussant les épaules. On a besoin d'une nouvelle taupe. Le gamin mettra du temps à monter les échelons, mais ça vaut le coup. »

Ça prendrait quelques années avant que le gamin soit assez haut dans la hiérarchie pour être utile. Il ne risquait pas de leur apporter des informations sur la rencontre de Genovese avec les producteurs.

« Et il est où en ce moment ?

— Le gamin ? Toujours en cellule, dans le 10e. Mon cousin attend notre décision. »

Costello pianota sur la table, réfléchissant encore à ce que Genovese pouvait bien fabriquer avec des producteurs.

« OK, retournons ce gamin. Dis à ton cousin de le libérer, et on le ramassera dans quelques jours. Je demanderai un coup de main à Anastasia. »

Adonis opina.

Quand ils voulaient retourner quelqu'un, ils faisaient toujours appel à Anastasia.

Leurs plats arrivèrent.

La soupe de Costello avait un goût affreux comparé à celle qu'il avait dégustée à Little Italy, mais il l'engloutit quand même. Pendant le repas, ils consultèrent les carnets de Cheesebox. C'étaient surtout des bavardages de gens du cinéma : les films qui sortaient, ceux qui allaient faire un flop, les acteurs difficiles à gérer, les coucheries des uns et des autres. Adonis vit qu'on y mentionnait Barbara Stanwyck.

« Barbara Stanwyck, tu te rends compte. Une fille jolie comme elle…

— Eh ben quoi ?

— C'est juste qu'on croirait pas. »

À la fin du repas, Costello sortit une orange de son sac, l'éplucha et la dévora sous le regard d'Adonis. Il avait très envie d'une cigarette.

« Tu viens au Duke's ? demanda Costello dans l'ascenseur.

— Non, je vais aller voir mon cousin pour lui donner les instructions.

— OK, et moi j'en parle à Anastasia. Il devrait être là aujourd'hui. »

Arrivés en bas, ils demandèrent des taxis au concierge.

« Barbara Stanwyck, quand même », soupirait encore Adonis.

Au suivant.

« Où on va, mon gars ?

— Cliffside.

— Cliffside, dans le New Jersey ? fit le chauffeur sur un ton méprisant.

— Ouais, Cliffside dans le New Jersey. Pourquoi, t'en connais un autre ?

— Faut être timbré. »

Le chauffeur se tourna pour dire à Costello de sortir de son taxi, mais il resta bouche bée.

« Enfin, je veux dire, oui, monsieur. Tout de suite, monsieur. »

Il fit volte-face et releva promptement le bras du compteur pour que la course ne soit pas comptabilisée.

Costello éternua, se moucha, et plaqua son mouchoir plein d'eucalyptus contre son nez pour débloquer ses sinus. Le chauffeur lançait de petits regards dans le rétroviseur en conduisant. Costello se doutait bien qu'il avait envie de lui parler mais ne savait pas comment s'y prendre. Il avait envie d'une cigarette. Et d'un bol de la soupe au poulet de la vieille Italienne.

Quand il se retourna pour observer ce qui se passait derrière lui, il repéra dans la circulation deux berlines noires. Il se faisait toujours filer en quittant le Waldorf car les agents qui le suivaient savaient qu'il y avait ses petites habitudes. Cela faisait longtemps qu'il avait cessé d'essayer de comprendre quels services gouvernementaux étaient après lui : la brigade des stupéfiants, le renseignement de la police de New York, le Trésor public… Les seuls qui ne s'intéressaient pas à lui, c'étaient les agents du FBI. Ça, au moins, Costello en était sûr. J. Edgar Hoover était trop occupé à faire la chasse aux sorcières pour se soucier du crime organisé. Et cela l'arrangeait bien. D'où son intérêt pour la grande réunion qui devait avoir lieu au Waldorf.

Costello avait rencontré Hoover à plusieurs reprises dans des boîtes de nuit à New York – ils avaient un ami commun, le journaliste Walter Winchell, qui se spécialisait dans les ragots. Costello l'avait trouvé de bonne compagnie. Que Hoover soit directeur du FBI était sans doute le plus gros coup de chance de l'histoire de la pègre. La seule agence de sécurité de l'État qui possédait les ressources pour s'attaquer à la Mafia était dirigée par un homme qui avait publiquement décrété que le crime organisé n'existait pas. Personne ne comprenait vraiment pourquoi Hoover pensait une chose pareille – ou en tout cas pourquoi il avait jugé bon de le dire. L'essentiel, c'était qu'il ne change pas d'avis. Et, pour cela, il fallait faire en sorte que le FBI cesse de s'intéresser aux affaires de l'industrie du cinéma.

Une dizaine d'années plus tôt, les patrons des studios de cinéma s'étaient rendu compte que, à la suite de la Grande Dépression et du New Deal, la plupart de leurs employés s'étaient syndiqués. De nombreux syndicats étaient radicaux, exigeants et très à gauche. Pour se débarrasser de l'influence communiste qui, selon eux, les prenait en otage, les patrons avaient fait une erreur qu'aucune personne de bon sens n'aurait faite : ils avaient fait appel aux services de la pègre. La Mafia avait alors renforcé son influence auprès des syndicats dans lesquels elle avait déjà planté ses griffes et avait infiltré les autres. Elle était parvenue à les diviser et, au bout de quelques années, à force de faire chanter les gens et de leur casser les genoux, elle avait pris le contrôle de la situation. C'était seulement à ce moment-là que les patrons des studios s'étaient rendu compte de ce qu'ils avaient fait : au lieu de syndicats contrôlés par des communistes, ils se retrouvaient avec des syndicats contrôlés par la Mafia.

Et maintenant que la pègre avait tout pouvoir à Hollywood, elle mettait une pression bien plus forte que les communistes auparavant.

Et puis le sénateur McCarthy et sa Commission sur les activités antiaméricaines s'étaient attaqués à Hollywood, dix ans trop tard. Si l'industrie du cinéma ne prenait pas ses distances avec les communistes, alors le FBI allait venir renifler dans leurs affaires. Pour mettre un frein à tout ça, il fallait qu'Hollywood montre clairement son allégeance envers le gouvernement et le fasse savoir. Le meilleur moyen était de sacrifier les Dix d'Hollywood. Comme ça, on retrouvait le statu quo – les condés contre les cocos – et la Mafia pouvait continuer à faire ce qu'elle voulait. L'âge d'or éternel, quoi.

C'est pour ça que Costello essayait de faire voter une liste noire à cette réunion au Waldorf. C'est pour ça que Cheesebox mettait l'hôtel sur écoute.

Sauf que maintenant, Genovese venait mettre son nez dans tout ça. Pourquoi ? Costello avait besoin de saisir le fond de cette histoire. Si Genovese l'évinçait, ça ne serait pas seulement une catastrophe pour Costello. Avec Genovese à la tête de la Mafia, c'en serait vite fini de l'âge d'or. Il allait tout faire capoter avec son recours systématique à la violence, ses stratégies désastreuses et son défaut global de compréhension du monde. Il représentait tout le contraire de Costello. Il utilisait la violence sans réfléchir, trafiquait de la drogue, refusait de travailler avec ceux qui n'étaient pas italiens. Pour lui, le pouvoir, c'était la démonstration de force permanente. Costello n'avait jamais compris cette logique. Pour lui, c'était de devoir montrer sa force à tout prix qui était un signe de faiblesse.

En entrant dans le Lincoln Tunnel, ils se retrouvèrent dans le noir. Costello songea au Duke's et à son rendez-vous avec le docteur Hoffman en fin d'après-midi. Le thérapeute lui avait dit que la cause de ses insomnies était une dépression larvée et que cette dépression provenait de son manque d'estime de soi, dont la source était un complexe d'infériorité. Enfin, un truc dans le genre. Selon son psy, la solution consistait à s'améliorer, et cela passait par de meilleures fréquentations. En langage psy, cela voulait dire : « Arrête de traîner avec des mafiosi et tu te sentiras mieux. »

Et voilà qu'il allait au Duke's…

Mais bon sang, s'il avait pu arrêter de fréquenter la Mafia, il l'aurait déjà fait ! Il n'avait jamais voulu en faire partie. Résultat, il se retrouvait chef de la Mafia.

Quand le taxi ressortit du tunnel, Costello fut ébloui par la lumière du soleil. Il ferma les yeux et attendit que la brûlure s'estompe. Ils prirent le grand virage de l'échangeur de Weehawken puis vers le nord, vers Cliffside. Costello observa le paysage du New Jersey : partout, des cheminées industrielles, une étendue d'usines et d'entrepôts. Sur sa droite, il voyait des quais. Certains étaient carbonisés et pourrissaient sous la boue. D'autres connaissaient une activité débordante. On y voyait des cargos, des remorqueurs, des barges et des allèges, des pousseurs qui transportaient des wagons de chemins de fer sur le fleuve scintillant, les amenant vers Manhattan qu'on devinait dans le lointain.

Ils prirent Palisade Avenue, et le taxi s'arrêta enfin devant chez Duke's, un bar-restaurant d'aspect insignifiant. Depuis les années 1930, la mafia de New York avait l'habitude de se réfugier dans le New Jersey pour échapper à ses poursuivants new-yorkais. Et Duke's était devenu un de leurs repaires. On y mangeait bien, il y avait une bonne isolation phonique et des appartements à l'étage. Certains patrons de la pègre y étaient fourrés tous les jours. Costello se contentait d'y faire un tour chaque jeudi.

En sortant du taxi, il constata que les deux berlines noires étaient garées une rue plus loin. Il fourragea dans ses liasses de billets : il en avait une dans chaque poche de pantalon, celle de droite pour les dépenses, celle de gauche pour les prêts. Il préleva un billet de cent et le donna au chauffeur.

« Oh, merci beaucoup, monsieur Costello !

— De rien.

— Dites, monsieur Costello, fit le chauffeur qui avait enfin le courage de lui adresser la parole, est-ce que je peux vous poser une question ?

— Bien sûr, mais arrête de m'appeler "monsieur" tout le temps, tu veux ?

— Vous avez un tuyau pour faire fortune ? »

Change de métier, pensa Costello.

« Pour sûr, mon gars : il suffit de réussir à faucher un dollar. Mais un million de fois. »

Le chauffeur resta dubitatif.

« Si tu fauches un million de dollars, on te poursuit jusqu'à ce qu'on t'attrape. Alors que si tu fauches un dollar un million de fois, tout le monde s'en fout. »

Le chauffeur comprit où il voulait en venir et un sourire éclaira son visage. C'était la définition même du racket, de la petite arnaque. Si on a la patience de se servir de toutes petites parts, on finit millionnaire sans avoir vraiment dérangé personne.

Le chauffeur repartit vers New York et Costello, resté seul, se plia en deux sous la violence d'une quinte de toux. Il avait l'impression qu'il allait vomir. Il attendit que ça passe puis sortit de sa poche le sirop qu'il avait acheté à la pharmacie. Il l'ouvrit et en avala la moitié en pleine rue. Quand il s'essuya la bouche et regarda autour de lui, il repéra d'autres voitures de flics banalisées garées de l'autre côté de la route, devant le parc de loisirs de Palisade Avenue.

Il se dirigea vers le restaurant et prit l'entrée que les gangsters utilisaient. Après avoir monté un escalier, il arriva dans une pièce étouffante et enfumée. Les volets étaient fermés, ce qui rendait tout un peu indistinct. Une demi-douzaine de personnes étaient là, autour d'une table où s'amoncelaient de l'argent, des câbles, du matériel téléphonique, divers outils, des bulletins de courses, des journaux, des verres de whisky, des bières, de la bouffe.

Ils étaient tous là, dans l'obscurité, les princes des bas-fonds. Les truands. Les rapaces. Costello repéra Albert Anastasia, Joe Profaci, Tommy Lucchese, Willy Moretti et son frère Solly, Vinnie Mangano. Une belle brochette de parrains. Les cinq familles étaient représentées. Et celles du New Jersey aussi. Il y avait là la plupart des truands qu'il avait convaincus de financer les illusions de Benny Siegel à Las Vegas. Ces types à qui il devait des millions. Et, parmi eux, peut-être le type qui avait comploté avec Benny pour se garder les deux briques que Gabriel devait chercher en ce moment même.

Costello parcourut l'assemblée du regard. Un par un. Il repensa aux conseils du docteur Hoffman sur ses fréquentations.

« Salut, Frank, le saluèrent certains des gangsters.

— T'es allé faire les courses ? » demanda Willy Moretti en voyant son sac d'épicerie.

Il s'installa à une place vide, à peu près au milieu de la tablée, et s'éplucha une orange.

« T'as entendu, pour Capone ? lança quelqu'un au fond de la salle.

— Bien sûr.

— Pauvre gars, conclut Moretti.

— La dernière fois que Joe est descendu en Floride, il est allé le voir chez lui, ajouta Vinnie Mangano. Et Al était assis au bord de la piscine avec une canne à pêche. Joe lui demande : “Qu'est-ce que tu fous ?” Et Al qui lui répond : “J'attends que ça morde !” Le mec, il attendait que ça morde dans sa piscine ! »

Tout le monde resta songeur.

« Pauvre gars », répéta un autre.

Et puis tout le monde se remit à bavarder.

Costello se tourna vers le téléviseur posé sur une console. On y voyait les auditions de la Commission sur les activités antiaméricaines, et notamment un type à l'air sérieux et discret qui lisait au micro une déclaration en face de la commission. Dans la pénombre de la pièce, la lueur du téléviseur le fit songer à l'appartement de la vieille dame de ce matin, et il vit dans son esprit le Jésus fluorescent, à la teinte verdâtre et malsaine, traverser l'obscurité comme un fantôme.

Près de la télé se trouvait un poste de radio pourvu d'un câble branché à un récepteur téléphonique. Cheesebox avait établi une connexion avec la radio pour qu'ils puissent entendre les commentaires des courses en direct à la radio plutôt que d'avoir quelqu'un qui écoute au téléphone en leur faisant un résumé.

Costello croisa le regard d'Anastasia, l'assassin et le tortionnaire attitré de la Mafia. Il faisait partie d'une famille rivale, les Mangano, mais Costello et lui étaient proches, au grand dam du patron d'Anastasia. Costello lui fit un signe de tête pour lui faire comprendre qu'il avait quelque chose à lui dire. Anastasia le lui retourna. C'était un homme replet avec un gros nez, et il émanait de lui quelque chose d'inquiétant et de tranchant. Il faisait partie des fondateurs de la Mutuelle de l'assassinat, ce regroupement de tueurs à gages responsable de plus de quatre cents meurtres depuis la fin de la Prohibition, en 1933. À lui tout seul, Anastasia pouvait s'enorgueillir d'une bonne trentaine de contrats. Mais ces derniers temps il se voyait plutôt comme un simple homme d'affaires.

Costello repensa au chiffre qu'Anastasia avait à son actif, et au fait qu'il devrait avoir de meilleures fréquentations. Il sortit son mouchoir imprégné d'eucalyptus et se le colla sur le nez. La forte odeur de cigarette aggravait son rhume en même temps qu'elle lui donnait envie de fumer.

« Magnez-vous, bordel ! La course va commencer ! » s'écria quelqu'un.

Costello regarda sa montre. La course en question, c'était le Champagne Stakes au parc Belmont. Tous ceux qui étaient présents avaient placé des paris. Dès qu'il était question de chevaux, ils étaient tous des joueurs invétérés. Dans d'autres circonstances, Costello lui-même aurait volontiers misé quelques milliers de dollars auprès de ses bookmakers de Detroit et Cincinnati. Mais il était hors de question qu'on le voie placer de l'argent alors qu'il devait autant aux types autour de cette table. Ça ne pouvait qu'être mal perçu. Même si l'un d'entre eux s'était sans doute déjà servi…

Solly alla monter le volume de la radio sur la console et la voix du speaker noya le son des débats de la Commission sur les activités antiaméricaines à la télévision. Costello jeta quand même un œil à l'image hésitante sur le poste en noir et blanc. On était passé des auditions elles-mêmes à l'intervention d'un homme que Costello reconnaissait : c'était le sénateur McCarthy en personne qui parlait dans un micro. Il n'avait pas tout à fait la même tête que lors de leur rencontre. Son visage était plus rondouillard, ses yeux plus rapprochés.

« Alors, qui a parié quoi ? demanda Costello en s'adressant à la tablée.

— Mille dollars sur Forge de Vulcain, annonça Willie.

— Moi aussi, cinq mille, précisa Lucchese.

— Pareil, deux mille », ajouta Anastasia.

Tout le monde mit son grain de sel. En tout, il y en avait pour cinquante mille balles de paris. Tous sur Forge de Vulcain.

« Putain, mais vous avez entendu parler de quelque chose ou quoi ? » fit Costello.

Tout le monde ricana.

« C'est quoi, la cote ?

— Sept contre un. »

La course démarra et la voix du speaker éclata dans la pièce. Forge de Vulcain n'était pas du tout dans le peloton de tête. Tout le monde commença à tirer la tronche. Ils se mirent à traiter de tous les noms le cheval, l'entraîneur, le jockey et même le connard qui tondait la pelouse. Et puis, à mi-parcours, Forge de Vulcain remonta en troisième place. À deux sillons de l'arrivée, il était deuxième. Et tous, debout, hurlaient en italien. Sur les cent derniers mètres, il passa premier.

Et il le resta.

Dans la pièce, ils poussèrent tous des cris de victoire en faisant une danse de la joie. Quelqu'un lança des biftons en l'air, faisant pleuvoir des coupures de vingt, cinquante, cent dollars. Comme aux mariages, quelqu'un se mit à chanter *Funiculì, Funiculà* et tout le monde entonna la chanson en dansant autour de la table sous une averse de dollars.

C'était une réunion stratégique hebdomadaire assez ordinaire.

L'âge d'or, quoi.

VII

« Un groupe d'industriels finance un groupe mafieux dans le but de casser le syndicalisme, de mettre un frein aux menaces de socialisme, de communisme ou à la possibilité d'un fonctionnement démocratique… Et une fois que les gangsters ont mené à bien la mission qui leur a été confiée, ils se retournent contre ceux qui les ont embauchés. Les marionnettistes se rendent alors compte que leurs horribles créatures ont pris le contrôle. »

Orson Welles, réalisateur, 1944

15

Mardi 4 novembre, midi

Ce matin-là, Michael appela Carrasco dès qu'il put pour lui faire part de la théorie d'Ida : l'hôtel trempait sans doute dans le trafic de drogue, le proprio devait héberger un dealer qui était la véritable cible des meurtres. Carrasco lui assura qu'il allait suivre cette piste.

Michael raccrocha et quitta son minuscule appartement entre la 58e Rue Ouest et la 7e Avenue. Il alla chez un armurier à qui il acheta un Browning.22, un paquet de munitions, un holster et un kit d'entretien dans une poche en faux cuir. Une fois rentré, il étala le tout sur le lit, s'installa dans le fauteuil et contempla ses achats. Il avait commencé par se dire que c'était juste « au cas où », mais en vérité il avait besoin de ce pistolet. Il sentait qu'il allait lui être indispensable et cet état de fait l'irritait profondément car il lui rappelait à quel point il était démuni – ainsi que ce qu'il était devenu : un vieil homme dépassé qui ne se faisait plus confiance pour frapper quelqu'un ou s'enfuir.

Il se leva et enfila le holster. Puis il examina le pistolet noir, remplit le chargeur, le posa à plat sur sa paume et soupesa l'arme luisante avant de la glisser dans le holster. La mort gainée de métal et de cuir. Comme la chaise électrique.

Cela faisait des semaines que Michael était hanté par des visions de chaise électrique. Elle était tapie dans les moindres recoins de son esprit, où elle vibrait d'une force mortelle. Michael s'était promis que son fils ne connaîtrait pas cette fin-là. Et pour éviter cela, il fallait commencer par arracher au propriétaire de l'hôtel ce qu'il avait besoin de savoir. Il n'avait pas le choix.

Il attendit que Carrasco le rappelle. Cela prit trois heures. Sa piste avait débouché sur la raison pour laquelle le proprio s'était retrouvé embringué là-dedans. Cela donnait à Michael un moyen de pression : avec un peu de chance, il n'aurait même pas besoin de se servir du flingue.

Il prit le métro jusqu'à la 125e Rue puis traversa la rue pour retourner à l'hôtel. Le petit Blanc dans le ghetto, poursuivi par une traînée de regards soupçonneux. Des années à vivre dans le Southside de Chicago l'avaient complètement immunisé.

Il arriva à l'hôtel et en gravit une nouvelle fois les marches. Le type était à l'accueil, occupé à lire le *New York Mirror*. Il abaissa son journal, reconnut Michael et fronça les sourcils. La radio était allumée, sur une station de jazz cette fois-ci. Michael s'approcha de la grille, se baissa et sentit le poids du pistolet près de son cœur, le contact du cuir du holster. Il constata que l'homme avait les yeux rougis par le manque de sommeil.

« Vous voulez revoir les chambres ? » demanda-t-il avec une pointe d'agacement dans la voix.

Michael ne répondit pas tout de suite. Il ne lui avait pas demandé de montrer sa carte. Comme il était venu avec Carrasco la veille, il supposait que Michael était flic aussi.

« Non. Je voudrais juste vous parler. »

En s'adressant à lui à travers la grille, Michael avait l'impression d'être dans un confessionnal.

Le type déglutit.

« J'ai rien à vous dire.

— Vous en êtes bien certain ? »

Ils restèrent à se dévisager, tous les deux un peu flous de chaque côté de la grille.

« On a enquêté un peu et on dirait que vous n'avez pas dit toute la vérité dans votre déposition.

— Ah ouais ? C'est-à-dire ? »

Il laissa tomber le journal sur ses genoux.

« Vous avez dit que vous ne saviez pas pourquoi l'hôtel avait subi cette attaque.

— J'ai dit que je savais pas, et je sais toujours pas. J'étais même pas là. Je vous l'ai déjà dit.

— Donc c'est une coïncidence que vous ayez pris votre soirée justement ce jour-là ?

— Je prends une soirée par semaine. Peut-être qu'ils savaient que je serais pas là et ils ont voulu en profiter.

— Ou bien quelqu'un vous a prévenu qu'il allait se passer quelque chose », proposa Michael pour voir sa réaction.

Le type ne parvint pas à réprimer sa surprise.

« Avec le recul, vous auriez mieux fait de rester, ajouta Michael. Ça aurait paru moins suspect. Rétrospectivement, je veux dire. Parce que là, on dirait vraiment que vous avez été prévenu de ce qui allait se passer. »

Le type réussit à conserver un visage de marbre, mais son journal s'était mis à trembler légèrement. Sa réaction allait bien dans le sens de l'hypothèse élaborée par Michael et Ida.

Il décida de tenter sa chance.

« C'est bon : je sais que vous n'y êtes pour rien. Vous avez une bonne raison, n'est-ce pas ? C'est à cause de votre fils, c'est ça ? »

En entendant cela, l'homme croisa les bras sur sa poitrine. Pour montrer sa colère ou pour éviter de trahir ses émotions.

« Votre fils est à Dannemora, hein ? Dix ans pour vol à main armée, si je me rappelle bien. Il passe devant dans la commission de discipline bientôt, je crois. Dans six mois, non ? »

Les lèvres de l'homme se mirent à trembler. Il fusillait Michael du regard et semblait furieux.

« C'est comme ça que les flics ont fait pression sur vous ? Ils vous ont dit que si vous ne vouliez pas jouer le jeu, ils iraient voir la commission de discipline ? Qu'ils s'arrangeraient pour qu'il reste en taule ? Seulement voilà, Thomas James Talbot est aussi en prison, maintenant. Sauf que lui, ce n'est pas une commission de discipline mal disposée qu'il a en face, mais la chaise électrique. »

Quelque chose changea dans le comportement du propriétaire de l'hôtel. Son regard et son visage se fermèrent.

« En fait, vous ne savez rien », dit-il en se carrant dans son fauteuil.

Mais Michael entendait l'émotion dans sa voix. Il progressait.

« Je sais que ce soir-là il y avait un dealer dans la chambre avec Bucek. Et que vous touchiez votre petit bakchich. Quand il a été question d'une exécution, les flics vous ont dit que ça se passerait sans problème. Sauf que le lendemain, vous vous êtes retrouvé avec quatre cadavres sur les bras…

— Je suis au courant de rien, siffla-t-il.

— Je sais aussi que vous êtes rongé par la culpabilité parce que vous avez échangé votre nuit avec Diana Hollis et que maintenant, elle est morte. Et il y a un gamin à la prison de Rikers qui risque de se prendre un méchant coup de jus. Si vous ne me racontez pas vite fait ce que vous savez et que vous le laissez crever, ça vous fera encore un peu plus de sang sur les mains. »

Michael sentait qu'il était en train de se mettre en rogne. Et c'était justement la première règle à ne pas enfreindre quand on enquêtait. Il fallait qu'il se calme, qu'il se contrôle, surtout avec un flingue sous sa veste. Mais ce n'était pas une enquête comme les autres.

Le type le regardait en silence à travers la grille. Ses yeux commençaient à s'embuer et des émotions désordonnées parcouraient son visage. Il y avait de la confusion, de la pitié, de la culpabilité, de la méfiance. Il voulait parler, Michael le sentait. Il voulait se décharger de tout ça. Mais il avait peur. Michael lui avait offert l'absolution, mais d'abord il fallait qu'il lui propose un peu de réconfort.

Il se baissa pour être à son niveau et planta son regard dans le sien.

« Dites-moi ce qui s'est passé, demanda-t-il d'un ton plus doux. Et il n'y aura pas de suite. J'ai rien à voir avec ces flics pourris. Je suis dans le camp des gentils. Je ferai en sorte que personne ne sache ce que vous m'avez raconté. Et je vais vous aider à sauver la vie d'un innocent. »

Les larmes qui s'étaient accumulées dans les yeux du type finirent par couler à profusion le long de son visage.

« Vous voulez sauver la vie d'un homme ? Vous racheter ? Je comprends que ce soit important pour vous après ce massacre…

— Vous comprenez pas, finit-il par répondre. C'est pas que je veux pas aider ce gamin qu'est à Rikers. C'est que je peux pas. Ils m'ont pas dit qu'ils empêcheraient mon fils d'être libéré sur parole : ils m'ont dit qu'ils le feraient exécuter. »

Michael sentit son cœur se serrer. En fait, ils étaient dans le même bateau.

« De toute manière, ils ne toucheront pas à votre fils, affirma-t-il. S'ils pensent que vous avez parlé, c'est vous qu'ils tueront. Vous le savez bien, au fond. Votre seule porte de sortie, pour vous, pour votre fils et pour tout le monde, c'est de mettre la main sur ceux qui ont fait ça et de les faire foutre en taule. Dites-moi le nom des flics qui vous ont racketté. Le nom du dealer. Donnez-moi un élément pour que je puisse commencer à arranger ça. Ne les laissez pas s'en tirer à si bon compte. »

Le type baissa la tête.

« C'était ma nana », marmonna-t-il.

Il releva la tête, le visage dégoulinant à présent.

« Diana Hollis... Vous avez vu ce qu'ils lui ont fait ?! »

Michael se contenta d'acquiescer.

L'homme essuya ses larmes.

« Je les connaissais pas, ces flics. C'étaient pas les mêmes que ceux à qui je versais le pognon pour la protection. Ils se sont pointés et ont commencé à poser des questions, sur les résidents, les chambres qui étaient occupées, ce qu'ils faisaient le soir. Et puis ils m'ont dit que leur visite devait rester un secret. Ensuite, ils m'ont parlé de mon gamin à Dannemora. Mais ce n'est pas pour ça que j'ai pris ma soirée, je prends toujours mes vendredis soir. Ils devaient le savoir.

— Après qui en avaient-ils ? J'ai besoin d'un nom.

— Gene Cleveland. C'est lui qui louait la chambre du bas.

— Il dealait ?

— Oui. Il me payait le double du loyer pour que je me taise.

— Vous savez pourquoi ils en avaient après lui ?

— Non.

— Il est où maintenant ?

— Je n'en sais rien. Il a disparu ce soir-là.

— Et les flics, vous connaissez leurs noms ? »

L'homme lança un regard morne à Michael.

« À votre avis ?

— Ils étaient comment ?

— Blancs, la quarantaine, le visage rougeaud, petit ventre. Des flics, quoi.

— Ils portaient un uniforme ?

— Non, dit l'homme en hochant la tête.

— Vous pourriez les reconnaître ?

— Je ferai pas d'identification. Vous aviez dit que ça resterait entre nous.

— Ça sera le cas.

— Arrêtez vos conneries. »

Son expression se durcit, comme s'il venait de se rendre compte qu'il était allé trop loin.

« C'est bon, maintenant. Je vous en ai assez dit.

— Il faut que je sache où je peux le trouver, insista Michael.

— Vous le retrouverez pas. Après ce qui s'est passé, il est loin d'ici.

— Vous connaissez quelqu'un d'autre qui le connaît ?

— Non ! »

L'homme tapa du poing sur son bureau, assez fort pour se casser quelque chose. Il tremblait et de la morve lui coulait sur les lèvres.

« J'aurais jamais dû le laisser s'installer ici, cet enculé ! Il peut bien crever. Et peut-être qu'ils me laisseront tranquille. Allez-vous-en, maintenant ! »

Michael hésita. Il avait laissé l'interrogatoire lui échapper, il aurait pu obtenir davantage d'informations s'il s'y était mieux pris. Mais il savait par expérience qu'il n'y avait plus moyen de revenir en arrière. L'homme ne lui dirait plus rien.

Il se releva lourdement en se maudissant d'être aussi rouillé, d'avoir tant perdu en technique d'interrogatoire. Est-ce que ça reviendrait jamais ?

« Vous avez bien fait de me parler. Faites attention à vous. Ils risquent de revenir. Pas parce que vous m'avez parlé, juste parce que vous savez des choses.

— Et vous croyez que je suis pas au courant ? » répondit le type, abattu.

Dans la rue, le soleil brillait. Michael avait un nom : avec ça, il pourrait remonter jusqu'aux assassins. Il avait obtenu ce qu'il était venu chercher et son arme était restée blottie dans son holster. Il ne se sentait pas mieux pour autant. Au contraire, il se sentait épuisé, impuissant, usé.

Deux écoliers passèrent à côté de lui en le dévisageant. Peut-être parce qu'il était blanc, peut-être à cause de ses cicatrices. Ces cicatrices qui, autrefois, l'avaient aidé à paraître intimidant. Peut-être qu'ils l'avaient regardé parce qu'il ne se sentait pas seulement comme une épave, mais qu'il en avait l'air.

Il rendit leur regard aux enfants et les fixa tandis qu'ils traversaient la rue au niveau de la boutique de vaudou. Il y avait quelque chose qui ne collait pas. Michael réfléchit et imagina les flics arrivant la nuit du meurtre, constatant le carnage, décidant qu'il leur fallait trouver un moyen de brouiller les pistes, d'opacifier ce crime, et se rendant chez le sorcier vaudou d'en face pour se procurer un tas de grigris.

Il suivit la trajectoire des enfants et s'approcha de la boutique. Sous l'enseigne clignotante *Vaudou de Louisiane* se trouvait un panneau annonçant que le magasin proposait à la vente *Les Authentiques Sortilèges d'Amour de Mary Laveau*. Michael secoua la tête et pénétra dans le local.

C'était une petite boutique qui avait un peu l'air d'une pharmacie décrépite parsemée de petites lumières rouges, avec des icônes de la Vierge sur les murs. Au fond, une officine était séparée du reste par un antique rideau en dentelle dont le tissu avait pris une teinte jaune caillé. Le voile s'écarta dans un bruissement et un homme fit son apparition. Il avait une quarantaine d'années, la peau foncée, une barbe de trois jours et l'air négligé. Il portait un costume en laine gris et un pull couleur moutarde.

« Bonjour, fit-il, surpris peut-être de constater que son visiteur était blanc.

— Bonjour », répondit Michael en regardant ce qui se trouvait sur le comptoir.

L'aura factice de la vitrine se prolongeait à l'intérieur de cette boutique qui respirait l'inauthenticité. Il y avait des livres pour interpréter les rêves et les numéros porte-bonheur, pour apprendre des sortilèges. Des pattes de lapin et de singe. Des dents de crocodile. Des bombonnes remplies de racines baignant dans des liquides inquiétants, de la terre, des substances qui ressemblaient à de l'écorce et que les étiquettes identifiaient comme de la peau de serpent.

À Chicago, il était déjà arrivé à Michael de faire des descentes dans des endroits de ce genre. Les herbes censées guérir le rhume macéraient dans des antihistaminiques. Les potions pour combattre la mélancolie étaient bourrées de morphine. Si les clients avaient compris d'où venait leur addiction, ils auraient pu acheter les mêmes médicaments dans la rue pour beaucoup moins cher.

Entre ces décoctions d'herbes et ces potions se trouvaient les mêmes objets que ceux trouvés dans les chambres de Tom et des frères Powell. Les poupées en paille, les crucifix, les icônes. Les flics avaient dû tout prendre en vrac et balancer leur récolte à l'hôtel. Ils n'avaient même pas dû payer le gars. C'était quand même un gros risque à prendre. Pourquoi avaient-ils jugé cela nécessaire ?

« Est-ce que je peux vous aider ? » demanda l'homme.

Michael entendit que son accent louisianais était teinté de grosses traces new-yorkaises.

« Peut-être. Vous fermez à quelle heure le soir ?

— Oh, vers 20 heures, répondit le type, qui commença à s'inquiéter.

— Et les week-ends ?

— Un peu plus tard, ça dépend.

— Et un certain vendredi de la fin du mois d'août dernier ? Quand il y a eu cette histoire à l'hôtel d'en face ? Vous étiez resté ouvert tard ? »

L'homme se tut un instant.

« J'étais fermé le soir où ces meurtres ont eu lieu. »

Son accent était franchement new-yorkais, maintenant. Plus du tout louisianais.

« Vous avez été cambriolé ?

— Non. »

Il mentait. Il mentait parce qu'il avait peur de la police. C'était la confirmation dont il avait besoin. Michael se dirigea vers la porte. Quand il l'ouvrit, le froid s'engouffra dans le magasin. Il lança un dernier regard au vendeur. Et une remarque.

« Votre panneau dans la vitrine… Vos potions "Marie Laveau" seraient un peu plus authentiques si vous saviez au moins écrire son nom. »

Il sourit, sortit et remonta la rue. Il avait ce qu'il était venu chercher. Un nom. Mais qui était Gene Cleveland ? Et pourquoi est-ce que les meurtriers lui en voulaient au point de massacrer quatre autres personnes ?

16

Mardi 4 novembre, 9 heures

Le Temple de la Tranquillité se situait dans un immeuble en pierre brune de la 133e Rue, coincé entre une boutique de réparation de radios et une boîte où l'on pouvait se payer une partenaire de danse pour dix cents. Quand Ida arriva, elle constata que l'endroit était fermé. Mais il y avait un panneau avec des affichettes, qu'elle prit le temps de lire. Un bout de papier était épinglé par-dessus les autres : *Soupe populaire ce soir à 20 h 00. Venez manger et entendre l'Évangile du Verseau selon Jésus-Christ. Ouvert à tous.*

D'autres, plus anciennes, annonçaient divers événements, des conférences sur les rois africains, sur la Black Star Line, sur la franc-maçonnerie et les Élites. On y lisait le contenu d'un programme de désintoxication pour les junkies. Cette dernière affiche la laissa songeuse et elle se demanda s'il pouvait y avoir un lien entre le dealer de l'hôtel et les frères Powell, adeptes du Temple.

Elle se recula et contempla l'immeuble, décidant de revenir le soir même pour entendre *l'Évangile du Verseau selon Jésus-Christ*. Au cas où.

Elle s'acheta à manger en retournant à l'hôtel et, en attendant l'appel de Michael, elle s'installa dans sa chambre pour étudier les indices dont elle disposait.

Elle appela l'avocat de Tom – pour la troisième fois – et fut de nouveau éconduite par la secrétaire.

Elle songea à appeler Jacob en Californie mais, en regardant sa montre, elle se rendit compte qu'il était encore trop tôt. Juste au moment où elle commençait à s'impatienter et à y voir flou à force de scruter les indices, le téléphone sonna. C'était Michael.

« Alors, tu as appris quelque chose à l'hôtel ?

— Oh que oui ! »

Il lui raconta tout.

« Je vais appeler Carrasco, conclut-il. Pour qu'il vérifie. Quel est ton programme ?

— J'ai un peu de temps à tuer avant de retourner au Temple. Je vais peut-être faire le tour des junkies du coin, pour voir si je trouve un client de ce Gene Cleveland. »

Il y eut un instant de silence.

« Tu es armée ?

— Bien sûr, j'ai mon revolver.

— Surtout, prends-le. Et appelle-moi quand tu auras fini. »

Elle sortit son .38 de la valise, l'examina, le chargea, le réexamina, le glissa dans son holster puis quitta l'hôtel.

Elle se rendit directement au Palmer et parcourut les rues alentour, parlant aux junkies, aux ivrognes et aux vagabonds dont le regard sentait le trottoir, emmitouflés dans des couvertures, blottis près des feux brûlant dans des poubelles en fer. Les conversations suivaient toutes le même schéma : « Je suis pas de la police. Je cherche Gene Cleveland. Il vendait de la drogue derrière l'hôtel Palmer. Vous le connaissez ? Il y a une récompense. Je suis pas de la police. »

Résultat : des regards vides, des mouvements de tête négatifs, un type qui lui promit de la suriner, un autre qui lui cracha dessus. Et un autre qui se contenta de siffler entre ses dents en fronçant les sourcils. Certains étaient courtois, gentils et disaient être désolés de ne pas pouvoir l'aider, sur un ton qui ne trahissait pas leurs graves troubles mentaux. Dans la plupart des cas, Ida dut prendre sur elle pour ne pas se couvrir le nez.

Elle se rendit compte qu'il y avait un modèle type chez les junkies. C'étaient tous des hommes, entre 20 et 40 ans. Des Noirs. Ils étaient nombreux à se rassembler autour des bâtiments délabrés et calcinés qui ne manquaient pas dans le quartier, ainsi que les terrains vagues où rebuts et mauvaises herbes s'accumulaient. Ils portaient souvent un mélange de vêtements de l'Armée du Salut et d'uniformes – vestes de combat, bottes militaires, pantalons kaki coupés au niveau des genoux – et elle se demanda combien d'entre eux avaient effectivement fait la guerre.

Elle marcha jusqu'à avoir mal aux pieds, jusqu'aux terrains vagues près du fleuve, ce labyrinthe de ruelles et de venelles obscures, de quais en train de pourrir, de lugubres usines en ruines, de cafétérias qui n'avaient même pas d'enseigne. On y retrouvait le reste de cette armée de miséreux. Les seules pistes prometteuses se révélèrent vite des impasses, des types qui la faisaient marcher pour lui soutirer de l'argent.

Elle s'arrêta enfin dans une gargote pour prendre un café et un sandwich, et c'est là, perchée sur un tabouret au comptoir, qu'elle se sentit rattrapée par sa propre solitude, par le sentiment d'irréel de toutes ces histoires qui n'avaient rien à voir avec elle. Elle trouva qu'au fond tous ces hommes auxquels elle avait parlé toute la journée lui ressemblaient, et que leur situation d'exil et de renoncement n'était pas si éloignée de la sienne.

Elle finit de manger et repartit. L'après-midi finissant laissa la place à l'heure magique du crépuscule, et le ciel se chargea d'un million de rayons dorés qui parurent s'abattre sur la ville avec une cruelle allégresse.

La nuit s'installa.

Ida se demanda s'il restait des junkies à qui elle n'avait pas parlé. Mais, plus l'obscurité tombait, plus il en sortait de partout et Ida se rendit bientôt compte qu'il s'agissait d'une véritable épidémie. Comme à Chicago. Le nombre de drogués avait baissé pendant la guerre mais depuis le retour de la paix les trafiquants avaient remis en place leurs circuits de distribution et les quartiers les plus pauvres avaient été inondés par la drogue.

Personne ne put lui donner la moindre piste. Parmi des dizaines d'individus qu'elle arrêta pour leur parler, personne. Soit elle n'était plus aussi douée qu'avant pour obtenir des informations, soit la clientèle de Cleveland était ailleurs.

En regardant sa montre, elle constata qu'il était presque 20 heures.

Elle arriva en retard au Temple de la Tranquillité et vit que les portes étaient grandes ouvertes et que les fenêtres projetaient une lumière crue jusque dans la rue. Il y avait du monde sur les marches dehors, des Noirs vêtus élégamment, certains avec des kufis rouges. Ida avait déjà vu des Arabes en porter à Chicago.

Elle entra et suivit des panneaux qui la menèrent jusqu'à une grande salle de conférences qui résonnait, avec de nombreuses rangées de chaises. Sur le devant se trouvait une petite estrade où un homme devant un lutrin faisait un discours. Le long des murs, d'autres hommes en costume et chapeau rouge. Dans la salle, le public était un mélange d'habitués et de marginaux. Ida comprit qu'avant que les clochards aient le droit de manger à la soupe populaire, ils étaient forcés d'écouter la conférence.

L'homme qui discourait était vêtu comme les autres, costume et kufi rouge. Il avait la peau sombre, un port distingué et une grosse barbe qui n'allait pas avec sa tenue élégante. Ida s'installa à l'arrière de la salle. Elle était contente d'être au chaud à l'intérieur et frissonna à cause du contraste de température.

« C'est une rivière, mes chers frères et mes chères sœurs, une rivière de drogue ! Elle prend sa source en Asie, se déverse dans la mer, traverse les océans, accoste sur le port de New York et poursuit son chemin dans les seringues, dans les vaisseaux sanguins. Dans les veines des Noirs ! C'est une rivière puissante et elle ne coule que grâce à la complicité des gouvernements. »

De nombreuses personnes dans l'assemblée exprimèrent leur approbation.

« Ces gouvernements sont payés par les gardiens de cette rivière maudite, ce fléau qu'est la Mafia italienne. Ce sont eux qui profitent de la destruction de notre communauté. La Mafia et leurs amis haut placés, et leurs amis au sein même de notre communauté – car n'oublions pas qu'ils ne pourraient exercer leur néfaste commerce sans la complicité de gens de couleurs. Des gens comme Bumpy Johnson et consorts. »

La seule mention de ce nom causa un remous apeuré dans l'assistance. Johnson était le mafioso noir qui contrôlait Harlem et il s'était rempli les poches en inondant le quartier d'héroïne italienne.

« Je n'ai pas peur de donner des noms, affirma l'homme en levant le doigt en l'air, nous devons tous savoir qui est le Satan qui vit parmi nous. N'est-il pas écrit dans l'Épître aux Corinthiens que les mauvaises compagnies *corrompent* les bonnes mœurs ? »

Ida étudia à nouveau la composition du public, un mélange décidément bien étrange où voisinaient des hommes hagards et voûtés qui dégageaient une odeur pestilentielle et, le plus loin possible, des hommes et des femmes bien habillés qui étaient venus écouter la conférence et avaient l'air innocent de gens qui vont pieusement à l'église. Derrière encore, dans les allées de part et d'autre de la salle, se trouvaient ceux qui portaient les kufis.

Sur les murs, des bannières retraçaient l'histoire du mouvement panafricain à côté de vieilles affiches de la Black Star Line, de photos de Booker T. Washington, W.E.B. Du Bois et d'autres personnalités qu'Ida ne connaissait pas. Il y avait aussi la photographie d'une femme noire à la peau claire vêtue façon XIXe siècle. Ida plissa les yeux pour essayer de lire son nom mais n'y parvint pas. Au milieu de tout ça se trouvaient des tableaux de la Vierge à l'Enfant. C'était une iconographie assez confuse : kufis islamiques, affiches africaines, images chrétiennes.

Ida remarqua une porte ouverte plus loin, qui donnait sur une autre pièce, plus petite, où était installée la soupe populaire. Tout au bout de cette pièce, deux femmes avec un tablier déposaient des bols de soupe sur une rangée de tables pliantes.

« Que Dieu bénisse les junkies, fit l'orateur, car ils sont le carburant humain qui fait tourner la machine. Grâce à eux, la Mafia gagne de l'argent en vendant de la drogue. La police gagne de l'argent en les arrêtant. Les avocats et les magistrats gagnent de l'argent en les faisant condamner. Et les prisons gagnent de l'argent en les enfermant. Les hommes politiques les utilisent pour remporter des suffrages. Les médecins et le personnel médical s'en servent pour leurs expériences. Une bonne part de notre économie repose sur les junkies ! Que Dieu bénisse le junkie ! Le carburant suprême n'est pas le pétrole, mes bien chers frères et sœurs, c'est le Drogué qui est le vrai carburant magique ! »

Son discours se termina avec des applaudissements polis et un peu las. Les gens se levèrent. Ceux qui étaient bien habillés restèrent à bavarder. Les vagabonds se dirigèrent à petits pas vers la salle où l'on servait à manger et se penchèrent sur leurs écuelles.

« Bonsoir, *sister*, entendit Ida. Puis-je vous renseigner ? »

C'était un des hommes au kufi rouge. Il avait une trentaine d'années, la peau noire, les cheveux courts, une fine moustache et un physique avantageux.

« J'ai vu l'affiche et je suis venue écouter.

— La conférence vous a plu ? Notre frère Paul est un excellent orateur. »

Ida suivit son regard. Le conférencier était descendu de l'estrade et s'attardait avec des membres du public.

« Je suis arrivée à la fin, je n'ai pas entendu ce qu'il avait à dire sur l'Évangile du Verseau selon Jésus-Christ. »

L'homme eut un petit rire.

« Ça, c'est pour la seconde partie de la conférence, quand nos frères miséreux auront profité de leur repas. »

Il dit cela avec un geste en direction de la cuisine et lui sourit de nouveau, mais de façon raide et mécanique. En voyant le public bien habillé quitter la salle, Ida se demanda si l'Évangile était réservé aux types de la soupe populaire. Avec le cynisme du détective, elle réfléchissait pour savoir comment le Temple profitait des pauvres bougres à qui il donnait à manger, ce qu'il en tirait exactement. Elle avait connu quantité d'arnaques comme ça à Chicago. D'une façon ou d'une autre, quelqu'un se faisait toujours plumer à la fin.

« Pour ne rien vous cacher, je suis ici en tant que détective privée. »

Elle tira sa licence de son sac et la tendit à son interlocuteur qui l'étudia en fronçant les sourcils.

« Illinois. Vous êtes loin de chez vous, marmonna-t-il d'un ton glacial en lui rendant le document.

— Je sais. J'ai été embauchée par les parents de Thomas Talbot. Il est accusé du meurtre des frères Powell. Ils étaient membre du Temple. »

L'homme serra la mâchoire nerveusement.

« On commence à en avoir assez de répondre à des questions. »

Il se tourna vers un groupe d'hommes à chapeau rouge et leur fit signe de venir. L'orateur aperçut le mouvement et s'approcha également.

« Que se passe-t-il ? demanda-t-il, son regard décrivant des allers-retours entre Ida et le jeune homme.

— Cette dame est détective et elle s'intéresse aux frères Powell.

— Détective privée. Je travaille pour les parents du jeune homme qui est accusé à tort.

— À tort ? » répéta le conférencier.

Il se tourna vers le groupe d'hommes qui entouraient désormais Ida et leur fit signe de s'éloigner. Ida respira un peu. Puis le conférencier fit un geste de tête désignant l'interlocuteur initial d'Ida.

« Frère William est un peu sensible dès qu'il est question de détectives. Depuis les meurtres, nous avons eu la visite de la police, de la presse et même d'agents de l'État que nous soupçonnons d'appartenir au FBI. Vous comprendrez que nous en avons un peu assez des enquêtes… »

Il avait des manières aimables. Le cynisme et l'arrogance morale dont il avait fait la démonstration durant son discours avaient disparu.

« Ces histoires dans les journaux sont des mensonges. Le Temple n'est pas une secte. Nous essayons d'aider les gens, de les décrasser et de les sevrer de leurs addictions. Les autorités essaient de mettre fin à nos activités parce que nous bouleversons l'ordre établi qui tire profit d'une plèbe soumise. Nous nous contentons de nourrir nos frères, de les remettre en état puis sur le droit chemin.

— C'est quoi, le droit chemin, exactement ? Le christianisme ? demanda Ida en songeant au mélange iconographique du Temple.

— Nous sommes une synthèse de christianisme et de religion africaine. Nous ne donnons pas dans le vaudou. »

Ida hocha la tête sans vraiment comprendre en quoi une synthèse de christianisme et de religion africaine était justement différente du vaudou.

« Et *L'Évangile du Verseau* ?

— C'est un ouvrage du révérend Levi H. Dowling. Il contient de nombreux enseignements. Des vérités mystiques. Une bonne part provient des annales akashiques. »

Ida étudia cet homme en essayant de jauger sa sincérité et se rendit compte que la conversation s'était beaucoup éloignée des assassinats.

« Avez-vous connaissance du moindre élément concernant les frères Powell ou leur meurtre que les autorités ignorent ? Je cherche quelque chose qui serait susceptible d'innocenter un Noir qui est injustement accusé. Je suis ici à titre privé et tout ce que vous me dites restera confidentiel. »

Le conférencier hésita et Ida comprit qu'il concoctait un mensonge, qu'il savait quelque chose et préférait le cacher.

« Les frères Powell étaient des gens bien. C'est terrible, ce qui leur est arrivé, et c'est le symptôme même du mal qui frappe Harlem. Au-delà de cela, je ne sais rien. Je suis désolé, ma sœur. Si cela ne vous dérange pas, je dois maintenant me préparer pour la suite de la conférence. Je vais vous raccompagner. »

Il lui adressa un sourire glacial et lui indiqua le chemin de la sortie. Elle se rendit alors compte qu'il n'y avait plus personne dans la salle. En regardant autour d'elle les portraits hiératiques sur les murs et les vagabonds qui mangeaient leur soupe dans la salle d'à côté, elle ressentit l'intense désarroi de l'infortune.

Le conférencier la raccompagna jusqu'au perron où elle boutonna son manteau sous son regard fixe et son sourire figé.

« Merci de m'avoir répondu », dit-elle.

L'homme hocha la tête et lui lança un regard d'une froideur polaire qui contredisait le sourire qu'il maintenait sur ses lèvres.

Elle partit et tourna dans une petite avenue tranquille où s'alignaient des bâtiments en pierre brune. Elle eut rapidement l'impression qu'on la suivait. En vérifiant les reflets dans les pare-brise des voitures garées et en modifiant son allure, elle eut la confirmation qu'il y avait bien quelqu'un derrière elle dans cette avenue déserte.

Il y avait une ruelle tout près. Étroite, sombre : parfaite. Elle accéléra, s'engouffra dans la ruelle, sortit son .38 de son holster et attendit.

Quelques secondes.

Un Noir rondelet portant un manteau Chesterfield gris tourna lui aussi dans la ruelle et fut accueilli par Ida qui pointait son arme droit vers lui.

Il sursauta puis leva les mains en l'air. En l'examinant, elle vit le coin d'un kufi rouge qui dépassait de sa poche.

« Vous me suivez depuis le Temple. Pourquoi ? »

Il hésita avant de lui répondre.

« Vous cherchiez des renseignements sur les frères Powell… »

Ida vit qu'il tremblait, qu'il avait les yeux vitreux et de la salive séchée au coin des lèvres.

« Et vous pouvez m'apprendre quoi, exactement ? »

Il hésita à nouveau.

« On pourrait peut-être aller dans un endroit plus chaud pour parler ? Et se passer de revolver ? »

Dix minutes plus tard, ils étaient installés au fond d'une cafétéria au coin de la rue. Ida commanda un café et lui dit de prendre ce qu'il voulait. Il tendit le cou pour la cinquième fois depuis qu'ils étaient entrés afin de vérifier que personne ne l'avait reconnu et qu'on ne pouvait pas les repérer en train de comploter, puis il commanda des œufs et un steak, du pain frit et un jus d'orange.

« Vous ne mangez pas, au Temple ? » demanda Ida.

Le type la regarda en faisant une grimace et Ida se demanda s'il n'y avait pas un problème avec les repas qu'on servait là-bas. Si on ne rajoutait pas un ingrédient dans la soupe.

« Vous vouliez me parler des frères Powell.

— C'est très gentil à vous de me payer le repas, mais euh, disons que j'ai pas que des problèmes de nourriture en ce moment. Si vous voyez ce que je veux dire.

— Combien ?

— Un billet de vingt suffira », répondit-il d'une voix chantante avec un grand sourire.

Ida sortit la somme de son porte-monnaie et la lui tendit, non sans songer que la nervosité énergique de cet homme se manifestait de manière bien étrange.

Il empocha l'argent et la remercia d'un signe de tête.

Le serveur arriva avec les boissons.

« Alors ? demanda à nouveau Ida quand il fut reparti.

— On se connaissait bien, avec les frères Powell. Alfonso, surtout. On s'était rencontrés il y a longtemps. C'étaient des dealers d'une certaine envergure avant qu'ils ne raccrochent les gants et redeviennent blancs-bleus. Ils travaillaient sous les ordres de Bumpy Johnson.

— OK.

— Enfin bref, quelques jours avant de se faire tuer, ils sont venus au Temple pour raconter qu'ils avaient vu un truc : un mec qui était sorti de l'appartement en face de leur hôtel, un Blanc. Ils en étaient tout secoués.

— Pourquoi ?

— C'était pas n'importe qui, ce Blanc, c'était un mafioso qu'ils avaient connu à l'époque où ils étaient dans la partie. Un type qui est devenu une légende dans les années 1930, Faron.

— Faron ?

— Oui. Je vous jure, ils étaient vraiment secoués. Ils se sont mis dans la tête qu'il était venu en repérage.

— Et pourquoi il aurait été en repérage à l'hôtel ?

— Aucune idée, répondit-il en haussant les épaules. Juste, je vous dis qu'ils étaient morts de peur. Et bon, vu ce qu'il s'est passé, ils avaient bien de quoi se mettre la rate au court-bouillon, non ? »

Il se retourna à nouveau Il y avait quelque chose dans sa diction, son regard vitreux, ses tics nerveux… Il était en manque. Ce devait être un ancien camé qui avait rechuté et il ne voulait pas que ça se sache au Temple. C'est pour ça qu'il racontait tout ça à Ida, en échange de quelques ronds pour s'acheter sa dose. Elle avait passé la journée à parler à des toxicos et ne s'était même pas aperçue que lui aussi en faisait partie.

« Qu'est-ce qu'ils ont raconté d'autre sur son compte ? demanda Ida.

— Rien.

— Est-ce qu'ils ont mentionné Gene Cleveland ?
— C'est qui, ça ?
— Un dealer qui distribuait à l'hôtel Palmer. »
Il fit non de la tête.
« Et Arno Bucek ? Le Blanc qu'on a retrouvé là-bas ?
— Le gamin qui s'est fait tuer ? J'en sais rien. J'ai eu une seule conversation avec les frangins Powell. Le lendemain du jour où ils ont vu ce mec. C'est tout.
— OK. Et vous en avez parlé à la police ?
— Vous me prenez pour un débile ? »
Avant qu'elle ne puisse répondre, le serveur déposa l'assiette sur la table devant lui et il commença à engloutir les œufs et le pain.
Ida se leva, laissa quelques billets sur la table pour qu'il puisse régler l'addition et partit en refrénant l'envie de demander quel était le problème avec les repas qu'on servait au Temple.

17

Mercredi 5 novembre, 12 h 35

Michael sortit du métro à Canal Street et plongea dans l'agitation de l'heure de pointe du sud de Manhattan, le quartier des affaires, de la circulation heurtée, des trottoirs saturés, le tout dans les volutes de vapeur qui s'échappaient des grilles de ventilation sur la chaussée. Les hommes d'affaires, assis en rang aux stands des cireurs de chaussures devant un magasin Woolworth, lisaient le journal ou bavardaient.

Michael passa devant eux et poursuivit pesamment vers Centre Street. Le palais de justice ne tarda pas à apparaître. C'était un bâtiment monumental qui s'étalait sur presque cinq cents mètres et dominait les alentours comme un énorme monticule de maçonnerie s'élevant vers le ciel. Il était neuf, imposant et d'une majesté monolithique, digne édifice gouvernemental dont la vocation était d'affirmer puissance, permanence et fermeté, de proclamer à chacun qu'il devait se sentir minuscule et désarmé.

C'est à cet endroit qu'étaient situés les bureaux du procureur. Carrasco travaillait là et faisait partie de la dizaine d'agents de la police de New York rattachés à la brigade spéciale d'investigation du procureur et à ses divers départements d'enquête. C'était l'endroit précis où Michael ne devait pas être vu avec Carrasco, car si on les repérait ensemble Carrasco pourrait se faire limoger, voire arrêter. C'était l'endroit précis où la machine impersonnelle de l'administration œuvrait à faire électrocuter le fils de Michael, cette même machine que Michael avait consacré une si grande partie de sa vie à servir.

Quand il avait appris l'arrestation de Tom, Michael s'était précipité à New York par le train, convaincu qu'il s'était produit quelque erreur qui ne tarderait pas à être corrigée. Cette machine fonctionnait bien : Tom allait immanquablement être relâché. Mais, au fil des jours, Michael avait compris qu'il se passait quelque chose. Il s'était procuré le dossier de l'enquête par l'intermédiaire de Carrasco et avait immédiatement compris qu'il avait affaire à un complot.

Après des années à travailler pour la police, l'agence de détectives Pinkerton, le gouvernement, il avait eu l'habitude d'affronter la corruption chaque jour. En fait, il nageait dedans. Il était bien placé pour ne pas faire confiance au système. Et pourtant, il avait voulu croire que cette machine fonctionnerait suffisamment bien pour sauver son fils. Car s'il en était autrement, cela remettait en question toutes ses années de labeur. Quand il avait compris son erreur, il s'était senti idiot. Est-ce qu'il était devenu à ce point naïf avec les années ? Il avait fini par se rendre compte qu'il fallait prendre le problème en main et avait appelé Ida, le meilleur détective qu'il connaisse. Mais peut-être avait-il laissé passer trop de temps. Peut-être cette confiance dans le système allait-elle coûter la vie à son fils.

Il poursuivit sur Centre Street, prit à gauche, traversa Columbus Park et se dirigea vers l'église que Carrasco lui avait indiquée. Selon lui, c'était l'endroit idéal : personne n'allait à l'église, dans ce quartier d'affaires de Lower Manhattan.

Tout en marchant, Michael s'aperçut qu'il y avait de plus en plus de Chinois dans le parc, installés sur des bancs malgré le froid, à lire, à bavarder ou à fumer. Quand il en sortit, il tomba sur une rue où les enseignes des boutiques étaient presque toutes écrites en chinois, avec des couleurs si vives qu'elles paraissaient briller dans la pâle lumière de l'automne.

Il ne tarda pas à arriver à l'église, un bâtiment trapu de pierre grise, surmonté d'un dôme en cuivre énorme que les années avaient rendu vert-de-gris.

Carrasco avait raison : l'endroit était désert, hormis la personne invisible qui actionnait l'orgue dont le son emplissait la nef et se réverbérait contre les murs de pierre et le plafond. Michael s'installa à un banc au fond et attendit, réfléchissant tout en regardant son souffle évoluer dans l'air glacial, les cierges qui tremblotaient, la lumière qui s'engouffrait par les vitraux gothiques. Malgré le bourdonnement de l'orgue, tout était paisible, surtout après le flot de passants qu'il avait dû affronter.

Il entendit un bruit derrière lui et vit Carrasco entrer avec une mallette à la main. Après avoir vérifié qu'il n'y avait personne d'autre, il s'assit à côté de Michael.

« Putain, qu'est-ce qu'il fait froid.

— On ne jure pas, Carrasco, on est dans une église… » fit Michael avec un sourire en coin.

Carrasco posa sa mallette entre eux et l'ouvrit, y récupérant un dossier qu'il lui tendit.

« La vie et l'œuvre de Gene Cleveland. Il n'y a pas grand-chose. Ton résident mystère n'a qu'une seule arrestation à son actif. Il s'est fait choper à dealer dans un club de be-bop du côté de Times Square en début d'année.

— Putain, mais c'est quoi, le be-bop ?

— On ne jure pas, Michael. Apparemment, c'est un genre de jazz. »

Michael prit le dossier et l'ouvrit. Il n'y avait que deux pages presque vides et une photographie de Cleveland. C'était un Noir d'une petite trentaine d'années, aux cheveux courts, qui affichait l'expression égarée qu'ont souvent les gens sur les photos d'identification prises au milieu de la nuit.

Il avait le visage mou, les joues rebondies et de petits yeux – l'air banal, quelconque. Michael jeta un œil aux détails. Selon sa date de naissance, il avait 32 ans. Selon son lieu de naissance, il venait du Missouri. Il n'avait pas d'adresse. Michael s'intéressa aux circonstances de l'arrestation : il s'était fait emballer en janvier dernier, dans une boîte de nuit de la 52e Rue.

« J'ai parlé aux agents qui ont procédé à l'arrestation, précisa Carrasco. Il s'est fait choper sur dénonciation de clients à lui. C'est du menu fretin. Un peu musicien, un peu dealer. Il joue dans un groupe et il revend de l'héro dans les clubs où ils se produisent. »

Michael opina et poursuivit sa lecture.

« Pas d'adresse, pas de complice. T'as une piste ? »

Carrasco fit non de la tête.

Cela donna à réfléchir à Michael. C'étaient des agents des stups qui avaient dû piéger Cleveland, et Carrasco était allé se renseigner auprès de cette brigade, laquelle ne comptait qu'une poignée d'agents.

« T'as parlé à qui dans la brigade ?

— Un lieutenant, un certain Wilson.

— Tu lui fais confiance ?

— Comme à n'importe quel autre flic.

— Comment tu l'as baratiné ?

— Je lui ai dit qu'on avait un suspect dans une affaire de meurtre qui détenait de la drogue et qu'il avait balancé Cleveland comme dealer. Je voulais juste savoir s'il existait vraiment. Il a marché.

— Merci, Carrasco. C'est excellent. »

Carrasco lui tendit une feuille.

« Je t'ai fait un petit résumé des infos qu'on a. »

Des profondeurs de l'église, l'organiste qui venait de finir sa sonate enchaîna sur une fugue. Michael se rappela ce qu'Ida lui avait dit sur le type du Temple : les frères Powell avaient été effrayés par un mafioso en repérage à l'hôtel.

« Tu as quelque chose sur ce Faron ?

— Rien. Aucun dossier.

— Il est clean ?

— Pas vraiment. Je me suis renseigné. C'est une sorte de mythe, ce type. Une légende urbaine. Tu as entendu parler du massacre du Bistrot Pike Slip ?

— Non.

— C'était en 1933. Vers 2 heures du mat, un mec s'est pointé dans ce bistrot et a arrosé tout le monde à la mitraillette avant de disparaître. Il y avait deux flics dans le tas. Des pourris. C'est passé pour un contrat de la pègre, mais aucune des familles n'avait vraiment l'air d'être impliquée. Selon la rumeur, l'assassin s'appelait Faron. Un tueur à gages qui était venu exprès à New York. C'est tout ce qu'on a. Ce type – s'il existe, si c'est pas juste un nom –, c'est plus un mythe qu'autre chose. Tu es sûr du nom ? Faron ?

— C'est le nom qu'Ida a entendu. »

Il songea à ce Faron descendant tout le monde dans le bistrot. Ce n'était pas si loin du massacre de l'hôtel Palmer.

« Rien d'autre, même si ça date de 1933 ? »

Carrasco haussa les épaules.

« Après ça, il aurait pris le bateau pour l'Italie. Et on n'a plus jamais entendu parler de lui.

— On n'a aucune idée de ses origines ?

— Non. C'étaient les années 1930, la Grande Dépression. Les meurtres, ça n'arrêtait pas. La Mutuelle de l'assassinat bossait à plein régime. Les tueurs à gages passaient d'une ville à l'autre. La seule description qu'on ait jamais eue, c'est qu'il était plutôt massif et qu'il avait une drôle de façon de parler, comme un accent.

— Quel genre d'accent ?

— Le genre qu'on n'arrive pas trop à identifier. »

Michael acquiesça.

« Merci, mon ami. Pas seulement pour ces infos. Pour tout. Je sais les risques que tu prends. Je te suis reconnaissant.

— Sans toi, je ne serais même pas là aujourd'hui. Je suis pas le genre à oublier des choses comme ça. Et puis je me retrouve à bosser sur une enquête avec les deux meilleurs détectives de Chicago…

— Fais gaffe, quand même, hein ? Tu sais ce qu'on dit : à avoir le cul entre deux chaises, on finit par se déchirer le futal… »

Cela fit sourire Carrasco.

« T'inquiète. Je fais attention. Bon, allez, faut que j'y aille avant que cette musique me rende dingue. Je retourne au bureau. Dis-moi, comment est-ce que tu as deviné qu'il y avait un autre résident à l'hôtel ?

— J'ai rien deviné, c'est Ida.

— Elle est futée.

— C'est le moins qu'on puisse dire. »

Ils sortirent de l'église et plissèrent les yeux dans la lumière. Un flot de passants occupait le trottoir. Le soleil d'automne recouvrait encore la ville d'un glacis lumineux et doré.

« C'est vraiment con de ne pas avoir de piste dans ce dossier, soupira Carrasco.

— Il y a le club de jazz.

— Comment ça ?

— Ida connaît quelqu'un qui est musicien de jazz. »

VIII

TIME MAGAZINE

Lundi 3 novembre 1947

CULTURE ET LOISIRS

LA FIN DES *BIG BANDS*

Si l'on en croit les dires de l'industrie de la musique, après une décennie à régner sur les ondes radio, l'ère du swing est désormais révolue. Ces deux derniers mois, Benny Goodman, Tommy Dorsey, Harry James, Les Brown et Jack Teagarden ont décidé de dissoudre leur orchestre. Gene Krupa et Jimmy Dorsey ont dû baisser les salaires. Et Woody Herman a également mis la clé sous la porte cette semaine. Le « Troupeau Herman » a cessé son activité tout juste un an après avoir été élu meilleur orchestre de l'année par le magazine de jazz *Metronome*. Composés de nombreux musiciens, les *big bands* sont coûteux. Mais la vraie raison de leur disparition est sans doute qu'ils ne sont plus appréciés du public. Dans des salles de bal vides, les orchestres jouent maintenant pour les serveurs. D'après notre spécialiste du sujet Giles Boardman, qui a interviewé Tommy Dorsey la semaine dernière au Biltmore Hotel de Madison Avenue,...

18

Jeudi 6 novembre, 3 h 30

Un vieil autocar, couvert de boue et tout déglingué, entra dans la gare de bus de la 38e Rue, du côté ouest de Manhattan, et s'arrêta au milieu de sa grande cour d'arrivée déserte. Le chauffeur coupa le moteur et son boucan infernal cessa enfin. Il ne fit cependant pas un geste pour ouvrir les portes. Les passagers se débrouillèrent tout seuls et s'agglutinèrent pour sortir. Les dix-sept musiciens de jazz noirs portaient des smokings froissés par leur courte nuit. Parmi eux, Louis Armstrong, leader de l'orchestre.

Il descendit du bus, se frotta le visage et regretta de ne pas avoir un peu d'eau pour se débarrasser du goût amer qu'il avait dans la bouche. Il avait dormi la majeure partie de la nuit. Après avoir fumé quelques joints au fond du bus, les autres musiciens avaient fait une énième partie de cartes pendant que Louis sombrait dans le sommeil. Une vie entière passée en tournée lui avait appris à dormir n'importe où, dans des cars, des avions, sur le pont d'un ferry, dans des vestiaires glaciaux, dans des salles d'attente réservées aux Noirs, sur un banc au bout d'un quai dans une gare où régnait Jim Crow[1].

1. Jim Crow est le nom d'un personnage caricatural de Noir du Sud. Il est devenu un nom générique pour désigner la ségrégation et le racisme, notamment dans les États du sud des États-Unis. *(N.d.T.)*

Il bâilla et s'alluma une cigarette en attendant qu'on décharge les bagages. Il n'y avait personne pour l'accueillir à la descente du bus : il avait dit à Lucille qu'il ne voulait pas qu'elle traverse la ville si tard la nuit et qu'il prendrait un taxi pour rentrer dans le Queens. Cela démontrait une foi en l'humanité un peu insensée. Comme si, à plus de 3 heures du matin, un homme de couleur allait trouver un taxi prêt à s'arrêter pour le prendre dans Hell's Kitchen. Il était plus probable qu'il doive prendre le métro. Il allait lui falloir un sacré bout de temps pour rentrer.

Il bâilla à nouveau, s'appuya contre le car et fuma en fermant les yeux. La tournée avait été un désastre. Un plus gros désastre que la tournée d'avant, laquelle était déjà plus désastreuse que la précédente. Et ainsi de suite en remontant jusqu'à la nuit des temps, le temps où Louis était une vraie star. Il avait 47 ans, et s'il y avait bien une chose que la dernière débâcle lui démontrait, c'était à quel point il était usé. Insensiblement, il était passé de nouvelle coqueluche du jazz à *has been*.

Des voix hargneuses le sortirent de sa léthargie. En ouvrant les yeux, il vit, quelques mètres plus loin, les musiciens se disputer avec le chauffeur. Cela ne l'étonna pas. Le conducteur était un Blanc de Caroline du Sud aux cheveux gris, pas rasé, doté d'un nez que la boisson avait coloré d'un spectre chromatique allant du rouge au bleu en passant par le violet. Il était resté tout juste assez sobre pour ne pas avoir d'accident et, qu'il soit ivre ou pas, ne s'était jamais adressé à eux autrement qu'en les traitant de nègres.

Le contrebassiste et l'un des trombonistes étaient au cœur de la querelle, qui semblait présager une belle altercation. Le tromboniste poussa un grognement et quitta le groupe pour venir chercher Louis. C'était un jeune musicien de 24 ans qui s'appelait Shelton et venait du

Bronx. Louis l'aimait bien, même s'il savait que le gamin aurait préféré jouer du be-bop dans des bœufs à Harlem plutôt que de tourner avec un vieux groupe poussiéreux comme le Louis Armstrong Big Band. Il n'avait pris cet engagement que pour l'argent. C'était le cas de la plupart des membres du groupe, y compris Louis lui-même.

« Qu'est-ce qui se passe ? demanda Louis.

— Il y a l'autre enculé de face de craie qui veut pas nous donner nos bagages, expliqua Shelton.

— Et pourquoi ?

— Il vient d'aller au dépôt et il dit que, selon la compagnie, ils ont pas été payés. Il nous donnera pas nos affaires tant qu'ils auront pas été payés. »

Louis voyait bien le niveau d'énervement de Shelton. Et il savait qu'il avait sur lui un cran d'arrêt à manche en nacre. Il le gardait avec lui même sur scène. De nombreux musiciens préféraient être armés quand ils partaient en tournée dans le Sud.

« Et merde. »

Il jeta sa clope par terre et se dirigea vers le chauffeur.

« Pouvez-vous me dire quel est le problème ?

— On n'a pas été payés, voilà le problème », répondit le chauffeur en tournant vers lui son visage couleur betterave.

Louis eut comme l'impression que ce type savourait la difficulté de ses passagers. Cela confirmait ses préjugés sur les Noirs auxquels on ne pouvait pas se fier.

« On devait toucher 50 % d'avance et 50 % avant la fin de la tournée. Eh ben la tournée est finie et devinez quoi ? On n'a pas reçu la deuxième moitié ! C'est la dernière fois que je bosse avec des nègres !

— Écoutez, monsieur… commença Louis avant d'être interrompu par Shelton.

— Hé, Louis, pourquoi tu l'appelles "monsieur", ce connard ?

— Apprends à te tenir, gamin ! cracha le chauffeur.
— Me traite pas de gamin », rétorqua Shelton, prêt à bondir.

Louis leva les mains dans un geste d'apaisement. Il avait bien en tête le cran d'arrêt dans la poche de Shelton et sa tendance à s'emporter.

Pourquoi Louis avait-il donné du « monsieur » au chauffeur ? Parce qu'il avait grandi à La Nouvelle-Orléans quarante ans plus tôt et que c'était comme ça qu'il fallait parler aux Blancs, même aux pires ordures.

« Bon, reprit Louis, mon agent devait vous payer par chèque. Est-ce que le chèque ne serait pas là, dans les bureaux, ou bien peut-être a-t-il été égaré ?

— Non, y a rien d'égaré. Tu nous files notre pognon, en liquide, et vous récupérez vos affaires. »

Ça commençait à grogner parmi les musiciens. Louis remarqua d'autres Blancs qui s'attroupaient pour assister au différend, dans l'ombre des préaux où les autres bus étaient garés, dans les kiosques à billets dispersés dans la cour, près de l'entrée du dépôt qui donnait sur la rue. C'étaient les Blancs de Hell's Kitchen. De l'Irlandais rugueux. Des mécanos, des oiseaux de nuit, des ivrognes, des cogneurs. Louis n'aimait pas du tout la tournure que tout cela prenait.

« Écoutez, monsieur… »

Sans même s'en rendre compte, il avait une nouvelle fois utilisé la forme de politesse, alors qu'il se rendait compte de l'effet que cela produisait sur ses musiciens, plus jeunes et nettement moins accommodants.

« Combien manque-t-il ?

— Cent vingt-cinq dollars. »

Il était très loin d'avoir cette somme sur lui et les banques ne seraient pas ouvertes avant des heures. Il pouvait appeler Lucille et la tirer du lit pour lui demander d'aller ouvrir le coffre-fort et regarder ce qu'il y avait dedans. S'il y avait assez, elle pourrait venir en voiture depuis le Queens jusqu'à Manhattan pour les sauver.

« Très bien, reprit Louis. Je vais appeler mon manager. C'est un malentendu, c'est tout. Je l'appelle et vous aurez votre argent. Il y a un téléphone qu'on puisse utiliser ?

— Il y a un téléphone public là », fit le chauffeur avec un sourire satisfait.

Il lui indiqua l'extrémité du terminal. Il fallait traverser la grande cour déserte jusqu'au coin des pompes à essence et du stand où on vendait des lames de rasoir et des préservatifs.

Louis se tourna vers les musiciens.

« Je vais m'occuper de l'argent.

— Ouais, c'est ça. On s'est déjà bien assez fait baiser pendant toute la tournée. »

C'était le contrebassiste qui râlait. Les autres musiciens firent entendre des murmures d'approbation.

Louis leur tourna le dos et fit sa longue marche de la honte.

Il fouilla dans ses poches pour prendre de la monnaie, souleva le combiné et mit une pièce dans la fente. Puis il donna au standardiste le numéro de Joe et attendit qu'on le lui passe. Il allait sortir Joe du lit et lui dire de s'amener ici avec le pognon. Il y en avait ras le bol de ces conneries.

Son regard traversa la cour pour se poser sur l'autocar et son affiche annonçant *Louis Armstrong Big Band*. Il était presque gêné de se retrouver avec cette baleine échouée qui avait laborieusement véhiculé son orchestre à l'agonie à travers le pays. Les jeunes musiciens qui se tenaient devant le car lui faisaient honte également avec leurs smokings froissés, leurs nœuds papillon défaits, leurs yeux rouges à cause du manque de sommeil et de l'herbe.

Peut-être que ça n'avait aucune importance pour eux parce qu'ils sentaient bien que tout s'effilochait.

Ils jouaient avec un *has been*, une ancienne gloire qui partait en sucette. Alors ils ne travaillaient pas les partitions, arrivaient en retard, pompettes ou défoncés, avec des costumes tachés, ils loupaient des passages et enchaînaient les fausses notes.

Et le pire, c'est que Louis ne leur en voulait même pas. Il n'avait pas l'étoffe d'un leader, il n'était pas fait pour ça. C'était un virtuose de la trompette doublé d'un chanteur, compositeur et arrangeur de talent, mais il n'avait pas la trempe inflexible nécessaire pour diriger une vingtaine de musiciens de jazz indisciplinés, pour tirer parti des egos et intérêts de chacun dans le but de faire advenir quelque chose de plus grand que la somme des parties.

Bizarrement, c'était sans même s'en rendre compte que Louis s'était retrouvé avec un des pires orchestres de jazz du pays. Le public le sentait et avait cessé de venir aux concerts. Cela n'aurait pas été si douloureux de rouler des kilomètres pour aller de ville en ville jouer une seule soirée s'ils n'avaient pas eu des salles à moitié vides. Certains soirs, ils avaient l'impression qu'il y avait plus de monde sur scène que dans la salle.

« Allô ? fit enfin une voix ensommeillée dans le combiné.

— Monsieur Glaser ? C'est Louis.

— Il est quelle heure ?

— Pas loin de 4 heures, monsieur.

— Qu'est-ce qui se passe ? »

Joe promit de lui faire parvenir l'argent dans les quarante minutes. Il avait l'air sincèrement gêné. Il était normalement méticuleux sur ces questions d'itinéraire, de calendrier, de personnel et pour toute la paperasse. Louis se demanda si cette anicroche – c'est le mot que Joe avait utilisé – n'était pas le signe que Louis avait baissé de standing et que la façon dont on s'occupait de lui s'en ressentait.

Louis remercia Joe et raccrocha le combiné. À l'autre bout de la cour des arrivées, il regarda son orchestre et le car délabré, naufrages agonisants de sa carrière en perdition. Il retourna vers eux.

« Mon manager va nous faire parvenir l'argent. Il m'a dit que quelqu'un allait venir dans les quarante minutes », annonça Louis.

Le chauffeur le fusilla du regard.

« Eh ben il va falloir attendre, alors, lâcha-t-il en se dirigeant vers les bureaux.

— Est-ce que vous pourriez au moins ouvrir le bus pour qu'on puisse s'asseoir, en attendant ? demanda le tromboniste.

— Non, répondit-il sans même se retourner.

— Mais on se gèle les couilles, ici ! » insista le contrebassiste.

Le chauffeur fit comme s'il n'avait pas entendu et disparut dans la pénombre.

Le contrebassiste se retourna vers Louis, sur qui pesaient seize autres regards noirs, sans parler des Irlandais agressifs ici et là.

« Quel connard ! s'écria le bassiste.

— Je sais », répondit Louis.

Il contourna l'arrière du bus, s'affala sur le macadam glacial, s'appuya contre une des roues et ferma les yeux. Ce n'était pas la première fois, ces derniers temps, qu'il se demandait comment il avait fait son compte pour se retrouver dans une situation pareille. Il fallait qu'il se reprenne avant que cela n'empire. La moitié des musiciens de La Nouvelle-Orléans de sa génération avaient fini à la rue. Et c'étaient des hommes qui avaient créé cette musique, qui avaient été riches et célèbres. La précarité de la vie de musicien de jazz suffisait à vous rendre fou – si l'alcool, la drogue, le racisme et les interminables tournées ne vous avaient pas déjà démoli.

« Je peux m'asseoir ? » fit une voix.

Louis ouvrit les yeux. C'était Shelton.

« Bien sûr. »

Le jeune homme s'assit à côté de lui, sortit un joint de son smoking et l'alluma avant d'en tirer une bouffée et de le passer à Louis.

« Putain, j'y crois pas à c't'enculé de sa race… »

Louis était bien d'accord, mais par rapport à ce qu'il avait connu à La Nouvelle-Orléans cet enculé de sa race était positivement charmant.

Ils fumèrent tranquillement leur joint dans la nuit glacée. À un moment, Shelton eut l'impression que même ses dents se mettaient à trembler. Sans doute à cause du pétard, ils trouvèrent cela très drôle et furent pris d'un fou rire.

Une demi-heure plus tard, un type en taxi se pointa avec une enveloppe. Quinze minutes après, ils avaient récupéré leurs bagages et rentraient chez eux.

Louis n'essaya même pas de se trouver un taxi. Il se dirigea directement vers le métro avec les autres et prit la première rame. Il changea à Times Square et prit la ligne 7 pour faire le long trajet qui l'amènerait à Corona, près du parc de Flushing Meadows. Seul dans le wagon fumeurs, il contempla son reflet fantomatique dans la vitre qui se précipitait dans les ténèbres. Il repensa à la tournée, à toutes les tournées passées qui se confondaient maintenant pour former une longue et navrante errance. Il faisait tellement de tournées qu'il n'avait jamais passé plus de deux mois par an chez lui dans le Queens.

Il se rappela Savannah, en Géorgie, dix ans plus tôt.

Le car arrive dans la vieille bourgade poussiéreuse. Une fois descendu, il passe devant un stand sur le bord de la route où un bonhomme miséreux vend quelques pauvres légumes. Il entend qu'on l'appelle et se retourne vers le vieillard déguenillé. Il lui faut quelques secondes pour le reconnaître.

C'est Joe « King » Oliver. Le mentor de Louis. L'homme qui l'a fait connaître de La Nouvelle-Orléans à Chicago. L'homme qui, en son temps, a été aussi célèbre que Duke Ellington. Celui qui ne pouvait pas se promener dans le Southside de Chicago sans se faire harceler par les fans.

Vêtu de haillons, il est méconnaissable. Il vend des légumes sur le bord de la route. En le voyant, Louis se met à pleurer. Papa Joe en fait autant. Louis sort cent cinquante dollars de sa poche et lui dit de retourner à La Nouvelle-Orléans pour recommencer à faire des disques.

Un an plus tard, Joe « King » Oliver était mort.

D'autres grands du jazz n'étaient pas en meilleure posture. Bunk Johnson conduisait un camion qui transportait de la canne à sucre dans l'arrière-pays louisianais. Il avait écrit à Louis pour lui demander de l'argent pour se faire refaire les dents et pouvoir rejouer de la trompette.

Si Louis ne faisait pas quelque chose rapidement, on pourrait bientôt raconter ce genre d'histoire à son sujet.

Mais, malgré tout, il y avait de l'espoir. Il avait un concert la semaine suivante. À New York. C'était une toute nouvelle approche et, selon le producteur, cela pouvait relancer complètement sa carrière. C'était exactement ce dont il avait besoin. Louis avait quelques doutes sur l'enthousiasme juvénile de ce producteur. Est-ce que l'espoir n'était pas, par nature, fragile, une simple petite lueur maigrelette ? Louis avait du mal à croire qu'il pouvait remonter la pente.

Il avait remarqué que depuis quelque temps, au cœur de son déclin personnel, il bénéficiait d'une sorte de malchance bien particulière. Il n'y avait pas que les problèmes de l'orchestre, le public qui se raréfiait et l'argent qui n'arrivait pas quand il fallait. Il y avait aussi comme un nuage de malédictions qui pesait sur lui : s'il y avait une averse, il était dessous ; s'il avait un train à prendre, il le manquait forcément ; s'il y avait un pavé mal ajusté sur son chemin, inévitablement, il trébuchait dessus – et quand il se relevait il y avait, fatalement, un chat noir qui passait devant lui.

Est-ce que sa poisse personnelle allait encore tout faire foirer ?

La rame sortit du Steinway Tunnel et fut baignée par la pâle lumière bleue de l'aube. Le ciel tremblotait, comme s'il se débarrassait de la nuit. Louis se dirigeait vers l'est, vers le Queens, et il vit le soleil se lever. Sur le passage du train, les lampadaires électriques semblaient flotter dans l'air et sur les quais attendaient des grappes de gens, blottis dans leurs manteaux d'hiver.

Il descendit à l'arrêt de la 103e Rue et remonta le quai, sa valise et son étui de trompette à la main, tandis que le train s'éloignait vers le nord et disparaissait. Il repensa à son enfance. À sa mère qui l'emmenait dans les environs de La Nouvelle-Orléans pour ramasser des pissenlits et de la passerage, qui servaient de laxatifs.

Au coin de la 104e Rue, les feux de circulation paraissaient suspendus comme des lanternes rouges. Autour de lui, le quartier s'éveillait. Des bagagistes Pullman rentraient chez eux après leurs trajets de nuit depuis Chicago, Boston, Baltimore. Certains reconnaissaient Louis et le saluaient, lui, le musicien de jazz internationalement célèbre, avec son smoking froissé et sa valoche qu'il traînait dans le Queens au petit matin.

Une carriole de charbon passa avec le marchand qui tenait les rênes et, assis à côté de lui, deux gamins qui devaient être ses fils. Ils avaient l'air endormis et contrariés de devoir aider leur père à faire sa tournée avant d'aller à l'école. Cela fit sourire Louis, qui se demanda ce que ça lui ferait d'avoir des enfants. Il avait eu trois épouses et quantité de petites amies, et pas un fils ou une fille. Il avait fini par se dire qu'il avait un problème.

Malgré le lever du soleil, le froid ne faiblissait pas et il avait les mains gelées quand il arriva chez lui sur la 107e Rue. C'était une maison modeste, un peu massive, en brique rouge, située dans une rue calme du quartier de Corona qui était pourtant plutôt agité. C'était Lucille qui avait choisi cette maison, pas très loin du quartier de son enfance, et dans un endroit où les classes moyennes blanches et noires se côtoyaient. C'était l'un des rares coins de New York, à part Harlem, où des Noirs pouvaient s'acheter une maison.

Il monta les marches en hissant ses bagages puis ouvrit la porte et entra enfin. Le vestibule était plongé dans l'obscurité, comme le sont les maisons à l'aube. Il laissa ses bagages près de la porte et, sans allumer aucune lumière, il se dirigea vers la cuisine pour se faire un café, le plus doucement possible afin de ne pas réveiller Lucille.

En attendant que l'eau chauffe, il contempla la pièce, ses placards, sa vaisselle, les photos et reproductions accrochées aux murs. C'était un foyer agréable et propret. Un endroit où on pouvait couler des jours tranquilles, en famille. Et dire que deux jours plus tôt il était dans le Sud, en pleine ségrégation, à jouer dans une ville qui pouvait exploser d'une minute à l'autre. En voyant les fruits sur le plan de travail, il repensa à King Oliver, en haillons, en train de pleurer.

Il examina de nouveau sa cuisine, mais cette fois-ci avec le sentiment sourd qu'il était peut-être sur le point de perdre tout ça. Qu'il fallait changer.

Il y avait un petit mot près du téléphone. Il s'arrêta pour le lire et sourit. C'était la belle écriture cursive de Lucille : *Bienvenue à la maison, baby ! Réveille-moi quand tu rentres. P.-S. Ida a appelé. Elle est à New York et loge à l'hôtel Theresa. Elle veut te parler.*

IX

« En ayant recours aux procédés les plus illicites, en menaçant les témoins, en les kidnappant et même, oui, en assassinant ceux qui pouvaient apporter des preuves tangibles contre vous, vous n'avez cessé de détourner le cours de la justice. »

Le Juge Samuel Leibowitz,
lors de l'échec du procès pour meurtre
de Vito Genovese, 1946

19

Mercredi 5 novembre, 7 h 32

Gabriel avait passé la journée à courir derrière les dernières pistes dont il disposait. Et il n'avait abouti à rien. L'une après l'autre, ses pistes avaient débouché sur du vent, de la fumée, sur le néant. Jusqu'à ce qu'il n'en reste plus qu'une. Et tout ce temps-là, il avait été tourmenté par l'image lancinante de l'assassin de sa sœur, tenaillé par l'idée que Faron rôdait quelque part dans New York, prêt à faire de nouvelles victimes. Il se demanda comment Benny avait pu apprendre son retour et si Faron était lié, à quelque niveau que ce soit, à la disparition du pognon.

Il était tard quand Gabriel finit par rentrer chez lui. Il prit deux somnifères et put dormir quelques heures. Juste avant de plonger, il revit dans les ténèbres le corps désarticulé de sa sœur ; elle était tordue, allongée dans une mare de sang sur le trottoir, avec une blouse d'hôpital qui flottait au vent.

Quand il se réveilla, il céda à l'envie qu'il avait eue toute la journée de se lancer à la poursuite de Faron et appela un de ses amis, dans les rangs de la police de New York. Il convint d'un rendez-vous pour le soir même puis prit son dîner avec Sarah et Mme Hirsch, même s'il se sentait trop mal pour manger et passa l'essentiel du repas à contempler son assiette.

« Ça va ? » lui demanda Mme Hirsch au moment où ils débarrassaient.

Gabriel se contenta d'un mouvement de tête. Comment pouvait-il lui dire que l'assassin de la mère de Sarah était de retour à New York, juste quelques jours avant que Gabriel et Sarah ne soient censés se faire la malle ?

« N'oubliez pas que vous devez lui parler, ajouta Mme Hirsch en désignant Sarah qui était assise dans le salon.

— Je sais. »

Mme Hirsch tourna les talons et se dirigea vers la cuisine. Gabriel savait qu'elle allait mettre un temps infini pour faire la vaisselle. Il y avait un lave-vaisselle, mais Mme Hirsch n'avait jamais daigné l'utiliser et considérait sa présence comme un affront fait à ses talents domestiques.

Gabriel passa au salon et regarda un instant Sarah, blottie dans son pull troué et difforme, qui écoutait une série policière à la radio. Puis il prit soin de se rappeler que c'était pour elle qu'il faisait tout ça. Enfin, il alla jusqu'au bar et se servit un whisky et alla ramasser le carnet de Sarah sur la table basse.

« J'ai failli me prendre les pieds dans ton carnet l'autre jour, dit-il en lui montrant. J'ai vu tes dessins mexicains. »

Le regard de Sarah se brouilla soudain d'un voile de défiance adolescente.

« Ouais ? dit-elle en se contentant de renvoyer la balle dans son camp.

— Tu veux nous faire tuer, ou quoi ? »

Elle haussa les épaules et resta silencieuse, faisant semblant d'être très concentrée sur son émission.

Il se dit que ce n'était pas le bon moment pour lui en parler parce qu'il était encore tout retourné par ce qu'il venait d'apprendre sur Faron. Mais ce n'est pas pour ça qu'il écouta ses propres bons conseils.

« Sarah ? dit-il sur un ton plus agacé qu'il n'aurait voulu.

— C'est bon, il y a personne qui va les voir, mes dessins ! »

Elle laissa libre cours à son ressentiment d'un ton capricieux, comme si un barrage venait de céder.

« Et puis même, qu'est-ce que ça peut faire d'abord ? J'ai dessiné des squelettes mexicains, super ! Comme si ça voulait forcément dire qu'on était partis là-bas ! »

Gabriel ne savait pas trop s'il devait exprimer de la colère ou de la déception.

« À partir du moment où on va se barrer, ça va grouiller de flics et de gangsters ici. Tu me brûles ça, compris ?

— *Sí. Tío.*

— Et arrête avec l'espagnol, s'il te plaît.

— Faut bien que je m'y mette. C'est pas toi qui vas parler espagnol…

— J'apprendrai. »

Ils se dévisagèrent, figés dans un silence glacial. Gabriel entendait Mme Hirsch qui faisait la vaisselle tout en écoutant leur conversation.

« Si on restait à New York, on n'aurait pas à s'inquiéter de tous ces trucs. »

Il y avait de l'exaspération dans sa voix, de la colère.

L'atmosphère se refroidit encore un peu.

Gabriel se demanda, comme souvent ces derniers temps, s'il avait bien fait de la mettre au courant de son plan. S'il avait bien fait d'être honnête avec elle en lui expliquant comment il gagnait sa vie et quels dangers ils couraient. Il avait essayé de la préparer au pire et lui avait expliqué ce qu'il fallait faire si jamais, un jour, il disparaissait, ou s'ils étaient séparés. Il lui avait expliqué où se trouvaient les caches d'argent, les points de rendez-vous, les comptes bancaires à utiliser. Il lui avait même appris à se servir d'un pistolet.

« On en a déjà parlé un million de fois, soupira-t-il.

— *Toi*, tu en as déjà parlé un million de fois ! À cause de toi, je vais perdre tous mes amis et tous les gens que j'aime, et je peux même pas leur dire au revoir. Je pourrais rester avec Mme Hirsch. Tu peux très bien aller au Mexique tout seul. »

Sarah lança un regard en direction de la cuisine. Gabriel savait que Sarah et Mme Hirsch n'étaient pas contre un arrangement de ce genre. Ce qui faisait de lui, et lui seul, le responsable de toute cette histoire, celui qui détruisait leur vie et leurs relations.

« Ça ne marcherait pas.

— Et pourquoi pas ?

— Parce qu'ils se serviraient de toi pour m'avoir, dit-il platement.

— Et c'est la faute de qui, ça ? »

Gabriel n'avait pas de réponse à cette question et Sarah le savait. Cela le mettait inévitablement face à l'injustice de cette situation : en partant pour le Mexique, elle se retrouvait punie pour ses erreurs à lui. Elle avait gagné, victoire sur toute la ligne : elle se leva et quitta la pièce en tapant des pieds.

Quelques secondes plus tard, la porte de sa chambre claqua en faisant trembler les murs.

En entendant ce vacarme, Mme Hirsch sortit de la cuisine de son petit pas hésitant.

Elle vit le visage de Gabriel et comprit comment s'était achevée la conversation.

« Elle s'y fera, Gabby. Donnez-lui le temps de s'y faire.

— Ouais. »

Il prit une gorgée de whisky et Mme Hirsch retourna à ses casseroles. Gabriel se retrouva seul.

Comme un homme qui tombe.

Une demi-heure plus tard, il était dans la portion italienne de Harlem. Il gara sa Delahaye sur la 106e Rue et attendit. Angoissé, les yeux rougis, il continuait à penser au retour de Faron et à sa dispute avec Sarah. Cela ne lui ressemblait pas de se montrer aussi capricieuse. Ils ne s'étaient jamais disputés auparavant. C'était le résultat de tout le mal qu'il lui faisait.

Il regrettait de ne pas s'y être mieux pris. Les moments qu'il passait avec elle étaient d'autant plus précieux qu'ils étaient brefs à cause de leurs emplois du temps. Comment avait-il pu se louper à ce point ? Mme Hirsch avait peut-être raison : il n'était pas impossible qu'il soit en train de se transformer en gargouille, de devenir une créature de pierre, froide et solitaire, qui observait le monde de loin.

Au bout de quelques minutes, une voiture de police banalisée s'arrêta derrière son véhicule et un grand type en costume marron en sortit. Le lieutenant John Salzman. Il alla vers la Delahaye, ouvrit la portière et examina le siège passager minuscule et le plancher bas de la voiture de sport.

« Mais comment tu fais pour rentrer là-dedans ? demanda-t-il d'une voix bourrue.

— En tendant le cul en arrière, c'est comme pour tout dans la vie. »

Salzman poussa un grognement, réussit à s'introduire dans l'habitacle et, une fois installé, inspecta la voiture avec une mimique approbatrice.

« Combien ça coûte, un joujou comme ça ?

— Aucune idée : je l'ai gagnée aux cartes. »

Salzman lâcha un petit ricanement.

« Alors, comment ça se passe aux stups ? »

Salzman était sa taupe au sein de la brigade des stupéfiants. C'était sans doute la section la plus corrompue de la police de New York, laquelle ne donnait déjà pas sa part aux chiens dans ce domaine. Les dealers payaient deux mille dollars par mois pour pouvoir faire leur commerce tranquille entre la 110e Rue et la 125e Rue à Harlem. Ils touchaient aussi leur commission sur les livraisons de came de la famille Gagliano et Vito Genovese qui étaient distribuées sur toute la côte est des États-Unis. Avant de travailler aux stups, Salzman faisait partie de la brigade criminelle, ce qui payait nettement moins.

« Comme d'habitude. Les dealers dealent. Les camés se cament. Et on envoie les négros en zonzon à Rikers. Tu as un truc de particulier en tête ?

— J'ai besoin que tu fasses une recherche pour moi.

— Dis-moi.

— Un type nommé Faron. Un tueur à gages.

— Faron ? fit Salzman en essayant de situer le nom. Le massacre du bistrot dans les années 1930 ? Mais c'est juste un mythe. »

Gabriel fit non de la tête.

« J'ai entendu dire qu'il était de retour à New York. J'ai besoin de le retrouver. Et pas l'an prochain. Tu peux te renseigner ?

— Bien sûr.

— Autre chose. Faron aime bien taillader les gonzesses. Parles-en à tes potes de la crim', trouve-moi des détails sur des nanas qui se sont fait buter. Surtout des prostituées. Surtout si elles ont été retrouvées mutilées. Sur les six derniers mois. Retrouvées dans des quartiers chauds ou abandonnées dans des zones industrielles. »

Salzman eut l'air ennuyé.

« Ça fait une grosse période, six mois…

— C’est bon, je paierai.

— Combien ? »

Gabriel lui donna un chiffre. Un bon paquet à prélever sur l’argent prévu pour le Mexique.

« Pour ce genre de somme, je peux aussi te faire ta lessive et ton repassage. »

Salzman avait poussé un petit sifflement et il garda un air souriant jusqu’à ce qu’il constate la gravité du visage de Gabriel.

« C’est bon, t’inquiète, je m’en occupe. »

Salzman sortit et Gabriel le regarda repartir dans sa voiture banalisée en se demandant une nouvelle fois ce qu’il espérait. Il avait huit jours pour trouver l’argent et quitter New York, et voilà qu’il se retrouvait à courir après autre chose, détourné de ses préoccupations par le retour de l’assassin de sa sœur. Dans les ténèbres qui baignaient le trottoir, il revit son corps désarticulé, déformé, ensanglanté.

Quand il cligna des yeux, la vision disparut.

Il démarra la Delahaye et fila vers Greenwich Village pour suivre la dernière piste qui lui restait.

20

Mercredi 5 novembre, 22 h 35

Greenwich Village la nuit, c'était quelque chose. Les clubs de be-bop, les lofts d'artistes, les boîtes à homos, les piaules de camés, les spectacles comiques, les bars qui ne fermaient jamais. On pouvait y passer une heure ou trente ans.

Gabriel gara la Delahaye sur Bedford Street et alla jusqu'à une petite rue bordée d'arbres avec des bâtiments en brique rouge pittoresques. Le bar était juste dans le virage avant Barrow Street, mais Gabriel entendit la musique vibrer dès qu'il mit le pied dans la rue.

Les vitres de l'endroit avaient été noircies à la peinture et il n'y avait pas d'enseigne. Juste un bout de papier accroché à la porte avec un message griffonné au crayon : *Entrez si vous osez.*

À l'intérieur grouillait une foule incroyable, tout entassée. C'étaient surtout des hommes, de ceux que les journaux décrivaient comme « ayant des manières ». Il y avait aussi quelques couples hétéros, des artistes portant des salopettes en jean, des gens à l'air un peu gauche, sans doute des intellectuels, des étudiants et des poètes, pensa Gabriel. Dans le tas, il y avait aussi des gangsters. C'était dans les bars à pédés qu'on voyait converger les intérêts des homosexuels et des truands.

Gabriel se faufila dans la masse en visant le bar, où trois ou quatre rangées de personnes attendaient d'être servies. Tout sourire, les yeux dilatés et brillants de défonce, ils avaient le visage luisant de sueur. Le lieu était dans un état lamentable, avec des murs en brique nue et un mobilier qui donnait l'impression d'avoir été ramassé dans la rue. Le comptoir lui-même était constitué d'une simple planche de bois brut. Les boissons étaient logées dans un casier à bouteilles branlant, à côté d'un rideau à fleurs qui masquait une entrée. Deux jeunes gars en tee-shirt moulant géraient le bar en tendant l'oreille dans le vacarme pour tenter de comprendre les commandes.

Un gramophone installé au bout du bar déversait la musique. C'était du vieux jazz, du ragtime façon Nouvelle-Orléans des années 1930. Cette « bonne vieille musique » était à nouveau à la mode. Les gamins qui avaient grandi avec le swing voulaient remonter dans le temps pour en entendre du vrai de vrai. Dans ce contexte, Gabriel trouvait ce choix musical assez ironique.

Près du gramophone se trouvait un bonhomme rondouillard avec une sorte de chapeau de brousse noir et un œillet rose à la boutonnière. Jasper Ericsson ne voyait aucun intérêt à faire mentir les stéréotypes. Il sirotait un martini tout en se dandinant au rythme de la musique et en cherchant dans une caisse le prochain disque qu'il allait mettre.

« Jasper ! » cria Gabriel.

L'homme se tourna vers lui et son visage s'illumina.

« Gabriel ! »

Il le prit dans ses bras et le serra très fort, renversant son martini sur son épaule par la même occasion. Puis il se recula et lui fit un grand sourire.

« T'as l'air frigorifié. Est-ce que je peux te proposer quelque chose pour te requinquer ? »

Gabriel acquiesça et Jasper fit signe au barman d'approcher.

« Voici Todd. Il est acteur. Et il s'occupe aussi de servir à boire.

— Whisky pour moi », dit Gabriel.

Le garçon lui en fit glisser un le long du bar et Gabriel trinqua avec Jasper. C'était la fin du morceau sur la platine. Jasper se dépêcha de l'enlever et d'attraper un autre disque. Gabriel reconnut tout de suite : un morceau de King Oliver des années 1920. Gabriel remarqua que le disque paraissait neuf, c'était peut-être une réédition.

« On n'a pas le budget pour un vrai groupe en semaine », expliqua Jasper dont la voix était couverte par la musique.

Gabriel scruta de nouveau la foule. Ça marchait du tonnerre. Il se demanda quel truand touchait sa commission sur l'affaire de Jasper. Combien il payait. Si la bibine qu'il était obligé de servir faisait partie des stocks de vrai alcool volés par la Mafia ou si c'était de la gnôle bricolée dans une cave et qui vous tordait les boyaux.

À n'importe quel moment, la brigade de répression des fraudes de New York – ou même n'importe quel flic en patrouille – pouvait constater un délit et faire fermer un de ces bars homos pour « attroupement indésirable ». Cela avait mené à d'incessantes ouvertures et fermetures de bars, à de multiples raids de la police et décisions des tribunaux. Avant que tout recommence dans un cycle sans fin.

Jusqu'au jour où la Mafia était intervenue.

Les parrains avaient proposé le système de protection et de racket qu'ils avaient mis en place durant la Prohibition, permettant aux bars de ne plus être embêtés par la police, avec en échange un pourcentage des recettes et un accord pour que les débits de boissons se fournissent exclusivement auprès d'eux. Les bars payaient la Mafia et la Mafia payait les autorités pour regarder ailleurs. Quand les flics se décidaient à faire une descente, c'était uniquement pour donner le change – ils prévenaient les propriétaires avant de débarquer. Comme ça, les journaux pouvaient faire leur une sur les courageux policiers qui étaient intervenus pour fermer une cage aux folles. Résultat, pour les bars homos et les clubs de Greenwich Village, c'était comme si la Prohibition n'avait jamais cessé. Et finalement, peut-être même qu'une partie de la clientèle aimait bien ça : le côté furtif, la petite angoisse, les cocktails aromatisés au frisson de l'illégalité.

« Alors, ça roule dans le grand monde ? demanda Jasper, parlant évidemment du Copa.

— C'est dix fois plus grand et il y a dix fois moins d'ambiance. »

Cela fit marrer Jasper.

« Tu sais, j'ai une théorie : plus le décor d'une boîte coûte cher, moins les clients sont intéressants.

— C'est pas faux, fit Gabriel en haussant les épaules.

— Bon. À quoi dois-je le plaisir de ta visite ? T'as viré ta cuti ?

— Je cherche des infos.

— Ah ouais ? »

Gabriel s'alluma une clope et en offrit une à Jasper, qui refusa quand il vit que c'était une Lucky Strike.

« On peut se parler dans un endroit plus tranquille ? »

Jasper réfléchit un instant et fit signe que oui. Il emmena Gabriel derrière le bar et ils empruntèrent le passage masqué par un rideau à fleurs. Il menait à un couloir et à une arrière-salle. Des murs nus, une ampoule sans abat-jour, l'odeur de tuyaux bouchés. La pièce devait servir à la fois de salle de repos, de cuisine et d'entrepôt pour l'alcool. Une femme noire était penchée sur l'évier et passait les verres sales dans un seau d'eau brunâtre. Il y avait des caisses d'alcool empilées un peu partout, des manteaux accrochés à des cintres, une table et des chaises. Le sol était jonché de tubes de Benzédrine vides et cassés et de mégots de pétards.

« Ah, tu sais, le personnel… » expliqua Jasper en interceptant le regard que Gabriel posait par terre.

Il se contenta d'acquiescer et s'appuya contre le mur. Jasper leva les sourcils.

« Gabby, je ferais pas ça si j'étais toi. Il y a des cafards. »

Gabriel se décolla précipitamment du mur.

« Harriet ? fit Jasper en se tournant vers la femme. Vous pouvez nous laisser un moment ? »

La femme hocha la tête puis quitta la pièce en fermant la porte derrière elle, ce qui atténua le bruit de la musique.

« Tu as l'eau courante ici ? demanda Gabriel en montrant le seau dans l'évier.

— Non.

— Eh ben, tu devrais.

— La critique est facile… Tu sais combien Ianniello me pique sur la recette ? J'ai à peine les moyens de rester ouvert alors que la boîte est remplie tous les soirs. Et je te parle pas de la piquette qu'il me refile… »

Il secoua la tête d'un air mécontent. Gabriel hocha la tête. Il connaissait Ianniello. C'était un jeune qui montait. Il avait une boîte de distribution de sodas, Hi-Fi Beverage Corporation, qui lui servait de façade pour son racket auprès d'un certain nombre de bars de Greenwich Village.

« Alors ? demanda Jasper.

— Il paraît que Benny Siegel est venu te rendre visite l'été dernier ? »

Immédiatement, Jasper se mit sur la défensive.

« Bien sûr, dit Jasper en tentant d'avoir l'air décontracté. Il est passé un soir. Et deux semaines plus tard, il y avait son cadavre en couverture du *Daily News*. Dommage. Il était bel homme.

— Qu'est-ce qu'il est venu faire ici ? »

Jasper réfléchit quelques secondes puis haussa les épaules.

« J'étais aussi surpris que tout le monde quand je l'ai vu se pointer. »

Sa réponse n'était guère convaincante. Jasper lui cachait quelque chose. Il jouait le nonchalant, mais ce n'était pas un tendre. Il était évasif pour une bonne raison. Si Gabriel voulait trouver la réponse, il allait falloir négocier.

« Allez, apprends-moi quelque chose, fit Gabriel. Et je parlerai à Costello pour que Ianniello soit moins gourmand. Ou au moins qu'il te refourgue de la gnôle de meilleure qualité. »

Jasper fit rapidement ses calculs.

« Et pourquoi tu ferais ça ?

— Mais parce que t'es un pote et que Costello est aussi un pote. »

Cela ne sembla pas le convaincre.

« Je suis là parce que Costello m'a envoyé en mission, ajouta Gabriel pour ajouter du poids à sa demande. Alors vas-y, aboule l'info. On est entre tauliers, non ? »

Jasper étudiait Gabriel, qui eut l'impression qu'il était en train de se faire évaluer.

« Personne ne doit savoir ce que je vais te dire, lâcha Jasper.

— Bien sûr.

— Benny est venu pour chercher des renseignements.

— À propos de quoi ?

— À propos de qui, plutôt. Un musicien de jazz. Un Noir, un certain Gene Cleveland. »

Gabriel fronça les sourcils.

« Et pourquoi c'est ici qu'il est venu ?

— Cleveland faisait partie du groupe qui joue ici de temps en temps, le samedi soir.

— Tu sais pourquoi il le cherchait ?

— Il me l'a pas dit et je lui ai pas demandé.

— Et où je peux trouver ce Cleveland ?

— Tu peux pas… Il a disparu. Il s'était déjà volatilisé depuis un bon moment quand Benny est passé. A priori, c'est même parce qu'il avait disparu que Benny le cherchait.

— Il ressemble à quoi, ce Cleveland ?

— Je le connaissais à peine. Il jouait du saxophone dans un groupe. Il revendait de la came et il traînait dans Greenwich Village. Les bohèmes l'adoraient. »

Gabriel nota l'utilisation du passé.

« Il revendait, tu dis ?

— Pour des amis, pour financer sa propre came. C'était pas Bumpy Johnson. C'était juste un dealer à deux balles.

— Tu connais des amis à lui ?

— Juste les zicos dans son groupe, mais ils n'avaient pas l'air de savoir non plus où il était passé. Ça fait des mois qu'il s'est évaporé, Gabby. Et puis, franchement, pourquoi Benny voulait le retrouver ? Si t'as une idée, je veux bien, parce que moi, j'en ai aucune. »

Gabriel était de nouveau dans une impasse.

« Merci, Jasper. Je parlerai à Costello.

— Avec plaisir. »

Ils retournèrent au bar et se saluèrent, puis Gabriel fendit la foule dans l'autre sens. En arrivant à la porte, il vit qu'il y avait un autre mot : *Sors si tu l'oses*. Il sourit et sortit dans le froid pour retourner à sa voiture.

Benny était venu ici pour un moins que rien. C'était bizarre, surtout venant de lui. Est-ce que ça pouvait avoir un rapport avec le pognon ? Gabriel connaissait quelqu'un qui aurait la réponse.

Il se dirigea vers le Copa en traversant Greenwich Village par le nord, passant devant la masse menaçante de la prison pour femmes. Il fonça à travers Manhattan comme s'il était au fond d'un canyon de gratte-ciel plongé dans les ténèbres.

New York était une nécropole, hérissée de tombes en forme de buildings. Manhattan était un cimetière. Et Gabriel filait dans la nuit comme un spectre.

21

Mercredi 5 novembre, 23 h 44

Quand Gabriel arriva au Copa, il put constater que son miroir aux alouettes fonctionnait à plein. La piste était envahie par les danseurs, les tables débordaient. Le personnel se préparait pour le spectacle de minuit. Gabriel jeta un regard attentif sur l'ensemble pour vérifier que tout était en ordre, puis il passa dans le bureau.

Havemeyer et les autres y étaient déjà. Havemeyer lui lança un regard mauvais.

« Qu'est-ce qu'il y a ? » demanda Gabriel en s'asseyant.

Il y avait une pile de lettres qui l'attendait sur son bureau alors qu'il n'avait été absent qu'une journée.

« Tu lui as parlé ? demanda Havemeyer.

— À qui ?

— Genovese.

— Il est là ? demanda Gabriel, contrarié.

— Bien sûr, ça fait une plombe. »

Ils échangèrent un regard inquiet. Depuis son retour d'Italie, l'année précédente, il n'était pas passé une seule fois au Copa. Rien d'étonnant : Genovese n'était pas du genre à fréquenter les boîtes de nuit, surtout s'il s'agissait d'un lieu appartenant à celui avec qui il était en rivalité pour prendre le contrôle au sein des familles du crime.

« Il m'a demandé ?

— Non, fit Havemeyer, mais pourquoi est-ce qu'il viendrait sinon ?

— C'est peut-être un fan de Carmen Miranda… »

Havemeyer lança un nouveau regard exaspéré à Gabriel.

« Ça serait plutôt pour venir surveiller sa proie.

— Il est avec qui ?

— La moitié du New Jersey, on dirait. Tu l'as pas vu quand t'es entré ? »

Gabriel fit non de la tête, ennuyé et surpris de l'avoir loupé. Avec tout le stress, peut-être qu'il n'arrivait plus à se concentrer. Alors que c'était justement le moment de se concentrer. Plus que jamais.

« Je lui ai donné une place près de la scène, avec un ravitaillement en Krug pour un régiment.

— Bien, ça devrait lui faire plaisir. »

Genovese était connu pour être radin.

Gabriel se leva et alla aux toilettes. Il regarda dans le miroir la tête qu'il avait en se demandant ce que Genovese pouvait bien faire là. Depuis quatorze ans qu'il était embringué dans les affaires de la famille Luciano, Gabriel avait été le témoin de quantité de vendettas, de querelles et de conflits, souvent d'une complexité byzantine et dont les rancœurs pouvaient parfois rester à pourrir et suppurer pendant des décennies. Le différend entre Genovese et Costello était donc relativement récent en comparaison, puisque tout avait commencé en 1936, quand Luciano était allé en taule et que Vito Genovese avait pris les commandes en son nom. Il était en place depuis seulement un an quand il avait dû se carapater en Italie à cause d'une inculpation pour meurtre. Depuis sa prison, à Siberia, Luciano avait alors nommé Costello nouveau chef. Et Costello avait réussi à faire prospérer les affaires de la famille.

C'était sans doute ça qui avait foutu Genovese en rogne – l'idée que son subalterne se soit révélé meilleur que lui au poste qu'il avait tant convoité, et qu'il avait dû abandonner si rapidement.

Gabriel se passa de l'eau fraîche sur le visage et avala deux cachetons de Dexedrine sans eau. Il quitta les toilettes et dans le couloir prit à droite, à gauche, traversa le tumulte des cuisines sous la lumière crue, avec la brigade pour les plats français, celle pour les plats chinois, puis il passa par la porte de service et se retrouva submergé par la musique, les lumières des projecteurs, l'agitation floue de la foule.

Sur scène, le groupe était sur le point de démarrer le spectacle. Gabriel scruta la salle et, cette fois-ci, il aperçut Genovese et une dizaine de ses gorilles, installés aux meilleures places, tout près de la piste de danse. Ils semblaient très occupés à engloutir le champagne de Gabriel en prenant ostensiblement la pose de gens qui ne s'amusent pas du tout. La plupart étaient assez jeunes pour se fondre dans le public, mais pas Genovese. Même s'il n'avait qu'une cinquantaine d'années, il en paraissait 80. Trapu, le visage carré, il portait ces étranges lunettes aux verres ambrés qui donnent un air de comptable. Même dans le trou sicilien où il s'était planqué durant quasiment dix ans, les gens avaient dû trouver son costume très vieillot. Il n'avait pas l'air à l'aise du tout, comme s'il se retrouvait en territoire inconnu. Gabriel espérait que cela lui donnerait un avantage.

Il se glissa à travers la foule pour rejoindre leur table et Genovese lui adressa un petit sourire en le voyant.

« Vito, fit Gabriel. Bienvenue au Copa. J'espère que tout se passe bien.

— C'est un plaisir, répondit Genovese. Merci pour l'accueil chaleureux. »

Il fit un geste pour montrer le groupe qui l'accompagnait. Gabriel passa en revue leurs visages et reconnut la plupart d'entre eux. Il repéra notamment Nick Tomasulo – la taupe de Costello dans le clan de Genovese – et fit attention de ne pas le regarder trop longuement.

« Viens, assieds-toi avec nous », proposa Genovese.

C'était bien la dernière chose qu'il avait envie de faire, mais il acquiesça poliment et fit signe à un serveur d'apporter une chaise supplémentaire.

Genovese fit le sourire de quelqu'un qui vient de remporter une sorte de victoire. C'est à ce moment-là qu'un maître de cérémonie fit son entrée sur scène pour présenter le numéro suivant et que tout le monde baissa d'un ton. Carmen Miranda et les Sirènes de la samba montèrent sur scène, accueillies par une salve d'applaudissements énamourés. Elles étaient vêtues de mousseline de soie, de sequins et de plumes.

Un nuage de désapprobation vint obscurcir l'expression de Genovese. Gabriel savait pourquoi. Lors de son exil forcé en Italie, il s'était acoquiné avec le régime de Mussolini – au point où le Duce l'avait nommé *commendatore*, rang civil le plus élevé dans l'Italie fasciste. Pas besoin d'être grand clerc pour comprendre ce qui le dérangeait au Copa : décors sud-américains, bouffe chinoise, rythmes de samba aux relents d'Afrique… Rien de tout cela ne pouvait être agréable au *commendatore*.

« Alors, tout va bien à Jersey City ? » demanda Gabriel.

Genovese haussa les épaules.

« Je suis content d'être revenu en Amérique. Et d'être libre. Mais je reviens de la guerre et je vois que beaucoup de choses ont changé. En bien, mais aussi en mal. »

Genovese secouait gravement la tête pour souligner ses dires. Gabriel dut faire un effort pour ne pas sourire. Genovese se la jouait vétéran comme s'il avait vraiment combattu. Pourtant, à ce qu'il avait entendu dire, Genovese s'était dépêché de changer de camp lors du débarquement allié et d'aider l'armée américaine. En se faisant au passage de l'argent au marché noir, bien sûr. Jusqu'à ce que quelqu'un se rende compte qu'il s'agissait du même Vito Genovese qui avait un mandat d'arrêt non exécuté qui l'attendait à New York. Il avait alors été expulsé vers les États-Unis.

Mais, entre son retour et son procès, tous les témoins avaient mystérieusement changé leur version des faits ou étaient morts. Et en juin dernier, Genovese était sorti de prison libre comme l'air et s'était installé dans un manoir à Middletown, dans le New Jersey. Il gardait intacte sa rancune envers Costello qui usurpait sa place et s'était aussitôt mis en tête de reprendre le contrôle de la famille. Et voilà que dix-sept mois plus tard, il rendait visite à Gabriel.

« Et toi, Gabriel ? relança Genovese. Il paraît que ça se passe bien pour toi. Entre ici, les intérêts sur le champ de courses de Saratoga et ton appartement dans l'Upper East Side, chez les riches.

— Ça roule, oui.

— La saison d'été s'est bien passée au champ de courses ? Ça marche, la collaboration avec ce bon vieil Albert ? »

Genovese avait une lueur sournoise dans l'œil.

Gabriel ressentit une pointe de panique. Est-ce que Genovese était au courant pour l'argent qu'il détournait ? Les comptes trafiqués ? Est-ce qu'il allait s'en servir pour faire pression sur Gabriel ?

« La saison a été bonne, oui », répondit-il en guettant le moindre indice sur le visage de son interlocuteur.

Nouvelle pointe de panique : et si cela concernait les deux briques de Siegel ? C'était peut-être lui qui l'avait aidé à les faire disparaître. Genovese avait peut-être entendu parler de la mission de Gabriel. Il se fit mentalement une liste de tous les gens qu'il avait vus et des questions qu'il avait posées en se demandant qui avait pu le balancer. Il fallait absolument qu'il parle à Tomasulo, leur taupe, pour savoir si Benny était venu voir Genovese cet été. Tomasulo n'était assis qu'à trois chaises de lui, mais dans cette situation Gabriel n'avait aucune autre possibilité que de continuer à faire la causette à Genovese.

« Avec toutes ces rentrées d'argent, on se demande pourquoi tu continues à travailler ici. C'est vrai, bosser de nuit dans une cave enfumée, avec de la musique de nègres dans les oreilles, franchement… »

Gabriel comprit enfin ce qui amenait Genovese au Copa. Cela concernait peut-être aussi l'argent en balade, mais c'était pour quelque chose de beaucoup plus gros.

« Oh, ça me déplaît pas, répondit Gabriel en l'examinant attentivement.

— J'imagine, ça a même l'air de te plaire. »

En disant ça, il eut un drôle de petit froncement au coin des yeux et un demi-sourire sans humour, comme si une main invisible avait seulement tiré sur les muscles de son visage.

Il montra le club d'un geste vague.

« Entre les musiciens camés, les pédoques et les putes, c'est sympa. T'as pas une gamine à élever ?

— Je suis un oiseau de nuit. Les musiciens ne sont pas tous des camés et les danseuses ne sont pas des putes. »

Genovese acquiesça en allumant une cigarette avec son briquet.

« Tu es le meilleur médiateur de New York, reprit Genovese. Tu peux faire ce que tu veux à New York et Costello se contente de te refiler ce petit boulot ? Ça rime à quoi, dis-moi ? »

Il engloba de nouveau le club dans un grand geste. Le mirage qui s'évanouissait chaque matin. Il ne faisait que souligner la vérité : malgré tout son travail, Gabriel n'avait jamais rien tenu de concret entre ses mains. Genovese s'était montré brusque et brutal, mais il savait jauger un homme. L'expression de Havemeyer lui revint en tête : « Il vient guetter sa proie. » Genovese avait tapé pile sur les désillusions de Gabriel et mentionné – l'air de rien – le champ de courses, Anastasia, Sarah, son adresse personnelle. Comme tous les vrais bras de fer, c'était d'une subtilité telle que c'en était impalpable.

Gabriel réfléchissait à cette tactique, mélange d'insultes et d'offre d'emploi qui n'allait pas tarder à être formulée. En attendant qu'elle le soit, il se demanda comment il pouvait tourner cela à son avantage, s'il y avait un moyen d'intégrer cette nouvelle donnée dans son stratagème pour disparaître, plutôt que de l'envisager uniquement comme une complication.

« J'ai des projets, Gabriel. Tu le sais, Costello le sait. Il a le même problème que Luciano et Al Capone : vouloir devenir une célébrité. Quand tu veux jouer les vedettes, c'est comme si tu te foutais une cible sur la tronche. Les flics ont plus qu'à suivre les panneaux pour te cueillir. Et s'il y a un truc qu'ils adorent, c'est bien de pouvoir se payer une vedette. Comme ça, il y a leur nom dans le journal, ils ont de l'avancement, un plus gros salaire. Et quand on reste collé aux basques d'une vedette, Gabriel, c'est comme de s'attacher à un bateau sur le point de couler. »

Gabriel acquiesça. Il était d'accord avec Genovese là-dessus. Mais Genovese également avait tendance à se faire remarquer – avec son implacable violence, il se mettait, lui aussi, une cible sur la tête.

« Il faut que tu te demandes, poursuivit Genovese, si ça ne serait pas mieux pour toi de faire un travail plus intéressant. »

Et voilà. L'offre d'emploi. L'ouverture pour changer de bord. Il n'y aurait pas de deuxième entretien. Genovese proposait à Gabriel de jouer une carte qui ne pourrait servir qu'une seule fois. Comme une balle de revolver.

Gabriel hocha la tête pour montrer qu'il comprenait ce qu'on lui proposait.

« Réfléchis-y, Gabriel », conclut Genovese.

Gabriel se leva avec un sourire.

« Profitez du champagne. Commandez ce que vous voulez, c'est la maison qui offre. »

Sur ce, il retourna à son bureau. En général, après les offres d'emploi venait le premier assaut. La guerre. C'était un peu plus tôt que Gabriel ne l'avait calculé. Il fallait qu'il ait disparu avant que ça parte en vrille. C'était bientôt le solstice, la pénombre hivernale. Peut-être que cette année la lumière ne reviendrait pas.

X

« Sans exception, les jeunes musiciens d'aujourd'hui, les jazzmen qui croient à la musique moderne et apprécient l'art de l'improvisation, rendent unanimement hommage à l'homme qu'ils considèrent comme le véritable génie de notre époque, la légende vivante de notre temps – Charlie Parker, surnommé "Bird" ».

Leonard Feather,
Inside be-bop, 1949

22

Jeudi 6 novembre, 14 heures

Ida s'assit un moment sur un banc au coin de la 59e Rue. Derrière elle, le mur de pierre qui entourait Central Park. Devant elle, la 6e Avenue, large et ombragée par les tours qui s'étendaient vers le sud à l'infini, traversées par le grondement de la circulation. Sous les rayons du soleil, la ville luisait d'un reflet froid et sévère.

Louis arriva par la 59e Rue quelques minutes plus tard. Dès qu'ils se virent, leurs visages s'illuminèrent et ils se prirent dans les bras. Cela faisait deux ans et demi qu'ils ne s'étaient pas vus et Ida fut heureuse de constater que, malgré ce qu'elle avait entendu dire des problèmes de son ami, son allure, son sourire, ses manières restaient inchangés.

« Tu as l'air en forme, dit-il. Qu'est-ce que tu veux qu'on fasse ?

— Aucune idée. On pourrait se promener et aller manger après ?

— Ça me va ! »

Ils traversèrent la rue pour se rendre sur la 6e Avenue.

Tout en se baladant, ils bavardèrent de tout et de rien et se racontèrent les derniers événements de leur vie : Jacob avait fini le lycée avec un an d'avance et partait étudier le droit à Berkeley ; Louis avait une nouvelle épouse qu'Ida ne connaissait pas. Ils parlèrent de ce qu'ils avaient vécu ces deux dernières années, se donnèrent des nouvelles de la Louisiane. Ils évoquèrent le bon vieux temps, à La Nouvelle-Orléans et à Chicago. Se remémorer les souvenirs de ce monde qui avait disparu soulignait le vide qu'ils constataient, en même temps que cela leur apportait du réconfort.

« Comment ça se fait que tu sois à New York ? » finit par demander Louis.

Elle lui résuma l'affaire et la situation du fils de Michael et parla du lien avec Gene Cleveland, qui semblait au centre de cette histoire de meurtres. Elle avait toujours aimé parler de son travail avec Louis. Expliquer une enquête à un tiers l'aidait à organiser sa pensée et à mieux percevoir comment les faits s'organisaient. Rien de mieux que d'enseigner pour apprendre.

Louis écoutait attentivement et, à la fin du récit d'Ida, il eut une expression un peu dépitée.

« Je vais être franc, Ida. Ces clubs de la 52e Rue, je les fréquente pas trop. Les jeunes qui jouent be-bop, je les connais pas. Et eux non plus, ils me connaissent pas. Mais je vais me renseigner. J'étais justement en tournée avec des gars qui jouent là-bas. Je peux leur parler. »

Elle songea aux articles qu'elle avait lus dans les journaux. La jeune génération des musiciens de jazz dénigrait Louis en disant qu'il trahissait son talent, qu'il était devenu commercial et jouait pour faire plaisir aux Blancs. Il faisait face à une avalanche de critiques, à un moment où les grands orchestres semblaient vivre leurs derniers jours.

« Comment ça se passe pour toi ? Il paraît que les *big bands*, ça marche plus trop.

— Ça s'effondre, oui ! Tout le monde met la clé sous la porte. C'est devenu très compliqué de gagner trois ronds. D'ici la fin de l'année, j'aurai fait trois cents concerts… »

Ida acquiesça en se demandant si c'était bon pour sa santé. Ou pour son couple.

« Il faudrait que tu mettes la pédale douce, quand même.

— Bof. Tu sais, dès que je reste à la maison, au bout de quelques jours, je tiens plus en place. Faut que je bouge, faut que je joue. Et puis aujourd'hui, soit tu joues be-bop, soit tu fais du revival New Orleans. Je suis trop vieux pour jouer be-bop, mais recréer la musique de l'époque, c'est un peu trop vieux jeu pour moi aussi. »

Ida prenait la mesure de la confusion et des incertitudes de Louis. Voire de sa frustration. Quand ils s'étaient retrouvés, quelques heures plus tôt, elle avait cru qu'il était toujours le même, mais elle se demandait maintenant si tous ces problèmes ne l'usaient pas. Si sa bonne humeur n'était pas une façade. Dans sa jeunesse, Louis était considéré comme l'avant-garde du jazz. Et maintenant, la musique qu'il avait façonnée était récupérée par une nouvelle génération et c'est comme si on lui avait pris sa création des mains. Ida comprenait bien son dilemme. Elle en était au même point : comment s'adapter à la nouveauté sans se renier ? Comment décider de changer quand on ne sait pas à quoi on ressemblera après ?

« Tu penses faire quoi ? »

Il haussa les épaules.

« Je ne sais pas. Je vais voir. Je vais essayer un nouveau truc, à un concert, la semaine prochaine. »

Il lui parla de ce nouveau projet et ils quittèrent la 6e Avenue pour aller au Rockefeller Center, monolithe moderne dont les tours s'élancent vers le ciel.

La fontaine et la statue dorée de Prométhée qui brillait au soleil attiraient les passants.

« Tu devrais voir ça à Noël, dit Louis. Avec le sapin et la patinoire. Manhattan sous la neige… Ça te plaît, New York ?

— Je ne peux pas vraiment dire que j'en profite. Mais franchement, par rapport à Paris…

— Ça non. Paris, c'est quelque chose. »

Ils avaient vécu un peu à Paris tous les deux avant la guerre.

Ils prirent une petite rue, passèrent devant l'entrée du Radio City Music Hall et traversèrent pour se retrouver devant le RCA Building, qui abritait les studios de la chaîne NBC. Tout le long des fenêtres du rez-de-chaussée s'étalaient les visages des grandes personnalités de la radio, des stars d'Hollywood, des comédiens et des chanteurs qui y avaient fait des émissions. Devant le bâtiment s'était formé un attroupement et les gens paraissaient excités comme devant une vitrine de Noël. Ida et Louis s'approchèrent pour voir ce que c'était. À l'une des fenêtres, on avait installé un mur de téléviseurs. Placés les uns sur les autres comme autant de briques, ils émettaient une petite image floue et tremblotante. C'était l'une des émissions que diffusait la chaîne.

Devant les écrans, une grappe de gamins excités regardaient avec leurs parents les images indistinctes montrant un bel homme blanc d'âge mûr avec un micro, devant ce qui ressemblait à une assemblée.

« C'est qui, ça ? demanda Louis.

— Ronald Reagan.

— L'acteur de série B ? »

Ida acquiesça sans détacher le regard de l'écran sur lequel il faisait son discours avec son beau costume, ses lunettes cerclées d'acier, sa chevelure noire coiffée en arrière avec un petit bombé sur le devant.

« Qu'est-ce qu'il fait ? demanda l'un des enfants à ses parents.

— Il témoigne devant la Commission sur les activités antiaméricaines, lui répondit l'un des deux.

— Il balance, oui ! » dit une voix sarcastique et indignée.

Louis lança un regard à Ida et ils poursuivirent leur chemin.

« Leur connerie de Commission… Je ne sais pas si tu sais, j'ai fait un film l'an dernier qui s'appelle *New Orleans.* »

Ida se rappelait la sortie du film l'été précédent. Il avait cessé d'être diffusé avant qu'elle ait eu le temps d'aller le voir.

« C'était un film pour exploiter la mode du *New Orleans revival.* Tout le monde adore ça en ce moment. Joe Glaser m'a eu un rôle là-dedans. Et à Billie aussi. »

Ida savait que Louis et Billie Holiday avaient le même imprésario, un ancien larbin d'Al Capone de Chicago, Joe Glaser.

« Nos rôles ont été réduits à rien du tout. Les producteurs ne voulaient pas que le public puisse penser que c'étaient des Noirs qui avaient inventé le jazz ! Quelles conneries ! Et puis, comme ils se sont aperçus que le scénariste était communiste, il a dû aller devant la commission où il a plaidé le cinquième amendement. Il fait partie des Dix d'Hollywood. Alors le studio a eu les jetons et ils ont préféré enterrer le film avec une sortie bâclée. »

Ida repensa à Hollywood, à la Commission sur les activités antiaméricaines et à l'hystérie anticommuniste qui avait secoué la presse l'été précédent. Elle repensa aux hommes dont elle avait vu les photographies dans les journaux, devant les marches du Congrès ou nerveusement penchés devant un micro, passés sur le gril par les membres de la commission. Elle songea aussi à l'agence qui avait voulu l'embaucher, à Washington. La guerre contre les Allemands venait à peine de se terminer que la guerre contre les Russes démarrait. C'était peut-être la même guerre. C'était peut-être comme ça que fonctionnait l'Histoire. Avec des politiciens promettant éternellement une guerre qui était censée faire advenir une paix éternelle.

« Vous avez toujours le même imprésario, Billie et toi ? »

Ida était fan de la chanteuse et elle avait obtenu des places pour ses concerts à Chicago grâce à Louis.

« Ouais. Je suis pas sûr que ce soit très bon pour elle… C'est Glaser qui a manigancé pour l'envoyer en taule. Enfin, je crois.

— Comment ça ? » demanda Ida d'un ton contrarié.

Elle savait que Billie purgeait une peine en Virginie pour détention d'héroïne, mais elle ignorait que son manager avait trempé là-dedans.

« Le mec de Billie deale de l'héro. Et pas qu'un peu. Il fait en sorte qu'elle soit constamment shootée. Comme ça, c'est lui qui contrôle ses rentrées d'argent. Glaser s'est dit que si elle allait en cabane, ça lui permettrait de ne plus être sous la coupe de ce gars. Alors il a laissé les flics l'arrêter et il n'a même pas envoyé d'avocat pour l'aider pour son procès. Elle a dû se défendre toute seule alors qu'elle était malade comme un chien avec son sevrage. Le juge l'a pas loupée.

— Tu es sûr de ça ? demanda Ida, qui n'arrivait pas à croire que le propre manager de la vocaliste puisse s'arranger pour l'envoyer en prison.

— Non, pas à 100 %. Mais Glaser m'a parlé d'un hosto à Manhattan, ils appellent ça un centre de désintoxication. Ils te gardent quelques mois et les médecins s'occupent de te remettre en état pour que tu ne touches plus jamais à la drogue. Glaser m'a dit qu'il voulait l'envoyer là-bas. Ça les dérange pas d'accueillir des Noirs, si ça paie bien. »

Ida était songeuse. Billie en prison pour détention de drogue. Les hommes à la soupe populaire qu'elle avait vus hier. Elle se demanda si, après tout, tout le monde n'était pas un peu sur le fil du rasoir.

Ils poursuivirent leur promenade. Ils passèrent devant des travaux. Des ouvriers foraient dans la rue et des feux orange signalant le danger avaient été mis en place. Entre les cônes de signalisation blanc et rouge s'élevaient des volutes de vapeur dans le ciel glacé. Ils prirent vers la 5e Avenue et tombèrent sur un bar qui servait des grillades au coin de la 42e Rue. Derrière la vitre, ils voyaient les sandwichs ainsi qu'une desserte chauffée avec de la poitrine de bœuf, de l'épaule d'agneau, du rôti de porc, du pastrami, des jambons braisés présentés sur un plateau en inox argenté.

Ils étaient là à regarder ces délices quand un client sortit avec son repas de midi emballé sous le bras. Il comprit qu'ils hésitaient à entrer.

« Les meilleurs sandwichs de tout New York ! s'exclama-t-il avec un sourire avant de poursuivre son chemin d'un pas pressé.

— Tu as faim ? » demanda Louis en se tournant vers Ida.

Ils entrèrent et commandèrent de gros sandwichs au jambon braisé et du café.

« On les prend à emporter ? Comme ça, on peut manger dans le parc, proposa Louis.

— Il fait froid dehors, protesta Ida.

— Exactement. Comme ça, on sera tranquilles. »

En effet, il n'y avait personne à Bryant Park, ils étaient tranquilles. Ils s'installèrent au fond, sur une rangée de bancs qui donnait sur l'espace qu'ils venaient de parcourir, afin de profiter de la vue sur tout le parc. Il n'était pas très grand, surtout comparé à Central Park, mais c'était magnifique, avec les pelouses et les arbres nus luisant d'une légère couche de gel.

Ils mangèrent leurs sandwichs en buvant du café chaud. Ida repensa à l'homme qui leur avait parlé devant le restaurant et leur avait dit qu'il s'agissait des « meilleurs sandwichs de tout New York ». Elle avait remarqué lors de ses précédentes visites qu'ici, à New York, tout le monde s'adonnait à l'hyperbole. Les gens du coin ne savaient lui conseiller que « les meilleurs sandwichs », « les meilleurs cocktails », « la meilleure boîte de nuit », « le meilleur hôtel ». On aurait dit que les New-Yorkais participaient tous à un effort collectif pour œuvrer à un catalogue évaluant tout ce que la ville avait à offrir.

« Qu'est-ce que ça te fait de voir Jacob partir pour l'université ? » demanda Louis, interrompant le fil des pensées d'Ida.

Elle haussa les épaules. Elle avoua que cela ne lui plaisait pas outre mesure, mais qu'elle avait commencé à s'y habituer. Ce qui était un mensonge. Puis elle lui parla de l'offre d'emploi qu'on lui avait faite, à Los Angeles.

« Tu travaillerais pour le gouvernement ? » demanda Louis en levant un sourcil.

Ida se sentit un peu gênée, honteuse presque. Cela revenait à faire partie de l'establishment, peut-être même à se laisser acheter.

« C'est dur, L.A., pour les Noirs, nota Louis.

— Je sais. »

Elle avait entendu des rumeurs. Cette ville avait la réputation d'être un haut lieu de la haine raciale, de la violence et des bavures policières.

« Très dur. Tu sais comment on appelle L.A., entre nous ?

— Non.

— Le Mississippi avec des palmiers. »

Il eut un sourire amer et désabusé.

« Tu ne veux plus continuer à diriger ta propre agence ?

— Si, bien sûr. Mais j'aime bien l'idée de quitter Chicago. De prendre un nouveau départ. C'est un peu pour ça que je suis venue ici. Pour voir si je tiens le choc dans une ville que je ne connais pas.

— Enfin, Ida ! C'est pas la première fois que tu déménages. Tu sais bien que c'est à ta portée.

— J'avais 19 ans quand j'ai quitté La Nouvelle-Orléans. J'en ai 47, aujourd'hui. Ce n'est pas la même chose.

— Mais si, c'est pareil. La seule chose qui a changé, c'est ce que tu as dans la tête.

— C'est ça. Plus tu vis dans un endroit, plus cet endroit se remplit de fantômes. Mais quand on part pour une nouvelle destination, on devient soi-même un fantôme. »

Louis réfléchit et acquiesça.

Il sortit une boîte à tabac de sa poche, souffla sur ses doigts pour les réchauffer et ouvrit la boîte en métal. Ida se rendit compte que c'était la vraie raison pour laquelle il voulait aller dans le parc. Il prit un peu d'herbe, du papier à cigarette et se mit à rouler rapidement un joint sur ses genoux.

« Ça fait des années que je n'ai pas fumé, dit Ida.

— T'as de la chance : ça va te faire de l'effet tout de suite. »

Il finit de rouler le pétard et ils se le passèrent. C'était peut-être à cause du froid, ou bien parce qu'elle n'avait pas fumé depuis des années, mais au bout d'une minute Ida avait déjà la tête qui tournait. Elle se sentait vive, pleine de pensées qui la traversaient. Ce parc en hiver, le soleil glacé, la lueur du gel sur les branchages, le rugissement assourdi de New York, tout devenait extraordinairement vivace. Elle comprit comment cette ville pouvait séduire : ces immeubles, cette agitation, ce sentiment de faire partie de quelque chose de vivant, l'impression qu'aucune fête dans le monde n'avait la même intensité qu'à New York.

Ida regarda son ami et elle sentit qu'il se passait quelque chose entre eux. C'était comme s'ils prenaient conscience, sans avoir besoin de parler, qu'ils partageaient un lien à la fois douloureux et précieux.

« Il n'y a qu'avec toi que je fume du hasch, dit-elle comme pour alléger la tension.

— De quoi tu te plains, ça veut dire que tu l'as toujours gratos ! »

Ils se regardèrent et éclatèrent de rire. Ils ne pouvaient plus s'arrêter. Dans ces moments-là, c'était comme s'ils avaient à nouveau 21 ans : ils étaient à Chicago, l'été, et le monde restait un endroit à explorer. Tout était possible, neuf et merveilleux. Et pendant ce minuscule moment, là, dans le froid de ce parc, ils connurent un répit, loin des angoisses et des infortunes, de la confusion et du poids angoissant de tout ce qui était censé avoir de l'importance.

23

Jeudi 6 novembre, 10 h 14

Michael descendit du métro aérien au niveau de la 129e Rue et marcha un bon moment jusqu'à l'hôpital de Harlem, sur Lenox Avenue, un grand bâtiment en brique auquel on accédait par une pelouse parsemée d'arbres. À l'accueil, il demanda le docteur Miller et fut dirigé vers le service de chirurgie où des infirmières lui dirent d'attendre. Il y avait des chaises, et il s'y installa pour patienter en se demandant s'il avait eu raison de venir jusqu'ici.

Tom lui avait parlé du docteur Miller des années auparavant. Il avait été son référent à l'hôpital et ils s'étaient bien entendus. Michael espérait qu'il serait capable de l'éclairer sur le comportement de Tom et les raisons qui l'avaient poussé à quitter son travail. Il espérait que Miller pourrait lui apporter quelque chose, même infime, qui le mettrait sur une piste.

Trente minutes plus tard, un homme noir à la peau claire, assez replet et portant un costume trois-pièces, s'approcha de la salle des infirmières et bavarda avec certaines d'entre elles. Quand l'une d'elles désigna Michael, le docteur se retourna avec un air contrarié et se dirigea vers lui.

Michael se leva et lui adressa un signe de tête.

« Bonjour, je suis le docteur Miller. On m'a dit que vous vouliez me parler ? »

Il avait un léger accent du Sud, atténué probablement par des années d'études et une vie passée dans le Nord. Tom avait raconté à Michael que, quand Miller avait été embauché dans les années 1920, de nombreux médecins blancs avaient démissionné en signe de protestation et le responsable qui l'avait recruté avait été rétrogradé à un poste d'accueil à l'hôpital Bellevue.

« Docteur Miller, enchanté. Je suis Michael Talbot. Vous connaissez mon fils, le docteur Thomas James Talbot. Vous étiez son supérieur quand il travaillait ici. »

Le docteur Miller tiqua un peu : il essayait de faire le lien entre ce vieil homme blanc et le jeune homme de couleur qui avait été son assistant.

« Tom ne vous avait jamais dit que son père était blanc ? »

Miller hésita.

« Je ne sais plus. Peut-être. En quoi puis-je vous aider ?

— Vous êtes au courant de ce qui lui est arrivé ?

— Oui. J'ai été très choqué en apprenant cela dans les journaux. Tom était pour moi quelqu'un de gentil, avec un bon fond. Je ne l'aurais jamais imaginé faire une chose pareille.

— Avez-vous été contacté par son avocat ? Pour intervenir comme témoin de moralité ? »

Miller fit non de la tête.

« Je vois. »

Michael se demanda pourquoi l'avocat n'avait pas utilisé la liste de témoins de moralité que Michael lui avait fournie et se dit, une nouvelle fois, qu'il fallait se débarrasser de lui et trouver quelqu'un de plus compétent.

« Mais je serais ravi de vous aider dans la mesure où je le peux, ajouta le médecin.

— Je me demandais si vous pouviez me parler du comportement de Tom avant qu'il ne démissionne de son emploi à l'hôpital. Est-ce qu'il vous a dit pourquoi il était parti ?

— Est-ce que vous ne devriez pas plutôt en parler directement à votre fils ?

— J'ai bien peur que Tom ne soit pas très bavard sur le sujet. »

Miller fronça les sourcils et jeta un regard soupçonneux à Michael.

« Tom a démissionné pour partir à la guerre », dit-il sèchement.

Ce fut au tour de Michael de froncer les sourcils.

« Oui, mais il est revenu de la guerre et il a pris un poste ici avant de démissionner quelques mois plus tard, avant les meurtres qui ont eu lieu en août. »

Miller avait l'air déconcerté.

« Je suis désolé, monsieur Talbot, mais pourriez-vous me montrer une pièce d'identité ? »

Michael hésita puis sortit son portefeuille pour en extraire son permis de conduire.

« Monsieur Talbot, je ne sais pas ce que Tom vous a dit, mais il n'est jamais revenu travailler ici. Tom a démissionné pour aller à la guerre et il n'est jamais revenu. Il n'a jamais fait partie du personnel hospitalier. Je ne l'ai pas revu depuis son départ pour l'armée. »

Une demi-heure plus tard, Michael était de retour sur la 129e Rue. Il approcha du métro aérien, cette structure d'acier massive qui arrive à rester en équilibre tout en soutenant un train. À travers l'architecture de sa charpente, une lumière à la teinte métallique rouillée filtrait avec âpreté. Michael monta les longs escaliers qui menaient aux quais. Il avait encore la tête qui tournait.

Si Tom n'était jamais retourné travailler à l'hôpital, qu'avait-il bien pu faire pendant un an et demi, après son retour de la guerre ? Il avait vécu sur ses économies, en errant dans New York ? Pourquoi avait-il menti ? Pourquoi n'avait-il pas retrouvé un travail ? Le procureur ne tarderait pas à le découvrir et cela ferait un clou de plus dans son cercueil.

Quand Michael arriva sur le quai, il se rendit compte qu'il avait besoin de reprendre son souffle. Il trouva un banc et s'assit. Le vent soufflait beaucoup plus fort en hauteur, aspirait toute la chaleur de son visage et lui piquait la peau. Une rame ne tarda pas à entrer dans la station à grand bruit.

Michael monta, et c'est seulement quand le train s'ébranla en direction du sud qu'il comprit la nature du sentiment qu'il percevait derrière la colère et la confusion. C'était le sentiment d'avoir été trahi. Le mensonge de Tom était comme un couteau dans le dos. Il avait tant sacrifié pour lui. Il se rappelait le soir de sa naissance, bien des années plus tôt, à La Nouvelle-Orléans. Son fils avait fait irruption dans sa vie, chargé d'une cargaison de tendresse et de tracas qui n'avait jamais diminué, et ne diminuerait jamais.

C'était pour Tom et Mae que Michael et sa femme avaient déménagé dans le Nord et réorganisé leurs vies. Pour qu'ils puissent vivre en sécurité. Tout ce qu'il avait fait, c'était pour ses enfants. Et tout ce qu'il demandait à Tom, c'était la vérité. Pourquoi lui cachait-il tout ça ?

Il vit passer la ville dans un tourbillon, le chaos des toits des taudis de Harlem, les gratte-ciel luxueux de l'Upper East Side. Il repensa au docteur Miller qui l'avait toisé comme s'il était fou.

Il descendit à la station de la 59e Rue et marcha jusqu'à son appartement de la 7e Avenue, au sud de Central Park. Les trottoirs étaient envahis par la foule du midi : les bureaux des tours déversaient leurs flots d'employés qui se précipitaient dans les restaurants ou les boutiques pour faire leurs courses, tandis que d'autres fonçaient vers les bars où ils dégustaient leur whisky ou leur bière de mi-journée.

Une fois devant, Michael contempla la façade de son immeuble et décida qu'il avait besoin de se rafraîchir les idées avant de rentrer. Il se rendit à Central Park et se perdit dans son parcours de chemins tortueux en essayant de comprendre ce qui se passait. Il ne comprenait rien à la situation de Tom. Et il n'arrivait même pas à savoir si c'était parce qu'il y avait là quelque chose d'incohérent ou bien si c'était parce que son vieux cerveau s'était grippé et n'avait plus la vivacité nécessaire pour en discerner la logique.

Tom avait-il été à ce point traumatisé par la guerre qu'il en avait abandonné sa propre vie ? Et si c'était le cas, pourquoi n'avait-il pas cherché à se faire aider ? Pourquoi n'avait-il rien dit à ses parents ?

Cela mettait Michael en colère. Contre Tom, contre les meurtriers, contre lui-même. Si seulement il parvenait à trouver les responsables des assassinats, il était certain de pouvoir sauver Tom. Il tenta de se focaliser sur l'énergie générée par cette envie de vengeance, même s'il savait qu'il fallait éviter de telles pensées. Mais il ne pouvait s'en empêcher : il était sur la pente des idées noires.

Une fois rentré, il se fit un café, qu'il augmenta d'une double dose de whisky. Il fallait qu'il appelle Annette, et il se demandait comment il allait bien pouvoir lui annoncer cette dernière déconvenue.

24

Jeudi 6 novembre, 22 h 27

Times Square. C'était là que la ville vous rentrait dedans pour de bon. L'éclat des néons, les lumières aveuglantes, le roulis de la foule, la déflagration continue des voitures – l'intensité de cette effervescence était comme une force qu'on ressentait physiquement. À la sortie du métro, il fallut un bon moment à Ida pour s'habituer à cette agitation, pour s'accoutumer et se cuirasser. Puis elle plongea dans le chaos nocturne et remonta vers Central Park.

Autour d'elle, les rues débordaient de touristes, de marins, de flics, de gamins, de vendeurs à la sauvette refourguant tout et n'importe quoi, tandis que le ballet des taxis évoluait dans un nuage de vapeur. Elle passa devant des cinémas et des cabarets à l'air louche, des cafétérias dont les vitres reflétaient le scintillement de la place par touches et traînées lumineuses.

Elle arriva sur la 52e Rue, bordée de boîtes de nuit installées dans des immeubles en pierre brune. L'entrée était en général signalée par des auvents délabrés et à moitié effondrés. Devant la porte, un placard servait à attirer le chaland : *Jam Session* permanente ! Concert de Jazz Moderne ! Pas de frais de couvert ! Pas de *Cabaret Tax*[1] !

1. Il s'agissait d'une taxe de 20 % sur les débits de boissons disposant d'une piste de danse ou d'une scène avec de la musique

Ida s'arrêta sous une enseigne lumineuse qui annonçait *The Three Deuces*. C'était le club où elle devait rencontrer un musicien de Louis qui pourrait l'aider, un membre de son groupe de tournée qui avait des informations sur Gene Cleveland. Elle fuma une cigarette et observa les gens et la circulation jusqu'à ce qu'un jeune Noir à la peau claire s'approche d'elle, vêtu d'un manteau bleu marine.

« C'est toi, l'amie de Louis ? »

Ida se présenta.

« Moi, c'est Shelton. Viens, on va parler à l'intérieur, il fait trop froid ici. »

Il indiqua le club à côté d'un signe de tête. À l'entrée était assis un vieil homme qui tenait la caisse. Ida tendit trois dollars pour deux tickets.

« Tu viens d'où ? demanda Shelton.

— De Chicago. Et avant de La Nouvelle-Orléans.

— Ouais, j'aurais dû me douter qu'il y avait un truc avec la Louisiane, vu que vous êtes potes avec Louis… »

Ils descendirent un escalier étroit et obscur et se retrouvèrent dans une cave de la taille d'une boîte à chaussures. Une douzaine de tables encerclaient une scène minuscule, pour l'instant vide à l'exception d'une batterie.

Tandis que Shelton la guidait vers le bar encombré, Ida étudiait le public installé sur des chaises en bois toutes raides, à des tables incroyablement petites ou qui restait debout au fond. C'était un drôle de mélange. Il y avait des Noirs et des Blancs, des jeunes et des vieux, des hommes et des femmes. Certains avaient l'air d'intellos, avec leurs vestes décontractées et leurs

qui fut instaurée en 1944. Cela porta un coup non négligeable à la possibilité d'engager de grands orchestres.

cravates en tricot. D'autres étaient des marginaux camés à l'herbe, et d'autres encore semblaient débarquer de Harlem et avaient un air sombre, dangereux. C'étaient les bavardages qui emplissaient le lieu, pas la musique. Ida eut l'impression que les gens attendaient quelque chose, il y avait de l'excitation dans l'air.

Ils parvinrent enfin au bar et Shelton s'approcha d'un type qui buvait un verre à un tabouret. C'était un Noir à la peau foncée, avec une barbichette, des souliers en daim noir et un chapeau *pork pie* qu'il portait de manière oblique. Il avait une façon de se tenir un peu en arrière, de regarder le public avec son verre à la main, qui lui donnait une allure à la fois solennelle et sincère.

« Eubie », salua Shelton.

L'homme porta son regard dans leur direction et un sourire se forma sur son visage.

« Salut Shelton, ça roule ? »

Ils se prirent dans les bras et Shelton fit signe à Ida de s'approcher.

« C'est la dame qui cherche Gene Cleveland », expliqua Shelton.

Ida se présenta.

« Enchanté de vous rencontrer, madame. Moi, c'est Eubie. »

Ida devinait ses origines sudistes. Encore un immigré à New York.

« C'est Eubie qui fait la programmation ici, expliqua Shelton. Je connais pas bien Gene, mais Eubie a déjà joué avec lui. »

Ida expliqua à Eubie pourquoi elle le cherchait.

« Ouais. La maison des horreurs… J'ai reconnu le nom de l'hôtel dans le journal, du coup je me suis dit que Gene devait être mêlé à cette histoire. Vous voulez un verre ? »

Ida commanda des whiskies pour Shelton et pour elle.

« Alors vous savez où se trouve Gene Cleveland ?

— Oh non, ça fait des mois qu'il s'est évaporé ! Un peu avant les meurtres. Il a disparu du jour au lendemain. Il avait un concert de prévu et il s'est même pas pointé.

— Vous êtes sûr qu'il a disparu *avant* les meurtres ?

— Ouais, sûr.

— Vous savez pourquoi il est parti ? »

Eubie hésita, d'un air un peu inquiet.

« Vous pouvez me parler, je ne suis pas de la police. Je ne citerai pas votre nom. J'ai juste besoin de retrouver Gene Cleveland. La vie d'un homme est en jeu. »

Eubie eut l'air de réfléchir et poussa un soupir avant de reprendre.

« Qu'est-ce que vous savez de lui, au juste ? demanda-t-il finalement.

— Pas grand-chose : juste que c'est un musicien qui vend un peu de came au passage.

— Ouais, enfin, la moitié des gens de la partie dealent ou consomment – vous n'avez qu'à regarder autour de vous… »

Eubie fit un geste en direction de la foule massée dans le club. Ida observa les gens et exprima son désaccord par une mimique : ils n'avaient pas particulièrement l'air de junkies. En tout cas, ils n'avaient pas la stupeur léthargique qu'elle associait à la drogue.

« Avant la guerre, Gene était l'un des meilleurs saxophonistes avec lesquels j'aie jamais joué. Sa musique, c'était un truc totalement inédit. Le genre de musique que les gens écoutent vingt ans après en trouvant qu'elle est encore en avance sur son temps. Mais quand il est rentré de la guerre, il y avait quelque chose de changé. Il jouait de manière agressive, belliqueuse. Il jouait son truc dans son coin. Le reste du groupe ne pouvait pas suivre. Le public le huait. Il a quitté la scène plusieurs fois en nous laissant en plan. Un jour, il a balancé son sax dans le public et ça a failli dégénérer. Il avait recommencé à consommer à ce moment-là. J'imagine pas ce que ça aurait donné, question agressivité, s'il n'avait pas eu la drogue. C'est peut-être pour ça qu'il était tout le temps défoncé. En tout cas, ce qu'il a vu en Europe a suffi à le transformer : il est passé d'une musique angélique à une musique diabolique. C'était toujours très beau, mais plein de violence, de colère. »

En regardant Eubie, Ida se dit que derrière son vernis distancié il y avait également de la colère. Peut-être avait-il servi dans l'armée, lui aussi, et était-il revenu pour trouver la déception des fausses promesses du gouvernement, une ville détruite par les émeutes raciales, inondée d'héroïne et sans grand-chose de positif. Elle songea à Tom, touché par la guerre, comme toute une génération de jeunes hommes… Gene Cleveland était revenu rempli de colère et de rage ; Tom était revenu brisé, éteint, et avait fini par errer dans les rues dans l'espoir d'atténuer son mal-être. Et finalement, leurs chemins s'étaient croisés à l'hôtel Palmer, avec des conséquences désastreuses.

« Bon, je ne sais pas où il s'est barré, mais je sais pourquoi, reprit Eubie.

— C'est-à-dire ?

— Après la fois où il est pas venu au concert, personne ne l'a plus vu pendant un moment. Alors on s'est inquiétés. Je suis allé à Harlem et je l'ai retrouvé dans sa chambre d'hôtel. Il se planquait. Il m'a dit qu'il abandonnait la musique. J'avais déjà entendu ce refrain. Il était comme ça. Mais cette fois-là, c'était différent. Il m'a dit qu'il était sur un coup avec quelqu'un.

— Comment ça ? Il faisait chanter quelqu'un ? Qui ça ?

— Un des gars à qui il refourguait de la came. Gene avait des contacts partout. Des clients de la radio, des magazines, des gens dans la pub. Des gars des quartiers d'affaires qui aimaient bien se la jouer rebelles. Du style soirée défonce à Greenwich Village le week-end, avant de rentrer gentiment par l'express de la normalité le lundi matin… Gene était leur fournisseur. Peut-être même leur ami, j'en sais rien. Il se faisait souvent inviter à leurs soirées. J'y suis allé deux ou trois fois. Des apparts super classe. C'étaient des richards qui aimaient passer pour des miséreux, histoire de faire authentique. Et puis je crois qu'ils appréciaient d'avoir des Noirs dans leur entourage. Bref, Gene m'a dit qu'il allait le saigner, ce type. Qu'il aurait plus besoin de faire de musique : quand il en aurait fini avec cette arnaque, il serait plein aux as.

— Est-ce qu'il a dit de qui il s'agissait ?

— Non. Mais c'était forcément un de ces bourges. Je me suis dit que ça pouvait même être quelqu'un de célèbre, de la radio ou de Broadway. Peut-être un acteur d'Hollywood dont il était devenu le fournisseur et qu'il s'était mis en tête de faire chanter. Il en était capable. Comme je dis, Gene avait la rage.

— Et est-ce qu'il y a quelqu'un à qui on pourrait parler, parmi ses connaissances des beaux quartiers ?

— Ouais, je connais un type qui travaille pour NBC, qui s'occupe des effets.

— Des effets ?

— Les effets sonores. Les bruitages, l'atmosphère, pour les émissions radios comme *Dick Tracy*, *Boston Blackie*. Toutes ces séries de détectives à la con. On avait engagé ce gars pour enregistrer des sessions, et en échange il nous avait fait embaucher pour jouer de la musique de fond sur certains épisodes de son émission. On aurait pu en faire plus, mais on était les deux seuls Blacks dans tout le bâtiment et ça n'a pas trop plu aux autres musiciens.

— Vous pourriez me donner son numéro, son nom ?

— Bien sûr, je dois avoir ça quelque part dans le bureau, fit Eubie en montrant la porte derrière le bar. Mais dites pas que c'est moi qui vous l'ai donné.

— Pas de problème, répondit Ida. Je vous suis très reconnaissante.

— De rien. Si c'est la vie d'un frangin qui est en jeu… »

Ida eut un sourire qui exprimait la lueur d'espoir qu'elle venait d'entrevoir. Si Cleveland faisait chanter quelqu'un d'important qui lui achetait de la drogue, la victime du chantage avait peut-être envoyé un tueur pour le liquider. Et ça s'était terminé dans un bain de sang. C'était un bon motif pour lui mettre un contrat sur la tête. C'était cohérent. Ça s'emboîtait bien. Même s'il fallait remonter la piste de quelqu'un qui avait du pouvoir, c'était une bonne nouvelle. Cela voulait dire qu'ils auraient le responsable de ces assassinats en ligne de mire. Il suffisait maintenant de découvrir qui Cleveland faisait chanter et, si les éléments le permettaient, de réunir des preuves.

Eubie regarda sa montre.

« Faut que j'aille présenter le groupe. Je vais vous le chercher juste après. »

Eubie fit signe à un gamin qui traînait près de la scène et disparut aussitôt par une porte. Quelques secondes plus tard, cinq jeunes Noirs entrèrent par cette même porte et montèrent sur scène. Ils étaient tous en costume, mais il y avait quelque chose, dans leur démarche, leur expression solennelle, leur façon de ne même pas regarder le public, qui les différenciait de tous les musiciens de jazz qu'Ida avait pu voir.

Pendant qu'ils prenaient leurs instruments, Eubie les rejoignit et le public se fit silencieux.

« *Ladies and gentlemen*, merci d'être venus par ce froid hivernal. J'espère que vous allez vous réchauffer avec le groupe de ce soir. Je vous présente le quintet de Charlie Parker. À la trompette Miles Davis, au piano Duke Jordan, à la contrebasse Tommy Potter, à la batterie Max Roach. Et au saxophone alto, le seul et l'unique Charlie Parker, surnommé *Bird*. »

Il tendit la main vers les musiciens et le public se mit à applaudir. Avec un grand sourire, il quitta la scène et disparut par la porte menant au bureau de derrière.

Ida observait le leader du groupe, au saxophone. Âgé sans doute d'une vingtaine d'années, il n'avait pas l'air très frais. Son costume était froissé, il était à moitié avachi et son regard vitreux restait fixé sur le parquet devant lui. Il avait l'air un peu dérangé, comme certains clochards. Mais le public semblait éprouver beaucoup de respect pour lui et se penchait vers la scène d'un même mouvement, plein d'excitation et d'impatience.

Au bout d'un moment, il leva les yeux vers le public, comme s'il en découvrait l'existence, et se racla la gorge.

« Le premier morceau s'appelle "Anthropology" », marmonna-t-il.

Il fit un signe de tête aux autres musiciens, le batteur donna le tempo et ils commencèrent.

Ida n'avait jamais entendu une musique pareille. C'était du jazz, mais à une allure incroyable, avec une frénésie féroce, comme si le morceau se fragmentait. Le batteur jouait si vite que ses baguettes devenaient floues. La cymbale luisante vibrait. Les soufflants et le piano déroulèrent le thème, qui laissa rapidement la place à un solo de saxophone qui semblait se contorsionner et tordre la mélodie jusqu'à en faire un entortillement de notes qui, à la dernière seconde, se redressait grâce à la virtuosité du saxophoniste capable de malaxer les lignes mélodiques, de les triturer pour leur faire rendre tout leur jus, toute leur énergie.

Les mesures étaient submergées de phrases aux motifs mouvants. Solos et unissons alternaient dans une impétuosité incessante, une fougue enflammée et tendue, qui rappelait l'exaltation chaotique qui bouillonnait dans les rues de la ville. Mais cette musique gardait une forme de clarté éblouissante. Ida eut l'impression de revivre le moment où elle avait entendu du jazz pour la première fois, à La Nouvelle-Orléans. C'était ahurissant.

Elle contempla le public, tendu vers la scène. Certains souriaient, d'autres fermaient les yeux ou fixaient les musiciens d'un regard pointu, comme des épingles où se reflétait la lumière de la scène. Ceux qui étaient debout au fond tapaient du pied en suivant ce rythme fébrile.

Sur scène, les musiciens, comme en transe, projetaient l'intensité de leur concentration dans leur instrument et transpiraient à grosses gouttes. Ida n'avait jamais vu des Noirs sur scène avec ce genre d'attitude dédaigneuse et débordant d'assurance. Le saxophoniste, qui avait l'air si banal et loqueteux avant de commencer à jouer, était transfiguré par la musique : il irradiait d'une vitalité et d'une vigueur magiques.

« Ça vous plaît ? » demanda Shelton, qui criait pour se faire entendre.

Ida répondit d'un sourire.

« C'est super, ça me rappelle quand j'étais jeune. »

Il lui jeta un regard embêté.

« Mais c'est une musique complètement nouvelle…

— Je sais. C'est pour ça. »

Il réfléchit quelques secondes puis sembla comprendre ce qu'elle voulait dire.

« Je n'ai jamais entendu des improvisations pareilles, dit Ida.

— Il suffit de libérer son esprit et les notes sortent toutes seules, expliqua Shelton avec un sourire. C'est comme si on n'avait même pas le choix.

— Je ne suis pas sûre qu'on soit libre si on n'a pas le choix, fit remarquer Ida.

— On a le choix de la manière dont on joue ces notes », répliqua le jeune homme en haussant les épaules.

Elle acquiesça sans être tout à fait convaincue.

La porte derrière le bar s'ouvrit et Eubie sortit, un bout de papier à la main. Il vint l'apporter à Ida.

« Merci, dit-elle en le regardant dans les yeux.

— N'oubliez pas : c'est pas moi qui vous l'ai donné. »

Ida empocha le papier et ils se remirent à écouter la musique.

Le trompettiste, un gamin à la peau très noire qui ne devait pas avoir plus de 20 ans, semblait engagé dans une sorte de défi avec le batteur. Son solo manquait de se faire renverser à tout moment par les vagues sonores qui jaillissaient de la batterie, mais parvenait toujours à ressortir la tête de l'eau et à s'élever plus haut, ce qui ne faisait qu'exciter le batteur qui redoublait d'ardeur. Et la musique progressait ainsi, chacun tourbillonnant autour de l'autre et s'envolant vers un crescendo permanent.

Et puis soudain, avec la même brutalité qu'il avait commencé, le morceau s'interrompit. On n'entendit plus que les musiciens reprenant leur souffle et les gouttes de transpiration s'écrasant par terre.

Un souffle indistinct s'empara du public qui se mit à applaudir violemment.

Ida songea aux *big bands*, à la période swing et son emphase ampoulée, qui agonisaient maintenant comme de vieilles baleines échouées. Ces orchestres avaient l'air tellement artificiels comparés à ces cinq musiciens et à leur sincérité.

Après la vague d'applaudissements, le saxophoniste annonça le morceau d'après.

« Voici une composition plus récente, "Relaxin' at Camarillo". »

Il y eut quelques applaudissements épars et des rires, dont ceux de Shelton et Eubie, comme si le titre était une sorte de blague.

Le saxophoniste eut un sourire un peu désabusé puis le groupe attaqua le morceau, qui était moins rapide et s'ouvrait sur une mélodie agréable au piano.

Ida se tourna vers ses compagnons.

« C'est quoi, la blague ? »

Eubie fit un signe de tête vers le groupe.

« L'an dernier, Charlie Parker et son groupe sont partis en tournée en Californie. Bird n'arrivait pas à se procurer de la came aussi facilement qu'ici, alors il s'est mis à boire. Il est devenu dingue, il a foutu le feu à sa chambre et s'est baladé dans l'hôtel à poil. On l'a arrêté, il est allé en taule et puis ensuite à Camarillo, l'hôpital psychiatrique public de Californie. Il y a passé six mois. Ils ont un programme de désintoxication là-bas. Pendant ce temps, les autres musiciens se sont retrouvés coincés à Los Angeles : ils ont dû dormir sur des canapés jusqu'à ce qu'ils trouvent assez d'argent pour le voyage retour. »

Ida hocha la tête et se tourna de nouveau vers les jeunes musiciens sur scène.

« Camarillo », répéta-t-elle sans trop savoir pourquoi.

C'était peut-être le son, la façon dont les syllabes roulaient sous la langue, comme souvent avec les mots espagnols. Elle était songeuse. Charlie Parker : accro à l'héroïne, hôpital psychiatrique. Billie Holiday : en taule pour détention de drogue, en manque quelque part dans une cellule, peut-être en pleine crise de folie, elle aussi. Sans parler de Tom et Gene Cleveland. On aurait dit que cette génération était poursuivie par la folie et la dépendance.

Elle partagea cette pensée avec Eubie et Shelton.

« C'est pas faux, dit Shelton. Il y a quelques mois, le groupe avait un autre pianiste, Bud Powell. Lui aussi, il est chez les dingos. Ils lui font des électrochocs. »

Ida regarda le pianiste qui jouait le dos courbé sur son instrument, la transpiration coulant à grosses gouttes sur son visage.

« Pas étonnant, renchérit Eubie. Y a qu'à regarder autour de soi. C'est dangereux, ce qui se passe, c'est devenu incontrôlable. Des guerres mondiales, tellement de gens dans la misère. Si ça mène à ça de penser rationnellement, alors faudrait peut-être qu'on se mette à délirer, juste pour voir. Même la folie pure, ça a plus de sens. »

Ida songea à ce qu'il venait de dire et contempla de nouveau le public. Il s'agissait en quelque sorte des laissés-pour-compte de cette ville, des marginaux, de ceux qui vivaient en décalage avec les autres. Ils se retrouvaient dans un sous-sol pouilleux et enfumé pour créer quelque chose qui aurait un peu de sens, dans une société dans laquelle ils se sentaient de plus en plus en dissonance. À la lueur de ces réflexions, la musique prenait une toute nouvelle signification. C'était la musique de l'apocalypse, un grand cri contre tout ce qui déconnait dans le monde, contre l'avenir difforme dont cette génération avait hérité. Ils étaient tous là pour communier dans cette noirceur collective et, par leur réunion même, en réduire l'intensité.

Quand le groupe s'arrêta pour faire une pause, Ida prit congé de Eubie et Shelton et sortit. Elle portait autour d'elle un nouveau regard, des pensées l'assaillaient en cascades. En se dirigeant vers la 50e Rue pour prendre le métro vers Harlem, elle ressentit la pulsation chaotique de la ville et trouva que la musique en reflétait parfaitement l'atmosphère fébrile et explosive, l'impétuosité qui vous submergeait.

Elle repensa à tout ce qu'elle venait d'apprendre et se permit un sourire. Elle avait enfin un mobile pour ces assassinats. Il n'y avait plus qu'à trouver la personne que Cleveland faisait chanter. Et son vilain secret.

25

Vendredi 7 novembre, 9 heures

Michael reçut un coup de fil d'Ida tôt dans la matinée. Elle lui raconta sa soirée au club de jazz : un des musiciens que connaissait Cleveland lui avait permis de découvrir un mobile pour les meurtres – le chantage. C'était raccord avec les faits, avec la clientèle de Cleveland. Michael aurait dû se réjouir de voir l'enquête avancer, et partager l'excitation perceptible dans la voix d'Ida. Mais il restait sous le coup de ce qui s'était passé à l'hôpital. Même après en avoir parlé avec Annette, il se sentait toujours dérouté et trahi.

« L'ami de Cleveland m'a donné le nom et le numéro de quelqu'un qu'on peut aller voir. Un de ses clients. Edward O'Connell. Il fait les bruitages pour les dramatiques de la NBC. J'ai appelé deux fois ce matin, mais personne ne répond. Tu veux t'en occuper pendant que je vais parler à l'avocat de Tom ?

— OK, répondit Michael en notant le numéro.

— Comment ça s'est passé avec son ancien patron ? » demanda Ida.

Il lui raconta sa visite à l'hôpital. Tout en lui faisant le récit, il entendait dans sa propre voix toute la déception qui était la sienne. Il était surpris que cela soit aussi évident, même à ses propres oreilles.

« Un nouveau mensonge », conclut-il.

Il y eut un long silence à l'autre bout de la ligne.

« Il faut qu'on lui en parle.

— Je sais.

— En attendant, O'Connell.

— Bien sûr. »

Michael raccrocha, pas du tout rasséréné par la conversation, et il essaya de se concentrer sur la tâche qu'il avait à effectuer. Il appela le numéro en se disant que s'il n'y avait pas de réponse il pourrait toujours demander à Carrasco de chercher le numéro dans l'annuaire inversé pour trouver l'adresse correspondante. Mais, au bout de quelques sonneries, on répondit. C'était une femme avec une petite voix fragile et usée par le temps. Elle informa Michael que O'Connell avait logé chez elle mais qu'il était parti à la cloche de bois, quelques semaines plus tôt, en plein milieu de la nuit, avec un mois de loyer impayé. Michael la remercia et raccrocha.

Il appela NBC et demanda à parler à O'Connell, pour découvrir qu'il avait quitté son boulot de manière inexpliquée, environ un mois avant d'arrêter de payer son loyer. Visiblement, ce type avait eu des problèmes et avait décidé de disparaître.

Une impasse.

Mais Michael eut une idée.

Il appela l'hôtel d'Ida et lui laissa un message avant de se rendre à la bibliothèque de la 42e Rue. Là-bas, il dégotta le numéro de la Fédération américaine du travail et les appela depuis un téléphone public dans le hall de la bibliothèque. Il se renseigna pour savoir à quel syndicat un bruiteur était susceptible d'appartenir. Il dut leur expliquer ce qu'était ce métier et attendit. Personne ne semblait en avoir la moindre idée mais ils parvinrent à réduire l'incertitude à deux possibilités :

le Syndicat des musiciens ou le Syndicat des employés et techniciens audiovisuels.

Il fallait choisir. Un type qui faisait des bruits était-il un musicien ou un technicien ? Michael se rappela la réputation de mépris dédaigneux du Syndicat des musiciens et pencha pour l'autre syndicat.

Il rappela NBC. Fort heureusement, il tomba sur une personne différente.

« Bonjour, dit-il en mettant le plus d'enthousiasme possible dans sa voix. J'appelle au nom du Syndicat des employés et techniciens audiovisuels. J'essaye de mettre la main sur un de nos membres, Edward O'Connell. Il travaillait dans votre service des bruitages jusqu'à récemment…

— C'est à quel sujet, je vous prie ? demanda la femme.

— Il a fait une demande d'aide quand il a perdu son travail il y a environ deux mois. Sa demande a été acceptée mais l'adresse que nous avons n'est plus la bonne. Je me disais qu'il avait pu vous laisser une adresse pour que vous lui transfériez son dernier salaire.

— Cela concerne le service du personnel. Je vous les passe. »

Michael répéta son mensonge au service compétent.

« Un instant, je regarde dans nos dossiers », dit un monsieur.

Michael entendit qu'on le mettait en attente et, une minute ou deux plus tard, l'homme reprit la communication.

« Vous avez de la chance. Vous pouvez noter ? »

Michael nota l'adresse. C'était dans Greenwich Village. Il remercia son interlocuteur, raccrocha et resta assis dans le hall à attendre. Il donnait une heure à Ida avant de se diriger vers Greenwich Village tout seul.

Elle le retrouva quarante minutes plus tard. Elle avait l'air contrarié.

« Alors, comment ça s'est passé avec l'avocat ?

— Ça ne s'est pas passé. Je suis allée à son bureau. On m'a dit qu'il était au tribunal. J'ai attendu une heure dans la salle d'attente et puis j'ai fini par aller au tribunal et vérifier les affaires du jour. Il n'avait rien aujourd'hui. »

Michael enregistra l'information, le cœur serré.

« Je parlerai à Tom, dit-il. On va chercher un nouvel avocat.

— Ouais. Et de ton côté ?

— Le numéro était une impasse. O'Connell a perdu son job récemment et il est parti de chez sa logeuse sans la payer. Je me suis débrouillé pour dégoter une adresse plus récente. »

Il lui montra un bout de papier avec les coordonnées qu'il avait récupérées.

« On y va ? »

Ils prirent un taxi et descendirent dans une rue sinistre aux maisons délabrées, près de Washington Square Park. Ils appelèrent O'Connell sur son interphone mais personne ne répondit. Ils appuyèrent alors sur l'interphone indiquant la cave, en imaginant qu'il y aurait bien un concierge pour leur donner des informations.

Une femme leur ouvrit en faisant sentir qu'on la dérangeait.

« Ouais ?

— Nous cherchons Edward O'Connell, dit Michael.

— Ah, il est pas là. Qu'est-ce que vous lui voulez ? »

Michael ressortit le même mensonge qu'il avait utilisé avec NBC en se faisant passer pour un membre du syndicat. La femme les dévisagea et leur indiqua le bout de la rue.

« Essayez les cafés sur Greene Street. C'est là qu'il y a tous les bons à rien. »

Greene Street était à une rue de la place. Il y avait effectivement un certain nombre de cafés par là. Certains en rez-de-chaussée, d'autres enfoncés dans des caves. Michael comprit ce que voulait dire la concierge. Greenwich Village avait l'air d'être un quartier de cols-bleus, mais dans ces cafés c'était tout le contraire : des étudiants, des artistes, des écrivains, des poètes en stage d'apprentissage, la bohème. Ils étaient majoritairement jeunes. Majoritairement blancs. Malgré leur anticonformisme, il y avait aussi une certaine uniformité dans leur allure : lunettes d'écaille, barbes négligées, pulls trop larges, chaussures en daim, pantalons moulants.

« C'est le même genre de public qu'au club d'hier soir, remarqua Ida à voix haute.

— Tu sais à quoi ressemble O'Connell ?

— Non. »

Ils commencèrent par le coin de Greene Street et de la 4e Rue Ouest en prenant les cafés un par un et en demandant après O'Connell. Ils utilisèrent de nouveau l'histoire du syndicat et furent reçus par une bordée de regards vides, d'excuses, et à deux reprises de regards hostiles. Au sixième café, qui se tenait dans une cave minuscule qui sentait le moisi, ils demandèrent au barman, qui leur indiqua un homme mince et grand assis à une table d'angle et qui lisait un ouvrage de Camus en livre de poche. Malgré l'atmosphère étouffante, il avait gardé son trench-coat par-dessus un épais gilet de laine.

Ils se dirigèrent vers lui.

« Edward O'Connell ? » demanda Michael.

Il leva les yeux de son livre, en même temps que les sourcils.

« Oui ?

— Je m'appelle Michael Talbot, je voulais savoir si on pouvait se parler une minute.

— À quel sujet ?

— Nous cherchons Gene Cleveland et un ami à nous nous a dit que vous pourriez peut-être nous aider. »

Il devint aussitôt livide, fit un signe de tête négatif et se mit à mentir.

« Je ne connais personne qui s'appelle comme ça. Désolé. »

Puis il se leva, mit le livre dans sa poche et passa devant eux précipitamment pour atteindre l'escalier qui menait dehors.

« Monsieur ? » fit Michael en le suivant.

O'Connell se mit à courir et renversa une table et les boissons qui étaient dessus, sous les cris du barman. Arrivé à l'escalier, il monta quatre à quatre, à une vitesse surprenante. Michael ne pouvait absolument pas rivaliser avec la vitesse de course d'un jeune homme, encore moins dans un escalier.

Le temps d'arriver dans la rue, O'Connell avait disparu.

« Je t'avais dit que je suis trop vieux pour ça, constata Michael.

— Allez, viens. Il finira bien par retourner à son appartement. »

Ils trouvèrent un bar à deux pas de chez lui et s'installèrent pour le guetter. Tandis qu'ils attendaient, la neige se mit à tomber. C'étaient de petits remous floconneux qui déposaient un film luisant sur la chaussée et saupoudraient les chapeaux et les manteaux des passants.

Deux heures et trois cafés plus tard, ils aperçurent O'Connell qui rentrait chez lui en regardant par-dessus son épaule.

Ils se donnèrent quinze minutes.

Ida alla se poster à l'arrière du bâtiment tandis que Michael allait directement sonner à la porte d'entrée. O'Connell sortit la tête par la fenêtre d'un appartement dans les étages, croisa le regard de Michael et rentra immédiatement la tête. Michael calcula que d'ici trente secondes il serait dans l'escalier de secours qui donnait sur la ruelle derrière le bâtiment. Une minute plus tard, il serait en bas, face à face avec le flingue d'Ida.

Quand Michael fit le tour, il put constater que le tableau ressemblait à peu près à ce qu'il avait prévu.

Le type était par terre, et il pressait sa main sur sa lèvre ensanglantée. Ida, à un mètre de lui, le tenait en joue avec son .38.

« Nous ne vous voulons pas de mal, expliqua-t-elle.

— C'est marrant, j'ai du mal à vous croire. »

Il regarda le sang sur sa main et amorça un mouvement vers sa poche.

« Tout doux, fit Ida en se raidissant.

— Je m'essuie. »

Ida lui fit signe qu'il pouvait continuer son geste et il sortit un mouchoir qu'il porta à ses lèvres. Ida entendit Michael approcher et jeta un regard rapide dans sa direction.

« Je suis désolé », fit-il en lui tendant la main pour l'aider à se relever.

O'Connell hésita puis, après réflexion, prit la main tendue.

« Nous ne sommes pas de la police. Et nous ne faisons pas partie de la clique qui cherche à tuer Cleveland.

— C'est ça, oui !

— Nous sommes détectives privés, précisa Ida.

— Et je suis le père de l'homme qui est accusé des meurtres qui ont eu lieu à l'hôtel Palmer », ajouta Michael simplement.

O'Connell l'observa d'un air soucieux. La sincérité dans la voix de Michael et son comportement lui firent de l'effet et il sembla s'adoucir.

« Sans blague ? » marmonna O'Connell.

Il avait changé de ton et, visiblement, le tour que prenaient les événements ne lui était pas désagréable.

« Nous recherchons les gens qui en ont après Cleveland. C'est pour innocenter mon fils. Nous avons besoin de votre aide. S'il vous plaît. »

Le jeune homme observa un instant Michael, le jaugeant avant de se décider. Michael ajouta ce qui, du moins l'espérait-il, permettrait d'emporter sa décision.

« Je sais que vous avez perdu votre emploi chez NBC. Je sais que vous êtes parti de votre précédent logement sans payer et que vous allez sans doute devoir faire la même chose ici. »

Michael tira son portefeuille de sa poche et en sortit cinq billets de vingt.

« Je suis prêt à vous donner cette somme si vous pouvez aider mon fils. »

Le regard d'O'Connell décrivit des allers-retours entre l'argent, Michael et Ida.

« OK, mais rangez-moi ce flingue. Allons parler à l'intérieur. »

L'appartement avait à peu près la taille d'une serviette pliée en quatre. Et question ambiance, l'intérieur valait malheureusement l'extérieur. C'était un studio qui se limitait à un lit et une table de chevet, un placard et un évier. Une valise était posée dans un coin, sur un porte-bagages, et il y avait une pile de journaux sur des étagères soutenues par quelques briques.

Michael se demanda où ils étaient censés s'asseoir.

O'Connell déplia le duvet sur le lit et leur fit signe de s'installer dessus. Puis il retira la valise du porte-bagages et se percha dessus, de manière un peu risquée aux yeux de Michael. Enfin, il sortit une boîte de tabac de sa poche et se roula une cigarette.

« C'est con, ce qui arrive à votre fils.

— On peut dire ça comme ça, oui. »

O'Connell leva les yeux vers lui un moment puis se concentra de nouveau sur sa cigarette.

« Alors comme ça, vous êtes des vrais détectives ? J'ai bossé sur une série policière chez NBC, *Boston Blackie*. Vous connaissez ? »

Ida réagit.

« Mon fils écoutait ça tout le temps. Quand il était gamin. *Boston Blackie, l'ennemi de ceux qui se cherchent des ennemis. L'ami de ceux qui n'en ont pas.* »

Elle citait la formule qui retentissait avant chaque épisode.

Cela fit sourire O'Connell.

« *Boston Blackie*, *Charlie Chan*, *Perry Mason*, *Dick Tracy*, ajouta Ida. Quand je rentrais du boulot, j'étais obligée d'écouter ces séries toute la nuit…

— Ça doit paraître un peu nunuche quand on est de la partie, dit O'Connell.

— C'est fait pour distraire », dit Ida en haussant les épaules.

O'Connell finit de rouler sa cigarette et se la colla dans le bec avant de chercher une boîte d'allumettes. Il en trouva une sur le rebord de la fenêtre, perdue au milieu de tickets de cinéma de couleur rose.

« Comment vous m'avez trouvé ? demanda-t-il en allumant sa clope.

— Nous devons respecter l'anonymat de la personne qui nous a donné votre nom, dit Michael, surpris de s'exprimer de façon aussi pompeuse. De la même manière que nous allons respecter votre anonymat et éviter de vous faire courir des risques. »

O'Connell réfléchit un instant.

« Je suis pas certain de pouvoir jamais être en sécurité. Mais je veux bien essayer d'aider votre fils. Si vous m'aidez avec mon loyer. »

Michael lui tendit l'argent. O'Connell s'en saisit avec un hochement de tête de remerciement et glissa le tout dans la poche de son gilet.

Michael se tourna vers Ida, qui lui répondit par un infime mouvement de la tête, vers lui puis vers O'Connell. C'était tellement ténu que seul Michael pouvait le percevoir. C'était leur code : Michael allait poser les questions pendant qu'elle resterait les yeux fixés sur O'Connell pour observer sa gestuelle. Comme au bon vieux temps, à Chicago, quand ils travaillaient toujours en tandem, réagissaient aux mêmes signes et communiquaient silencieusement, juste avec des regards et des gestes. L'harmonie de leur entente avait l'élégance de l'implicite.

« Nous savons que Cleveland faisait chanter quelqu'un, commença Michael en se tournant vers le jeune homme. Nous supposons que c'est cet individu qui est responsable de ce qui s'est passé à l'hôtel. La personne qui nous a donné votre nom suggérait que cela pouvait être lié à votre cercle d'amis, les gens qui travaillent chez NBC.

— Pas exactement, répondit O'Connell avec un sourire en coin.

— Qui Cleveland faisait-il chanter ? »

O'Connell prit une bouffée de cigarette et l'expulsa.

« Paul J. Helms. Le député Paul J. Helms. »

Il leur adressa un large sourire.

Le cerveau de Michael tournait à toute allure. Ce n'était pas un acteur ni une célébrité de la radio. C'était un homme politique. Un homme avec du pouvoir.

« Qu'est-ce qu'il savait sur lui ? »

O'Connell haussa les épaules.

« Cleveland lui vendait de la came ? insista Michael.
— Peut-être.
— Il faisait partie de votre groupe d'amis ?
— On peut dire ça, il venait à certaines soirées.
— Où on consommait de la drogue ?
— Drogue, sexe, jazz. Tout ce que le système déteste. Helms était à New York pour faire la promotion d'une initiative politique qu'il venait de lancer. Le genre de trucs que font les politiciens pour montrer qu'ils sont des gars bien. Il a fait deux émissions sur NBC. Un pote à moi lui a parlé, l'a invité à une soirée. Il est venu une fois, deux fois. On s'est liés un peu. Vous savez comment ça se passe. Un soir, on était tous là et Gene vient pour une livraison. Il voit Helms et il devient tout nerveux. Il me demande si je sais qui c'est. Je lui dis que c'est un député et Gene change complètement d'attitude. Je lui demande si lui le connaît et il me répond que oui, qu'il l'a déjà vu à d'autres soirées.
» Deux jours plus tard, je croise Gene sur Times Square et je lui demande ce que c'est que cette histoire avec Helms. Il me dit qu'il est au courant de trucs pas nets et qu'il va lui soutirer du pognon. Quand je lui ai demandé ce qu'il savait, il n'a pas voulu me dire précisément. J'ai pensé que Helms devait être camé ou pédé, comme Gene. J'ai trouvé ça un peu lâche, que Gene fasse un truc pareil. Mais bon, c'est pas mes affaires, hein ?
— Gene était homo ? Gene Cleveland ? demanda Michael, surpris.
— Je croyais que vous étiez au courant. Gene s'est fait virer de l'armée avec un petit papier bleu. C'est pour ça qu'il avait la rage. Et qu'il était toujours fauché. »
Michael acquiesça. On donnait un formulaire bleu aux soldats qui étaient remerciés dans des circonstances particulières. Le formulaire permettait aux autorités militaires de radier un soldat soupçonné d'être homosexuel.

Les Noirs en recevaient un nombre disproportionné. Cela signifiait qu'ils n'auraient pas accès aux prêts pour les GI, aux formations, aux emplois ni à tous les avantages que le gouvernement avait promis aux soldats dans le cadre de la loi sur le retour des forces armées. Le pire, c'était la réputation. La honte. Ceux qui avaient reçu un billet bleu préféraient souvent dire qu'ils n'avaient pas combattu plutôt que de l'avouer.

« C'était longtemps avant que Gene disparaisse ?

— Je sais pas, un mois ou deux, je dirais.

— Vous l'avez revu après ça ? »

O'Connell gigotait, mal à l'aise. Il écrasa son mégot.

« Je l'ai revu après l'épisode de la maison des horreurs. Il est venu un soir à mon ancien appartement. Il m'attendait dehors sous la pluie. On aurait dit qu'il avait vu le diable. Il m'a dit qu'il avait besoin d'argent, qu'il avait quelqu'un à ses trousses. Mais bon, Gene a toujours été un peu… particulier. Il lui manquait une case, quoi. Il avait une façon bizarre de s'exprimer. Cette nuit-là, il délirait à pleins tubes. Il redescendait de sa dernière dose et il racontait qu'un démon le poursuivait. Le délire biblique, façon prédicateur cinglé. Je l'ai calmé, on a fumé quelques pétards. Je lui ai laissé mon lit pour la nuit et le matin je lui ai prêté un peu d'argent – j'avais encore mon job, à ce moment-là. Quand je suis rentré le soir, il n'était plus là. Je ne l'ai plus jamais revu.

— C'était quand ?

— Le lendemain des meurtres.

— Est-ce qu'il a dit autre chose ? Est-ce qu'il a laissé entendre que c'était à cause de son chantage contre Helms ?

— C'était pas la peine qu'il le dise. C'était évident. Mais bon, tuer tous ces gens pour ça… Je vois pas trop Helms se salir les mains. Il est trop malin pour ça. »

Michael repensa à Faron et à ce que Carrasco lui avait raconté.

« Est-ce que vous avez demandé des précisions à Cleveland sur ce démon dont il parlait ? »

O'Connell haussa les épaules.

« Quand je lui ai posé la question, il m'a regardé comme si j'avais perdu la boule. Gene savait vous remettre à votre place d'un simple regard. Je me suis dit qu'il était juste en train de redescendre de son trip et qu'il était un peu dans le gaz.

— Et c'est la dernière fois que vous l'avez vu ?

— La dernière. Mais il m'a quand même passé un coup de fil.

— Quand ça ?

— Il y a à peu près un mois. J'étais encore dans mon ancien appartement. »

Michael lança un regard à Ida. Cleveland était peut-être encore vivant.

« Pour vous dire quoi ?

— Juste pour me remercier de l'avoir aidé. Il m'a dit qu'il était planqué dans un endroit sûr et que personne ne pourrait le retrouver.

— À New York ?

— Il ne l'a pas dit, mais j'ai eu l'impression qu'il était toujours ici. S'il était parti, je crois qu'il me l'aurait dit. »

Dix minutes plus tard, Michael et Ida se dirigeaient vers Times Square pour attraper un taxi qui les ramènerait vers le nord de Manhattan. Il neigeait encore et les flocons tourbillonnaient devant les immeubles en pierre brune qui bordaient la rue.

« Nous avons donc le nom de la personne qui est derrière tout ça, dit Ida. Et un député, rien de moins ! »

Elle sourit à Michael pour essayer de le dérider, mais cette avancée dans l'enquête n'avait eu aucun effet sur son humeur lugubre. Il sortit ses cigarettes de sa poche et s'en alluma une.

« Bon. Le député Helms est victime de chantage de la part de Cleveland, résuma-t-il. Helms engage Faron pour s'en occuper. Faron se pointe à l'hôtel et massacre tout ce qui bouge, sauf l'homme qu'il était censé venir exécuter. Cleveland s'en sort et part se planquer. »

Michael marqua une pause.

« Quel carnage. Et tout ça pour protéger la réputation de Helms. »

Il secoua la tête et tira sur sa cigarette.

« Tu penses que le démon en question, c'est Faron ? demanda Ida.

— Ça serait logique. Il y a dix ans, ce même mec descend tout le monde dans un restau. L'épisode de Harlem cet été, ça y ressemble assez, non ? »

Ils se retrouvèrent sur Times Square et se dirigèrent vers la station de taxis.

« Si O'Connell nous a dit la vérité, alors Cleveland était encore vivant il y a un mois. Et peut-être même encore à New York. »

« Ça avance bien, ajouta-t-elle en lui adressant un nouveau sourire.

— Ouais. C'est vrai.

— Je me disais qu'on pourrait peut-être demander à Carrasco les relevés téléphoniques de l'ancienne adresse d'O'Connell ? Ça pourrait nous indiquer où était Cleveland le mois dernier. Ça serait une bonne piste.

— OK, répondit Michael. On a nos tueurs : Helms et Faron. Il ne nous reste plus qu'à les retrouver. »

XI

« Dans des zones en plein développement mais surpeuplées, comme Harlem, le Lower East Side, Hell's Kitchen et d'autres quartiers grouillants de monde où la denrée la plus rare est l'espace, les crimes passionnels et la violence se déchaînent avec une surprenante régularité. Les facteurs humains et l'environnement donnent lieu à une incessante série de coups de feu, de coups de couteau, d'agressions, de braquages et de vols ; de cambriolages, de viols et de meurtres. Et l'activité de ce volcan bouillonnant est nourrie par le pire des parias : le trafiquant de drogue, qui empoisonne les communautés les plus vulnérables face à sa marchandise. »

Rapport du procureur,
comté de New York, 1946-1948

26

Jeudi 6 novembre, 14 h 11

Harlem. Gabriel gara sa Delahaye et traversa la 135e Rue pour se diriger vers le grand bâtiment en brique rouge de la YMCA. Il revenait de l'appartement de Bumpy, à Mount Morris Park, où on lui avait dit qu'il était sorti jouer aux échecs. Gabriel savait où se réunissaient les joueurs d'échecs de Harlem l'été : sur les trottoirs devant la YMCA. Mais là, au plus fort de l'automne, avec les frimas de l'hiver qui s'annonçait, il devinait qu'ils ne seraient pas à leur emplacement habituel. Il constata en arrivant qu'il avait raison : le trottoir qui durant les mois chauds était encombré de vieilles tables pliantes avec des gamins, des vieillards et divers spectateurs était aujourd'hui balayé par un vent glacial.

Malgré le froid, deux gosses étaient assis sur les marches menant au bâtiment. Ils lui lancèrent un regard en biais, leurs regards passant de Gabriel à la Delahaye. Un homme blanc sur le 135e Rue, c'était forcément un gangster ou un flic. Et vu la bagnole, c'était pas un flic.

« Où sont partis les joueurs d'échecs ? » leur demanda Gabriel en montrant le trottoir désert.

Les gamins l'examinèrent comme s'il était débile puis l'un d'eux pointa un doigt en direction des portes juste derrière.

Des petits malins.

Gabriel sortit de sa liasse un bifton de vingt et le leur donna.

« Vous surveillez la bagnole et vous en aurez un autre comme ça si je ressors et qu'elle est toujours là. »

Il monta les marches et passa la porte d'entrée. À l'accueil, on lui indiqua un grand gymnase poussiéreux au bout du couloir. Il y faisait froid et sombre et ça sentait la poussière, la moisissure et le chou bouilli. Le parquet était occupé par une série de tables de jeu où étaient installés les joueurs d'échecs. C'étaient des gens appliqués. Penchés sur les échiquiers, ils étaient silencieux et concentrés. La plupart avaient gardé leur manteau, leur chapeau et leur écharpe. Vu la qualité du chauffage, ils auraient aussi bien pu rester à jouer dehors.

Tandis que Gabriel étudiait leurs visages, certains levèrent la tête pour lui adresser des regards inquiets. Il n'y fit pas attention. Il avait besoin de trouver Bumpy, de lui parler de Gene Cleveland, d'essayer de comprendre pourquoi Benny était après lui et si cela avait un rapport avec l'argent qu'il cherchait. Cela n'avait peut-être aucun rapport, mais Gabriel n'avait plus de piste solide à se mettre sous la dent.

Il finit par repérer un homme de couleur aux cheveux ras vêtu d'un costume gris uni et d'un manteau couleur sable. Bumpy Johnson. Il jouait contre un gamin qui ne devait pas avoir plus de 11 ans. Gabriel se faufila entre les tables et, en le voyant, Bumpy fronça les sourcils.

« Gabriel ! L'ange préféré de Dieu. Comment ça se passe la vie sur Terre sans tes ailes ?

— Je compense avec un pigeonnier, dit Gabriel avec un sourire.

— Dans l'Upper East Side ? J'aimerais bien voir la tronche que tirent tes voisins !

— Crois-moi, t'aimerais pas…

— Tu viens prendre des cours d'échecs ?

— Pas vraiment. »

Bumpy fit signe au gamin de s'en aller et il fila sans un mot regarder d'autres parties en cours. Gabriel prit sa place et regarda Bumpy remettre les pièces en ordre. C'était quelqu'un d'assez indéchiffrable. Impitoyable patron d'un des quartiers les plus agités de New York, trafiquant de drogue, maître chanteur, maître du cran d'arrêt, c'était aussi un homme à la carrure mince, qui s'habillait avec classicisme et lisait des livres de philosophie. Il avait passé près de trois ans – sur dix – en isolement carcéral et s'en était sorti en écrivant de la poésie. Sa réussite était telle que la moitié des gangsters de Harlem avaient commencé à copier son style, ses lectures, son amour des choses de l'intellect dont il ne se cachait pas, son raffinement. À lui seul, il avait inventé un stéréotype : le truand noir intello.

« Ça te dérange si on joue tout en parlant ? demanda Bumpy. Je n'ai pas souvent l'occasion de jouer, ces temps-ci.

— Je suis pas très bon. J'ai jamais eu la concentration.

— Ah non ? fit Bumpy en continuant de remettre en place les pièces. Tu me surprends, tout est une question de concentration. »

Gabriel s'alluma une cigarette et rangea les pièces de son côté de l'échiquier. Les blancs. Une fois les pièces en place, Bumpy regarda Gabriel avec un hochement de tête.

« Tu ne veux pas qu'on tire au sort pour les couleurs ? demanda Gabriel.

— Non. Je joue toujours avec les noirs. J'ai l'habitude de partir avec un handicap », dit Bumpy en souriant.

Gabriel examina l'échiquier et voulut avancer un pion de deux cases, mais se ravisa pour n'avancer que d'une. Un air de réprobation se lut sur le visage de Bumpy.

« Ça marche, les affaires ? demanda Gabriel.

— Ça marche à fond. Toute cette came qui vient d'Asie, ça part à toute allure. »

Depuis la fin de la guerre, Genovese, Gagliano et Lucchese avaient abandonné l'héroïne mexicaine qui constituait leur approvisionnement pendant les hostilités. Elle était trop faiblarde comparée à l'héroïne asiatique qu'ils avaient recommencé à utiliser. Les consommateurs étaient beaucoup plus accros et cela avait profité à Bumpy. La portion italienne de Harlem, à l'est, était le territoire de Gagliano ; West Harlem, la portion noire, appartenait à Bumpy. Il s'était fait une fortune en inondant ce quartier d'héroïne pour le compte de la Mafia, mais il avait aussi d'autres fonctions importantes. Dans une ville où les gens ont le sang chaud et la tête haute, où chaque race vit à couteaux tirés avec les autres, Bumpy jouait un rôle d'ambassadeur, de médiateur et d'intermédiaire entre les deux Harlem, entre les truands italiens et les truands noirs, entre les représentants des citoyens et les voyous.

« Alors, qu'est-ce que tu cherches, Gabriel ? » demanda Bumpy.

Bumpy était la seule personne à appeler Gabriel par son prénom. Il le prononçait en étirant les syllabes avec un accent où perçait une pointe sudiste de Caroline, malgré toutes ses années passées à New York.

« Ça doit valoir le jus, pour que tu t'aventures au nord de la 64e Rue… »

Gabriel nota la référence à son adresse personnelle et posa son regard sur l'échiquier. Bumpy commençait déjà à sortir la cavalerie lourde de derrière ses pions. Il jouait agressif. Gabriel contra comme il pouvait.

« Un type qui s'appelle Gene Cleveland. Ça te dit quelque chose ?

— Ouais. C'est à quel sujet ? Je savais pas que tu faisais dans la filature.

— Il paraît qu'il a disparu.

— Ouais, l'été dernier.

— Comment ça se fait ?

— C'est une longue histoire, éluda Bumpy.

— Tu crois que tu peux me la raconter avant la fin de la partie ? »

Bumpy regarda l'échiquier avec un sourire.

« Il y a peu de chances. »

Ils échangèrent deux nouveaux coups et Bumpy réagit si rapidement que Gabriel se demanda avec combien de coups d'avance il pouvait bien jouer.

« Cleveland, c'est un petit joueur qui amène de grosses emmerdes. À son retour de la guerre, il s'est mis à dealer. Nos anciens combattants n'ont pas eu droit aux avantages des GI comme les Blancs, tu sais… Il revendait sa came dans une piaule du côté de la 141e Rue et auprès de mecs de Midtown qui bossaient dans la télé, la radio. Il y a quelques mois, il s'est passé un truc là-bas. Quatre morts. Tu en as entendu parler ?

— La maison des horreurs de Harlem… Cleveland est mouillé là-dedans ?

— Ça y ressemble : il se servait de l'hôtel comme boutique pour sa came. Des gens se font tuer, et il disparaît dès le lendemain. »

Gabriel se rappela cette histoire qui datait d'août dernier. Sur le coup, il avait remarqué des similitudes avec la façon dont Faron opérait, mais il avait écarté cette possibilité en apprenant qu'il y avait un ancien combattant noir accro au vaudou qui s'était fait choper la main dans le bain de sang.

« Ils ont arrêté un type, non ?

— Un pauvre négro qui était au mauvais endroit au mauvais moment. Tu sais ce que c'est. Un Noir à New York, il est toujours en sursis d'emmerdes.

— Pas toujours.

— Toujours, répliqua Bumpy. Tu crois que parce que ça marche pour moi, je remarque pas ces choses-là ? Quand Costello veut prendre le petit déjeuner avec moi, tu crois qu'il fait ça où ? Le restau de la 57e Rue ! Je suis toujours pas invité à ses petites sauteries à son appartement – et viens pas me raconter que tu laisses entrer les négros au Copa ! »

Bumpy fixait Gabriel presque méchamment.

« On a eu Lena Horne l'an dernier, elle est venue chanter dans les salons, dit Gabriel en haussant les épaules.

— Ouais, justement. Pour chanter. Et dans les salons. Tu es vulnérable sur le flanc gauche, Gabriel. Concentre-toi. »

Gabriel étudia l'échiquier d'un air soucieux, vit le danger et constata qu'il était trop tard pour y remédier. Il songea aux meurtres de Harlem et sentit monter l'angoisse en songeant que c'était peut-être Faron qui les avait commis, qu'il venait de nouveau de massacrer des gens.

« Tu t'es intéressé à ce qui s'est réellement passé ? demanda Gabriel en bougeant une tour vers la zone de danger.

— Bien sûr. Personne n'était au courant de rien. Pas même la police. Selon moi, c'étaient des flics ripous. Peut-être la Mafia. Du coup, c'est très énigmatique de t'entendre me poser des questions là-dessus.

— Sur le sujet, je suis autant dans le noir que toi.

— Façon de parler », fit remarquer Bumpy.

Il leva le menton vers Gabriel pour lui indiquer que c'était à lui de jouer. En baissant les yeux, il constata qu'il s'était complètement fait prendre à revers : ce n'était plus qu'une question de temps avant qu'il ne soit échec et mat. Il joua son risque-tout avec une contre-offensive qui amena son fou très haut sur l'échiquier.

« Donc quatre personnes se font tuer à Harlem et tu n'as aucune idée de ce qui s'est passé ?

— Eh ouais, c'est comme ça la vie, fit Bumpy sur un ton sarcastique.

— Tu n'as pas entendu parler de qui que ce soit ?

— Du tout.

— Et un type qui s'appellerait Faron ? »

Bumpy haussa les sourcils.

« Le mec qui avait buté des flics dans les années 1930 ?

— C'est ça.

— Ça fait des années que j'avais pas entendu prononcer son nom. J'étais même pas sûr qu'il existe. Qu'est-ce que tu sais qui m'échappe ?

— C'est juste des rumeurs. Tu aurais entendu parler de quelqu'un d'autre qui cherche Cleveland ?

— Personne d'important. Juste le frangin qui s'est fait choper pour les meurtres. Il essaye d'éviter la chaise électrique. Son daron était détective pour le gouvernement à Chicago.

— Son vieux ?

— Ouais. Il est blanc, son daron. Pour tout te dire, ils ont même embauché quelqu'un qui vient de Chicago comme détective privé. D'après mes sources à la brigade des stups, ils reniflent un peu partout.

— T'as un nom ?

— Pas encore, mais je pourrai si tu veux.

— Ouais, ça m'arrangerait. »

Gabriel tira sur sa cigarette. Il essayait de faire le lien entre Benny, Cleveland, Faron, l'argent disparu et, désormais, les meurtres de Harlem. Pour arriver à tuer quatre personnes sur le territoire de Bumpy, il avait fallu obtenir le feu vert de quelqu'un d'important. Ça devait donc avoir un lien avec l'une des cinq familles. Mais laquelle ? Celle qui avait aidé Benny à planquer l'argent ?

En venant voir Bumpy, Gabriel avait espéré obtenir quelques réponses. Résultat, il se retrouvait avec de nouvelles questions. Et plus de confusion que d'éclaircissements. Il prit une nouvelle bouffée et prit conscience de l'écho produit par les pièces qui claquaient doucement sur les échiquiers. Cela rappelait le crépitement de gouttes de pluie.

« Je crois que t'avais raison, question concentration, fit remarquer Bumpy. T'es échec et mat. »

Gabriel examina l'échiquier, dont les cases blanches et noires rappelaient l'alternance de nuit et de jour, de victoire et de défaite.

Bumpy lui sourit.

« Tu vois, finalement, t'as quand même pris un cours d'échecs. »

27

Jeudi 6 novembre, 19 h 35

Gabriel retourna à l'appartement pour essayer de dormir quelques heures, mais il eut un peu de mal après ce que Bumpy venait de lui confier. Même avec deux somnifères, il n'arriva pas à autre chose qu'un sommeil saccadé. Peu de temps après le coucher du soleil, il finit par abandonner et préféra se lever et prendre une douche.

Il appela Nick Tomasulo, la taupe de Costello. Gabriel avait besoin de savoir si l'apparition de Genovese au Copa avait à voir avec l'argent disparu. Même si Gabriel savait que Tomasulo était sans doute compromis, il avait désespérément besoin de la moindre info.

Ils convinrent d'un rendez-vous. Gabriel prit un taxi pour le coin de la 47e Rue et de Broadway Avenue et pénétra dans un cinéma, le Mayfair Theater, où il prit un ticket et s'installa dans l'auditorium. Le lieu était désert, hormis un groupe de gamins tout devant et un couple d'adolescents qui se bécotaient au dernier rang.

Il vit la fin des actualités puis le film commença. C'était un film policier avec Rita Hayworh et Orson Welles. Gabriel enchaîna les cigarettes et, à force d'attendre Tomasulo, il vit la majeure partie du film. Hayworth et Welles se poursuivaient dans un dédale de miroirs, l'arme à la main, sursautant face à des reflets imaginaires, à des images de tueurs démultipliées, quand un homme entra par l'arrière de la salle. Tomasulo. Enfin. Gabriel leva la main et Tomasulo l'aperçut dans l'obscurité ponctuée par les miroitements argentés qui émanaient de l'écran. Il portait un épais manteau en laine avec un col en fourrure. Il avait pris la pluie et le tissu sentait le chien mouillé, ce qui s'harmonisait assez bien avec l'ambiance olfactive de la moquette moisie du cinéma.

« Bon sang ! lâcha Tomasulo, à bout de souffle. Désolé, je suis à la bourre. La circulation dans le tunnel…

— T'as loupé presque tout le film.

— Ah ouais ? » fit Tomasulo en fixant l'écran.

Au fin fond d'un noir et blanc tremblotant, Orson Welles tirait sur l'un des reflets infinis. Le verre fut pulvérisé, les images éclatèrent.

« C'est bien ? demanda Tomasulo.

— Super, à part l'accent irlandais de Welles. »

Tomasulo enleva son manteau. Il avait l'air fatigué et anxieux, comme d'habitude.

« Tu voulais me voir pour quoi ? Normalement, c'était pas pour tout de suite, le prochain briefing.

— Je veux savoir si Vito a dit quelque chose concernant sa visite au Copa. »

Tomasulo hésita puis haussa les épaules.

« Pas devant moi, en tout cas.

— Et venant de quelqu'un d'autre ?

— Je sais rien là-dessus. »

Il était presque attendrissant en disant ça, Tomasulo. Ça faisait un moment qu'il n'avait plus d'informations valables à fournir à Gabriel. Genovese avait reniflé du pas net et il ne lâchait plus rien devant lui. Tomasulo le savait bien et avait conscience de son inutilité.

« Vito a parlé de Benny Siegel ? poursuivit Gabriel.

— À quel sujet ?

— N'importe. »

Tomasulo se concentra.

« Vito n'en a pas parlé du tout. Par contre, j'ai entendu les autres gars le mentionner. L'été dernier, après la visite à New York de Benny pour mendier du pognon.

— Qu'est-ce que t'as entendu ?

— Oh, juste les autres qui rigolaient en disant que Vito devait être le seul parrain à ne pas avoir investi dans le casino de Benny. Et qu'il avait bien fait, vu que Benny s'est fait buter.

— Benny a demandé à Vito d'investir dans son casino ? insista Gabriel.

— Je sais pas s'il lui a demandé de l'oseille, mais ils se sont vus cet été, quand Benny était là. C'est ce qui faisait marrer nos gars. »

Gabriel fixa Tomasulo. Cela n'avait pas de sens : Costello lui avait dit que Benny et Genovese ne se parlaient plus. Mais si Benny était allé le voir pour lui demander de l'argent, c'est bien qu'ils étaient encore en contact. Un peu inquiet, Gabriel se demanda si Costello s'était trompé, ou s'il lui cachait quelque chose.

« Est-ce que t'as entendu parler d'un mec qui s'appelle Faron ? reprit Gabriel.

— Faron ? s'étonna Tomasulo. Faron… »

Il répétait ce nom comme un chat qui essaye de tousser une boule de poils.

« Tu veux dire le mec des années 1930 ? Celui qui avait fait un carnage dans un restaurant ?

— Ouais, celui-là. Tu l'as vu traîner chez Genovese ?

— Il ressemble à quoi ?

— Bâti comme une armoire à glace. Brun. Habillé comme un péquenot. Un accent bizarre.

— Non, j'ai rien vu qui ressemble à ça. Mais il est mort, non ? Personne n'en a entendu parler depuis des années.

— Personne n'a mentionné son nom ? »

Tomasulo réfléchit puis fit non de la tête.

« C'est quoi, cette histoire ?

— C'est une longue histoire, éluda Gabriel. Et un musicien de jazz qui s'appelle Cleveland ?

— Un musicien de jazz ? Mais qu'est-ce qu'il en foutrait, Vito, d'un jazzman ? »

Gabriel réprima un soupir.

« Est-ce que Vito est bizarre en ce moment ? Il y a des trucs qui ont changé dans son comportement ?

— Comme de nous emmener tous au Copa, tu veux dire ?

— Ouais, des trucs comme ça.

— Si ça avait été le cas, je vous l'aurais dit. Non, tout est normal. Il s'occupe des bars de *finocchi* dans Greenwich Village. Il prend le contrôle. Et puis il y a le business de la came, mais c'est tout. »

Tomasulo haussa les épaules à nouveau, illustrant son impuissance. Hormis la rencontre entre Genovese et Benny cet été, Tomasulo ne lui avait rien apporté, et il en était bien conscient. Encore une piste qui mourait de sa belle mort, sans aboutir.

Le film se termina sur un homme tourmenté, déambulant seul dans l'aube de San Francisco. Tout était clair, lumineux. Le générique commença à défiler. Les gamins du premier rang se mirent à bavarder avec vivacité, les adolescents du dernier rang ne s'aperçurent de rien.

« Nick, j'ai besoin que tu te renseignes. Sur Vito et Benny. Que tu saches ce qui s'est passé entre eux. Et pareil sur Faron et Cleveland. Mais vas-y subtil. J'ai besoin de savoir ce qui se passe. »

Tomasulo fit une grimace.

« Je sais pas trop, Gabby.

— Comment ça ? »

Les lumières se rallumèrent. Les gamins se dirigèrent vers la sortie, les adolescents restèrent là où ils étaient. Une ouvreuse apathique fit son entrée pour vérifier que personne n'était mort durant la projection et lança un regard torve aux deux ados qui devaient être là depuis l'ouverture, puis à Gabriel et Tomasulo.

« Prochaine séance dans dix minutes », annonça-t-elle.

Tomasulo attendit qu'elle reparte avant de répondre à Gabriel. En pleine lumière, ce cinéma avait l'air encore plus délabré. Les murs étaient couverts de taches de nicotine, les accoudoirs étaient usés, le rembourrage en mousse s'échappait des sièges troués et le pop-corn semblait avoir intégralement recouvert la moquette. Et, avec l'éclairage, Nick Tomasulo n'avait pas une allure plus reluisante. Il avait pris un coup de vieux et paraissait nerveux, agité, tourmenté.

Au départ de l'ouvreuse, il tira sur sa clope et fixa Gabriel. Ses yeux commençaient à s'embuer de larmes.

« Je veux arrêter, Gabby. Ils sont au courant, j'en suis sûr. Ils me laissent de côté, ils me racontent plus rien de ce qui se passe. Des fois, j'entre dans une pièce et toutes les conversations s'arrêtent. »

Gabriel lisait la peur sur son visage, dans le tremblement de sa voix.

« Tu sais ce qu'on fait aux balances, ajouta Tomasulo.

— Oui, je sais, dit Gabriel, qui avait de la peine pour lui. Mais tu as Costello derrière toi. Ils ne te feront rien. Il faut que tu te rancardes sur ce que je t'ai demandé.

— Mais ils m'ont déjà repéré… Si je pose la moindre question, ça sera encore plus suspect.

— Il y a bien quelqu'un à qui tu peux t'adresser ? Écoute, je vais en parler à Costello. Je vais voir ce qu'on peut faire, si on peut te refiler un peu de pognon. Mais d'abord, je t'en prie, tu te renseignes. S'il te plaît. »

Tomasulo fixa son regard dans celui de Gabriel, hésita et regarda l'écran blanc devant eux. Puis il poussa un soupir et opina.

« Je vais voir ce que je peux faire. Mais tu parles à Costello. Tu lui dis que je veux tout arrêter, Gabby. Je suis sérieux. »

L'ouvreuse fit son retour avec un chariot chargé de cigarettes, de crèmes glacées, de jus d'orange.

Tomasulo écrasa son mégot dans le cendrier de l'accoudoir.

« Faut que j'y aille. C'est loin, Jersey City. Porte-toi bien, Gabby. »

Tomasulo se leva et partit, mais Gabriel resta immobile. Il était désolé pour Tomasulo, qui ne se rendait pas compte qu'il n'y avait pas d'issue de secours. Ni pour lui ni pour personne. La seule chose à faire, c'était de se barrer. Comme Gabriel avait prévu de le faire – en espérant ne pas se faire choper au passage.

Il essaya de se le sortir de la tête en remettant de l'ordre là-dedans, de réfléchir à la prochaine étape. Tandis qu'il considérait ses options, les lumières s'éteignirent, l'écran s'illumina et les actualités recommencèrent. Puis le logo de la Columbia réapparut et le film reprit au début. Orson Welles et Rita Hayworth traversaient Central Park, partaient en bateau pour Acapulco, couraient dans des rues, s'engueulaient dans les collines au-dessus de la ville. Gabriel avait envie de revoir ces scènes, pour se convaincre que le Mexique existait vraiment, qu'il y avait quelque part un endroit où il pouvait s'évader pour échapper au cauchemar new-yorkais et qu'il ne s'agissait pas d'un mirage qu'il portait en lui, un mirage en train de se dissoudre lentement.

En voyant la silhouette de Hayworth, sa plastique sculpturale, sa blondeur, Gabriel songea à Beatrice. Il la voyait au milieu de son studio de danse, dans le fauteuil de son bureau, à lui raconter la triste histoire des derniers jours de Benny à Las Vegas, à verser une larme sur cet homme et ses projets. Et Gabriel eut du mal à ne pas s'imaginer en haut de ces collines mexicaines avec Beatrice à son bras.

À mesure qu'il regardait le film, l'intrigue se complexifiait, les personnages jouaient un double ou triple jeu, essayaient de tromper, de désorienter. Cela suggéra à Gabriel une nouvelle théorie : Genovese et Benny avaient volé l'argent ensemble. C'est pour cela que Genovese n'avait rien investi dans le casino, parce qu'il savait que c'était une arnaque. Ce n'était pas une autre famille qui avait aidé Benny à faucher le pognon : c'était au sein même de la famille Luciano que ça c'était fait. C'était forcément ça. Genovese et Benny n'étaient pas adversaires. Ils s'étaient acoquinés durant l'été et avaient échafaudé tout ça ensemble. Et c'était probablement Genovese qui était responsable de la mort de Benny. Il avait dû le faire buter pour se garder les deux briques.

Mais pourquoi est-ce que Costello lui avait dit que Genovese n'était pas dans le coup ? Est-ce qu'il essayait de manipuler Gabriel ? Qu'est-ce que Faron pouvait bien venir faire là-dedans ? Et enfin, quel rapport avec un jazzman traîne-misère ?

28

Vendredi 7 novembre, 10 h 38

Après la séance de cinéma, Gabriel se rendit directement au Copa, où il travailla toute la nuit, puis il rentra chez lui et tenta une nouvelle fois de dormir quelques heures. Sans succès. Il calculait toutes les possibilités, évaluait les variables. Sans que cela débouche sur quoi que ce soit. Les théories, c'était bien joli, mais le temps lui était compté. Il avait beau tenter de planifier des stratégies complexes, il y avait toujours une incohérence qui faisait tout s'écrouler, une pièce manquante qui envoyait tout par terre.

Et puis soudain il eut de la chance.

Il reçut un coup de fil d'Orville Hayes, le détective de l'hôtel Savoy-Plaza où Benny était descendu l'été passé. Il avait réussi à trouver la liste des appels que Benny avait passés depuis sa chambre.

Gabriel sauta dans sa Delahaye et fonça. Au bar de l'hôtel, Hayes lui tendit quatre minces feuilles de papier avec le détail des appels. Gabriel remercia Orville, le paya et retourna à la Delahaye pour y examiner tout ça. Gabriel ne reconnaissait aucun numéro.

Il trouva un bureau de tabac, fit de la monnaie sur cinq dollars et utilisa le téléphone pour appeler chaque numéro un par un. Il commença par le haut de la liste, les tout premiers appels passés par Benny à son arrivée, en se disant que, s'il avait commandé les services d'un chauffeur, cela faisait partie des premières choses qù'il aurait faites. Ce fut le cinquième appel : la Manhattan Cab Company. Gabriel prit note de l'adresse et s'y précipita.

L'entreprise de taxis était installée dans un gigantesque garage sous les voies du métro aérien de la 3e Avenue, la même ligne qui passait devant l'appartement de Gabriel mais à l'autre bout de sa trajectoire, tout au sud. C'était un autre monde, un univers de ternes entrepôts, d'ateliers et de bars miteux.

Gabriel gara sa Delahaye devant l'entrée et s'avança dans les lignes d'ombres projetées par les poutrelles qui soutenaient les rails du métro, au-dessus de lui. Il expliqua au gérant qu'il voulait parler au chauffeur qui avait été au service de Benny Siegel l'été précédent. L'homme déclara ne rien comprendre à ce que Gabriel lui racontait, mais quand il lui dit qu'il était un ancien associé de Benny, le type comprit soudain à qui il avait affaire. Le chauffeur était un jeune gars du nom de Aaron Morgenstern, et il finissait à une heure.

Gabriel retourna à sa voiture et attendit. Il en profita pour essayer de piquer un somme. Il ouvrit le paquet que Doc lui avait donné, prit deux cachets de Séconal et de Nembutal et les avala sans eau. Quand on les prenait en même temps, ces deux médicaments voyaient leur effet amplifié. Espérant que cela parviendrait enfin à le faire dormir, il inclina son siège. À travers le pare-brise, il voyait le toit des entrepôts, le dessous des rails, les immeubles noircis par la suie des trains. L'enseigne d'un bar clignotait en bleu dans l'obscurité. Sur le mur de brique, le vent faisait trembloter de vieilles affiches abîmées qui vantaient l'effort de guerre.

Il commença à neiger et la valse des flocons s'abattit doucement sur le trottoir. Gabriel contempla le spectacle un moment puis il ferma les yeux. Il écouta le vent qui s'engouffrait dans la rue, sifflait à travers les fils électriques et faisait trembler les tôles des ateliers. Recru de fatigue, il sombra dans un sommeil chimique. Il revit ses parents, morts quand il était encore enfant. Sa mère avait succombé à l'épidémie de grippe espagnole et son père à l'alcool, peu de temps après. Il revit le taudis sordide où ils vivaient à l'époque. Une fois orphelins, sa sœur et lui n'avaient plus pu payer le loyer. Ils s'étaient débrouillés au jour le jour et c'était sa sœur, pourtant pas beaucoup plus âgée, qui s'était occupée de Gabriel comme Gabriel s'occupait de Sarah aujourd'hui.

Ils avaient vécu à la dure dans la rue, réussissant à se payer le luxe d'un toit quand ils avaient un peu d'argent. Ils avaient survécu. Jusqu'à ce que Gabriel ait 18 ans et sa sœur 24. Et puis elle s'était fait assassiner. Gabriel s'était retrouvé seul avec le bébé et une brûlante envie de vengeance.

À l'époque, ils vivaient dans le Lower East Side, le sud-est de Manhattan, dans un de ces immeubles avec un vieux puits d'aération, des tuyaux bruyants et des radiateurs dont la vapeur s'échappe avec un sifflement. Ils se faisaient un peu d'argent en laissant des gangsters en cavale dormir chez eux sur le canapé du salon. C'était une sorte de planque. On leur adressait ces clients par le biais d'un ami de sa sœur que Gabriel n'avait jamais rencontré. Ils se cachaient chez eux pendant qu'on leur fabriquait des faux passeports et qu'on leur arrangeait une couchette sur un bateau, ou bien jusqu'à ce que ça se calme et qu'on oublie le crime qu'ils avaient pu commettre.

Faron était arrivé comme ça. C'était une vraie armoire à glace qui devait bien faire son mètre quatre-vingt-dix. Il avait les cheveux d'un brun terne et des yeux très bleus, cristallins. Il avait passé quelques jours chez eux, dans l'attente d'une place sur un bateau en partance pour l'Italie. Il avait commis des meurtres dans un restaurant. Quand Gabriel était parti ce matin-là, Faron était resté seul avec sa sœur. À son retour, il avait trouvé sa sœur dans son lit, défigurée, les draps trempés de sang. Elle s'était fait violer. De la façon la plus sadique qui soit. Elle avait été tailladée puis laissée là, à crever toute seule. Faron n'était plus là.

Elle était miraculeusement encore vivante. Gabriel l'avait emmenée à l'hôpital, où elle était restée à dépérir dans son lit. Elle ne s'en était jamais remise. Après des mois de douleur chronique, défigurée, souffrant d'escarres et de diverses infections, elle avait pris conscience qu'elle ne serait plus jamais la même. Un soir, elle était parvenue à se lever, à traverser la pièce jusqu'à la fenêtre la plus proche et à sauter. Quatorze étages. Elle avait fini sa course dans la 17e Rue Est. Depuis sa mort, Gabriel était obsédé par une interrogation lancinante. Comment ça pouvait être de sauter d'un immeuble ? Comment ça pouvait être de vivre ses derniers instants à voler sans ailes ?

Gabriel n'avait pas attendu sa mort pour entamer des recherches et retrouver Faron. Il avait parlé à Benny Siegel, un vieil ami de leur quartier d'enfance. Il était un peu plus âgé, mais c'était le seul qui avait des contacts au sein de la Mafia. Benny s'était renseigné et Gabriel avait appris que Faron était arrivé à New York quelques mois plus tôt comme homme de main. Il venait de Philadelphie et c'était un tueur à gages réputé pour son efficacité et chaudement recommandé par les truands de là-bas. Il avait été embauché par la famille Luciano pour se débarrasser de deux flics ripous et s'était acquitté de sa tâche en débarquant vers minuit dans un restaurant et en arrosant l'endroit d'une pluie de balles. Il avait tué les deux flics, trois clients et un employé. Un peu plus tard dans la soirée, il était arrivé chez Gabriel et sa sœur en demandant qu'ils le cachent et Gabriel l'avait laissé entrer.

Il avait eu beau graisser la patte de quelqu'un travaillant pour l'Autorité portuaire de New York, il n'avait pas trouvé de bateau avec Faron sur la liste des passagers. Il avait aussi contacté des faussaires, mais aucun n'avait pu le renseigner. Il ne restait donc à Gabriel que le lien avec la famille Luciano et Philadelphie.

Il avait demandé à Benny de lui procurer un emploi au sein de la Mafia pour avoir accès à des informations lui permettant de retrouver sa trace. Benny lui avait dégoté un job de croque-mort de nuit : il faisait disparaître les cadavres pour le compte de la famille. C'était un job tout au bas de l'échelle, méprisé par les autres mafiosi. C'était une tâche sale, réprouvée et dangereuse.

Gabriel avait été l'apprenti d'un vieux Napolitain aussi mutique qu'énigmatique qui en savait un rayon en matière d'acide, de chaux vive et de scies. Il connaissait des propriétaires de fermes, de déchetteries et de dépotoirs ; les forêts, les champs et les lacs de la région de New York, du New Jersey et du Connecticut. C'était à l'époque de la Mutuelle de l'assassinat, durant la Grande Dépression. Il y avait beaucoup de boulot et ça débitait question volume. On tuait souvent, pour des questions de business et pour d'autres raisons aussi – pour des dettes de jeu, des rivalités amoureuses, des remarques mal placées, pour le plaisir, pour des rumeurs, pour un malentendu ; parce qu'une soirée trop arrosée s'accommode mal de la proximité d'armes à feu ; parce que les gens étaient dingues et même, dans certains cas, simplement parce que les gens s'emmerdaient.

Gabriel n'avait tué personne mais il avait fait en sorte que la lueur de la justice ne s'approche jamais des coupables. Il était ainsi devenu le gardien des ténèbres.

Avec le vieux Napolitain, ils avaient tapissé la côte Est de cadavres.

Pendant ce temps-là, Gabriel continuait à rechercher Faron. Il fit le voyage à Philadelphie et parvint à retracer sa piste le long de la côte : Atlantic City, Baltimore, Washington. Un schéma très clair émergeait. Faron passait quelques semaines ou quelques mois dans une ville comme homme de main et puis, à un moment, il allait trop loin. Il se laissait aller à une violence excessive, à une barbarie écœurante et passait alors à la ville suivante. Les rumeurs lui attribuaient des viols d'une grande sauvagerie où les femmes étaient lacérées de coups de couteau, comme sa sœur. Gabriel croisa les rumeurs avec les articles sur des meurtres non résolus et il put constater que ces rumeurs étaient vérifiées. Faron passa la majeure partie de la Grande Dépression à voyager dans tout le pays en tuant des hommes pour de l'argent et des femmes pour le plaisir.

À Washington, Gabriel apprit que Faron avait grandi à Pittsburgh, mais la piste s'arrêta là. Il y avait trop de racontars invérifiables : il venait en fait de la région des Appalaches ; il avait transporté de l'alcool dans les montagnes durant la Prohibition ; son père était pasteur et Faron l'aurait tué quand il était encore enfant. Dans d'autres versions de l'histoire, le père était catholique et curé. D'autres fois, il était luthérien. Selon d'autres histoires, il était orphelin, enfant trouvé. Son nom n'était jamais le même : Feron, Farrone, O'Faron. Parfois il parlait avec un accent allemand, ou bien cajun ou italien. Gabriel savait au moins qu'il parlait mal italien parce qu'il l'avait entendu quand il logeait chez eux. Mais tous ceux qui avaient croisé son chemin s'accordaient sur une chose : il était distant et froid, étrange, d'une force physique dérangeante, et il mettait tout le monde mal à l'aise.

Pendant des années, Gabriel avait étudié les journaux en provenance des quatre coins de l'Amérique et du Canada, à la recherche d'articles portant sur des femmes qu'on aurait attaquées au couteau et sur d'autres actes de brutalité notables. Il en avait trouvé beaucoup, mais aucun ne l'avait rapproché de sa proie. Il avait poursuivi sa quête tout en continuant à se débarrasser d'une multitude de corps, enterrés dans des bois à la végétation persistante, déposés dans des fermes isolées ou des casses en décrépitude. Il était monté en grade au sein de la famille, sans jamais s'approcher de son objectif ultime malgré toutes ses questions et ses investigations. Et, pendant ce temps-là, Sarah grandissait et Gabriel la mettait en danger. Mais il ne pouvait pas s'arrêter.

Puis vint Pearl Harbor. Gabriel, qui était seul gardien de l'enfant, ne fut pas mobilisé. Il regarda le monde entier se jeter dans la guerre. Il assista à ce chaos insensé et, en contemplant ce massacre, comprit la véritable nature de sa propre vendetta : c'était une entreprise mesquine, stupide, égoïste, un vrai gâchis. Il se rendit compte que dans sa soif de vengeance il avait fait fausse route en s'engageant dans une vie de criminel, une vie qui mettait Sarah en péril. Alors il avait commencé à planifier sa propre exfiltration. La guerre faisait rage et le monde s'entre-déchirait. Dans ce contexte, Faron devait sûrement être aux premières loges de ce massacre à l'échelle internationale. Gabriel était trop heureux de le laisser là où il était, et il avait fourré tous ses sentiments dans des cartons bons pour le grenier de l'oubli.

Et voilà qu'aujourd'hui Faron faisait son retour, et tous ces cartons de souvenirs soigneusement empaquetés, qu'il croyait hermétiques, venaient de céder sous une pression infime.

Il entendit un tapotement, puis des coups plus secs. Il se réveilla en sursaut et vit quelqu'un derrière la vitre.

« Mon patron m'a dit que vous vouliez me parler », dit un jeune gars en collant son visage contre la vitre pour le voir.

Gabriel regarda l'heure : 13 h 15. Merde. Il remit le siège d'aplomb et sortit de la voiture sous le regard du gamin. Gabriel était encore à moitié endormi, il avait la bouche sèche et amère. Malgré le froid, il avait l'impression d'avoir transpiré des seaux durant sa sieste.

« C'est toi, Aaron ? »

Le gamin fit oui de la tête. Il n'avait pas 20 ans. Il était pâle comme un cierge, avec de l'acné et l'air maladroit. Il portait une chemise de bûcheron et une veste en laine marron et avait dans les mains une gamelle en métal.

« Je m'appelle Gabriel. Je suis un vieux pote de Benny Siegel.

— Gabriel Leveson ? Je vous connais, vous bossez pour Frank Costello.

— Ah ouais ? T'en sais des choses, fiston.

— Benny m'avait parlé de vous. C'était mon cousin.

— Tu habites où, Aaron ?

— Du côté de Brooklyn, à Williamsburg. »

Gabriel acquiesça. Benny était allé chercher quelqu'un de sa famille, quelqu'un qui venait de là où il avait grandi pour lui servir de chauffeur, au lieu du service de l'hôtel. Bref, quelqu'un qui n'avait rien à voir avec les gens qu'il fréquentait d'ordinaire et en qui il pouvait avoir confiance.

« Faut que je te parle de Benny, expliqua Gabriel.

— Benny est mort.

— Bien sûr, fiston. Mais avant de mourir il a laissé des trucs en suspens. Et moi, et d'autres potes de ton cousin, dont Frank Costello, on essaie de mettre de l'ordre là-dedans. Alors si tu réponds à mes questions, tu pourras te faire quelques biftons. »

Le gamin le fixa avec le regard d'un lapin pris dans les phares d'une bagnole. Soit il ne croyait pas à l'histoire de Gabriel, soit il y croyait et il en était d'autant plus effrayé.

Juste à ce moment, un métro passa au-dessus d'eux, éructant sa fumée et son vacarme, et fit trembler et vibrer les poutrelles qui tenaient les voies en projetant un nuage de suie sur tout le quartier.

« J'ai juste fait le chauffeur, dit le gamin après le passage du train. Je me suis pas du tout mêlé de ses affaires.

— Parfait. J'ai juste besoin que tu me parles de ça, des endroits où tu l'as amené.

— D'accord, mais là il faut que je rentre chez moi.

— Je t'emmène. Tu rentres à Williamsburg ? »

Le gamin acquiesça.

« Allez, monte. »

Il hésita, observa la voiture.

« C'est une Delahaye 135.

— Eh oui.

— Je veux bien tout vous raconter si vous me laissez conduire », tenta-t-il avec un grand sourire.

Gabriel lui lança les clés et ils se glissèrent dans le véhicule.

« Elle est superbe, cette bagnole ! Elle a coûté combien ?

— Rien. Je l'ai gagnée au poker.

— Eh ben ! » fit le gosse en rigolant.

Ils partirent vers le sud, en direction du pont. Gabriel lui proposa une Lucky Strike qu'il accepta.

« Alors, tu l'as emmené où ?

— Oh, un peu partout. À peu près dans chaque bar et restaurant de Manhattan.

— Est-ce que tu l'as conduit à des endroits inhabituels ? Autre chose que des lieux de distraction ?

— Je suis pas trop sûr, fit le gamin en réfléchissant. Il y a eu des hôtels aussi. Je l'ai emmené se faire couper les cheveux, et puis chez un tailleur. Et à un hôpital, du côté de Harlem.

— Un hôpital ? Benny était malade ?

— Je sais pas, il m'a dit que c'était pour un ami.

— D'accord. Quel hosto ?

— Je sais pas si c'était un vrai hôpital. Peut-être une clinique ou un truc comme ça.

— Tu te souviens du nom ?

— Non.

— L'adresse ?

— Oui, c'était Riverside Drive, la première résidence après le pont. »

Gabriel nota cela mentalement.

« Ah oui, on est aussi allés à une agence de show-biz.

— Sur Union Square ? demanda Gabriel en pensant à Beatrice.

— Non. Du côté de Midtown, un truc chicos.

— Le nom, tu te rappelles ?

— Non. Mais Benny m'a dit que c'était l'agence qui s'occupait de Louis Armstrong. Vous savez, le chanteur ?

— Bien sûr. »

Il connaissait aussi l'agence. C'était celle de Joe Glaser, un mafioso de petite envergure qui avait travaillé pour Capone et avait tenu des bordels et des boîtes de nuit pour lui à Chicago avant de se reconvertir dans le monde de la musique. Gabriel se dit que Benny voulait peut-être engager des artistes pour son casino – mais, en même temps, Joe s'était spécialisé dans les artistes noirs, et ce n'était pas le genre de spectacles que Benny aurait choisis pour le Flamingo.

« Vous êtes allés ailleurs ? C'est très important… »

Le gamin fronça les sourcils et tira profondément sur sa cigarette, comme si cela pouvait l'aider à se rappeler. Il lança un regard à Gabriel en faisant non de la tête.

« OK, pas grave. Vous êtes allés à des banques ?

— Des banques ? Oui, bien sûr. Dès le premier jour. La First National, près de Bryant Park. Il est entré avec une traite bancaire et il est ressorti avec une liasse de billets de cent.

— C'est la seule banque où vous soyez allés ? T'es sûr ?

— Oui.

— Bon. Tu l'as ramené à l'aéroport quand il est retourné à L.A. ?

— Oui, c'est moi qui l'ai déposé.

— Il avait un sac avec lui en partant ?

— Je crois, oui, répondit le gamin après réflexion.

— Tu es allé le chercher à quel endroit ?

— À son hôtel.

— Et il s'est arrêté en chemin ?

— Non. »

Gabriel termina sa cigarette et l'écrasa dans le cendrier sur le tableau de bord. Il contempla les gens sur les trottoirs.

« Attendez, non, en fait on s'est arrêtés en chemin.

— Où ça ?

— Dans le nord de Manhattan. Dans la partie italienne de Harlem. Il m'a dit de me garer et de l'attendre. Il est parti et il est revenu un moment après. Et puis on a filé à l'aéroport. Je m'en souviens parce qu'il était en retard pour son avion et il était là à *kvetchen* comme quoi il allait le rater. Et pourtant, il avait beau râler, on s'est arrêtés pendant un moment. J'ai trouvé que c'était idiot, vous voyez ?

— Il avait pris sa valise avec lui ?

— Quand il est sorti de la voiture ? J'en sais rien, répondit le gamin en haussant les épaules.

— Et tu te souviens de l'adresse où il est allé ?

— Non, on allait vers le nord, vers l'aéroport de La Guardia. C'était pas un gros détour. »

Gabriel réfléchit en calculant toutes les possibilités.

« OK. Je te file cinquante dollars si on va là-bas maintenant pour essayer de retrouver l'endroit. Ça te dit ? »

Quarante minutes plus tard, ils faisaient le tour de Italian Harlem en prenant chaque rue du quartier pour essayer de réveiller la mémoire du gamin. Juste au moment où Gabriel commençait à se dire qu'il avait misé sur le mauvais cheval, l'adolescent arrêta la voiture avec un sourire.

« C'est là.

— Tu es sûr ? »

Il confirma, tout content. Ils étaient sur la 4ᵉ Avenue, entre la 118ᵉ Rue et la 119ᵉ Rue.

« Vous voyez l'immeuble, là ? »

Gabriel suivit son doigt, qui montrait une boutique au coin de la rue. C'était un de ces magasins installés dans une cave et qui vendent des pains de glace l'été, du charbon l'hiver et du bois toute l'année. Devant, il y avait un panneau avec un carnet et un crayon attachés à une ficelle. Un vieil Italien s'arrêta pour écrire sa commande sur le carnet avant de continuer son chemin.

« Pendant que j'attendais Benny, deux gars sont sortis de la cave avec un bloc de glace de la taille d'une table de salle à manger. L'un des deux a glissé et la glace s'est éclatée par terre. Il y en avait partout et les gamins du coin ont rappliqué illico pendant que les deux mecs s'engueulaient. Je m'en souviens bien. C'était là, aucun doute.

— Tu en es sûr ?

— Complètement.

— OK. Où est allé Benny quand il est sorti de la voiture ?

— Il a tourné au coin, je pense », dit-il en montrant la 119ᵉ Rue.

Benny avait pris cette rue pour que le gamin ne voie pas où il allait précisément. Et c'était seulement un jeunot sans lien avec la Mafia, que Benny venait tout juste de recruter pour ses déplacements.

« Vas-y, avance un peu par là. »

Aaron prit la 119ᵉ Rue très lentement.

C'était une rue insignifiante, avec des immeubles en pierre brune tout aussi insignifiants. Un endroit totalement banal. Quelques boutiques, ici et là. Pas la moindre banque où Benny aurait pu déposer l'argent. Il l'avait sur lui, il était entré dans l'un de ces bâtiments et y avait laissé le pognon. Puis il était retourné à la voiture, s'était envolé pour Los Angeles. Et deux semaines plus tard il était mort.

Dans un de ces bâtiments, juste sous les yeux de Gabriel, se trouvaient deux millions de dollars en liquide.

29

Vendredi 7 novembre, 16 h 14

Gabriel déposa le gamin à Williamsburg et se rendit directement à la bibliothèque de Manhattan. Au deuxième étage, une documentaliste lui fit un cours accéléré sur l'accès à la salle des périodiques. Il la remercia et ramassa une pile de magazines sur les célébrités à la mode qu'il commença à éplucher. Il parvint finalement à trouver ce qu'il cherchait : une photo de Benny vieille de trois ans, dans un magazine qui s'appelait *Photoplay*. L'article avait pour titre « Jean Harlow donne des cours de comédie à la figure mondaine Benjamin Siegel ». Gabriel trouva que « figure mondaine » était un bel euphémisme, mais la photo de Jean Harlow et Benny était réussie. Il avait belle allure, le regard étincelant. Même sans les costumes de luxe et les belles manières, Benny avait déjà un physique suffisamment avantageux pour faire impression. Gabriel comptait bien là-dessus.

Il arracha la photo du magazine puis la déchira en deux, et confia la moitié où apparaissait la somptueuse actrice à la corbeille à papier. En sortant de la bibliothèque, il constata que le soleil s'était couché et que la ville frémissait de lumières électriques.

Il retourna directement à East Harlem mais se retrouva coincé en chemin dans les lenteurs de la circulation et finit par être complètement immobilisé. En patientant, il mit de l'ordre dans les faits et les pistes dont il disposait. Il repensa à la soi-disant visite de Benny à un ami à la clinique et se demanda s'il avait attrapé un truc à Vegas. Il se demanda aussi pourquoi il était allé à l'agence de Joe Glaser. Pourquoi il avait rencontré Vito Genovese, et aussi Jasper, et comment il avait appris le retour de Faron.

Les voitures avançaient centimètre par centimètre. On démarre, on s'arrête, on change de vitesse. Et on recommence.

Il regarda les piétons progresser le long des trottoirs, leurs silhouettes découpées par la lumière des magasins, des cafétérias et des restaurants. Devant lui, les feux arrière dessinaient deux lignes de rubis qui s'étiraient à l'infini.

On démarre, on s'arrête, on change de vitesse. Et on recommence.

Une demi-heure plus tard, il parvint enfin à Harlem et s'arrêta non loin de l'endroit que le jeune Morgenstern lui avait indiqué. Il fit très attention en traversant car les bourrasques de neige du début de journée avaient rendu les trottoirs glissants.

Il commença tout au bout de la rue. Il frappait aux portes, montrant l'insigne de police qu'il avait racheté quelques années plus tôt à un flic qui partait à la retraite. Il montrait la photo de Benny Siegel et expliquait qu'il cherchait une personne disparue et que l'homme de la photo avait été vu pour la dernière fois dans ce quartier l'été passé. Il avait peut-être loué un appartement dans cet immeuble ou rendu visite à quelqu'un.

Il commença par les concierges de chaque bâtiment, les mieux placés pour être au courant. Ensuite, il passa aux appartements individuels et aux boutiques. Puis à la rue suivante.

Personne ne reconnut sur cette photo l'un des mafiosi les plus éminents du pays qui avait même fait une tentative avortée pour devenir acteur à Hollywood.

La soirée était bien avancée quand Gabriel finit par décrocher la timbale au milieu de la troisième rue qu'il parcourait. Un immeuble en pierre brune quelconque, avec un concierge au premier étage qui avait accroché un panneau à la fenêtre : *LES LOCATAIRES BRUYANTS SERONT VIRÉS*.

« Ouais, je le reconnais », répondit le concierge quand Gabriel lui montra la photo.

C'était un bonhomme d'une quarantaine d'années, massif, avec une blague à tabac accrochée à une ficelle autour de son cou.

« Il louait une chambre dans un des immeubles dont je m'occupe. J'en ai quatre dans cette rue. »

Il regarda Gabriel comme s'il espérait l'impressionner.

« Qu'est-ce qui lui est arrivé ? demanda le concierge.

— Il a disparu. »

Il reçut un regard qui signifiait « je m'en cogne, t'imagines même pas à quel point ».

« Sa famille est inquiète, précisa Gabriel pour ajouter un peu d'émotion.

— Femme et enfants ?

— Bien sûr. »

Le concierge pouffa. Gabriel fronça les sourcils.

« Quand a-t-il loué l'appartement ?

— Il y a bientôt six mois. Il a pris un bail de six mois qui se termine bientôt. Je l'ai vu les premiers jours, et puis plus rien. Je ne m'étais pas rendu compte qu'il avait disparu. »

Gabriel n'en croyait pas un mot. Le concierge avait bien dû constater que l'appartement était vide. Il avait dû faire sa petite enquête pour savoir ce qui se passait.

« J'ai besoin de voir l'appartement en question. Vous pouvez me l'ouvrir ? »

Le concierge hésita un instant.

« Oui, bien sûr. C'est dans un autre immeuble. Attendez un instant. »

Il attrapa un bonnet en laine et son manteau dans son bureau, puis un énorme trousseau de clés qui lui donnait l'air d'un gardien de prison.

Cinq minutes plus tard, ils étaient dans le salon d'un appartement au sixième étage d'un immeuble qui se trouvait un tout petit peu plus loin. Ça sentait la poussière et le vide. Le concierge alluma la lumière, dévoilant un endroit particulièrement inhospitalier. Cela ressemblait tellement peu à Benny qu'il se demanda si le concierge ne s'était pas trompé.

Les radiateurs n'avaient pas été allumés de tout l'automne et il faisait un froid glacial.

« Ça fait des mois que c'est inoccupé, fit remarquer Gabriel. Vous n'avez pas pensé à venir vérifier, à appeler quelqu'un ? »

Le concierge haussa les épaules, mais Gabriel sentit que derrière son indifférence le type était tendu. Il ouvrit sa blague à tabac et commença à se rouler une cigarette.

« Il avait payé le loyer d'avance. Une fois que j'ai le pognon, les gens font bien ce qu'ils veulent de leur appartement. Du moment qu'ils le démolissent pas. »

Gabriel acquiesça.

« N'avancez pas plus loin, s'il vous plaît. Il faut éviter de contaminer le lieu. »

L'homme hocha la tête, comme s'il était parfaitement au courant des procédures policières que Gabriel venait d'inventer.

« Je vous dirai quand j'aurai terminé. »

Une expression déçue passa rapidement sur le visage du concierge. Gabriel lui ferma la porte au nez et mit la chaîne. Une fois seul, il étudia une nouvelle fois le salon. Il y avait deux grandes fenêtres qui donnaient sur les toits de Harlem, un fauteuil, un buffet avec une radio, un canapé-lit qui n'était pas déplié et une table basse. De l'autre côté du salon, une kitchenette et deux portes donnaient sur une chambre et une salle de bains.

Gabriel jeta un coup d'œil rapide à la cuisine, la chambre et la salle de bains puis retourna dans le salon. Il s'approcha de la table basse où était posé un cendrier contenant quelques mégots de cigarettes mais aussi de joints. Ce n'était pas logique : Benny ne fumait pas d'herbe. Gabriel se demanda à nouveau s'il était au bon endroit. Sous la table basse, un porte-revues était rempli de magazines et de journaux. La façon dont ils étaient disposés était étrange.

Il s'agenouilla et en retira quelques-uns, des exemplaires du *New York Daily Mirror* datant de l'été précédent, quand Benny était là. Une fois les journaux enlevés, Gabriel aperçut dans le porte-revues le coin d'un attaché-case. Il était lourd, comme s'il était rempli de papiers. Il le posa sur la table basse et s'assit sur le canapé-lit dont l'âge et la dureté le surprirent. Il manipula les fermoirs qui s'ouvrirent immédiatement et ouvrit la mallette avec impatience.

Elle était remplie de brochures de publicité pour l'Hôtel-Casino Flamingo.

Gabriel eut un sourire et hocha la tête tout en se frottant les tempes. Au moins, cela prouvait qu'il s'agissait bien de l'appartement de Benny.

Il inspecta le contenu : tracts, brochures, prospectus, description des suites de l'hôtel.

Il parcourut une des brochures. On y voyait une illustration à la Disney avec la façade du casino. Le bâtiment présentait des courbes et des sinuosités qui lui conféraient un aspect futuriste séduisant. Une enseigne surmontait la façade et paraissait s'envoler dans un ciel nocturne parsemé d'étoiles à cinq branches. Gabriel feuilleta le document qui comportait un diagramme décrivant la disposition du casino avec la piscine, les chambres luxueuses, le buffet, le restaurant. Il y avait aussi des explications et des chiffres, probablement entièrement bricolés par les comptables de Benny : des prévisions des taux de profit par an sur différentes périodes, suggérant de manière engageante les gains que pourraient obtenir des investisseurs de second rang. Gabriel avait déjà entendu des histoires selon lesquelles Benny avait vendu des parts bidon, ou qu'il avait vendu trois ou quatre fois le casino à des investisseurs qui avaient tout perdu quand Benny avait été tué et que la Mafia avait repris le contrôle de l'affaire.

Sur l'une des brochures, il vit une photo de l'hôtel. Cela ressemblait vaguement à l'illustration. Il y avait même des flamants roses sur la pelouse. Ceux que Beatrice avait évoqués, qui mouraient par paquet de dix et qu'il fallait remplacer.

Il remit l'ensemble des documents dans la mallette, la referma et la reposa où il l'avait trouvée. Puis il passa au reste de la pièce.

Dans le buffet se trouvait une boîte à cigarettes en ferraille avec une seringue à l'intérieur et un peu de came. Comme les joints de tout à l'heure, Gabriel trouva que cela ne correspondait vraiment pas à Benny.

Il s'attaqua ensuite à la chambre. Il y avait une armoire fermée à clé. Gabriel força la serrure facilement avec un cran d'arrêt. Il n'y avait aucun vêtement mais un tiroir, également fermé à clé. Gabriel utilisa à nouveau son cran d'arrêt et tomba sur un emplacement également vide.

Il retourna au salon et scruta le lieu. Une autre impasse. Une nouvelle journée de perdue sans se rapprocher de l'argent manquant. Il posa ses mains sur ses hanches et tenta de réfléchir. Puis il alluma une cigarette et s'installa dans le fauteuil pour contempler l'horizon infini des toits de Harlem et les lumières de la ville. En pensant à son ami décédé, il songea à sa propre disparition imminente. Il souffla des ronds de fumée et les regarda s'élever l'un après l'autre au-dessus des fenêtres, défilé d'auréoles en partance pour le paradis. C'étaient des halos délicats, dépourvus des saints qui auraient dû leur être attachés. Ils montaient, tremblotaient et s'évanouissaient. Comme s'ils n'avaient jamais existé.

Cela évoqua à Gabriel tous les cadavres qu'il avait fait disparaître. Il les imaginait revenir à la vie, se relever des fleuves, des dépotoirs et des forêts dont les feuillages persistants se balançaient dans le vent. Il médita sur les millions de morts qui eux aussi montaient en fumée vers le ciel. Il repensa à la dernière fois où il avait vu Benny, si mélancolique quand il était venu au Copa. Comme s'il avait été en deuil. C'était peut-être le cas. Mais de quel deuil pouvait-il s'agir ?

Puis il repensa au chauffeur qui lui avait parlé de la clinique où il avait emmené Benny. Et soudain Gabriel comprit. Il se sentit idiot de ne pas avoir saisi plus tôt. La clinique, c'était pour lui. Si Benny portait le deuil, c'était pour lui-même : il était en train de mourir. Il devait avoir une maladie qui nécessitait un séjour en clinique prolongé et beaucoup d'argent. C'était pour organiser tout ça qu'il était venu. Il avait déposé son capital ici pour pouvoir venir y chercher l'argent dont il aurait besoin le moment venu. Benny était venu à New York pour s'y installer et y finir en beauté. C'était pour ça qu'il dépensait comme un fou tout en cherchant à rassembler des fonds, qu'il vivait en grand seigneur alors que sa vie s'effondrait. Parce que plus rien n'avait d'importance. Gabriel hocha la tête, peiné par la manière dont son ami avait décidé de traiter son décès imminent. Il y avait à la fois de la malhonnêteté et de la solitude, mais c'était typique de son caractère flamboyant. Gabriel se promit de porter un toast à la mémoire de son vieux pote.

Il se leva et alla à la table basse où il écrasa son mégot. Tout en pulvérisant les dernières flammèches, son regard se posa sur le canapé-lit. Ce canapé-lit tout dur et compact. Il s'interrompit, écarta la table basse, retira les coussins du canapé-lit et le déplia. Dans le creux sous le matelas se trouvaient deux sacs de voyage apparemment bien rembourrés. Il en ouvrit un.

Il était rempli de billets de cent dollars, par liasses de dix mille. Un million de dollars par sac. Rien que ça.

Il referma le sac. Son cœur battait à toute allure. Quelque chose ne tournait pas rond, le sentiment ne le quittait pas. Il réfléchit à ce qu'il allait devoir faire : se coltiner les deux sacs jusqu'en bas en passant devant le concierge, et s'embêter à se les *schleppen* jusqu'à sa voiture, garée deux rues plus loin. Puis retourner voir Costello à Central Park. Il songea à l'appeler pour faire venir des gars, mais les téléphones de Costello étaient sur écoute et il lui faudrait laisser l'argent sans surveillance le temps de trouver un téléphone.

Il regretta tout d'un coup de ne pas avoir de flingue sur lui. Il vérifia que la porte d'entrée était bien fermée et sortit les sacs du sofa. Ils devaient bien faire dix kilos chacun. Il alluma une nouvelle cigarette et alla regarder à la fenêtre. Dehors, tout semblait normal, tranquille.

Jusqu'au moment où une voiture de police s'engagea dans la rue, qu'elle remonta lentement.

Gabriel s'écarta légèrement de la fenêtre et observa. La voiture parut ralentir au niveau de l'immeuble. Puis elle continua et s'éloigna.

Gabriel attendit encore un peu puis il fit le tour des autres fenêtres, à la recherche d'un escalier de secours. Il se trouvait dans la salle de bains et donnait sur la ruelle qui courait le long du bâtiment. Un peu plus loin, au bout de la ruelle, la voiture de police, feux éteints, attendait.

Gabriel l'observa. Lui aussi, il attendait.

Au bout de quelques secondes, une Chrysler marron s'arrêta derrière la voiture des flics et un type massif en sortit pour aller leur parler. Dans l'ombre, avec son chapeau et son manteau, Gabriel ne le voyait pas bien. Mais il n'avait pas besoin de mieux le distinguer pour savoir qu'il y avait quelque chose de pas net.

Il ouvrit doucement la fenêtre et retourna dans le salon chercher les deux sacs. Il était en train de se glisser dehors au moment précis où les deux flics sortirent de leur voiture et firent le tour du bâtiment, se dirigeant vers l'entrée principale.

Alourdi par le poids des sacs, Gabriel dut monter deux étages pour rejoindre le toit. Une fois là-haut, il hissa les sacs sur ses épaules et courut le plus vite possible. Combien de temps faudrait-il aux flics pour se rendre compte qu'il s'était barré par la fenêtre de la salle de bains ? Et avant qu'ils ne le rattrapent ? Ils ne se farcissaient pas un poids mort de deux millions de dollars, eux. Et le toit d'un immeuble était l'endroit idéal pour liquider quelqu'un : il suffisait de le pousser et de dire que c'était un suicide.

Gabriel accéléra tant bien que mal, sauta par-dessus le muret de briques qui séparait les bâtiments et se glissa sous des fils à linge. Il atteignit le dernier immeuble de la rue et regarda en bas. Il pouvait voir sa voiture dans la pénombre, garée à l'intersection suivante. Il entendit un bruit derrière lui et aperçut deux silhouettes dans l'obscurité, des formes indistinctes qui se déplaçaient rapidement sur les toits.

Il trouva l'escalier de secours qu'il dévala quatre à quatre, déplia l'échelle qui permettait de rejoindre la rue, la descendit et sauta dans la ruelle. Il trébucha, retrouva son équilibre, se précipita vers la rue. Il regarda par-dessus son épaule. Rien.

Puis il courut comme un dératé vers la Delahaye, balança les sacs dans le coffre et se jeta à la place du conducteur. Son cœur battait à toute allure, sa chemise était trempée, le froid lui mordait la peau.

Un coup d'œil dans son rétroviseur lui apprit que les deux silhouettes couraient à présent dans la rue. Il entendit un crissement de pneus, démarra et la Delahaye partit en trombe sur la 3e Avenue. Il prit la première à droite, vers l'est, dans la 120e Rue. Il venait de passer l'intersection de la 2e Avenue quand il vit la voiture de police se caler derrière lui.

Ils n'avaient pas mis la sirène. C'était mauvais signe, ça sentait les flics ripous.

Il esquiva le peu de circulation sur son chemin et parvint au fleuve, où il prit, sur les quais, la FDR Drive. Quatre voies qui longeaient Harlem River. Il mit les gaz et poussa sa Delahaye. Mais il avait beau dépasser tous les véhicules, ses poursuivants ne le lâchaient pas pour autant. Il réfléchit à un moyen de s'en sortir. S'ils appelaient des renforts, la route serait envahie par les flics dans les cinq minutes. Il se retrouverait devant un tribunal à essayer de justifier une course-poursuite, une usurpation de titre d'agent de police et la présence de deux millions de dollars dans sa voiture. Et il serait encore en taule quand Anastasia se rendrait compte de tout le pognon qu'il lui avait barboté. Autant dire qu'il était déjà mort.

Sauf que les flics n'avaient toujours pas mis leur sirène.

Les lampadaires défilaient au-dessus de lui à toute allure. Le parc Thomas Jefferson était sur sa droite, sombre et vide dans la nuit glaciale. Et, juste avant le parc, il y avait un sillon verglacé sur la route. Gabriel fonça dessus, les flics juste derrière lui. À la dernière seconde, il braqua à droite. Trop tard, car sa roue arrière frôla la glace. La Delahaye se déporta et s'écrasa contre la rambarde, où elle s'immobilisa.

Dans le rétroviseur, Gabriel, priant pour que ça marche, vit la voiture des flics rouler pile sur la plaque de verglas. Ils glissèrent vers le terre-plein central qu'ils heurtèrent de plein fouet et se retrouvèrent de l'autre côté, avec la circulation venant en sens inverse. On entendit des crissements de freins et la voiture de police fut percutée par une Plymouth qui arrivait dans l'autre sens. Ils firent un tête-à-queue et vinrent se planter dans la mince rambarde qui séparait la route du fleuve.

Gabriel sortit tant bien que mal de sa Delahaye accidentée. Derrière lui, un peu plus loin, de l'autre côté des quatre voies, la voiture de police était à moitié détruite. L'impact avait enfoncé la rambarde et la voiture penchait dangereusement vers le cours d'eau, à peine retenue par le métal embouti du garde-fou. Le pare-brise était éclaté, il y avait du sang partout. Quant à la Plymouth, qui avait été projetée sur le terre-plein, il en sortait de la vapeur et de la fumée. Gabriel repensa aux ronds de fumée, aux halos, aux ascensions célestes.

Il fallait qu'il voie si la Delahaye pouvait repartir et qu'il se tire de là au plus vite, à pied ou en voiture. Mais, juste au moment où il reprenait ses esprits, la portière de la voiture de police s'ouvrit côté passager et une silhouette s'en extirpa avant de s'effondrer au sol. Il ne portait pas d'uniforme. C'était le type costaud en chapeau et manteau qui était venu dans la Chrysler marron.

C'était Faron.

Gabriel le reconnut instantanément, malgré toutes ces années, tout son chagrin. Il n'avait pas pris une ride. Et il était indemne. Aussi massif et imposant que dans son souvenir. Toujours aussi baraqué. Gabriel sentit la colère flamber en lui. Une fureur étourdissante, qui lui fit tourner la tête et lui coupa le souffle.

Faron se releva et regarda autour de lui. Des voitures s'étaient arrêtées, les curieux tendaient le cou, les âmes charitables s'approchaient pour aider. Il aperçut Gabriel de l'autre côté des voies de la FDR. Leurs regards se croisèrent.

Les véhicules, les phares et les feux arrière passaient dans un tourbillon flou, mais ils ne se quittèrent pas des yeux, comme si une ligne invisible les reliait.

Et puis Faron se mit en mouvement. Ou plutôt, il bondit et se jeta dans la circulation, esquivant quatre voies de trafic avec une agilité et une légèreté déconcertantes. Il sauta par-dessus la rambarde le séparant du côté de la route où se trouvait Gabriel et sortit de sa poche un .38 qu'il pointa vers lui.

Gabriel leva les mains, stupéfait de voir l'homme qu'il pourchassait depuis plus de dix ans à quelques pas de lui, et au moins aussi stupéfait de constater qu'il ne semblait pas avoir la moindre égratignure.

Faron s'approcha et passa devant lui pour aller jusqu'à la Delahaye qu'il examina, son arme toujours pointée sur lui. Puis il vit les deux sacs, les sortit et les chargea sur une épaule comme s'ils ne pesaient rien.

Enfin, il se retourna vers Gabriel et crispa le bras, prêt à tirer. Mais soudain, à l'intersection, des voitures de police déboulèrent, perçant la nuit de leurs gyrophares rouge et bleu, et assez proches pour que les flics entendent un coup de feu. Faron fit volte-face et, avisant l'entrée du parc, il bondit par-dessus la barrière, se précipita dans cette direction et disparut dans l'ombre.

Gabriel se lança à sa poursuite – comme s'il avait oublié que Faron était un tueur, qui plus est armé. Il sauta à son tour par-dessus la barrière et se retrouva dans l'obscurité. Il distingua une silhouette qui se dirigeait vers la piscine du parc et continua dans sa direction. Le sol était loin d'être plat, avec tous les potagers de guerre qui avaient été plantés là les années précédentes. Il évitait tant bien que mal les creux et les sillons dans l'herbe. Les bordures délimitant les emplacements étaient couvertes de verglas.

Faron atteignait déjà la piscine. C'était un bassin en plein air qui avait été vidé pour l'hiver et n'était plus qu'un simple rectangle de ciment et de carrelage dans lequel, étrangement, se réunissaient des pigeons par milliers, formant comme une mousse grise en mouvement. Faron sauta dans la piscine pour ne pas avoir à la contourner et disparut du champ de vision de Gabriel. Les pigeons s'envolèrent dans une grande explosion de plumes et s'éparpillèrent dans les nuages, passant au-dessus de Gabriel et se dispersant dans le parc.

Gabriel sauta à son tour dans la piscine, mais son pied glissa sur quelque chose et il s'étala, atterrissant douloureusement sur le genou et se cognant violemment la tête. La douleur explosa, sa vue se troubla. Sous le choc, il se sentit perdre connaissance et rouler sur le dos. Le sang qui coulait de son nez lui envahissait la gorge et il fut pris d'une quinte de toux sanguinolente. Faron allait le trouver dans cet état et l'achever. C'était la fin.

Malgré la douleur, il entrouvrit les yeux et regarda le beau ciel nocturne. En attendant Faron, il contempla les étoiles qui glissaient dans l'étendue noire comme sur une patinoire. La lune se déplaçait à travers le firmament, tirant à elle les océans. Il songea à nouveau aux halos et aux ascensions.

Il attendit, mais il n'y avait pas un bruit. Où était Faron ? Le seul son que Gabriel entendait était le bruissement des pigeons qui revenaient s'installer dans la piscine. Il toucha son visage, il était couvert de sang. Il s'était pourtant cogné l'arrière de la tête en tombant, pas le nez. Puis il comprit qu'il avait dû heurter le volant lors de l'accident.

Il tourna doucement la tête et constata que les pigeons avaient repris leur place dans la piscine. Puis il roula sur le côté et cracha un flot de sang sur le carrelage glacé. Il tenta de se mettre en position assise, finit par y parvenir. Il était seul dans le grand parc vide et obscur.

Avec la commotion, un étourdissement nauséeux tourbillonnait sous son crâne. Il tenta de se relever en titubant, s'extirpa de la piscine et retourna vers la route d'un pas mal assuré. Les gyrophares de la police et des ambulances inondaient l'herbe de lueurs rouges et bleues.

Sa tête et son genou le lançaient. Son cœur battait la chamade. Il réfléchit rapidement à un bobard à raconter.

Il sortit du parc et retourna sur la voie FDR. Il y avait des véhicules d'urgence sur la route, des voitures de police noires et blanches, un camion de la morgue, des flics de partout. Il s'avança vers la Delahaye délaissée et examina les dégâts. Elle ne pourrait pas redémarrer.

« Eh, m'sieur, c'est votre bagnole ? » lui demanda de loin un flic en uniforme.

Pas moyen de s'en sortir. Il allait être mêlé à l'accident. Gabriel fit oui de la tête.

« Vous avez eu un accident avec l'autre voiture ?

— Non. Ils étaient derrière moi. J'ai touché la plaque de verglas et je suis parti d'un côté. J'ai vu qu'ils partaient de l'autre côté.

— Vous avez besoin d'aide ? Vous saignez pas mal.

— Ouais, avec plaisir.

— Attendez, asseyez-vous, m'sieur. »

Gabriel s'assit par terre sur le bord de la route et quelqu'un lui apporta un linge pour sa tête.

« Où étiez-vous juste après l'accident ? Vous n'étiez pas à votre voiture.

— J'ai été vomir. Et je crois que je me suis évanoui.

— OK, on va prendre votre déposition et vous emmener à l'hôpital avec les autres.

— Pas de problème », répondit Gabriel en espérant que « les autres » n'étaient pas les deux flics ripous.

L'agent retourna à sa voiture et Gabriel scruta les alentours. De l'autre côté de la route, un attroupement s'était formé à l'endroit de l'accident. Gabriel se rendit compte que la rambarde qui empêchait la voiture de police de tomber dans le fleuve avait cédé. La voiture n'était plus là. Des gens se tenaient près de la berge et regardaient les profondeurs de la Harlem River, tandis qu'une vedette de police approchait en fendant les vagues.

Gabriel baissa les yeux.

Il avait eu l'argent entre les mains, mais ça n'avait pas duré bien longtemps. Il l'avait déjà reperdu. Plus que six jours, et il avait les mains vides. Et désormais il ne s'agissait plus seulement de le retrouver et de quitter New York. C'était Faron qui avait le pognon, ce qui signifiait qu'il allait revenir pour liquider Gabriel et l'empêcher de parler. Il fallait que Gabriel le retrouve d'abord.

XII

« [illegible] New York [illegible] adversaires. Il est le membre le plus puissant du syndicat du crime [illegible] dans les affaires les plus importantes, dans les sphères les plus [illegible] et au plus haut niveau. »

[illegible] Lait et Lee Mortimer,
New York Confidential, 1948

« Le mandataire de Lucky Luciano à New York, celui qui lui a rendu visite régulièrement durant toute sa détention à Ellis Island, avant qu'il ne soit expulsé vers l'Italie, s'appelle Frank Costello. Désormais, il est le membre le plus puissant du syndicat du crime, et fait bon usage de son incroyable talent pour s'immiscer dans les affaires les plus importantes, dans les sphères les plus variées et au plus haut niveau. »

Jack Lait et Lee Mortimer,
New York Confidential, 1948

30

Vendredi 7 novembre, 12 h 05

Costello sortit du cabinet du docteur Hoffman avec le même mélange d'abattement et d'espoir qu'il ressentait après chaque séance. Il scruta la 5e Avenue, sur laquelle tombait une neige légère. De l'autre côté, devant les bureaux d'une entreprise qui organisait des excursions touristiques, un vieil homme vendait des patates douces qu'il cuisait directement dans sa carriole. Une fumée odorante montait dans l'air. Costello traversa et lui en acheta une, que le vieil homme enveloppa dans du papier sulfurisé. Costello lui dit de garder la monnaie, ce qui lui valut un regard ahuri.

Puis il héla un taxi et demanda une adresse dans Hell's Kitchen, là où était le gamin qu'ils allaient essayer de retourner. Quand le taxi démarra, Costello observa les bureaux de l'agence de tourisme. Aux fenêtres, il y avait une photographie géante de la statue de la Liberté, la femme verte qui, de son île, tournait son regard vers l'ancien monde détruit, par-delà les vagues. Sa beauté classique et austère lui conférait assurance, permanence, noblesse. Depuis des décennies qu'il vivait là, Costello n'avait jamais mis les pieds à Liberty Island.

Tandis que le taxi se dirigeait vers le sud de Manhattan, Costello ouvrit l'emballage de sa patate douce et en retira la peau. Il prit une bouchée et se délecta de la chaleur qui l'envahit. Mais elle n'avait quasiment pas de goût à cause de son rhume. Il soupira, mâchonna et avala, repensant à ce que le docteur Hoffman lui avait dit. C'était toujours le même conseil : pour se débarrasser de sa dépression, il devait retrouver une meilleure image de lui-même. Et pour cela, il fallait qu'il ait de meilleures fréquentations et qu'il élargisse le cercle de ses relations.

Mais c'était déjà ce que faisait Costello. Il s'était lié avec des écrivains, des journalistes, des acteurs et des artistes, des gens bohèmes. Il commandait des œuvres d'art. Il allait à des cocktails dans des lofts d'artiste à Greenwich Village et dans les luxueuses demeures de Park Avenue. Mais les autres invités l'y traitaient comme une curiosité, un homme qui a un parfum de danger, une source d'anecdotes, une distraction. Est-ce que dans ces circonstances cela pouvait avoir le moindre effet positif ? Fréquenter des gens dans ces conditions ne faisait que souligner le gouffre qui les séparait.

« Ils ont tous démarré en étant des criminels, disait Lansky. Tous ces gens célèbres qui nous regardent de haut, c'est tous des criminels. Le père de Rockefeller était un escroc, il engageait des gros bras pour casser les grèves. Astor a arnaqué des Indiens et s'est enrichi en construisant des taudis pour marchands de sommeil. Vanderbilt faisait pression avec des tueurs à gages pour obtenir ses contrats ferroviaires. Et me parle pas de J.P. Morgan ! Derrière chaque grande fortune, il y a toujours un crime. Ça prend le temps que ça prend, Frank. C'est tout. Les crimes s'effacent dans la mémoire des gens et tout ce qui reste, c'est le pognon. »

Costello était le premier gangster à s'être installé dans les beaux quartiers de Manhattan, à côté de Central Park. Luciano, Lansky, Siegel – ils avaient tous suivi son modèle, après. Costello avait été le premier à fréquenter des hommes politiques, à éviter la violence autant que possible, à prendre ses distances avec la drogue et la prostitution. Mais il n'avait toujours pas obtenu la légitimité qu'il recherchait. Il songea à Joe Kennedy. Ils avaient bossé ensemble sur le transport d'alcool quand c'était encore illégal, mais, quand la Prohibition avait été abrogée, Joe avait cessé de répondre au téléphone. Peut-être que Lansky avait raison : il fallait juste du temps. Mais c'était long, et Costello se demandait s'il vivrait assez longtemps pour en profiter.

Le taxi tourna après la 59e Rue et descendit vers Hell's Kitchen. Costello retenta la patate douce. Elle n'avait toujours pas de goût et n'était même plus chaude. Il songea à Luciano, le prétendu chef de famille, qui avait moisi des années à Siberia avant de se faire arnaquer par le gouvernement et envoyer en Italie. C'était un autre signe de la façon dont on les percevait. Pendant la guerre, les bateaux américains se faisaient étrangement torpiller par les sous-marins allemands dès qu'ils quittaient le port de New York et un navire de transport de troupes amarré dans l'Hudson avait mystérieusement pris feu. C'était seulement à ce moment-là que la Navy s'était rendu compte qu'il y avait peut-être un ennemi intérieur : le port de New York, le plus important du pays, était dirigé presque exclusivement par des Italiens. Et si les dockers étaient du côté de Mussolini ?

La direction de la Navy alla voir Luciano dans sa prison et lui fit une offre : s'il arrivait à tenir le port et renseignait les autorités sur les personnes louches qui y circulaient, il serait libéré à la fin de la guerre. Lucky avait demandé à Luciano et Lansky de s'en occuper, et ils s'étaient acquittés de leur tâche. Pendant toute la durée de la guerre, pendant que la moitié de la Mafia faisait fortune au marché noir grâce à la revente et aux fausses cartes de rationnement, ou en proposant à ceux qui voulaient éviter la mobilisation de se faire percer les tympans par des docteurs véreux, Costello s'était occupé de surveiller le port. Lansky, lui, était régulièrement convié au quartier général des renseignements de la Navy, sur Church Street. Il était juif et avait particulièrement à cœur d'anéantir les nazis.

Mais même ces efforts ne leur avaient pas apporté ce qu'ils désiraient le plus. La guerre avait pris fin et, plutôt que de libérer Luciano, le gouvernement était revenu sur sa parole et l'avait expulsé vers l'Italie. En attendant d'être extradé, il était resté en détention sur un bateau stationné à Ellis Island et Costello et ses gars lui avaient organisé une petite fête d'adieu avec les filles du Copa, à boire et à manger, et une troupe de dockers sur le quai pour empêcher les autorités d'intervenir et la presse d'en parler. Question médias, le black-out n'avait pas vraiment fonctionné. Dès le lendemain, le maire LaGuardia se plaignait dans les journaux de ce qui s'était passé.

Et tandis que Luciano traversait l'Atlantique dans un sens, Vito Genovese faisait le chemin inverse. Il revenait à New York pour le procès pour meurtre auquel il avait échappé des années auparavant. L'Italie et l'Amérique s'échangeaient leurs mafiosi à travers l'océan comme dans une grande partie de tennis.

Une fois le procès terminé à son avantage, Genovese avait aussi eu sa petite fête de bienvenue à l'hôtel Diplomate. Costello l'avait accompagné à table, où il présidait. Il avait même fait un discours en son honneur. Mais ces politesses ne changeaient rien au fait que les cartes avaient été redistribuées et que les choses avaient changé : Costello, qui était numéro trois au moment du départ de Genovese pour l'Italie, était désormais son supérieur.

Costello se demanda à nouveau pourquoi Genovese venait se mêler de ces histoires hollywoodiennes au Waldorf-Astoria. Il jouait une partie de solitaire mental, déplaçait les cartes, créait des lignes parallèles, des structures, des grilles. C'était un exercice autrement plus productif que de ruminer les conseils du docteur Hoffman.

Le taxi s'arrêta devant un garage de la 11e Avenue. Joe Adonis était déjà là, garé en face, dans sa Cadillac. Albert Anastasia était avec lui, vêtu d'un costume gris uni avec une cravate rouge, les paluches alourdies de bagouses en or.

Quand ils le virent, ils sortirent sous la neige. L'appartement était au-dessus du garage. Ils empruntèrent une ruelle à la file indienne avant d'arriver dans une cour avec un fil à linge et des ordures. Ils montèrent deux étages et arrivèrent dans un couloir sombre uniquement éclairé par une lumière rouge surmontant le compteur à gaz sur le mur opposé. Adonis frappa à la porte et ils attendirent tandis que Costello fixait la lumière rouge et le réseau de tuyaux qu'elle éclairait.

Ils finirent par pénétrer dans un appartement en enfilade et passèrent dans le salon, où le gamin était installé à une table en train de fumer une cigarette sous les regards de deux gorilles. Ils n'avaient pas allumé le chauffage et il faisait froid. Le gamin, en marcel, était gelé. Il avait l'air plus jeune que Costello ne l'avait imaginé, le teint d'une pâleur grisâtre. Et, quand il vit qui venait d'entrer, il devint carrément livide – surtout en apercevant Anastasia, qui était précédé par sa réputation de recordman de l'assassinat.

Costello s'assit sur une chaise en face du gamin, près d'une cheminée qui avait été murée. Il se moucha, s'essuya le nez et prit deux pastilles. En voyant le gamin fumer, il eut envie d'une cigarette.

« Tu sais pourquoi tu es là ? » lui demanda-t-il.

Le gamin haussa les épaules. Il le savait très bien mais prétendit le contraire.

« Lundi soir, tu t'es fait arrêter dans une cave près du parc de Washington Square. Tu vendais de la came. Quand les flics ont fouillé chez toi, ils ont trouvé assez de marchandise pour t'envoyer au placard pour quinze à vingt ans. Et pour éviter la taule, tu étais prêt à balancer ton patron, Vito Genovese. »

Le gamin étouffa un sanglot. Costello voulait pousser son avantage, mais il dut s'interrompre pour éternuer et se moucher. Les pastilles le faisaient pleurer. Il eut l'impression qu'Adonis et Anastasia ricanaient dans son dos. Quant au gamin, Dieu seul savait ce qu'il pouvait penser.

« Le flic à qui t'as fait une offre, c'est un pote à nous. Il est venu me voir aussitôt et il m'a tout raconté. C'était ton jour de chance. Ce policier aurait très bien pu être copain avec Genovese. Auquel cas, tu serais déjà mort.

— Merci. Merci, monsieur Costello », fit le gamin en hochant la tête.

Costello écarta la flatterie d'un geste. Il arrivait au moment crucial.

« Fiston, tu as le choix entre deux options. Soit tu travailles pour nous et tu nous rancardes sur l'activité de Vito, sur ce qu'il fabrique, à qui il parle, avec qui il a des rendez-vous. Soit tu refuses. Et dans ce cas, on te laisse repartir. »

Le gamin ne comprenait pas.

« Notre ami de la police te fera arrêter pour pouvoir t'interroger à nouveau. Il te passera sur le gril quelques heures. Et ensuite, tu sais ce qui se passera ?

— Je serai inculpé ?

— Non, rétorqua Costello. Pire. Tu seras libéré. »

Il ne comprenait toujours pas.

« Les seules bestioles qui ressortent d'un commissariat, c'est les cafards », précisa Anastasia dans le dos de Costello.

Le gamin était complètement perdu à présent.

« Ce qu'Albert essaye de te dire, c'est que quand Genovese verra que tu as été relâché, il pensera que tu t'es mis à table. On n'aura même pas à te tuer, gamin, parce que c'est lui qui le fera pour nous. »

Ses mains commencèrent à trembler et le rougeoiement de sa cigarette s'agita dans la pénombre. Bizarrement, Costello repensa à la vieille dame dans l'appartement de Little Italy et au Christ phosphorescent dans l'obscurité.

« Personne n'aime les balances, ajouta-t-il. Bien sûr, tu pourras toujours dire à Genovese que c'est nous qui t'avons piégé. Mais est-ce qu'il te croira ? Et même s'il te croyait, il s'en foutrait, non ? Il ne va pas démarrer une guerre pour une petite frappe qui vend sa came… »

Costello s'interrompit. Il renifla, puis écrasa une des pastilles d'un coup de dents, appréciant la sensation.

« Alors ? Tu marches avec nous ? »

Le gamin regarda Costello, puis Adonis et Anastasia derrière lui. Dans l'ombre, ils devaient paraître encore plus menaçants. Il lui fallut tout de même cinq secondes pour faire oui de la tête.

Costello était satisfait. Ça allait prendre un moment avant qu'il ne prenne du galon et que ses efforts portent leurs fruits, mais c'était un investissement sur le long terme. Il fallait toujours avoir trois coups d'avance et mettre en place ses pions longtemps au préalable.

« Bien. Je vais parler à mon ami dans la police. Pour être sûr que personne ne sera au courant. »

Bien qu'il soit gelé jusqu'aux os, le gamin réussit à sourire.

« Je peux y aller, alors ?

— Bien sûr », répondit Costello.

Il le laissait mariner un peu dans l'incertitude.

« Merci, monsieur Costello. Je vous décevrai pas. »

Il se leva et se dirigea, encore hésitant, vers la porte.

« Juste un truc, ajouta soudain Costello.

— Oui ? fit le gamin en redevenant livide.

— Comment on saura que tu ne nous racontes pas des bobards ? demanda Anastasia. T'étais prêt à balancer Vito au commissariat. Pourquoi tu nous balancerais pas à ton boss, maintenant ? »

Anastasia bougea ses mains en parlant et ses bagues luirent dans l'ombre.

« Bah, je, euh... »

Le gamin regarda Anastasia, puis Costello. Il tremblait.

« Je vous assure que... Qu'est-ce que vous voulez, alors ?

— Il faut que tu nous donnes quelque chose. Pour qu'on sache que tu es... comment on dit, déjà ? fit Costello.

— De bonne foi, précisa Adonis.

— C'est ça. Il faut que tu nous donnes une information importante pour qu'on sache que tu es de bonne foi.

— Sur Genovese ?

— Ouais. Un truc qui te causera des problèmes si Vito vient à l'apprendre. Pour montrer que tu es de bonne foi avec nous. »

Le gamin avait tellement les jetons qu'il n'arrivait même pas à regarder Anastasia. Il avait les yeux fixés sur le linoléum et sur ses chaussures. Il essayait désespérément de trouver quelque chose. Au bout de quelques douloureuses secondes, il leva les yeux vers Costello.

« Je sais des choses sur un négro que Vito recherche. »

Costello fronça les sourcils et lui fit signe de continuer.

« C'est un jazzman. Il deale, aussi. Ça fait des mois que Vito le cherche partout. Il a fait savoir à mon boss que si jamais il vient chercher de la came chez nous, il faut qu'on lui dise.

— Et pourquoi il le cherche ? » demanda Costello d'un air détaché.

C'était la première fois qu'il entendait parler de ça et il ne voulait pas paraître ignorant devant le gamin.

« C'est ça, le truc. Personne ne sait vraiment. C'est juste un dealer de Harlem à deux balles. Personne comprend pourquoi Vito veut tellement le retrouver.

— Il s'appelle comment ? demanda Costello en se disant qu'il pourrait toujours demander à Bumpy Johnson s'il savait quelque chose, vu que le type venait de Harlem.

— Gene Cleveland. »

Costello se retourna vers Adonis et Anastasia.

Ils haussèrent les épaules. Ils n'en savaient pas plus là-dessus. Costello se retourna vers le gamin.

« Allez, c'est bon, casse-toi, fiston.

— Pour de vrai ?

— Oui, barre-toi. »

Un des gorilles lui jeta sa chemise et sa veste. Il les attrapa et partit en se retenant de courir.

Costello se tourna à nouveau vers Adonis et Anastasia.

« Vous y comprenez quelque chose ?

— Peut-être que le gamin s'est trompé ? suggéra Anastasia.

— Peut-être que Vito est fan de jazz ? » suggéra Adonis.

Costello resta assis un moment, essayant d'organiser les cartes dans sa tête, mais il n'y parvint pas.

C'était l'heure du déjeuner. Le taxi de Costello s'arrêta devant l'Astoria. Sa table habituelle dans le salon étoilé l'attendait. Il paya la course et sortit, passant devant une rangée de voitures de police banalisées garées devant l'entrée secondaire de l'hôtel. C'étaient les voitures de filature qu'il avait semées le matin même. Les agents au volant savaient que Costello était un homme d'habitudes et qu'il serait de retour à l'hôtel pour son déjeuner. En passant devant eux, il se pencha pour les regarder franchement. Les flics le fusillèrent du regard. C'étaient des types amers, aigris, qui portaient des costumes médiocres et conduisaient des voitures médiocres.

Le docteur Hoffman lui avait parlé de la théorie de la projection. On réunit tout ce qu'on déteste en soi et on le projette sur les autres, afin de pouvoir diriger sa haine sur eux et pas sur soi-même. Costello trouvait que les différents organismes gouvernementaux qui étaient après lui avaient un problème similaire. Ils bossaient dans des cadres bureaucratiques rigides, très hiérarchisés, avec une structure quasiment militaire, et ils imaginaient que la Mafia fonctionnait de la même manière. Ils ne se rendaient pas compte que c'était beaucoup plus souple que ça. Les gens payaient pour avoir le privilège de faire partie d'une famille. Une fois autorisés à utiliser le nom de la famille, ils pouvaient faire ce qu'ils voulaient avec l'assurance que personne ne viendrait les embêter. Tout ce que la famille demandait en échange, c'était une part des profits. La Mafia n'était pas une institution concrète, c'était plutôt une sorte de franchise. Les autorités étaient incapables de comprendre ça. Raison pour laquelle ils perdaient leur temps à essayer de découvrir des structures qui n'existaient pas et des hiérarchies là où tout était globalement horizontal.

Costello alla directement à son alcôve habituelle et contempla le soleil envahir le plafond au vitrail étoilé. Lundi matin, quelques étages plus bas, les patrons de l'industrie cinématographique commenceraient leurs débats houleux sur ce qu'il fallait faire des Dix d'Hollywood. Pourquoi est-ce que Genovese se mêlait de ça ? Pourquoi était-il à la recherche d'un musicien de jazz ?

Un groom apporta à Costello les messages téléphoniques qui s'étaient accumulés pendant son absence.

« Un M. Cheesebox est venu.

— Qu'est-ce qu'il a dit ?

— Il a dit qu'il avait besoin de vous parler de toute urgence.

— Merci, fiston. On met le repas en suspens. Je reviens tout de suite. »

Costello se leva, sortit de l'hôtel et traversa la rue.

La pièce sentait encore plus mauvais que la fois précédente, et les hommes avec les casques semblaient encore plus pâles.

« Ah, te voilà ! s'écria Cheesebox en se levant quand il entra.

— Je suis venu aussitôt. Qu'est-ce qu'il se passe ?

— C'est à propos des producteurs que Genovese a rencontrés.

— Oui, qu'est-ce qu'ils ont ?

— Le plus jeune est une pédale. On l'a chopé avec un gamin dans sa piaule.

— Vous avez enregistré ? »

Cheesebox se contenta d'un grand sourire.

Costello redistribua aussitôt les cartes dans sa tête : il commençait à entrevoir une solution à ses problèmes.

31

Vendredi 7 novembre, 11 heures

Louis était assis à la réception de l'Associated Booking Corporation[1]. En attendant, il étudia les bureaux et se fit la réflexion qu'ils étaient singulièrement luxueux : papier peint crème, cloisons en verre, mobilier moderne et design en noyer et acier chromé. Quant au canapé, on s'y enfonçait tellement qu'on avait l'impression d'entrer dans un bain chaud. C'était une combine importante pour une agence de recrutement d'artistes : il fallait donner une impression d'opulence aux clients, mais pas au point qu'ils puissent penser que vous prenez une commission excessive.

Sur le mur en face de lui se trouvaient alignées les photographies des clients de l'agence : Louis venait en premier, Billie Holiday était là aussi, Lionel Hampton… C'étaient tous des musiciens de jazz. Et ils étaient presque tous noirs. Pourtant, tous ceux qui travaillaient dans les bureaux étaient blancs. C'était une autre combine. Pendant la Prohibition, les musiciens de jazz avaient travaillé dans des *speakeasies* gérés par la Mafia. Et maintenant, ils travaillaient dans une

1. Cette entreprise, qui est toujours active, fut créée par Louis Armstrong et Joe Glaser en 1940. C'est une agence qui fait la promotion d'artistes et leur trouve des engagements. *(N.d.T.)*

industrie de la musique également gérée par la Mafia. Depuis le Syndicat des musiciens jusqu'aux maisons de disques, en passant par les agences de tourneurs, la Mafia avait réussi à réaliser la transition entre les boîtes de nuit illégales et la légitimité d'entreprises en bonne et due forme. Ils étaient passés des boîtes qui faisaient de la cavalerie, des chèques en bois et de l'extorsion au contrôle de l'industrie musicale officielle.

« M. Glaser va vous recevoir », annonça la réceptionniste.

Elle se leva, révélant une silhouette qui aurait pu la faire engager au Copa. Louis se leva également et ils rejoignirent le bureau d'angle de Joe Glaser.

« Louis, je suis désolé de ce qui s'est passé l'autre nuit. J'ai appelé la compagnie d'autocars : ils ont reçu le chèque hier. C'était un retard postal.

— Pas de problème. Désolé d'avoir dû te réveiller. »

Glaser fit un geste pour dire que c'était sans importance et Louis s'assit.

Glaser était grand et se tenait bien droit. Il avait un visage étroit et des cheveux grisonnants. Il ne buvait jamais, se couchait généralement à 10 heures du soir et sortait très rarement dans les boîtes de nuit. Il s'intéressait davantage au sport qu'à la musique et faisait souvent référence à ses clients en utilisant des mots comme *négros* ou *schwarzes*. Il était aussi inflexible que Louis était accommodant. À l'époque où il était un petit voyou de Chicago, il avait violé deux adolescentes et n'avait échappé à la prison qu'en épousant la première et en faisant intervenir Al Capone auprès du tribunal lors du procès concernant la seconde victime.

C'était cet homme que Louis était venu voir douze ans plus tôt quand il s'était retrouvé vraiment dans la mouise, lié par un contrat d'imprésario à un gangster qu'il ne supportait plus et sur le point d'être poursuivi en justice par son épouse en voie de divorce et deux maisons de disques – avec lesquelles il avait signé deux contrats d'exclusivité… En prime, il s'était fendu les lèvres lors d'un concert à Turin et il n'avait plus pu jouer pendant six mois. Assailli par les avocats, dans l'incapacité de pratiquer son métier, il était retourné à Chicago et était allé taper à la porte de Joe Glaser. Louis le connaissait de l'époque où il était gérant du Sunset Café, l'un des clubs de jazz appartenant à Al Capone où Louis se produisait. Il avait alors fait une proposition à Joe : le débarrasser des gangsters et des avocats, devenir son manager et s'occuper de toutes ses affaires. Ils partageraient moitié-moitié. Mieux valait un imprésario avec des relations dans la pègre qu'un imprésario sans.

Même si Glaser n'était pas vraiment imprésario musical : il avait tout au plus organisé quelques matchs de boxe ratés. Mais il avait appelé des amis, des mafiosi de Chicago qui géraient la MCA, la plus grande agence de management d'artistes du pays, et leur avait demandé un prêt. Avec l'argent, il avait racheté les contrats de Louis, réglé la note auprès de sa femme, de ses maisons de disques, des gangsters, et il avait ouvert un petit bureau d'imprésario. En quelques années, ils avaient non seulement réussi à remettre sa carrière sur les rails mais aussi fait de lui une véritable star auprès du grand public.

Douze ans plus tard, Louis était de nouveau dans le pétrin.

« Il n'est pas encore là ? demanda Louis.

— Il est en retard, expliqua Glaser.

— Ah, OK. »

Sur le mur derrière son manager se trouvait un tableau qui contrastait violemment avec le reste du décor. C'était une image du Sud d'antan, un champ de coton parsemé de joyeux Noirs jouant du banjo et chantant des chansons, l'air parfaitement ravi d'avoir été embringués dans l'esclavage. Louis repensa à toutes les tournées galères dans le Sud qu'il avait dû supporter, aux dangers qu'il avait dû affronter avec ses orchestres, à la haine raciale, à la menace de violence constante, aux fois où il avait été chassé de certaines bourgades simplement pour avoir cherché un endroit où manger, où il avait dû trouver un cuisinier noir pour lui filer à becqueter par la porte de service d'un restaurant, dormir dans le bus parce qu'aucun hôtel n'avait voulu leur louer une chambre.

Il fixa le tableau un moment avant de porter son regard sur son imprésario.

« T'es sacrément bronzé, dis donc.

— J'étais à Los Angeles ces quinze derniers jours », répondit Glaser.

ABC avait ouvert des bureaux à Los Angeles quelques mois plus tôt. C'était une nouvelle pierre pour bâtir le développement de l'entreprise.

« C'est sur la côte Ouest que ça se passe, maintenant, Louis. J'arrête pas de te le dire.

— C'est vrai. La musique et le cinéma. »

Louis avait dû dire ça avec un peu d'amertume, parce que Joe Glaser fit une grimace.

« Oublie les conneries de la dernière fois à La Nouvelle-Orléans », ajouta-t-il.

Il faisait référence au film raté dans lequel Louis et Billie avaient joué l'année passée.

« J'ai parlé à des producteurs de ciné. On va peut-être bientôt t'avoir un nouveau rôle dans un film. »

Louis acquiesça. Il songea à Hollywood, aux auditions de la Commission sur les activités antiaméricaines, à la façon dont tout ça avait ralenti sa carrière et détruit celles de beaucoup d'autres. Il repensa aussi à la façon dont Glaser traitait Billie Holiday. Il se demanda s'il l'avait vraiment fait mettre en prison, s'il allait vraiment l'envoyer dans ce centre de désintox. Ou si sa carrière était terminée. C'était toujours la crainte, au fond. C'était la peur des artistes noirs qui travaillaient dans un monde aux mains de gangsters blancs. La même peur que tous les pigeons qui avaient mis le doigt dans la gueule de la machine à racketter de la pègre. Les dockers, les boxeurs, les gars qui bossent sur les marchés, les proprios de restaurant, les éboueurs. On aurait dit que c'était toute la ville qui était sous leur emprise. Et peu importait que vous soyez jeune ou vieux, riche ou pauvre, célèbre ou anonyme.

« Comment s'est passée la tournée ? » demanda Glaser.

Louis lui résuma le désastre.

« Tu as vu les recettes des entrées ? » demanda-t-il à la fin de son histoire.

Glaser se contenta d'un hochement de tête.

S'il était au courant, alors pourquoi lui demandait-il comment ça s'était passé ? Il était évident que ç'avait été une catastrophe intégrale.

« Il faut qu'on change des trucs, boss, conclut Louis.

— La musique *swing*, c'est fini. Tu as lu l'article dans *Time* ?

— J'ai pas besoin de lire un magazine pour être au parfum.

— Par contre, les gens sont emballés par le *revival*, le retour du jazz des origines... Tu es sûr que tu n'es pas tenté ?

— Non, boss », fit Louis en secouant la tête.

L'amertume due à la sortie du film de l'année passée était encore bien présente. Louis avait besoin de prendre une nouvelle direction. Pas de continuer le *big band*, ni de se tourner vers le *revival*, ni vers le be-bop. Mais comment reconstruire une identité, dans ces conditions ? Quelques mois plus tôt, un agent nommé Ernie Anderson était venu le voir pour lui apporter une réponse potentielle. Il avait eu l'idée de produire un concert qui, selon lui, pouvait relancer la carrière de Louis. « Au lieu de gagner trois cent cinquante dollars par soirée, ça sera deux mille cinq cents », avait-il promis.

Anderson avait proposé d'organiser un concert où Louis se produirait avec cinq ou six des meilleurs musiciens du pays, un *all-star*. Un petit groupe, comme dans le temps, quand Louis était jeune. L'idée d'Anderson, c'était qu'au lieu de jouer de la musique *revival* ils feraient des standards, mais rajeunis, mélangés à des éléments novateurs apportés par des musiciens de la nouvelle génération, quelque chose de différent, d'hybride. Ni *revival* ni be-bop. Et certainement pas swing. Cet agent apportait à Louis une solution pour sortir de son dilemme.

Il avait réussi à vendre l'idée à la fois à Louis et à Glaser. Ils avaient signé des contrats et Anderson avait commencé à réunir un groupe, à louer une salle, à trouver les financements pour la promotion et la publicité. Il avait choisi Bobby Hackett, ancien trompettiste de Benny Goodman, pour la direction musicale. Le concert devait avoir lieu dans quelques jours et ils avaient rendez-vous avec Anderson pour discuter de certains détails.

En l'attendant, Glaser raconta son séjour à Los Angeles. Il acquiesçait tout en songeant à Ida. Est-ce qu'elle allait vraiment partir là-bas ? Visiblement, elle n'avait toujours pas surmonté le décès de son mari et paraissait piégée dans une forme d'immobilisme hésitant. Partir à L.A. lui ferait du bien et lui permettrait de prendre un nouveau départ. Du moment qu'il ne s'agissait pas seulement d'une fuite en avant.

Glaser continua son laïus, que Louis écoutait à moitié en regardant par la fenêtre la façade abrupte du gratte-ciel d'en face, dont les vitres laissaient apercevoir les gens qui y travaillaient. À travers les flocons de neige flottant dans le canyon entre les deux immeubles, il distinguait les rangées de bureaux, les secrétaires, les employés. Ils avaient tous l'air jeunes, bien mis, modernes. Qu'est-ce que ça pouvait bien être ? Une agence de publicité ? Un truc politique ?

Le regard dans le vague, il songea que quelque chose ne collait pas dans l'enquête d'Ida. C'était comme un détail évident, mais impossible à discerner. Est-ce que ce sentiment était venu en observant les employés ? Ou Glaser ? Billie Holiday ? Los Angeles ? Les esclaves jouant du banjo dans les champs de coton du tableau ? D'où ça pouvait bien venir ?

Alors qu'il essayait de retrouver un fil cohérent, ses pensées furent interrompues par l'arrivée de la réceptionniste qui accompagnait un Anderson échevelé.

« Désolé, je suis en retard, s'excusa-t-il. J'ai dû abandonner mon taxi qui était bloqué dans la circulation et remonter toute l'avenue à pied. Monsieur Armstrong. »

Il tendit la main à Louis, qui sourit et se leva pour lui serrer la main. Il tendit également la main à Glaser, qui ne se leva pas et la serra plutôt froidement.

« Asseyez-vous », fit Glaser.

Anderson s'installa et adressa un sourire à Louis et Glaser, sa bonne humeur intacte.

« Tout est prêt », annonça-t-il d'un air radieux.

Il avait un timbre très nasal, comme si sa voix provenait du fond de ses sinus.

« Les affiches ont été mises à la salle de concert il y a deux mois. Des publicités passent dans la presse spécialisée depuis six semaines. La salle m'a appelé hier : c'est complet. On a déjà la confirmation que les critiques du *New York Times* et du *New York Tribune* vont venir, et aussi le *Washington Post*, le magazine *Time* et *Newskeek*. Ce matin, j'ai vu les derniers détails du groupe avec Bobby. »

Il fit un grand sourire à Louis et lui tendit une feuille : *Jack Teagarden (trombone), Dick Cary (piano), Bobby Hackett (deuxième trompette), Peanuts Hucko (clarinette), Bob Haggart (contrebasse), Sid Catlett (1er batteur), George Wettling (2e batteur).*

« Comme je vous l'avais promis, monsieur Armstrong : le meilleur groupe que vous ayez eu depuis vingt ans. »

Son visage se fendit de nouveau d'un grand sourire. C'est vrai, c'étaient les meilleurs musiciens qu'il ait eus depuis son époque glorieuse à Chicago, dans les années 1920. C'étaient tous des jazzmen de première classe, des types tournés vers l'avenir. Hucko et Bobby Hackett avaient joué avec Benny Goodman, Catlett et Teagarden avaient bossé avec des groupes de be-bop à New York. C'était un parfait mélange de modernité et d'avenir.

Louis fut envahi par un agréable sentiment qu'il n'avait pas connu depuis longtemps : l'enthousiasme. Il passa la liste à Glaser, lui aussi ravi.

« Il n'y a plus qu'à décider de la liste des morceaux et à faire les répétitions, ajouta Anderson en sortant une feuille abîmée de sa poche. J'ai quelques idées. »

Vingt minutes plus tard, Anderson et Louis sortaient du bureau.

« Tu sais, j'étais pas sûr que tu y arrives…

— C'est pas encore fait », répondit Anderson avec un petit rire.

Ils montèrent dans l'ascenseur qui, après une secousse, entama sa descente.

« Vous aurez peut-être deviné, mais je suis fan, précisa Anderson.

— Oui, j'avais cru comprendre.

— Quand j'étais gamin, j'écoutais tous vos enregistrements avec le Hot Five et le Hot Seven. Les meilleurs disques de jazz de tous les temps !

— Ah, merci, mon gars. C'est vrai qu'ils sont pas trop mauvais. »

Anderson fit signe à un taxi et monta dedans. Louis le regarda partir. Dans la rue, les gens se dépêchaient pour échapper à la neige qui tombait. Il leva les yeux sur l'immeuble d'en face et fut traversé de la même impression irritante qu'il avait eue avant l'arrivée d'Anderson, le sentiment qu'il y avait dans l'enquête d'Ida quelque chose qui était lié au rendez-vous qu'il venait d'avoir, ou à cet immeuble, ou aux gens à l'intérieur. À moins qu'il ne s'agisse de la neige et de ses tourbillons.

XIII

DAILY NEWS

LE JOURNAL ILLUSTRÉ DE NEW YORK

Quotidien du soir — Samedi 8 novembre 1947

NOUVELLES LOCALES

MORT DU PROPRIÉTAIRE DE LA MAISON DES HORREURS

David Newark – correspondant aux affaires criminelles

Manhattan, 7 novembre. Milton Eldridge, 54 ans, propriétaire de l'hôtel surnommé « la Maison des horreurs de Harlem » après les meurtres sordides qui y ont été perpétrés l'été dernier, est décédé après avoir été renversé par un chauffard qui a pris la fuite sur la 128ᵉ Rue à Harlem. M. Eldridge traversait à l'intersection de la 7ᵉ Avenue, un peu après 10 heures du matin, quand il a été heurté par un véhicule de passage. Il a été trouvé inconscient mais encore en vie par des agents de police. Il a cependant succombé à ses blessures sur les lieux avant l'arrivée des secours médicaux. Aucun témoin de l'accident ne s'est manifesté jusqu'ici et la police a diffusé un appel à témoins. Toute personne disposant d'informations est priée de contacter le commissariat du 28ᵉ District sur la 8ᵉ Avenue, entre la 122ᵉ et la 123ᵉ Rue, ou d'appeler la police sur la ligne réservée aux urgences criminelles au numéro suivant : UN ivrsty 4-8783.

32

Samedi 8 novembre, 11 heures

La levée de fonds avait lieu dans la salle de réunion de la grandiose église anglicane de l'Upper East Side, un de ces bâtiments opulents et ornés de dorures dont même les murs sentent l'argent à plein nez. Le ticket d'entrée coûtait cinquante dollars et servait à financer une association caritative pour venir en aide aux miséreux de la ville. En faisant des recherches sur le député Paul J. Helms, Michael et Ida avaient vu l'événement annoncé la veille dans le journal. Michael avait appelé les organisateurs et appris qu'il restait des places. Il était venu pour le voir en personne, pour prendre la mesure de cet homme et tenter de voir s'il cachait une addiction à la drogue pour laquelle Cleveland le faisait chanter, ou bien s'il s'agissait d'autre chose.

Michael arriva tôt, s'installa à une place sur le côté, dans une des rangées au milieu de la salle. Le reste de l'assemblée était âgé et fortuné. C'étaient des femmes d'un âge certain, parées de bijoux et de coiffures fantasques, et de vieux messieurs qu'on semblait avoir traînés là contre leur gré et qui ne voyaient pas l'intérêt qu'il pouvait y avoir à aider les pauvres.

Il y avait six personnes sur scène : les cinq orateurs, assis sur une rangée, et une maîtresse de cérémonie qui se tenait à un lutrin au centre de la scène et présentait la biographie de chaque intervenant. Sa description de Helms correspondait à ce qu'Ida et Michael avaient pu apprendre. C'était un jeune député d'une circonscription proche de New York, un héros de guerre qui militait pour le changement social, une star montante du monde politique, quelqu'un dont on entendrait beaucoup parler dans les années à venir.

À la fin des présentations, elle appela le premier des orateurs au lutrin. C'était un curé d'une paroisse de Harlem qui venait expliquer à tous ces gens qui se vautraient dans la richesse les ravages que causait l'héroïne chez des gens qui vivaient à dix minutes en voiture de chez eux. Ce curé irlandais au teint rougeaud dépeignit les horreurs de la drogue dans un style oratoire très proche du ton des églises évangéliques qui n'aurait pas semblé incongru à Dublin au XIXe siècle.

Tandis qu'il développait son argumentation, Michael en profita pour étudier Helms. Jeune et grand, il portait beau avec sa large carrure. Il émanait de lui une impression de bonne santé, une fraîcheur en provenance directe de la campagne, une transparence qui rendait Michael soupçonneux dès qu'il la constatait chez un homme politique ou un commercial. Si ce que le spécialiste des effets sonores lui avait dit était vrai, alors il s'agissait de l'homme que Cleveland faisait chanter. Celui qui, au bout du compte, était responsable de l'arrestation de Tom. Étrangement, Helms constituait un lien entre les sommets de la classe politique, le monde de l'industrie du cinéma, les bohèmes de Greenwhich Village et les bas-fonds où vivaient les criminels, les meurtriers et les camés. La question était de savoir comment cela était possible. Car s'il y avait une chose de sûre, c'est que Helms n'était pas un junkie. Il avait trop bonne mine pour cela. Si Cleveland le faisait chanter, c'était pour autre chose qu'une dépendance à la drogue.

L'Irlandais finit son discours et laissa le micro à une dame qui dirigeait un refuge pour les femmes battues. Puis Helms prit place au lutrin et parla des dispositifs mis en œuvre pour aider les anciens combattants. Il parla de son service dans la 7e Armée pendant l'invasion de l'Italie, des horreurs et de la désolation de la Sicile, de Naples. Il jouait au héros de guerre : c'était une posture qui valait de l'or socialement, et il arrivait à la tenir en gagnant des points sans jamais en faire trop. Il interprétait ce rôle à la perfection.

Et cela faisait mal. Car sa façon d'utiliser les horreurs de la guerre pour se faire mousser n'empêchait pas Michael de voir à travers ce vernis tout l'arrivisme de cet homme. Helms était visiblement de ces personnes qui confondent assurance et arrogance, sont parfaitement adaptées pour s'épanouir dans une culture superficielle et prennent cette réussite pour le signe de leur grandeur, et non des défauts de la société.

Michael laissa ses pensées verser dans le ressentiment, et les discours furent finis plus rapidement qu'il ne l'avait imaginé. La maîtresse de cérémonie revint pour conclure et quelques maigres applaudissements permirent enfin de clore l'événement. Les gens se levèrent, traînassèrent, ouvrirent leur chéquier. Les orateurs descendirent de la scène pour se mêler au public.

Helms tirait le maximum de l'auditoire : il serrait des mains, souriait, bavardait, et l'on devinait une faconde facile et bien huilée. Michael se perdit à nouveau dans sa contemplation. On applaudissait un coupable et on enfermait son fils à Rikers, où il se retrouvait battu, brisé, cerné par des tueurs, avec l'ombre de la chaise électrique qui l'attendait au bout du couloir. Michael avait toujours été honnête, il n'avait jamais pensé à lui en premier. Helms représentait son contraire. Et c'était peut-être précisément pour cela que Helms était une star montante de la politique, tandis que Michael se battait pour sauver son fils. C'était peut-être la moralité de Michael qui l'avait mis dans ce pétrin. Un peu d'égoïsme aurait peut-être été plus utile à sa famille.

Pendant que Michael était perdu dans ses pensées, Helms s'était approché sans qu'il s'en aperçoive. Il était à présent juste devant lui, avec un grand sourire. Pas un cheveu de travers, pas la moindre peluche sur son costume.

« Cher monsieur, lui fit-il en lui tendant la main, merci d'être venu. »

Michael lui lança un regard mauvais.

Helms attendit, la main en suspens. Michael avait envie de lui envoyer son poing dans la face, qu'il se retrouve avec la gueule pleine de bleus, comme Tom. Mais il n'était même plus certain de pouvoir y arriver. Il ne se rappelait plus la dernière fois où il s'était battu. Et puis, surtout, il ne pouvait pas se permettre de faire un esclandre sans faire courir à Tom un plus grand danger encore. Si Helms comprenait qu'il était repéré, alors Tom risquerait d'autant plus de se faire descendre en taule. Michael était censé être là incognito, se fondre dans le public et partir le plus vite possible.

Helms attendait toujours, la main tendue. Une certaine confusion commençait à se lire sur ses traits.

« De rien », dit finalement Michael.

Il serra sa main froide et moite, mais à la poigne ferme.

Helms hocha la tête. Michael espérait qu'il n'avait pas éveillé ses soupçons. Il n'en voyait en tout cas pas trace sur son visage lisse. Guidé vers la porte par ses conseillers, prestement convoyé à travers le public en adoration, il était déjà passé à autre chose.

Michael le regarda s'éloigner et se sentit soudain très las. Vieux, fatigué, impuissant et idiot. Pourquoi était-il venu ? Pour se faire une idée des secrets de Helms ? Pour avoir un aperçu de sa personnalité ? Ou pour prendre des risques stupides ?

Il quitta la salle, descendit les escaliers et se retrouva dans la fraîcheur matinale new-yorkaise. Helms et sa garde rapprochée étaient aussi sur le trottoir, devant deux Cadillac. Ils s'arrêtèrent un instant pour parler à une mère de famille euphorique qui tenait la main à une petite fille vêtue d'un manteau d'hiver bleu et blanc. Michael s'arrêta pour les regarder. Helms se pencha et parla à la petite fille. Le vent qui s'engouffrait dans la rue fit frémir et s'agiter la fourrure qui ourlait son manteau. Helms lui fit une pichenette sur le menton. Ce geste inspira à Michael une nouvelle bouffée de haine intense. Cet homme, responsable de quatre morts à Harlem, et peut-être de la mort de Tom, électrocuté sur la chaise, jouait au gentil monsieur auprès d'une mère et de sa fille.

Helms et son entourage disparurent dans les Cadillac, dans la circulation, dans la ville. En voyant la mère et la fille repartir, Michael comprit pourquoi il était venu. Ce n'est pas tous les jours qu'on peut regarder le diable dans le blanc des yeux et lui serrer la main.

Dans le taxi qui l'emmenait vers le centre, il tenta de lutter contre son accablement. Il contempla les gens qui faisaient du shopping en ce samedi après-midi, qui persévéraient malgré la violence du vent qui balayait la ville. Le taxi s'immobilisa à un carrefour et, à travers la foule et la neige qui venait de commencer à tomber, Michael aperçut des affiches sur un mur d'immeuble. Il y avait des publicités pour des services de teinturerie, pour des pneus, pour des bijoux fantaisie. Les coins des placards les plus récents se soulevaient, révélant les affiches plus anciennes, y compris celles appelant le public à acheter des obligations pour l'effort de guerre. On y voyait un GI enjoué entrant dans un jardin bordé d'une clôture de piquets blancs pour se diriger vers une maison américaine type. En bas de l'image se trouvait l'inscription « Pour qu'il revienne plus vite, achetez des obligations ».

Michael fixa l'affiche avec une pointe d'agacement. Il songeait à Helms, rentrant chez lui où l'attendait une lumineuse carrière politique, tandis que Tom errait dans les rues avant de finir en taule. Cleveland était aussi rentré abîmé et s'était retrouvé accro à la came. Même Bucek avait combattu. Et tout ça pour se retrouver massacré dans une piaule sordide de Harlem.

Le taxi poursuivit son chemin et l'image du GI et de sa jolie clôture blanche disparut. Mais elle resta dans l'esprit de Michael avec une persistance irritante. Jusqu'à la 4e Avenue, l'affiche lui trotta dans le subconscient, s'accrocha aux aspérités nébuleuses de sa mémoire en exigeant un peu d'attention.

Et soudain, tout se mit en place.

La guerre.

Cleveland, Bucek et Helms avaient tous fait la guerre.

Et s'ils avaient combattu ensemble ?

Et si c'était ça, le lien ?

Michael repensa à Helms évoquant la période où il avait combattu en Italie avec la 7e Armée, et autre chose se mit soudain en place. Faron. Carrasco qui lui avait parlé d'une rumeur disant que Faron s'était réfugié en Italie pendant la guerre. Il avait peut-être bien été là-bas en même temps.

Faron, Cleveland, Helms. C'était peut-être pendant la guerre que leurs chemins s'étaient croisés. Comment un musicien de jazz noir, un jeune politicien et un mafioso auraient-ils pu se croiser, sinon dans le contexte de ce grand égalitarisme qui survient durant les périodes de guerre ?

Si Cleveland était basé en Italie avec Helms, alors il pouvait très bien l'avoir fait chanter pour quelque chose qui s'était produit pendant la guerre. Cela pouvait n'avoir rien à voir avec la drogue, l'homosexualité ou des parties fines à Greenwich Village.

Et Bucek avait peut-être lui aussi été basé en Italie. Si Cleveland et lui avaient tous les deux participé au chantage, alors cela expliquait qu'ils se soient retrouvés ensemble à l'hôtel Palmer.

« Hé ? »

Michael leva les yeux et se rendit compte que le taxi s'était arrêté. Le chauffeur, tourné vers lui, le regardait en faisant gigoter son cure-dent dans tous les sens.

« On est arrivés », dit-il en regardant Michael comme s'il était cinglé.

33

Samedi 8 novembre, 13 h 45

Michael débarqua dans le bar d'un pas mal assuré, encore tout étourdi par sa découverte. Il regarda autour de lui. Il était dans un endroit vieillot, avec de la sciure de boucher par terre, des tonneaux derrière le comptoir et des crachoirs en métal tous les deux tabourets. Il se faufila à travers la foule pour retrouver Carrasco et Ida. Il y avait du monde, essentiellement des gens qui sortaient de cinq jours et demi de travail et avaient hâte de dépenser leur paye.

Michael retrouva Ida assise seule au comptoir.

« Désolé, je suis en retard. Où est Carrasco ?

— Il est passé et reparti. »

Ils s'étaient donné rendez-vous pour que Michael récupère la liste des appels du téléphone de l'hôtel Palmer. Ida lui passa quelques feuilles de papier pliées. Carrasco avait tenu parole.

« Tu veux une bière ? » demanda-t-elle en montrant la pinte qu'elle avait devant elle.

Michael fit non de la tête.

« Je crois que j'ai compris ce qui se passe. »

Il lui raconta sa matinée avec Helms, les combats en Italie, le lien avec Bucek, Cleveland, Faron.

Elle resta un instant déconcertée puis son regard s'illumina.

« Au club de jazz, l'ami de Cleveland a mentionné qu'il avait fait la guerre en Europe. Ils étaient peut-être tous en Italie.

— Ça colle avec Faron. Il s'enfuit en Italie en 1933 pour éviter les retombées de son massacre au restaurant. Quelques années plus tard, la guerre éclate en Europe et il se retrouve coincé là-bas. À la fin de la guerre, il revient aux States.

— Il y a un point sur lequel je ne te suis pas. Si Faron avait été en Italie pendant la guerre, en tant qu'Américain il se serait sûrement fait emprisonner ou fusiller.

— On n'en sait rien, s'il est américain… Personne ne sait d'où il vient. »

Ida réfléchit et lui concéda l'argument d'un hochement de tête.

« Donc, résuma-t-elle, c'est la fin de la guerre et il revient en Amérique pour reprendre ses petites affaires. Cleveland fait chanter Helms qui lui met un contrat sur la tête. Il connaît Faron qu'il a rencontré pendant la guerre, et lui confie le boulot.

— Ou bien il se renseigne et quelqu'un lui conseille Faron, suggéra Michael.

— Helms l'embauche sans savoir que Faron a été quelque peu brouillon avec sa précédente mission au restaurant.

— Peut-être, conclut Michael.

— Peut-être », reprit Ida.

Ils se regardèrent, tous deux galvanisés par cet exercice qui leur rappelait le bon vieux temps.

« Nous ne savons toujours pas si Cleveland et Bucek étaient en Italie, ajouta Ida. Il faut vérifier. Et puis Cleveland est noir. Il n'aurait pas été incorporé dans le même régiment.

— Il faut qu'on trouve où ils étaient affectés.

— On peut retourner parler à O'Connell. Il saura sans doute.

— Et pour Bucek ? »

Michael réfléchit.

« Ses parents. Il y a leur adresse dans le rapport de police. C'est dans le Queens.

— Tu prends qui ?

— Je m'occupe d'O'Connell. Je pense que ça marchera mieux pour toi dans le Queens. »

Ils se levèrent et sortirent.

Michael héla un taxi pour Ida.

« Je passe à ton appartement quand j'ai fini », précisa-t-elle.

Michael attendit le taxi suivant, mais il lui fallut en essayer trois différents avant d'en trouver un qui accepte de l'amener là-bas, à l'est de Manhattan. Ils empruntèrent le pont de Queensboro qui les propulsa dans le ciel, très loin au-dessus du fleuve. L'armature du pont défilait au-dessus d'eux, poutrelle après poutrelle, comme un obturateur qui se déclenche à répétition. La neige tourbillonnait dans le vent. Vers le sud, on voyait jusqu'à la pointe de Manhattan, baignée par le fleuve étale et grisâtre, piqué de bateaux et de navires. Le bout de Welfare Island émergea de l'eau : les arbres et les toits filèrent sous le pont à toute allure, comme si Michael passait en avion.

Puis le pont s'inclina lentement vers le sol et ce fut comme s'ils se posaient dans le Queens. Ils traversèrent des quartiers dépourvus de noms et arrivèrent enfin à Astoria, dans une rue agréable bordée d'arbres et de petites maisons carrées.

Michael paya le chauffeur et sortit sous la neige. En se dirigeant vers la maison, son enthousiasme s'amenuisa : il rendait visite aux parents d'une victime de meurtre. Cela lui rappela ses années dans la police, quand des visites de la sorte constituaient sa routine. Comment avait-il pu supporter cela si longtemps ?

Il se posta sur le perron, sonna et attendit.

Une femme d'âge mûr ouvrit la porte. Elle était vêtue d'un pull-over angora et d'une jupe froncée.

« Oui ? demanda-t-elle d'un air soucieux en fixant les marques de variole sur son visage.

— Madame Bucek ?

— Oui ?

— Je m'appelle Michael Talbot. Je suis détective privé et je voulais vous parler de votre fils, Arno. »

Pendant quelques instants, elle ne laissa absolument rien paraître. Puis ses yeux se voilèrent, s'opacifièrent, se remplirent de douleur et de chagrin. Michael savait bien ce qu'elle avait dû endurer, toutes ces années d'angoisse pendant que son fils était à la guerre, et tout ça pour qu'il revienne se faire tuer quelques mois après être rentré à la maison.

« Talbot ? »

Le même nom que l'homme qui avait été arrêté…

« Madame, je sais que c'est difficile pour vous. Mon fils est la personne qui est accusée du crime. J'essaie de faire éclater la vérité. Je pense que le meurtre avait quelque chose à voir avec ce qui est arrivé à votre fils pendant la guerre. Je voulais savoir si c'était possible de vous poser quelques questions. »

Elle fronça les sourcils, l'air désemparé.

« Mais ce n'est pas possible, celui qu'ils ont arrêté est un Noir.

— C'est mon fils. »

Elle continua à le fixer sans comprendre.

Michael finit par sortir sa photo de famille de son portefeuille et la lui tendit.

Un moment s'écoula.

Puis une expression de dégoût envahit son visage.

« Laissez-moi tranquille », dit-elle sèchement avant de lui claquer la porte au nez.

Michael regarda la photo tomber par terre, dans la neige.

Il écouta mais n'entendit pas ses pas s'éloigner.

« Madame, on a raconté des mensonges sur mon fils. Comme on en a raconté sur le vôtre. Je sais qu'il n'était pas drogué. Il n'avait pas la moindre trace de piqûre sur les bras. On a tué votre fils, madame. Je vous en conjure, ne laissez pas le mien connaître le même sort. »

Il attendit, en priant pour que son discours lui ouvre la porte.

Mais ce ne fut pas le cas.

Il poussa un soupir et se pencha pour ramasser la photo. Il essuya la neige fondue et contempla le visage de son épouse et de ses enfants. Il n'aurait su dire, dans la réaction de cette femme, quelle part était due au fait qu'il était le père de l'homme accusé de meurtre, et quelle part était inspirée par la famille de Michael. Toute sa vie, il avait été conscient du racisme, et il avait bien vu l'effet que cela avait sur Annette. Mais ce n'était que quand il avait eu des enfants noirs qu'il avait vraiment compris. Ç'avait été en voyant comment eux étaient visés qu'il en avait ressenti le poids quotidien, partout, tout le temps. C'était un fond de haine raciale qui pouvait surgir à n'importe quel moment. Annette lui avait dit que la première chose que voyaient les Blancs, c'était sa couleur de peau. C'était aussi, souvent, la seule chose dont ces gens se souvenaient. Et Michael savait, malheureusement, que c'était vrai.

Il aurait été difficile à Mme Bucek de le laisser entrer de toute manière, parce qu'il était le père du suspect. Mais il ne pouvait s'empêcher de penser que, si sa famille avait été blanche, cette femme aurait peut-être été un tout petit peu plus encline à l'écouter. Peut-être.

Alors qu'il remettait la photo dans son portefeuille, il entendit un petit bruit. La porte se rouvrit et Mme Bucek réapparut, des larmes dans les yeux.

« J'ai parlé à la police. Je leur ai dit qu'il n'était pas drogué, mon fils. Ils m'ont dit que j'étais hystérique. »

Michael sentit à son tour les larmes lui monter aux yeux.

« Madame, je suis désolé de ce qui est arrivé à votre fils. Empêchez-les de faire pareil au mien. Je vous en supplie. »

Quarante minutes plus tard, il était dans le métro qui le ramenait vers Manhattan. Et, trente minutes plus tard, de retour dans son appartement. Il se versa un verre de *rye whisky* et se mit à réfléchir. Quand il était allé à la réunion caritative ce matin même, on lui avait donné un fascicule avec des renseignements. Il y avait notamment le numéro de téléphone du bureau de Helms à Washington.

On était samedi, en fin d'après-midi. Il se demanda si l'heure n'était pas trop tardive mais tenta quand même. Au bout de quelques sonneries, un homme répondit.

« Bureau du député Helms, j'écoute.

— Bonjour, je m'appelle John Brown. J'appelle pour le *Times*, de New York. J'étais à la levée de fonds caritatifs de ce matin où monsieur le député a fait un discours.

— Oui, en quoi puis-je vous aider ?

— J'écris un article sur l'événement et je voulais vérifier des détails sur l'activité militaire de monsieur le député.

— Que voulez-vous savoir ?

— Quand il était basé en Italie, il a mentionné Naples, mais je ne suis pas certain des dates.

— Un instant, je vous prie. »

Pendant une minute ou deux, il entendit qu'on remuait des papiers à l'autre bout du fil, puis la voix se fit de nouveau entendre.

« Il a été en poste à Naples pendant dix-huit mois, entre 1944 et 1945.

— Merci, monsieur. »

Michael raccrocha et se permit un mince sourire.

Il approcha une chaise de la fenêtre. La vue n'était pas désagréable. C'était l'intersection de la 58e Rue Ouest et de la 7e Avenue, avec les arbres de Central Park au nord. Un Manhattan de carte postale. Il regarda la neige tomber, les gens qui se déplaçaient sur les trottoirs, le soleil qui se couchait, la nuit qui arrivait.

À 18 h 20, il entendit la clé dans la porte et Ida entra en secouant son manteau pour faire tomber la neige.

« Cleveland a servi dans la 7e Armée. Il était dans un bataillon noir et comme ils n'avaient pas le droit d'être en service actif, ils ont eu des tâches d'intendance sur les quais de Naples de 44 à 46.

— Bucek aussi a servi là-bas. Sa mère m'a tout raconté. Il faisait partie du gouvernement militaire allié à Naples. Helms était en poste au même endroit. J'ai appelé son bureau tout à l'heure. »

Ida eut un sourire de satisfaction.

« C'est donc là-bas qu'ils se sont rencontrés, conclut-elle. Naples. C'est pour ça qu'ils se connaissaient et c'est pour ça que Bucek a fini par aller se planquer dans une piaule pour camés à Harlem. »

Michael hocha la tête en souriant.

« Tu es gelée. Viens t'asseoir près du radiateur. Je vais te servir un verre. »

Elle traversa la pièce et s'installa sur le canapé, les mains au-dessus du radiateur.

« Comment tu vois les choses ? » demanda-t-il.

Elle prit une gorgée et le fixa.

« Bucek et Cleveland étaient à Naples pendant la guerre. Ils y ont vu Helms, et peut-être Faron, faire quelque chose de pas net du tout. Ils sont rentrés aux États-Unis et ont repris leur vie tranquillement. Et puis comme ça, par hasard, Cleveland tombe sur Helms lors d'une soirée. Il le reconnaît, se rend compte que la personne qu'il a connue pendant la guerre est désormais député et qu'il peut le faire chanter à propos de ce qui s'est passé en Italie. Il essaie de lui extorquer de l'argent, avec l'aide de Bucek. Mais Helms et Faron répliquent. Bucek se fait massacrer à l'hôtel mais Cleveland réussit à s'échapper. »

Michael lui lança un regard satisfait.

« C'est à ça que ça ressemble, en tout cas.

— Il faut à tout prix qu'on découvre ce qui s'est passé à Naples.

— Autre chose, ajouta Michael. Et si jamais il n'y avait pas que Cleveland et Bucek qui étaient mêlés au chantage ? D'autres personnes pourraient être au courant de ce qui s'est passé en Italie. Si Helms et Faron sont en train de faire le ménage…

— Il y a peut-être déjà eu d'autres meurtres, dit Ida en achevant sa pensée.

— Et il faudrait qu'on découvre combien de personnes ils ont déjà assassinées. »

XIV

« C'est le policier qui agit avec à-propos qui fait honneur à la politique de la Police de New York. Pour les résidents temporaires et les visiteurs, il est le représentant de la ville. Son comportement et son attitude quand il est au contact du public sont susceptibles de donner une image favorable ou défavorable de sa personne, de son administration et, fort souvent, de la ville elle-même. »

Police de New York,
Manuel de procédure, 1949

34

Vendredi 7 novembre, 20 h 14

Après l'accident, Gabriel fit sa déposition. Mais, au lieu d'aller à l'hôpital, il prit un autre chemin. Il voulait rentrer chez lui, s'enfiler un seau de cachetons et laisser passer la commotion, le choc, l'adrénaline. Il ne voulait pas non plus que Sarah ou Mme Hirsch le voient dans cet état lamentable et sanguinolent. De toute façon, il n'arriverait pas à dormir malgré la fatigue. Il était trop agité, trop surchauffé. Alors il décida de réfléchir. Il se rendit dans un bar où il fit de son mieux pour se nettoyer du sang dans les toilettes, puis il appela un garagiste pour qu'il se charge de récupérer la Delahaye à la fourrière où la police l'avait mise. Il appela Salzman, avec qui il prit rendez-vous pour plus tard dans la soirée, et passa un coup de fil à Havemeyer pour lui dire qu'il ne pourrait pas venir. Ensuite, il prit un taxi qui l'amena à un service de location de voitures où il avait ses habitudes et loua une Cadillac noire Série 62.

Puis il retourna vers le nord pour retrouver Salzman. Le ciel était clair, éclaboussé d'étoiles. La lune argentait les contours de la ville. Il se demanda ce qu'il pourrait bien dire à Costello. Qu'il avait eu l'argent entre les mains et qu'il l'avait laissé filer ? Que c'était Faron qui l'avait ? Est-ce que Costello le croirait ? L'idée qu'un type comme Faron, qui n'était qu'un mythe pour la plupart des gens, surgisse d'une voiture de police pour lui prendre le pognon serait difficile à avaler. Costello pourrait penser que c'était une manœuvre.

Il se gara dans la même rue de Harlem Est que la dernière fois qu'il l'avait vu. Il attendit. Fuma des cigarettes. Attendit encore. Combien de temps mettrait l'adrénaline à se dissiper ? Il attendait que son pouls ralentisse, que son cœur arrête de cogner sur ses côtes comme un fauve cherchant à quitter sa cage. De temps en temps, un passant emmitouflé se dépêchait d'aller se mettre à l'abri, une voiture se profilait lentement dans la pénombre. Gabriel guettait chaque mouvement, prêt à y voir une menace. Il était tendu, anxieux, parano.

Au bout d'un certain temps, la voiture de Salzman se gara près de lui. Il sortit de son véhicule pour prendre place dans la Cadillac au côté de Gabriel.

« T'as plus ta voiture de sport ?

— M'en parle pas. »

Salzman le fixa.

« Qu'est-ce qui t'est arrivé au visage ?

— M'en parle pas non plus. »

Salzman prit une expression soucieuse : il était en train de se poser des questions, d'établir des liens. Quand Gabriel l'avait appelé, il lui avait dit qu'il voulait des informations sur les flics qui avaient été impliqués dans l'accident de l'après-midi.

« Putain, c'est toi qu'ils poursuivaient ? »

Gabriel lui lança un regard où on pouvait clairement lire « Changeons de sujet, tu veux ? ». Comme Salzman savait lire, il se contenta d'un petit sifflement perplexe.

« C'était qui, tes deux potes qui ont plongé dans le fleuve ?

— Les lieutenants Doyle et Higgs. Des Irlandais. Des petits joueurs. À ce que j'entends dans les couloirs, ils avaient convoyé des fonds pour les Gagliano à

Harlem, côté italien. Et puis ils sont passés à des choses plus lucratives. Tu m'expliques un peu ? »

Gabriel pianota sur le volant.

« Ils ont essayé de me braquer. »

Salzman le fixait dans l'ombre sans savoir comment réagir.

« C'est peut-être les Gagliano qui le leur ont ordonné ? » proposa-t-il.

Gabriel tentait d'établir un lien entre les Gagliano, Faron et l'argent de Benny. Est-ce que c'était eux, la famille, qui avait tout manigancé ? Et pas Genovese ? Après tout, c'était à Harlem Est, le territoire de la famille Gagliano, que Benny était venu planquer l'argent.

« Ils s'en sont sortis ?

— Doyle et Higgs ? Pas du tout. L'un s'est fracassé le crâne dans l'accident et l'autre s'est noyé. »

Gabriel hocha la tête. Il laissa la nouvelle de leur mort le pénétrer. La culpabilité viendrait bien assez tôt, une fois le choc passé. En attendant, il considérait toutes les possibilités et se disait que leur disparition compliquait un peu les choses, même si elle en simplifiait d'autres.

« Et les meurtres dont je t'ai parlé, ça avance ?

— Je suis dessus. Donne-moi encore deux jours. »

On était vendredi soir. Gabriel devait partir jeudi. Plus que six jours.

Salzman le scrutait.

« Tu vas bien ?

— Ça va.

— T'as vu un médecin ?

— Pas besoin. »

Il voyait bien à son regard que Salzman ne le croyait pas, mais il fit comme si.

« Bon, fais gaffe à toi, Gabby. On se reparle bientôt. »

Il ouvrit la porte et retourna à sa voiture.

Gabriel regarda le véhicule s'en aller et s'alluma une nouvelle cigarette.

Il se demanda si les deux flics qui étaient morts l'avaient suivi ou bien si c'était le concierge de l'immeuble qui les avait avertis. S'ils étaient en filature, c'est qu'ils travaillaient pour quelqu'un. Depuis quand étaient-ils après lui ? Est-ce qu'ils l'avaient vu récupérer les passeports auprès du faussaire ? Si c'était le cas, tout son stratagème était compromis. Il se dit qu'il devait appeler la clinique de Toronto pour vérifier que le faussaire était bien arrivé.

On était vendredi soir et il avait la poitrine lourde, lourde d'angoisses et de peurs. Il mit le contact et la Cadillac démarra pour traverser la ville. Il fit ce qu'il n'avait pas fait depuis des années. Il parcourut New York à la recherche de Faron, sillonnant ce cimetière comme un spectre à la recherche d'un autre spectre, uniquement éclairé par les enseignes publicitaires qui envahissaient chaque nuit le ciel de la ville pour guider le consommateur vers la terre promise. C'étaient ces panneaux qui partageaient la ville en plusieurs camps : ceux qui avaient les moyens, et les autres. Ceux qui vivaient dans l'Olympe, éclairés aux néons, et ceux qui languissaient dans l'ombre, le monde criminel où Gabriel, tel un ange déchu, avait trouvé refuge. Faron était là, lui aussi, quelque part dans cet arrière-monde d'usines, de ruelles et de taudis, là où grouillaient les pauvres, les exploités, les marginaux. Faron devait être en train de chercher qui était Gabriel, où il demeurait, quand il pourrait se jeter sur lui. Ce ne serait pas ce soir ni demain, mais bientôt. Dans les prochains jours.

Gabriel parcourut le secteur de Hell's Kitchen, Chelsea, Midtown. Les docks de l'East Side. Il alla dans les quartiers chauds où Faron repérait ses victimes, les terrains vagues où il se débarrassait des corps. Il prit le pont menant aux quais de Brooklyn. Il y avait bien d'autres endroits où il aurait pu aller. À Long Island, dans le Bronx, à Jersey City. Avec le froid glacial, les rues étaient vides, ce qui était inhabituel. Même les gratte-ciel, ces géants dont les épaules dessinaient l'horizon de Manhattan, donnaient l'impression de se blottir les uns contre les autres pour se réchauffer. Quelques prostituées frissonnaient sur le trottoir, ainsi que des coursiers apportant des télégrammes, une poignée de flics, des clochards en lambeaux qui se recroquevillaient autour de feux allumés dans des poubelles et cherchaient un rayon de soleil au fond de leur sachet en papier kraft. Gabriel savait qu'à moins d'avoir un coup de bol extraordinaire il n'avait aucune chance de le retrouver en sillonnant la ville en voiture. Mais il fallait bien qu'il fasse quelque chose le temps que sa tête arrête de tourner. Il fallait rester actif encore un peu. Le rituel allait repousser le démon.

Au bout de deux heures, il dirigea sa Cadillac vers l'ouest et traversa de nouveau la ville, cette fois-ci pour rentrer chez lui.

Il entra sans faire de bruit. Sarah et Mme Hirsch dormaient.

Il alla à sa chambre, retira ses vêtements pleins de sang, examina son nez, les contusions sur son genou et prit une douche. Puis il mit des sous-vêtements propres et déambula dans l'appartement, vérifiant que les verrous et les fenêtres étaient fermés, les flingues bien planqués là où ils devaient être.

Il prit deux cachets de Séconal et deux cachets de Nembutal qu'il fit glisser avec un whisky et se glissa dans son lit. Tout ce qu'il voulait, maintenant, c'était dormir. Un sommeil profond et sans rêve. Il fixa le plafond blanc de sa chambre et, encadré par les appliques qui faisaient comme un écran, il vit se dérouler le film de l'assassinat de sa sœur, suivi de l'accident, du moment où Faron le menaçait et enfin de Faron attaquant Sarah. C'était un film d'horreur produit par sa propre peur. En regardant défiler les images fantomatiques, il se demanda si c'était, par sa faute, ce qui attendait Sarah. Il chercha un stratagème pour éviter que ce film ne devienne réalité et se rendit compte que c'était peut-être justement tous ces stratagèmes qui l'avaient amené là.

Quand il se réveilla, il faisait plein jour et cela lui mit du baume au cœur. Parfois, en hiver, comme les journées étaient courtes et que Gabriel ne mégotait pas son temps au Copa, il ne voyait pas le soleil pendant des semaines.

Il entendit Mme Hirsch dans la cuisine et, quand il se leva et entra dans le salon, il vit Sarah installée sur le canapé, qui buvait un jus d'orange.

Elle se figea en le voyant.

« Qu'est-ce qui t'est arrivé ?

— J'ai eu un accident de voiture. Je vais bien. »

Elle continua à le fixer sans savoir si elle devait le croire ou pas, puis elle se leva d'un bond et se précipita dans ses bras. Il sentit sa chaleur contre lui, la tendresse de ses bras. Il l'étreignit à son tour et ils restèrent ainsi longuement. Elle était à nouveau une petite fille et Gabriel eut envie de pleurer. Il se sentit envahi par le besoin impérieux de la protéger. C'était tout ce qui comptait. Il fallait être idiot pour y trouver à redire alors que la vie vous offrait de tels moments.

Mme Hirsch entra et s'arrêta sur le seuil avant de repartir sans rien dire.

Ils se détachèrent doucement mais il la garda devant lui, les mains sur ses épaules, jusqu'au moment où le téléphone sonna.

Elle alla répondre et se retourna pour lui tendre le combiné.

« C'est pour toi, c'est tonton Frank. »

35

Samedi 8 novembre, 12 h 30

Il y avait beaucoup de monde au Waldorf-Astoria, entre les clients qui arrivaient, qui partaient, ceux qui allaient au Norse Grill ou au Starlight Roof, les restaurants de l'hôtel. La fille du vestiaire gérait en continu l'arrivage de manteaux en vison et en cashmere, d'écharpes en soie, de gants de cuir. Gabriel traversa l'étendue de marbre et passa sous l'arcade qui le mena au bar.

Les tables et les banquettes débordaient de monde. Le maître d'hôtel le mena jusqu'à une banquette vide d'où l'on retira prestement le carton marqué « réservé ». Il scruta les clients. C'étaient des jeunes filles nanties portant des robes New Look, des bourgeoises de la haute société vêtues de noir et décorées de rangs de perles, des hommes en costume travaillant dans de grandes entreprises et des agences de publicité. C'était ces gens-là qui concevaient les enseignes lumineuses qu'on voyait flotter partout dans la ville. Et partout on les voyait boire, bavarder et rire. On aurait dit que tout le restaurant étincelait de chromes et de cuir, de lumières et de belles nappes, de l'argenterie qui brillait sous les rayons du soleil que la verrière géante laissait entrer.

Et il était là, avec seulement cinq jours pour retrouver l'argent, Faron dans la nature et Costello qui allait le faire passer sur le gril.

Une serveuse s'approcha et lui demanda s'il voulait un verre. Il commanda un martini, histoire d'être dans le ton. La serveuse s'en alla promptement et il s'alluma une cigarette en essayant de réfléchir à ce qu'il allait dire à Costello. Que pouvait-il lui raconter ? Il essaya de se mettre à sa place : comment réagirait-il s'il était un parrain et qu'un subalterne venait lui expliquer qu'il avait paumé deux millions de dollars dix minutes après les avoir trouvés parce qu'il s'était fait détrousser par un type que personne n'avait vu depuis dix ans ? Il ferait sans doute descendre le subalterne, pour mensonge ou pour crétinerie. Bref, il fallait que Gabriel trouve un mensonge plausible. Il hochait la tête, blasé, rien qu'en y pensant. Il était sur le fil du rasoir depuis bien trop longtemps et là, cinq jours avant d'arriver au bout, c'était un ouragan qui se déchaînait.

Costello arriva deux minutes plus tard avec son costume impeccable, sa coupe de cheveux impeccable, son menton impeccablement rasé et les mains manucurées.

« Qu'est-ce qui t'est arrivé au visage ? demanda-t-il en s'asseyant.

— Un accident avec la Delahaye.

— Ça va ?

— Ouais. Sauf que maintenant, je suis obligé de rouler en Cadillac.

— C'est dur, la vie, mon Gabby. Tu manges ?

— Oui : j'ai commandé un martini olive. Tu bois quelque chose ?

— Toujours. »

La serveuse revint avec la boisson de Gabriel et Costello commanda un whisky *sour*.

Elle repartit et Costello sortit un mouchoir et une bouteille de sa poche. Il versa de l'huile sur le mouchoir et l'air se remplit de senteurs d'eucalyptus. Il se le colla sur le nez et inhala comme s'il essayait de se chloroformer tout seul.

« Putain de rhume.

— C'est la saison, convint Gabriel.

— Comment ça se passe avec le pognon ? »

Gabriel se sentit gêné.

« C'est pas super. Je ne crois pas que Benny ait mis l'argent à la banque. J'ai vérifié avec son chauffeur. Il l'a planqué quelque part. Je me rapproche. Il a fait quelques arrêts à des endroits qui ne collent pas avec ses déplacements habituels.

— Du style ?

— Par exemple, il s'est arrêté dans une clinique, soi-disant pour organiser l'arrivée d'"un ami". Benny t'a parlé d'une maladie quelconque ? »

Costello fit non de la tête.

« Il avait peut-être chopé un truc avec une des danseuses ?

— Et il s'est aussi arrêté à l'agence de Joe Glaser.

— Il cherchait peut-être des chanteuses pour le Flamingo ?

— Glaser ne travaille qu'avec des Noirs. Benny n'embauchait que des Blancs. »

Costello se mit à réfléchir et pianota sur la nappe à la blancheur resplendissante.

« Autre chose. J'ai parlé à Tomasulo. Il m'a raconté que Benny et Genovese se sont vus quand Benny est venu à New York l'été dernier. Genovese n'a pas mis un rond dans le casino et il s'en est vanté quand Benny s'est fait refroidir. Tu es sûr que Genovese n'est pas mêlé à tout ça ?

— Un peu, que je suis sûr. Ils ne pouvaient pas se saquer, tous les deux. »

Gabriel le scrutait en se demandant pourquoi il était si sûr que Genovese n'avait rien à voir avec cette histoire. Est-ce que Costello se trompait ? Ou bien est-ce qu'il cachait quelque chose à Gabriel ?

« Tomasulo commence à être vraiment nerveux, ajouta Gabriel. Il veut arrêter. Il pense que Genovese l'a repéré. »

Costello haussa les épaules.

« Il savait où il mettait les pieds. »

Il but la moitié de son verre d'un coup et en commanda immédiatement un autre.

Gabriel lui parla du bar de Jasper à Greenwich Village et l'informa qu'il lui avait donné des informations en échange d'un meilleur deal avec le mafioso qui prenait son bakchich. Costello lui promit de s'en occuper.

Son deuxième verre arriva et il en prit une gorgée, puis il soupira et fixa Gabriel.

« Tu as entendu parler d'un petit dealer appelé Cleveland ? » demanda-t-il.

Le cœur de Gabriel bondit dans sa poitrine. Il songea un instant à mentir et à dire qu'il ne le connaissait pas, mais si Costello parlait à Bumpy il découvrirait que Gabriel s'était renseigné sur Cleveland.

« J'ai vu Bumpy, l'autre jour, concéda Gabriel. Il en a parlé. Pourquoi tu demandes ?

— On a chopé un petit dealer hier, un gamin qui vend sa came dans Greenwich Village. Il nous a dit que Vito est tout remonté après ce Cleveland mais que personne ne sait pourquoi. »

Le cerveau de Gabriel turbinait à toute allure. Genovese aussi recherchait Cleveland. D'abord Benny, ensuite Genovese. Gabriel tenta de rester calme et s'alluma une nouvelle cigarette avant de raconter la version condensée du récit de Bumpy concernant Cleveland : c'était juste un petit dealer de Harlem qui avait disparu après un massacre dans l'hôtel où il revendait sa came. Costello fronçait les sourcils et hochait la tête, aussi déconcerté que Gabriel.

Ils finirent leur verre et Costello prit l'ascenseur pour aller prendre son déjeuner sur le toit du Waldorf, tandis que Gabriel retournait dans le froid.

Il s'installa au volant de sa Cadillac et regarda droit devant lui, contemplant le bouchon qui allait jusqu'à l'intersection de Park Avenue. Il fallait qu'il trouve un moyen de tirer son épingle du jeu. Il avait beau faire un froid glacial dans la voiture, il se sentait encore brûlant. Il sortit laborieusement une cigarette du paquet, se l'alluma et tira dessus à fond.

Benny et Genovese s'étaient vus l'été dernier et, quoi qu'en dise Costello, il y avait de bonnes chances pour qu'ils aient été en cheville. Est-ce qu'ils faisaient aussi équipe pour retrouver Cleveland ? Et Faron, dans tout ça ? Peut-être que Genovese l'avait embauché pour retrouver Cleveland. C'était pour ça que Benny savait que Faron était de retour.

Gabriel se demanda si Faron, après avoir récupéré l'argent, l'avait gardé ou l'avait rapporté à son boss, Genovese. Dans les deux cas, Genovese et Faron allaient s'en prendre à Gabriel, ensemble ou séparément.

Il continua à fumer et à réfléchir, tentant de combattre l'angoisse qui lui grignotait la poitrine. Il fallait qu'il passe à l'action, mais toutes ses pistes étaient mortes. Il attendait maintenant que Salzman lui apporte des infos sur les éventuels meurtres que Faron aurait commis. Il attendait aussi que Tomasulo revienne lui donner des nouvelles fraîches en provenance du camp de Genovese. Dans quelle direction pouvait-il se tourner ? Quelles autres possibilités restait-il ?

Doyle et Higgs. Les deux flics qui étaient morts. Ils étaient dans la voiture avec Faron. Et, avant, ils travaillaient avec les Gagliano. Gabriel essaya de se rappeler qui d'autre travaillait avec la famille Gagliano. Quelqu'un de faible qu'il pourrait contacter pour obtenir des informations, à qui il pourrait mettre la pression et qui n'irait le raconter à personne.

Le temps passa. Ou peut-être pas, d'ailleurs. Gabriel n'en avait aucune idée. Les aiguilles de l'horloge géante de la First National Bank lui jouaient des tours. Il fixa l'horloge, très haut dans le ciel, et remarqua une rangée de gargouilles qui regardaient la ville en contrebas d'un air méprisant. Il songea à Mme Hirsch. À Sarah. Puis il reprit le fil de ses pensées.

Les deux détectives de Chicago. Bumpy lui avait dit qu'ils enquêtaient sur les meurtres de l'hôtel. Ils avaient pu trouver quelque chose sur Faron qui pouvait lui être utile. Il pouvait essayer de dégoter un moyen de négocier des informations. Les secouer un peu même, si besoin. C'était toujours une piste, en tout cas. En plus de la famille Gagliano. Gabriel essaya désespérément d'imaginer une troisième option, mais il n'y en avait pas.

Au bout d'un moment, il se rendit compte en regardant autour de lui que le soleil était descendu très bas et se couchait à présent derrière la pointe des tours, à l'ouest de Manhattan. L'orbe jaunâtre semblait aspirer la lumière au lieu de la diffuser. C'était comme s'il retirait leur lueur aux immeubles, puis aux rues et enfin au ciel lui-même en siphonnant chaque étincelle jusqu'à ce qu'il ne reste qu'un monde d'ombres.

Les trottoirs obscurs continuaient de recevoir un intarissable déluge de passants et tout lui sembla soudain étrange, confus comme sur un champ de bataille. C'était insolite et déroutant de voir cette masse de gens avancer au rythme de la ville, comme si New York marchait au pas d'une musique monumentale que Gabriel ne parvenait plus à percevoir, comme une dissonance latente.

Il se frotta les tempes. Respira lentement.

Il avait deux millions de dollars à trouver et cinq jours pour y arriver. Et il avait un tueur aux trousses. Et peut-être même un parrain, par-dessus le marché. Il fallait qu'il s'éclaircisse l'esprit. Il ouvrit la fenêtre et laissa le froid lui baigner le visage.

Il n'avait plus que deux pistes à suivre. Il démarra la Cadillac et se glissa dans la circulation.

36

Dimanche 9 novembre, 0 h 15

Le premier spectacle de la soirée battait son plein et la musique atteignait même la pièce du fond dans laquelle Gabriel, Havemeyer et les autres comptaient l'argent. On frappa à la porte. L'un des convoyeurs ouvrit tandis qu'un autre entrait avec un grand sac en tissu. Havemeyer défit la ficelle qui le fermait, libérant une pluie de dollars qui se déversa sur la table.

Le convoyeur poussa un bâillement et se tourna vers Gabriel.

« Il y a une fille qui te demande.

— Qui ça ? »

Le convoyeur haussa les épaules.

« Une blonde avec des jambes de folie. On dirait qu'elle sort d'un film. »

Beatrice. Il la revit soudain assise dans son bureau, fumant et le regardant à travers ses longs cils, son regard d'ardoise luisant dans la pénombre rougeâtre.

Il se leva et sortit, sous le regard paternel et inquiet de Havemeyer. Gabriel alla aux toilettes vérifier son état général. Il avait toujours l'air hagard, et toujours le visage contusionné. Il avait passé la journée à chercher des renseignements sur la famille Gagliano pour savoir s'ils étaient liés avec les deux flics qui étaient morts. C'était délicat de devoir poser des questions sur l'accident tout en cachant qu'il y avait pris part, sur l'argent qu'il cherchait sans révéler qu'il manquait à l'appel, et sur Faron sans annoncer à tout le monde qu'il était de retour.

Malgré tous ses efforts, cela n'avait rien donné du tout. Personne ne savait pour qui les deux flics travaillaient, sur quoi ils travaillaient, personne n'avait vu ou entendu parler de Faron et, quand il abordait le sujet, on lui jetait un drôle d'air. Alors, au bout de dix heures à courir à droite à gauche, il avait lâché l'affaire et était retourné au Copa, un peu angoissé à l'idée qu'il ne lui restait qu'une seule piste à explorer : les deux détectives de Chicago.

Il quitta les toilettes et se rapprocha du grondement sonore que produisaient Carmen Miranda et son spectacle. Il pénétra dans le chaos et scruta la salle, caché derrière les colonnes et les faux palmiers. Beatrice était bien là, en robe noire, avec ses longues jambes et sa chevelure de lin. Et, oui, on aurait dit qu'elle venait de sortir d'un écran de cinéma.

Sur le mur derrière le bar se trouvait une large fresque murale représentant la baie de Rio de nuit. C'était une fresque illuminée, avec des ampoules qui ressortaient du mur aux endroits où se trouvaient des bateaux et des hôtels. Gabriel repensa au film qu'il avait vu quelques jours plus tôt, avec Rita Hayworth perdue à Acapulco.

Elle l'aperçut et sourit.

« Tu as tenu promesse, dit-il en essayant de se faire entendre malgré le bruit.

— Je tiens toujours promesse. Qu'est-ce qui t'est arrivé au visage ? »

Il haussa les épaules.

« Accident de voiture. Mais ça va. Tu es venue toute seule ? »

Elle fit signe que oui et prit une gorgée de son cocktail. Elle adoptait une attitude tranquille et flegmatique, mais Gabriel sentait que derrière cette façade quelque chose clochait. Elle n'était pas venue pour une visite de courtoisie. Et, pour qu'une nana comme Beatrice soit nerveuse, il fallait quelque chose de vraiment pas ordinaire.

Elle montra la scène.

« Dis donc, c'est pas mal, Carmen Miranda !

— Une Brésilienne comme ça, ça court pas les rues… »

Ils regardèrent un moment le spectacle. En étudiant les danseuses, Gabriel se rendit compte que quelque chose n'allait pas, mais il mit un moment à identifier le problème : il en manquait une. Normalement, Carmen avait huit danseuses, mais là elles n'étaient que sept. Personne ne l'avait prévenu. Il fallait qu'il aille en coulisses voir ce qui s'était passé.

Il se tourna vers Beatrice. Son expression avait changé. Elle regardait dans le vide d'un air inquiet. En suivant son regard, il vit une tablée remplie de gorilles de la famille Gagliano. La famille qui avait mis un contrat sur la tête de son frangin camé. La famille pour laquelle les deux flics travaillaient. La famille sur laquelle il avait passé la journée à enquêter.

Un des types, un gamin tout maigre au visage maussade, croisa le regard de Gabriel mais fit comme s'il ne l'avait pas vu.

Gabriel se demanda si la venue de Beatrice et des hommes de main des Gagliano était une coïncidence. La petite troupe qui débarquait juste après la mort des deux flics qui avaient fait leur plongeon dans le fleuve et juste au moment où Gabriel commençait à aller renifler leurs affaires, c'était un peu gros.

« Pourquoi est-ce que tu es venue, Beatrice ? Pour de vrai ? »

Elle fronça les sourcils sans rien dire.

« Ne me dis pas que tu viens par amitié, dit-il d'un ton plus froid qu'il n'aurait voulu. Tu n'as jamais mis les pieds ici depuis qu'on s'est séparés.

— Depuis que toi, tu m'as larguée. Inutile de réécrire l'histoire. »

Elle avait à peine dit cela qu'elle regretta de s'être emportée et soupira.

« Il s'est passé quelque chose. Il faut que je te raconte. »

Tandis qu'elle lui parlait, Gabriel remarqua que le porte-flingue maigrelet des Gagliano se levait et disparaissait dans la foule. Une seconde après, l'un des responsables de salle s'approcha.

« Gabriel, on a besoin de toi en coulisses.

— Qu'est-ce qui se passe ?

— Du grabuge dans les loges. C'est une des danseuses. »

Gabriel se tourna vers Beatrice.

« Ça peut attendre, dit-elle. On se parlera en privé.

— OK. Attends-moi ici. Je reviens dans deux minutes. »

Il se dirigea vers la porte qui menait aux coulisses, prit le couloir et traversa les cuisines pour arriver dans les loges, où il frappa avant d'entrer. La pièce était à peu près vide, puisque toutes les danseuses étaient sur scène, sauf une. C'était une brune. Assise sur le canapé, elle pleurait toutes les larmes de son corps. Agenouillée devant elle, Vera, la couturière du club, lui tapotait la main. Vera s'occupait de toutes les robes et tenues, et parfois aussi des filles.

L'un des videurs du club se trouvait avec elles. Les danseuses avaient leur propre entrée, loin de l'endroit où les clients faisaient la queue pour entrer, et c'était ce videur qui la surveillait.

« Qu'est-ce qui se passe ?

— Oh ! bon sang… soupira le videur en le voyant.

— C'est l'ex de Joan qui rôde à l'entrée des artistes, expliqua Vera.

— Ça fait trois soirs de suite, ajouta la fille, en larmes. Depuis que je l'ai largué.

— Qu'est-ce que tu en as fait ? demanda Gabriel au videur.

— Il lui a démoli le portrait ! hurla la fille.

— Il a menacé de revenir avec une arme, se justifia le videur.

— Et tu n'es pas venu me chercher, constata Gabriel.

— Désolé, patron.

— Ça s'est passé quand, tout ça ?

— Il y a un quart d'heure, précisa Vera. Juste au moment où les filles montaient sur scène.

— Et il est où, maintenant ?

— On l'a mis dans un taxi qu'on a envoyé à l'hôpital, dit le videur.

— Et les flics ? » s'inquiéta Gabriel.

Tout le monde fit non de la tête.

« Bon. »

Gabriel réfléchit et se tourna vers la fille.

« Joan, prends ta soirée. Voilà un peu d'argent pour le taxi, dit-il en tirant quelques billets d'une liasse. Tu vis seule ?

— Non.

— OK. Je vais dire à Havemeyer d'aller à l'hôpital jeter un œil sur ton gars pour être sûr qu'on s'occupe bien de lui. Havemeyer t'appellera quand il aura des nouvelles. Ça te va ? »

Elle hocha la tête.

« Ça va aller, la rassura-t-il.

— T'inquiète pas, Joannie. Ça va aller, répéta Vera en lui tapotant le genou. »

La fille hocha la tête.

« T'étais tout seul ? » demanda Gabriel au videur.

Le type hésita.

« Pete m'a aidé.

— Viens me voir à la fin de la soirée. »

Le videur hocha la tête à son tour.

Gabriel s'apprêtait à partir quand un flash l'aveugla. Il se retourna et vit un photographe dans le couloir derrière lui. C'était un grand gamin tout mince d'une vingtaine d'années, avec un pantalon en toile et un gilet. Il tenait encore son appareil en l'air.

« C'est pas vrai, mais t'es qui, toi ?

— Je travaille pour *Look*, monsieur. Je suis le photographe du magazine *Look*. »

Le gamin bégaya, paniqué. Visiblement, il n'avait pas reconnu Gabriel quand il l'avait pris en photo à moitié de dos. Gabriel fronça les sourcils. Personne ne lui avait parlé de la visite d'un photographe.

Le gamin farfouilla dans la poche de son gilet et en sortit une carte de visite : *Stanley Kubrick, photographe, Magazine Look, 488 Madison Avenue*.

C'est seulement à ce moment-là que Gabriel se rappela : il avait eu une discussion quelques semaines plus tôt avec un responsable éditorial qui voulait faire un papier de promo, « La Havane à New York : dans les coulisses de la boîte de nuit la plus *caliente* de NY ». Gabriel se sentit envahi par la lassitude. C'est le genre de chose qu'il n'aurait jamais oubliée en temps normal. Une baston, une fille qui ne monte pas sur scène, un photographe dans les parages, et Gabriel ne voyait rien. Il commençait à perdre pied au moment où c'était le plus important.

« Dis donc, gamin. Tu peux prendre toutes les photos que tu veux. Juste deux interdictions. Tu prends pas de photo de quelqu'un en train de pleurer.

— Oui, monsieur. Désolé, monsieur.

— Et absolument aucune photo de moi. »

Le gamin opina de nouveau.

Gabriel repassa par le tapage bouillonnant de la cuisine pour retourner dans l'effervescence tapageuse de la salle de spectacle. L'orchestre lui remplissait les tympans, les éclairages multicolores l'aveuglaient, comme la vivacité tourbillonnante des danseuses.

Quand il retourna au bar, Beatrice n'y était plus.

Il la chercha du regard.

Carmen Miranda était à la moitié du tube que tout le monde attendait, « Let's Do the Copacabana ». Mais où était passée Beatrice ? Il vit autre chose : la table des Gagliano était désormais vide. Juste avant le point culminant du spectacle de minuit. Ils n'étaient même pas restés pour profiter de leur droit d'entrée en finissant leur verre.

Des scénarios catastrophes se bousculèrent dans son esprit. Beatrice, venue lui apporter une info importante, et les Gagliano qui l'en empêchaient. Il imagina Beatrice entraînée dans une ruelle sombre par Faron, tailladée, percée, ouverte en deux à coups de couteau.

Il fonça dans la foule, monta une rampe d'accès, passa par les colonnes décorées de miroirs, sous les rais de lumière bleue dont les volutes lui tombaient dessus. L'orchestre s'était arrêté de jouer : il n'y avait plus que les percussions pour soutenir Carmen Miranda dont les hanches s'agitaient, vibrionnaient avec la même frénésie que les tambours. Il arriva à la table laissée vide par les hommes de Gagliano.

« Où sont-ils partis ? » hurla Gabriel au responsable qui surveillait les serveurs en train de débarrasser.

Le type lui répondit d'un haussement d'épaules en montrant la sortie. Gabriel s'y précipita.

Carmen Miranda avait terminé sa partie et l'orchestre revint en force pour un crescendo et un fracas de cuivres et de percussions qui mit la foule en délire.

Gabriel arriva comme un dératé dans le hall d'entrée, puis dans la rue. Les videurs se tournèrent vers lui. Il y avait la queue jusqu'à la rue suivante, des taxis qui attendaient, le camion avec les antennes qui diffusait son spectacle en direct du Copa Lounge.

Pas de Gagliano, pas de Beatrice, pas de Faron. Il fit volte-face. La ruelle sur le côté du club. Le plus rapide, c'était de traverser le Lounge. Il se rua dans l'escalier, passa devant les videurs, arriva au bar. Le Lounge était un espace différent du Copa, tout en chrome et en cuir noir. C'était un endroit plus branché.

Gabriel traversa la foule et contourna une zone délimitée par un cordon, là où une émission de radio était en train d'être diffusée. Jack Eigen interviewait Walter Winchell. Ils avaient tous les deux un cocktail à la main et l'air ivre. Les gens étaient béats devant eux. Des câbles couraient par terre jusqu'au camion garé devant le club. L'annonce de l'émission retentit : « Plus c'est tard, meilleur c'est ! Voici l'émission nocturne en direct du Copa Lounge. »

Gabriel passa devant le plateau à toute allure, pénétra dans la réserve et ressortit par l'issue de secours qui donnait sur l'allée.

Rien.

Il poursuivit, prit dans l'allée qui longeait le club. Un agent d'entretien nettoyait du sang près de l'entrée des artistes. Il se figea un instant avant de se rendre compte qu'il s'agissait du sang de l'ex de la danseuse. Il contempla la taille de la flaque et jeta un regard à celui qui nettoyait.

« Bonsoir, monsieur Leveson. »

Gabriel avait besoin de son flingue et des clés de la Cadillac – qui se trouvaient dans les coulisses.

Il frappa à la porte et le videur lui ouvrit.

Gabriel fonça dans le couloir. Maintenant que leur tour de danse était terminé, les danseuses arrivaient en sens inverse dans l'excitation de l'après-spectacle. Ça bavardait avec agitation, Carmen Miranda était resplendissante. Et puis, au détour du couloir, Gabriel tomba sur elle : Beatrice fumait une cigarette avec l'une des Sirènes de la samba.

« Bon sang ! » lâcha-t-il en soupirant.

Elles levèrent les yeux vers lui en le voyant arriver.

« Mais où tu étais passée ?

— J'étais juste dans les coulisses.

— Tu avais dit que tu m'attendais là-bas.

— J'ai vu Selma, expliqua Beatrice en montra la fille du doigt. C'est une ancienne élève à moi. Elle m'a dit de venir *backstage.* »

Beatrice le regardait d'un air inquiet. Selma aussi. Elles le fixaient comme s'il était fou. Parce que c'était un peu le cas, bien sûr. L'argent envolé, les médicaments, le stress, l'accident, le manque de sommeil. Il devenait dingue.

« J'ai pensé que… »

Il s'interrompit. Il n'avait pas pensé. Il avait juste tiré des conclusions hâtives.

Beatrice se tourna vers Selma.

« Bon, faut que j'y aille, ma chérie. Je suis contente de voir que tout va bien pour toi. »

La fille, ravie, repartit vers les loges et Beatrice se tourna vers Gabriel.

« T'as pas l'air bien. Tu es sûr que tu veux qu'on parle maintenant ? demanda-t-elle.

— Bien sûr.

— On peut aller dans un endroit tranquille ? »

Cinq minutes plus tard, ils étaient installés dans la Cadillac de Gabriel, à quelque distance du club. Ils étaient passés par le vestiaire pour que Beatrice prenne son manteau mais elle avait beau l'avoir enfilé, elle avait quand même l'air d'avoir froid. Gabriel mit en route le chauffage, même s'il allait falloir attendre un peu pour qu'il fasse de l'effet.

« Alors ? » demanda-t-il.

Son souffle s'évaporait dans l'air glacé.

Beatrice soupira.

« Je sais pas trop par où commencer… On m'a rendu visite hier soir.

— Qui ça ?

— Deux brutes que je ne connaissais pas. Ils m'ont raconté qu'ils avaient du poids auprès de la famille Gagliano. Et que si je leur rendais un service, ils feraient en sorte que le contrat sur la tête de mon frère soit annulé.

— Quel service ?

— De t'attirer chez moi. Ils m'ont dit qu'ils s'occuperaient du reste.

— Qu'est-ce que tu as répondu ?

— J'ai dit que j'allais réfléchir. Et je suis venue te prévenir. »

Des larmes brillaient dans ses yeux. Elle avait dû choisir entre son frère et Gabriel. Elle avait choisi Gabriel.

« Merci », dit-il simplement.

Elle ne répondit rien mais hocha la tête.

« Ils étaient là ce soir.

— Je sais. Tu as vu l'un des tueurs, celui qui est tout maigre ? C'est lui qui est chargé de s'occuper de mon frère. Tu crois que c'était une coïncidence ? »

Gabriel fit non de la tête.

« Ils viennent ici souvent, mais si c'est une coïncidence, c'est la meilleure de l'année. »

Il ne pouvait pas la mettre au courant de l'accident, des deux flics tués et de leurs liens avec la famille Gagliano.

« Qu'est-ce qu'on va faire ? »

Gabriel réfléchit. Il se demanda pourquoi ils étaient allés la voir, elle. Tout le monde savait qu'ils étaient séparés depuis des années. Est-ce qu'il avait été suivi quand il était allé lui rendre visite au studio mardi ? Est-ce qu'on l'avait suivi au moment de la remise des passeports ? Qu'est-ce qu'ils savaient exactement ? Il essaya de trouver un point pas trop négatif et se frotta les tempes.

« Ça devait être pour ce soir ? demanda Gabriel.

— Oui.

— Et ils ont dit qu'ils m'attendraient quelque part ?

— Devant mon appartement.

— Tu habites où en ce moment ?

— 14e Rue Ouest. Près du studio.

— Donne-moi ton adresse et ton numéro de téléphone. »

Elle les lui écrivit sur un bout de papier.

« OK. Prends un taxi pour rentrer chez toi. Ils vont sans doute t'appeler pour savoir comment ça s'est passé. Dis-leur que je vais passer chez toi ce matin, à la fermeture du club. Vers 6 heures. Et puis tu attends tranquillement chez toi.

— Qu'est-ce que tu vas faire ? demanda-t-elle sans essayer de cacher son inquiétude.

— Les choper avant qu'ils me chopent. »

Elle le fixa un moment avant d'acquiescer.

Ils sortirent de la Cadillac et traversèrent pour rejoindre la file des taxis devant le club. Gabriel la regarda monter dans une voiture et filer vers la 14e Rue.

Puis il retourna dans la ruelle vers l'entrée des artistes et frappa à la porte. Le videur ouvrit.

« Oui, monsieur Leveson ?

— Un autre jour, toi et Pete, je vous aurais virés pour ce que vous avez fait à ce mec. Mais vous avez de la chance. J'ai besoin de vous. Il y a un boulot à faire ce matin, après la fermeture. Si toi et Pete vous venez m'aider et que vous fermez votre gueule, vous gardez votre job.

— À vos ordres, monsieur Leveson.

— Vous avez des flingues ?

— On peut aller les chercher. »

Gabriel hocha la tête et leur expliqua son plan.

37

Samedi 8 novembre, 20 h 19

Le vernissage se déroulait sur la 57e Rue Est, dans une galerie qui avait ouvert assez récemment dans un de ces immeubles aux façades en acier trempé et aux grandes baies vitrées. Costello avait pris un taxi pour venir, seul, et il était entré tranquillement. Il y avait beaucoup de gens en tenue de soirée. Même s'il ne connaissait personne, il reconnaissait des types sociaux : des banquiers de Wall Street, des industriels, des cadres d'agences de pub de Madison Avenue, de jeunes héritiers de grandes fortunes… Ils étaient tous là pour éprouver le frisson d'appartenir au monde de l'art. Des serveurs sillonnaient l'assemblée avec des plateaux où trônaient des flûtes de champagne. Des canapés délicats et raffinés, même pour des gens habitués aux soirées de l'Upper East Side, étaient disposés sur des tables un peu partout.

L'endroit lui-même rappelait un peu un hôpital, comme de nombreuses galeries d'art que Costello avait pu voir. Des murs blancs et un sol nu, aucune décoration. Costello prit une flûte et dut la reposer pour pouvoir se moucher.

En observant la foule qui bavardait, riait, baratinait, il avait parfois l'impression que c'était bien là que tout se passait. C'était le centre de tout.

On disait souvent que le cœur de l'Amérique se trouvait en plein milieu du pays, dans les bourgades de péquenots du Midwest dont la population se réduisait à un fermier et deux vaches, avec quelques prés boueux cultivés par des gens épatants et proches de la terre. Mais c'était faux. C'était bien là, à New York, qu'était le cœur du pays. L'économie du pays était ici même, avec le siège de ses entreprises, avec les idées et les innovations qui en jaillissaient. Les gens autour de lui étaient bien ceux vers qui le reste du pays se tournait pour ses produits, ses importations, sa radio et sa musique, ses romans et ses magazines, ses pubs, son art, sa culture. C'était New York qui créait tout cela, et le reste du pays se contentait de l'ingurgiter. Le centre était là, le cœur du cœur.

Costello prit le temps de se complaire dans ce sentiment qui le réchauffa quelques instants.

Il eut beau scruter les gens, il ne trouva pas la personne qu'il cherchait et passa directement à l'exposition elle-même.

La première salle contenait cinq tableaux géants. Une grappe de personnes les contemplait en sirotant du champagne et en discutant. Costello regarda les tableaux. Chacun était comme une masse colorée informe avec quelques traits de couleurs ici et là. Ces tableaux étaient censés représenter quoi, au juste ? Il jeta un œil aux titres, pour avoir une idée, mais ils se réduisaient à des numéros. Il s'intéressa au nom de l'artiste. Rothko. C'était quoi, ce nom ? On aurait dit un nom juif coupé en deux.

Un passage menait à la seconde pièce. Costello l'emprunta pour tomber sur une nouvelle série de masses de couleur. Il y avait moins de monde dans ce coin et le bruit de l'assemblée était plus distant. Et puis il aperçut quelque chose d'étrange : un autre passage menait à une pièce complètement obscure, où perçait uniquement une vague lueur orange, comme si l'endroit était éclairé par des bougies.

Costello s'approcha et jeta un œil à l'intérieur. C'étaient encore les mêmes tableaux, des bleus et des rouges sombres. Devant, il y avait un jeune homme d'une vingtaine d'années qui portait un costume à la mode d'Hollywood, d'épaisses lunettes d'écaille et des souliers en daim. Costello chercha les bougies mais n'en vit pas. C'étaient seulement les lumières du plafond qui avaient été atténuées au maximum.

Il entra et se retrouva à côté du jeune homme, devant le même tableau, une masse bleuâtre avec un peu de jaune et de noir sur les côtés.

Le jeune homme paraissait perdu dans sa contemplation, comme s'il regardait un écran de cinéma.

« Je ne comprends pas », fit Costello en rompant le silence.

Le type sursauta, comme si on l'avait sorti d'une transe, et se tourna vers Costello avec une expression irritée. Il sentit qu'il l'étudiait et il imagina ce qu'il voyait : un vieux bonhomme italien avec un costume de luxe qui n'était pas vraiment à sa place dans cet endroit, au milieu de ces gens.

« C'est juste un gros truc bleu, ajouta Costello. Ça rime à quoi ? »

Il se tourna vers le jeune homme aimablement, avec l'air de chercher conseil, sincère dans son désir d'apprendre. Peut-être que cela le désarma.

« Ce sont des multiformes. Des champs de couleurs. Pourquoi commencer un tableau par des esquisses avec des contours quand on peut commencer par la couleur ? »

Il toisa Costello d'un air supérieur.

« Mais ça ne ressemble à rien, fit remarquer Costello.

— Ça n'a pas besoin de ressembler à quelque chose, soupira l'autre.

— Ah bon ? »

Costello éternua, se moucha et prit deux pastilles.

« Excusez-moi, je n'arrive pas à me débarrasser de ce rhume. Pourquoi est-ce que la pièce est dans le noir ?

— Ces tableaux sont censés avoir un effet apaisant, et l'obscurité y contribue. C'est pour ça que le peintre voulait qu'ils soient exposés de cette manière. »

Costello réfléchit et se tourna à nouveau vers le tableau pour voir s'il pouvait vraiment lui procurer un quelconque remède psychologique. Il se demanda ce que le docteur Hoffman en penserait. Oubliant qu'il avait des pastilles dans la bouche, il prit une gorgée de champagne : les deux se mélangèrent en produisant une acidité affreuse. Il grimaça et avala le tout.

« J'ai un Howard Chandler Christy chez moi », dit-il fièrement.

Le jeune homme se crispa et adressa à Costello un regard dédaigneux en faisant mine de partir.

« Ne partez pas, je voulais vous parler. »

L'autre se tourna vers lui d'un air soucieux.

« On se connaît ?

— Moi, je vous connais. Restez un peu pour m'expliquer ce tableau.

— Mais vous êtes qui ?

— Frank Costello. »

En une seconde, le jeune homme devint complètement livide.

« Restez, qu'on regarde un peu ce tableau. »

Hésitant, le jeune homme se rapprocha enfin de Costello.

« Ça vous plaît, New York ?

— Oui, oui. »

Costello sentit la peur dans sa voix.

« De quoi vouliez-vous me parler ? »

Il y eut un petit temps d'arrêt, puis il ajouta « monsieur » à sa question.

« Je voulais vous parler du prix de ce tableau. C'est quand même un prix de dingue pour un tableau pareil !

— Je n'en sais rien. Il faudrait en parler au propriétaire de la galerie.

— Non, je rigole, ajouta Costello avec un sourire. Je m'en branle, du prix de ce tableau. Désolé pour mon vocabulaire. Je voulais vous parler de Vito Genovese.

— Genovese ?

— Ouais. Vous travaillez dans la production de cinéma, non ? Vous êtes un cadre au bas de l'échelle, c'est ça ?

— Comment vous le savez ?

— Je sais des choses. Je sais que vous et votre patron, vous êtes venus un peu avant la réunion du Waldorf-Astoria de lundi, et dès que vous êtes arrivés vous avez rencontré Vito Genovese. C'est un vieux pote à moi. Je suis là pour savoir pourquoi vous vous êtes vus et ce que vous vous êtes raconté. Appelez ça de la curiosité. Bien sûr, je pourrais demander directement à Vito, vu que c'est un vieux pote, mais c'est un type occupé et je voudrais pas le déranger… »

Costello regarda le jeune homme en conservant une expression neutre. Il aurait tellement aimé une clope. Mais il avait toujours cette saleté de rhume.

« Euh, je… Enfin, comment vous savez tout ça ?

— C'est chez moi, ici, gamin. Je sais des choses.

— Je ne crois pas pouvoir vous révéler notre conversation.

— Moi, je crois que si.

— M. Genovese a parlé à mon patron. Je n'ai pas entendu ce qu'ils ont dit. Je suis désolé, je ne peux pas vous aider, monsieur. »

Il se tourna vers Costello et fit un petit sourire, comme s'il venait de trouver une issue de secours.

« Dommage », fit Costello.

Le jeune homme avait toujours son sourire.

« Il faut que j'y aille, m'sieur, dit-il en se détournant pour s'en aller.

— Au fait, il va bien, ton pote ? »

Le jeune homme s'arrêta.

« Pardon, m'sieur ?

— Arrête avec tes "m'sieur". Ton pote que t'as ramené à ton hôtel l'autre soir. Comment il s'appelle, déjà ? Peter, c'est ça ? »

Le jeune homme se mit à trembler.

« Tu l'as retrouvé devant un des cinoches de Times Square. Là où il y a les autres tantouzes. Moi, ce genre de truc, je trouve ça disons… douteux. Mais bon, ce que j'en dis… Ce qui se passe entre deux adultes consentants, ça me regarde pas. Si quelqu'un a du pognon à mettre dans un tableau d'un truc avec des couleurs au lieu de s'acheter une baraque avec, qu'est-ce que ça peut me faire ? Ben, là, c'est pareil. T'es un jeune gars, Peter est un jeune gars. Ce sont des choses qui arrivent. Mais quand y a un des jeunes gars qui a 16 ans et l'autre dix de plus, eh ben, les tribunaux, ils sont moins coulants que moi. Et puis, même s'ils l'étaient, il y a des chances pour que tu bosses plus jamais à Hollywood. Au bout du compte, avec un passif pareil, t'auras de la veine si tu te trouves un job dans un bowling. »

Le jeune homme leva la main vers son visage. Il s'interrompit, comme figé, puis se mit à sangloter dans ses mains.

« Allez, gamin. Pleure pas. Pourquoi tu chiales ? On est dans une galerie d'art : il doit y avoir la moitié des mecs ici qui prennent du rond. »

L'autre essaya d'articuler quelque chose, mais sans y arriver.

« Allez, regarde le truc bleu. C'est censé être apaisant, non ? Regarde-le bien, le machin. »

Il s'interrompit dans ses sanglots, faillit dire quelque chose et poussa un grand gémissement.

« Oh, bon sang », fit Costello.

Il passa un bras autour des épaules du jeune homme, qui continua à sangloter.

Deux personnes apparurent à l'entrée de la salle et firent volte-face aussitôt.

« Allez, mon gars. Ça va aller. »

Les sanglots s'atténuèrent un peu.

Costello avait vraiment envie d'une cigarette.

« Regarde le machin, gamin, regarde-le. »

Les sanglots s'estompèrent suffisamment pour qu'il arrive à parler.

« Qu'est-ce que vous voulez ?

— Je veux juste savoir ce que ton patron et Vito avaient à se raconter.

— J'étais pas là quand ils se sont parlé. Mais j'en ai discuté avec mon patron après.

— Et alors ? »

Le jeune homme renifla, se redonna une contenance et fixa son regard sur Costello. Les larmes qui coulaient sur ses joues luisaient dans la pénombre.

« Genovese voulait que nous votions contre l'établissement d'une liste noire.

— Contre ? Tu es sûr ? »

Le gars confirma.

« On n'a pas compris pourquoi.

— T'es pas le seul. »

Mais pourquoi donc Genovese voulait-il forcer un vote contre la liste noire ? Est-ce qu'il voulait d'une enquête fédérale qui mettrait son nez dans les syndicats contrôlés par la Mafia à Los Angeles ? Pourquoi tout saboter ?

« Il a dit autre chose ?

— Mon patron m'a dit que ça avait à voir avec Ronnie Reagan.

— L'acteur de série B ?

— Il est président de la Guilde des acteurs. C'est le pognon de la MCA qui l'a fait élire. Mon patron pense que c'est lié. »

La MCA. *Music Corporation of America*. L'agence de management fondée par quelques mafiosi de Chicago qui travaillaient pour Capone. C'étaient des gens que Costello connaissait bien. Des gens qui pourraient l'aider à comprendre ce qui se tramait.

« OK, gamin. Tu t'en es bien tiré.

— Je peux partir ?

— Bien sûr, vas-y. »

Une expression étrange traversa le visage du jeune homme qui s'éloignait.

Costello essaya de se représenter son jeu de cartes mental, mais il ne voyait pas quoi jouer. Tout allait bien pour tout le monde. Pourquoi est-ce que Genovese voulait tout foutre en l'air ?

Et puis il pensa à un truc.

« Dis, gamin », ajouta-t-il juste au moment où il allait quitter la pièce.

Il se retourna, inquiet de devoir subir un nouvel interrogatoire.

« T'aurais pas une clope, par hasard ? »

38

Dimanche 9 novembre, 6 h 02

Gabriel et Havemeyer sortirent du club dans l'aube cendreuse. Havemeyer fila vers le métro pendant que Gabriel prenait sa Cadillac pour se diriger vers le sud. Quand il arriva au niveau de la 14e Rue Ouest, il se gara à quelque distance de chez Beatrice, sur le trottoir d'en face.

Il y avait cinq voitures entre lui et l'entrée de l'immeuble. Gabriel les examina et repéra trois têtes qui essayaient d'être invisibles dans une Plymouth. Il repéra ensuite ses deux videurs dans une Studebaker un peu plus loin. Il étudia les angles des lignes de feu, puis sortit de la voiture et traversa la rue à l'endroit le plus sûr.

En arrivant à la porte de Beatrice, il entendit une voix derrière lui.

« Gabe Leveson ? »

Gabriel se tourna et aperçut un gamin sur le trottoir. Il avait vraiment l'air jeune, encore adolescent. Il était maigrichon, pâle, et il tremblait dans son blouson en cuir trop fin.

Les deux videurs arrivèrent aussitôt en courant avec leur .38 à la main. Le regard du gamin fit un va-et-vient entre eux et Gabriel, et il comprit ce qui se passait. Des pneus crissèrent : la Plymouth se barrait. Les potes du gamin le lâchaient.

Le gosse se retourna et partit en courant vers Union Square. Gabriel se lança à sa poursuite, suivi des deux videurs. Mais Gabriel se tourna vers eux pour leur hurler une autre consigne.

« Suivez la Plymouth ! »

Ils changèrent de direction et retournèrent à leur Studebaker tandis que Gabriel regardait droit devant lui. Le gamin avait peut-être l'air maladif, mais il allait vite. Beaucoup plus vite que Gabriel.

Ils n'étaient plus qu'à une rue de Union Square. Tout à coup, juste devant le magasin Ohrbach's, le gamin traversa. Il n'y avait pas beaucoup de voitures à cette heure, mais suffisamment pour qu'un concert de klaxons et de freins rompe le silence. Les oiseaux perchés dans les arbres du parc s'envolèrent.

Gabriel se précipita dans le sillage que le gamin venait de dégager. Il avait déjà atteint la station de métro et descendait les marches quatre à quatre. Gabriel suivait. Dans l'entrée avec les machines à tickets. Puis aux tourniquets par-dessus lesquels ils sautèrent. Puis le long du quai de la ligne 8e Avenue. Le gamin gagnait encore de la distance.

Il y avait un escalier au bout du quai. Le gamin allait droit dans cette direction : il allait traverser et se retrouver sur le quai d'en face, où il pourrait se jeter dans le train pour le Bronx sur le point d'arriver.

Mais Gabriel savait qu'il pouvait lui couper la route.

Quand le gamin disparut dans l'escalier, Gabriel prit son souffle et sauta sur les voies. Les gens se mirent à hurler. Il trébucha, se rapprochant dangereusement du troisième rail, mais parvint à se réceptionner en prenant appui avec les mains sur une traverse, s'arrêtant à un centimètre du rail électrifié.

Sur le quai, les gens le traitaient de fou et criaient pour qu'on appelle la police.

Gabriel se releva, sauta par-dessus les rails et se hissa sur le quai. Le gamin courait dans sa direction mais en regardant derrière lui, vers l'escalier d'où il pensait que Gabriel allait débouler. Gabriel courut vers lui et, quand le gamin se retourna, il lui lança son poing au visage. Bon contact. Les os s'entrechoquèrent.

Il fut projeté en arrière et heurta violemment le sol avec sa tête. De nouveaux hurlements se firent entendre tandis que le train entrait dans la station à toute allure. Le gamin roula vaguement sur lui-même, assommé par le choc. Gabriel se pencha pour le fouiller. Il tira un .38 Smith & Wesson d'une poche, un portefeuille d'une autre, et une lame de l'intérieur de sa bottine.

Le gamin reprit conscience, vit Gabriel et se rendit compte en tâtant ses poches qu'il avait été dépouillé.

« Dirige-toi vers la sortie, lui ordonna Gabriel. Sinon, je te descends ici et tout de suite, avec ton propre flingue. »

Le gamin se releva laborieusement et ils parvinrent à sortir de la station avant que la police n'arrive. Gabriel poussa le gamin pour traverser le parc. Il voulait s'éloigner le plus possible de la scène de leur bagarre. Il le poussa sur un banc et se planta devant lui.

« Vas-y. Dis-moi tout. »

Le gamin le regarda d'un air vide, encore à moitié assommé.

Gabriel fouilla dans son portefeuille et y trouva un permis de conduire.

« John Stanley Jones. Dépêche-toi de tout me balancer. Sinon, on va à l'adresse qui est marquée là et je ferai en sorte que ça ressemble à un suicide. »

Le gamin réfléchit aux choix qui lui restaient.

« Tu veux savoir quoi ? demanda-t-il, tentant de prendre un ton hargneux.

— Qui c'est qui t'envoie ?

— Al Rocca. »

Gabriel connaissait ce nom. C'était un intermédiaire qui recrutait des porte-flingue pour Genovese. Pas pour les Gagliano.

« Et Rocca ? Qui lui a demandé d'exécuter ce boulot ? »

Le gamin posa délicatement le bout des doigts sur l'ecchymose de son visage.

« Genovese. Qui tu veux que ce soit d'autre ?

— Pourquoi est-ce qu'il en a après moi ?

— J'en sais rien. »

Le gamin leva les yeux vers Gabriel et du sang coula de son nez. Gabriel lui jeta un mouchoir.

« Ne me mens pas, gamin. »

Il s'alluma une cigarette et contempla le parc. Comme il était tôt, il était vide. Les bancs et la pelouse étaient recouverts de rosée. Même le panneau publicitaire géant de Coca-Cola trônant au-dessus du studio de Beatrice était éteint, ses ampoules et son échafaudage d'acier luisant de rosée.

Gabriel regarda à nouveau le gosse qui appuyait le mouchoir contre son nez.

« C'est à cause d'un dealer qui s'appelle Cleveland. Genovese le cherche. Et il a entendu dire que tu le cherchais aussi. C'est tout ce que je sais. »

Gabriel fronça les sourcils. Il savait que c'était la vérité, mais malgré tout ça ne collait pas vraiment. Gabriel pensait que Genovese en avait après lui à cause de l'argent de Benny, de Faron et de son refus de travailler pour lui. Et au lieu de ça, il voulait buter Gabriel parce qu'il recherchait Cleveland ?

« Pourquoi est-ce qu'il recherche Cleveland ?

— J'ai dit tout ce que je savais.

— Qu'est-ce que tu sais sur les deux flics qui se sont fait tuer hier ?

— Ceux qui sont morts noyés ? Ils bossaient pour Genovese. Il leur avait demandé de retrouver Cleveland. »

Encore un lien cohérent : les flics, Faron, Genovese. Beatrice lui avait dit que les types étaient venus la voir la veille, juste quelques heures après l'accident. Genovese n'avait pas perdu de temps pour s'attaquer à Gabriel. Et maintenant, il n'allait pas attendre pour recommencer. On était dimanche matin. Normalement, Gabriel devait disparaître jeudi soir. Est-ce qu'il pourrait seulement survivre jusque-là ? Surtout qu'il ne lui restait plus qu'une seule piste à suivre : les deux détectives de Chicago. Il fallait qu'il les retrouve, peut-être qu'il les prenne en filature ou qu'il pénètre dans leur bureau pour voir ce qu'ils avaient trouvé.

Il fixa le gamin. Il fallait le descendre. Selon toute logique, c'était ce qu'il fallait faire. Mais là, dehors, dans la lumière du parc, il avait l'air encore plus jeune que dans la rue. Il vérifia son âge sur le permis de conduire. Dix-sept ans. Trois ans de plus que Sarah. Gabriel le scruta de nouveau.

« Je vais te laisser filer. Tu diras à ton boss que t'as réussi à t'échapper. On ne s'est jamais parlé. T'as pigé ? »

Le gamin fit signe que oui et Gabriel lui balança son portefeuille.

« Si jamais tu ouvres ta gueule, je le saurai. Et je te retrouverai. Compris ? »

Le gamin opina une nouvelle fois, se leva et partit en courant à travers le parc. Gabriel le regarda s'enfuir et resta à contempler le lever du soleil glacé. Puis il retourna à l'appartement de Beatrice.

Quand il sonna en bas, elle lui ouvrit aussitôt. Il prit l'ascenseur pour monter vingt-quatre étages et frappa à sa porte. Elle avait l'air fatiguée et inquiète. Elle portait un pantalon et un gros sweater en laine.

« Alors ?

— C'est bon, c'est réglé. »

Il la suivit dans un couloir qui menait à un salon spacieux, avec des fenêtres orientées au nord. Il y avait des plantes partout et beaucoup de paperasse de son boulot.

« C'est sympa, ici.

— Ça coûte trop cher. Mais c'est près du studio. Tu veux boire quelque chose ?

— Avec plaisir. »

Elle lui servit un *rye* et ils s'installèrent sur le canapé. Gabriel lui raconta ce qui s'était passé et la prévint qu'ils risquaient de recevoir un appel des deux videurs.

Elle se leva pour allumer la radio sur une station diffusant des ballades. Ils continuèrent de boire en attendant le coup de fil, regardant par la fenêtre le spectacle de New York qui se lève par un beau dimanche matin glacé. Ils voyaient Broadway serpenter à travers Union Square et continuer jusqu'à la 42e Rue dans Midtown.

« T'as une jolie vue.

— Oui. J'aime bien regarder Broadway, j'aime bien voir l'avenue traverser la ville comme ça. »

Gabriel contempla la grille de rues anguleuses qui s'étalait devant eux, la façon dont Broadway tranchait dans la diagonale de cette organisation pour sectionner ce cadre rigide qui recouvrait l'île de Manhattan, comme une ligne de chaos s'immisçant dans cet ordonnancement.

« Pourquoi ? demanda Gabriel.

— Je sais pas. À l'origine, c'était une piste indienne qui parcourait une arête naturelle. C'est ce qui explique sa forme. C'est pour ça qu'elle vient déranger le cadre ordonné qu'on a essayé de mettre en place. C'est sympa, je trouve. Un dernier bras d'honneur des Indiens qui vivaient ici. »

Elle eut un sourire puis le téléphone sonna.

Elle décrocha et passa le combiné à Gabriel, qui écouta ce que les deux videurs avaient à lui dire.

« Ils ont suivi la Plymouth un moment. Et puis ils l'ont perdue. »

Gabriel revint s'asseoir sur le canapé. Il essaya de réfléchir mais il n'arrivait à rien. Ce n'était pas le moment. Il préféra se concentrer sur son whisky et sa cigarette. Et le temps s'écoula.

À un moment, Beatrice prit la parole.

« Tu sais, même si ces types n'étaient pas venus me chercher, je serais venue te voir. »

Il leva le regard vers elle.

« Va pas te faire d'idées, ajouta-t-elle. Je sais qu'entre nous, c'est impossible. Il n'y a pas de *happy end* pour les gens qui s'aiment. Et c'est le cas, Gabriel.

— Il fallait qu'on se sépare.

— Pour me protéger du monde dans lequel tu vis ? Tu y crois encore, à cette version ?

— Oui.

— Tu m'as larguée parce que tu voulais tout contrôler, Gabby. Et tu le sais. Sauf que, plus tu fais ça, plus tu t'enfonces dans la solitude. Je pensais que tu t'en étais rendu compte, depuis le temps. »

Gabriel ressentit quelque chose d'étrange tout au fond de lui et il détourna le regard. Ce qu'elle lui disait lui rappelait les conseils de Mme Hirsch et de Doc.

« Je serais venue de toute manière parce que je m'inquiétais. Quand tu es passé au studio, tu avais la même tête que mon frère avant sa disparition. Angoissé, blême, oppressé. Qu'est-ce que tu as, enfin, Gabby ? »

Il se sentit soudain paniqué par ce qu'elle venait de dire. Est-ce qu'il avait vraiment l'air angoissé ? Était-ce pour cette raison que Sarah l'avait pris dans ses bras de manière aussi inattendue ? Est-ce qu'il y avait vraiment un si grand écart entre l'image qu'il croyait donner et celle que les autres voyaient ? S'il était à ce point à côté de la plaque pour quelque chose d'aussi simple, alors il devait se tromper sur pas mal de trucs. Jusqu'où pouvaient aller ses illusions ?

Il avala sa salive et continua à contempler la ville par la fenêtre. Huit millions de personnes devant lui. Y en avait-il une seule à qui il pouvait se fier ?

Alors il raconta tout à Beatrice.

Il lui parla du champ de courses de Saratoga et des comptes trafiqués pour qu'il puisse prélever de l'argent. De son plan pour partir au Mexique. Des millions de Benny qui manquaient à l'appel. De Genovese et de Cleveland. Et en lui racontant tout ça, ce fut comme si le poids qu'il portait sur ses épaules depuis des mois venait de disparaître. Comme si on avait ouvert une soupape par laquelle le stress et l'angoisse s'étaient envolés.

Elle n'avait pas de solution à lui offrir, parce qu'il n'y en avait pas. Elle n'avait pas non plus de mots de réconfort, parce qu'elle savait que cela ne servait à rien. Elle se contenta d'écouter, les larmes aux yeux. Ils continuèrent à boire et s'enfoncèrent dans le canapé en écoutant les ballades à la radio, en observant les minuscules taches que faisaient les voitures dans la rue, très loin en dessous.

« Ça va te manquer, New York ? »

Gabriel réfléchit. La claustrophobie urbaine et toutes ses tensions ne lui manqueraient pas. New York était une ville sans oasis pour se reposer. C'est peut-être pour ça qu'il faisait des rêves dans lesquels il sautait par la fenêtre. C'était un besoin d'avoir des ailes, de retrouver le contrôle de ce qui l'entourait. Mais la ville lui manquerait quand même.

« Bien sûr. Ça fait des mois que je me balade en dressant dans ma tête une liste de tout ce qui va me manquer. J'ai l'impression d'ajouter un truc nouveau tous les jours.

— Qu'est-ce qui va te manquer, alors ?

— L'atmosphère, surtout. L'impression qu'il y a toujours quelque chose qui se passe, le sentiment de vivre dans un endroit énorme. Dans une cité aussi immense, on a l'impression d'être de la même dimension que la ville. Les gens marchent vite, ils parlent vite. Il n'y a pas un chauffeur de taxi, un chasseur ou un groom qui n'ait pas une magouille à lui, une histoire à raconter. La vibration du trottoir sur Park Avenue à chaque fois qu'il y a un train qui sort de Central Station. Le vent d'ouest qui projette la fumée de la ville vers Jersey City et colore le coucher de soleil en rouge. La tête des vieux qui prennent la ligne de métro de la 8e Avenue pour rentrer chez eux après un match des Yankees : on devine le résultat rien qu'à leur bobine. Les gratte-ciel quand ils disparaissent dans le brouillard : on ne voit plus que des fenêtres éclairées qui flottent dans le ciel. Les gamins qui se précipitent dans les parcs au début de l'été, dès qu'on remplit les piscines municipales : c'est comme s'il y avait une sirène qu'ils étaient les seuls à entendre. »

Il vit qu'elle souriait. Ça lui manquerait vraiment, tout ça. Il le regretterait, c'est sûr. L'ombre et les paillettes. Et puis, surtout, il ne verrait plus les rues qu'il avait connues avec sa sœur, il y a si longtemps. Il ne verrait plus les paysages qu'elle avait connus. La ville qui était celle de sa sœur.

« Tu te souviens quand on emmenait Sarah à la patinoire au Rockefeller Center ? » demanda Beatrice.

Ils se mirent à sourire tous les deux.

Perdus dans leurs souvenirs.

Alors ils parlèrent du passé. Après la gêne vint la tendresse. Ils s'endormirent habillés face au soleil qui se levait, devant la fenêtre.

À un moment, Gabriel s'agita et son esprit émergea vaguement des eaux calmes du sommeil pour tanguer doucement à la surface de sa conscience. Il repensa à Beatrice, à Benny et à tous les gens qui étaient sortis de sa vie, à ceux qui allaient disparaître le jour où il partirait. Il songea à ce que Beatrice venait de lui dire : cela lui rappelait tous les conseils qu'on lui avait donnés dans sa vie. Son incapacité à changer lui coûtait cher dans ses relations avec les autres. En s'imposant, il avait peut-être réussi à préserver son identité, mais il avait perdu bien plus.

Il comprit l'ampleur de cette révélation et eut l'impression que, s'il parvenait à s'en rappeler à son réveil, alors tous ses problèmes allaient se résoudre. Il essaya de se raccrocher à cette idée, mais son esprit était trop déglingué, trop flou, trop disloqué, trop près de l'engourdissement. Et, avant qu'il ne parvienne à s'y agripper fermement, il fut une nouvelle fois submergé par le sommeil.

XV

« Je ne sais pas comment j'ai tenu le coup toutes ces années. J'étais devenu aigri, froid et insensible. J'étais toujours dans l'affolement : je n'avais pas de quoi m'acheter de vêtements ou me payer un endroit convenable pour vivre... Mentalement, c'était de pire en pire. Mais le pire de tout, c'est que personne ne comprenait notre musique, là-bas, sur la côte Ouest. Vous n'imaginez pas comme j'avais envie de retrouver New York. »

Charlie Parker,
Metronome Magazine, 1947

39

Dimanche 9 novembre, 15 h 30

Michael sortit de son appartement pour se retrouver dans un froid glacial. Sur le perron, il boutonna son manteau jusqu'en haut puis se dirigea vers la station de métro. Les rues étaient plus calmes qu'en semaine et Michael se sentit troublé par le vide autour de lui. Après avoir parcouru quelques centaines de mètres, il eut l'impression d'être suivi. Il s'arrêta pour vérifier devant une vitrine de magasin et, du coin de l'œil, repéra un type qui venait de s'arrêter devant une boutique. Quel amateur.

Michael avait son Browning dans sa poche. Il avait aussi un plan.

Il continua son chemin et trouva une ruelle dans laquelle il s'engagea en sortant le pistolet de sa poche. Quelques mètres plus loin, il avisa la porte de service d'un des magasins donnant sur la rue. Il se blottit dans l'encoignure et attendit.

Trente secondes plus tard, le type arriva.

Michael le laissa passer devant lui puis il surgit de sa cachette en brandissant son arme.

« Alors, on fait dans la filature, gamin ? »

Le type s'arrêta et se retourna pour constater que Michael le tenait en joue. Il leva les mains en l'air. Il était grand, beau gosse et avait l'arrogance des gangsters. Mais il y avait aussi de la lassitude dans son regard, une certaine nervosité, une angoisse, et il avait des bleus sur le visage.

« Je vais juste retrouver un ami. C'est un braquage ?

— Tu me suis. Tu me suis depuis que j'ai quitté mon appartement. Alors ce serait bien que tu me dises ce que tu fabriques, et sans me raconter de craques. »

Le type réfléchissait. Michael voyait dans son regard qu'il évaluait la situation.

« Je voulais qu'on se parle.

— Bah t'as une drôle de façon d'engager la conversation. »

Le type n'avait pas l'air tendu ou agité comme quelqu'un qui aurait suivi Michael pour s'en prendre à lui. C'était autre chose. Peut-être qu'il l'avait suivi pour voir si Michael serait parti longtemps : s'il disparaissait dans une bouche de métro ou sautait dans un taxi, cela lui aurait peut-être laissé le temps de retourner à l'appartement pour le cambrioler.

« Est-ce que je peux au moins baisser les bras ?

— Pas possible. Je suis plus aussi vif qu'avant question réflexes, alors tu vas garder les mains en l'air. Bon, tu me racontes ce que tu fabriques ? »

Le type eut un moment d'hésitation.

« Tu recherches un dealer du nom de Cleveland. Moi aussi. Je pensais qu'on pourrait échanger nos prises de notes.

— Ça dépend pourquoi tu le cherches.

— En fait, je cherche quelqu'un qui en a après lui. Un tueur à gages qui s'appelle Faron.

— Et lui, pourquoi tu le cherches ?

— Il a tué ma sœur. »

Le type fixa Michael avant de poursuivre.

« C'est une longue histoire. On en parle dans un endroit où il fait plus chaud ? »

Michael se demanda si ce n'était pas une ruse. Peut-être qu'il avait fait exprès de se faire repérer et qu'il avait des complices déjà occupés à voler tous les documents sur l'affaire dans l'appartement de Michael. Mais il devinait que cet homme travaillait seul, qu'il était désespéré et avait vraiment besoin de son aide.

« T'as un nom, gamin ?

— Gabriel. Gabriel Leveson. »

Il y avait un bar au coin. Ils s'y rendirent. Il y faisait bien chaud, il n'y avait pas grand monde et le peu de gens qui étaient là étaient avachis devant des pintes et regardaient la télévision que le proprio avait installée au bout du bar. Michael s'arrêta un instant pour regarder l'écran. Déjà, une télévision n'était pas un objet habituel pour lui, mais dans un bar, il trouvait ça ridicule.

Ils commandèrent une bière, s'installèrent à une table et se tournèrent vers le petit écran grisâtre qui montrait un ring de lutte sur lequel deux petites masses grises se tournaient autour et se lançaient l'une contre l'autre.

« Est-ce qu'il y a des télévisions dans les bars de Chicago ? demanda Gabriel.

— Pas encore, mais ça viendra. Comment tu sais que je suis de Chicago ?

— Toi et ton associée. Je sais tout. Je me suis renseigné. Les deux meilleurs détectives de l'histoire de Chicago. Le braquage de la First National, l'affaire du kidnapping Brandt, le meurtre de McCulloch.

— C'était il y a un bout de temps. »

Michael sortit ses cigarettes et en proposa une à Gabriel.

« Comment tu as appris que je recherchais Cleveland ? »

Ils avaient fait de leur mieux pour être discrets, mais visiblement ils avaient laissé échapper des petites choses. Et cela pouvait signifier qu'ils avaient mis Tom en danger.

« L'ami d'un ami qui travaille à la brigade des stups. Il a entendu dire que vous étiez en train de fouiner. J'ai eu qu'à faire le lien. »

Michael repensa à ce que Carrasco lui avait dit – il avait demandé à quelqu'un aux stups des infos sur Cleveland. Il se demanda l'ampleur de la fuite. Il faudrait qu'il en parle à Carrasco.

« Je crois que je sais qui est le meurtrier de l'hôtel, dit finalement Gabriel.

— C'est-à-dire ?

— Un tueur à gages qui s'appelle Faron.

— Le type qui a tué ta sœur ? »

Gabriel se contenta d'acquiescer.

Michael vit qu'il se préparait à raviver des faits douloureux. Il tira longuement sur sa cigarette et lui raconta le meurtre de sa sœur. Comment Faron avait disparu et comment Gabriel avait passé des années à le chercher, jusqu'à ces derniers jours, quand il avait appris qu'il était revenu à New York et qu'on l'avait engagé pour liquider Cleveland.

Gabriel fut très prolixe mais il ne lui apporta rien de nouveau, à part la confirmation des agissements de Faron et leur chronologie, qu'Ida et Michael avaient déjà établie.

« Bref, voilà tout ce que je sais, conclut Gabriel. Tu peux peut-être me rendre la pareille ? »

Michael hésita et poussa un soupir.

« Je ne suis pas sûr. Pas tout de suite. Notre hypothèse, c'est que la police a contribué à couvrir les meurtres. Donc on imagine que la Mafia est impliquée également. Tu comprendras que je sois un peu réticent quand je vois se pointer un gangster qui vient m'offrir son aide...

— Qu'est-ce qui te dit que je suis un gangster ?

— Écoute, fiston, je travaille le sujet depuis cinquante ans. Alors tu peux me croire quand je te dis que c'est écrit sur ta tronche. »

Pendant quelques instants, Gabriel sentit son vernis se craqueler. Cette certitude qu'avaient les gangsters d'évoluer avec aisance dans la société contre laquelle ils se rebellaient disparut quelques instants.

« Je suis déjà au parfum de tout ce que tu me racontes, alors il faut que tu me donnes quelque chose de mieux si tu veux que je te fasse confiance. »

Gabriel fit signe qu'il avait compris et prit une gorgée de bière.

À la télévision, de l'autre côté du bar, une des deux masses grises perdit le combat et des acclamations métalliques sortirent du poste.

« Celui qui a ordonné le contrat à l'hôtel Palmer, c'est Vito Genovese, avoua Gabriel.

— C'est Genovese qui a engagé Faron pour tuer Cleveland ?

— Pour le retrouver et le liquider, oui. »

Michael se mit à réfléchir. Faron était censé avoir été embauché par Helms, le député, pas par Vito Genovese. Ce que Gabriel lui apprenait était en contradiction avec tout ce qu'il avait découvert avec Ida.

« Tu es sûr de ça ?

— J'ai pas de preuves, mais c'est à ça que ça ressemble.

— Et pourquoi Genovese voudrait se débarrasser de Cleveland ?

— Ça, c'est ce que j'ignore encore. »

Michael tira sur sa cigarette.

« Sur les cinq familles de la Mafia, pour laquelle tu bosses ?

— Je bosse pour Frank Costello.

— Costello et Genovese font tous les deux partie de la famille Luciano. Ça doit pas te mettre dans une situation facile…

— Ils font peut-être partie de la même famille, mais ils peuvent pas s'encadrer. Genovese prépare un coup d'État. Tu peux demander à n'importe qui dans New York. Toute cette histoire avec ton fils, tout est lié. Je ne comprends pas encore comment, mais j'en suis certain. Alors je fais peut-être partie de la pègre, mais je bosse pas pour Genovese ! Je peux pas le saquer. »

Michael prit une gorgée de bière en se demandant si tout ça ne faisait pas partie d'une manœuvre : peut-être que Gabriel était au service de Faron, qu'il était venu lui soutirer des informations pour être sûr de ce qu'il avait découvert avec Ida et voir si ça valait le coup de liquider Tom à la prison de Rikers.

Peut-être que Michael était en train de se faire aspirer dans une guerre des gangs, de se faire utiliser comme un pion dans une partie dont il ne connaissait même pas les joueurs. Il repensa à l'affaire Van Haren, vingt ans plus tôt, au tueur à la hache dix ans avant ça. Les complots et les manipulations venaient toujours de plus loin que ce qu'on pouvait imaginer. Il fallait qu'il en parle avec Ida pour voir s'ils pouvaient faire confiance à Gabriel ou s'il fallait refuser son aide, voir avec elle s'ils avaient pu se tromper du tout au tout au sujet de Helms.

« Arrêter Genovese et choper Faron, c'est tout ce que je veux. »

Michael sentait qu'il y avait autre chose, pourtant. Un intérêt personnel qu'il n'arrivait pas à discerner. Gabriel avait l'air angoissé, tendu, sous pression. Et cela ne cadrait pas avec ce qu'il venait de lui raconter. Il se demanda si Gabriel était autant sous pression que lui. S'il en était au même point de désespoir.

« Et si tu chopes Faron, tu en fais quoi ?

— Comment ça ?

— J'ai déjà vu des gars comme toi, tu sais. Des mecs avec la vengeance chevillée au corps. Tu veux le tuer. Mais si tu fais ça, à quoi ça m'avance, moi ? Si tu liquides le suspect dont j'ai besoin pour prouver l'innocence de mon fils ? On n'est pas alliés, sur le coup : c'est plutôt à qui mettra la main dessus le premier. J'ai besoin de Faron vivant.

— Pas forcément.

— Non, mais ça aiderait.

— Faron est une vraie bête. C'est une force de la nature. Je veux l'arrêter, et le seul moyen, c'est de le tuer. Il faut que tu te le mettes dans la tête. Si Faron meurt parce que je lui mets une balle dans la tête, je serai content. Mais s'il grille sur la chaise électrique, ça me va aussi. »

Michael ne savait pas trop à quel point Gabriel lui disait ça pour lui faire plaisir.

« On va peut-être pouvoir s'entendre, mais il faut que j'en parle à mon associée avant.

— Bien sûr. Mais il faut se décider vite. Je n'ai pas beaucoup de temps.

— Moi non plus, gamin. Moi non plus. »

40

Dimanche 9 novembre, 10 heures

Ida voulait déterminer s'il y avait eu d'autres assassinats, si Helms et Faron avaient tué d'autres personnes afin de dissimuler leur secret datant de la guerre. Mais on était dimanche et tous les bureaux, tous les commerces étaient fermés, ainsi que la bibliothèque.

Elle passa environ deux heures à examiner la liste des appels de l'hôtel Palmer que Carrasco leur avait procurée. Elle essayait de faire un lien entre les adresses et les noms de toute personne qui pouvait avoir un rapport avec l'affaire, d'établir des récurrences dans les appels, les numéros, les codes des régions, les heures des appels. Rien.

Elle appela Michael et Louis, mais ils étaient tous les deux absents. Alors elle sortit se promener et passa presque toute la journée dehors. Elle traversa tout Manhattan, jusqu'au pont de Brooklyn. Elle l'emprunta et s'arrêta au milieu pour contempler les bateaux qui glissaient à la surface du fleuve, des paquebots et des navires de plaisance, des remorqueurs, des ferries et des barges. Au loin, les grues géantes du chantier naval de Brooklyn s'élevaient dans le ciel. Elle voyait les dizaines de chantiers de construction de navires qui longeaient la côte.

Elle regarda passer les couples qui se baladaient sur le pont, les cyclistes, les gens habillés pour aller à l'église, les mouettes qui traversaient le ciel. La ville semblait vibrer d'une énergie différente des autres jours, celle de la décontraction du dimanche. Elle se demanda si ses week-ends ressembleraient à ça en Californie, si elle se décidait à s'y installer.

Elle retourna vers Midtown, traversa l'esplanade de confettis ternes à laquelle ressemblait Times Square qui trépidait dans le froid. Elle alla voir un film sur Broadway. Un film policier. Un parmi la douzaine qui étaient à l'affiche.

Quand elle rentra à l'hôtel, tard, elle avait un message : Michael avait appelé.

Elle le rappela.

« J'ai rencontré quelqu'un cet après-midi. Un certain Gabriel Leveson. Ça te dit quelque chose ? »

Il lui raconta son entrevue et ils discutèrent de ce qu'ils devaient faire et s'ils pouvaient faire confiance à ce Gabriel. Michael était tenté. Ida préférait être prudente. Ils n'étaient peut-être pas désespérés au point de partager leur travail avec un mafioso. Ils parlèrent aussi de la fuite liée à la brigade des stups et du danger que cela pouvait représenter pour Tom. Ils parlèrent beaucoup, mais sans pour autant s'approcher d'une décision. Ils reparleraient de tout ça le lendemain, à tête reposée.

Ida appela Jacob à Berkeley et réussit à l'avoir au bout du fil.

« Comment ça va ? demanda-t-elle.

— Ça va, maman. Mais je suis débordé, vraiment débordé. »

Ils bavardèrent un peu et rien que d'entendre sa voix réchauffa son cœur. Cette chaleur s'estompa pourtant dès qu'elle raccrocha. La distance n'en fut que plus douloureuse.

Elle prit un bain, se coucha et fixa le plafond en réfléchissant à la journée qu'elle venait de passer, à déambuler dans New York. Sans aucune attache, comme un fantôme. Cette solitude l'empêchait de dormir en même temps qu'elle la vidait de son énergie – c'était une sensation très étrange.

Elle avait bien dû finir par s'endormir à un moment puisqu'elle fut réveillée par une sonnerie. La lumière du jour traversait déjà les rideaux.

Elle décrocha le téléphone.

« Allô ? dit-elle d'une voix un peu endormie. »

Il y eut de la friture sur la ligne, puis une voix d'homme se fit entendre.

« Ida ? C'est Adrian. »

Adrian était la personne qui lui avait offert le poste à Los Angeles.

« Bonjour, Adrian.

— Je vous ai réveillée, je suis désolé.

— Non, ça va. »

Elle regarda sa montre sur la table de chevet.

« J'appelle avec de bonnes nouvelles. Vous avez passé l'étape de l'habilitation sécurité. Vous êtes acceptée ! J'ai dû intriguer un peu mais c'est bon, c'est fait. »

Ida ne savait pas trop comment réagir.

« C'est super. Merci.

— Vous n'avez pas l'air plus contente que ça.

— Désolée, je viens de me réveiller.

— Pas de problème. »

Il y eut un long silence de quelques secondes.

« Vous ne m'avez toujours pas donné votre accord formel, lui fit remarquer Adrian.

— Je suis désolée. Je n'ai pas encore pris ma décision. L'affaire sur laquelle je travaille m'occupe beaucoup et je n'ai pas eu le temps de réfléchir.

— Je vois. »

Il y eut un nouveau silence, encore plus gêné cette fois-ci.

« C'est un poste qui a l'air passionnant, reprit finalement Ida. Vraiment. Mais, euh, est-ce que je peux avoir encore un peu de temps pour réfléchir ?

— Bien sûr », répondit Adrian.

Mais Ida perçut le doute dans sa voix.

Après avoir raccroché, un sentiment de panique s'empara d'elle. Elle ne contrôlait plus rien. Elle se dépêcha d'appeler son bureau à Chicago pour voir si tout allait bien. Elle se sentit presque déçue quand on lui annonça qu'il n'y avait aucun problème.

Elle s'habilla rapidement et rejoignit le centre de Manhattan.

Une heure plus tard, elle traversait le hall d'entrée de la cour d'assises. Il y avait des gens partout. Les bruits de pas et les conversations résonnaient et emplissaient l'espace en produisant un écho aigrelet et diffus. Cette agitation renforça sa méfiance : pour elle, un tribunal, c'était moins un lieu de justice qu'une sorte de grand marché couvert, un bazar où se négocient les intérêts économiques du système juridique. Où ceux qui profitent des crimes, c'est-à-dire les véritables gagnants du système – les juges, les avocats, les procureurs, la police, les agents délivrant des cautions, les huissiers de justice – se précipitent comme un essaim de mouettes excitées pour festoyer aux dépens des malheureux qui ont été pris dans les filets de la justice. Dans la procédure, la première mesure était toujours de s'occuper de l'argent, ensuite de la paperasse, et enfin des gens.

Elle étudia la liste des avocats et trouva celui de Tom, Len Rutherford, commis aujourd'hui à la défense d'un inculpé. L'avocat qui refusait de lui répondre au téléphone. Celui qu'ils allaient virer, même si la date du procès approchait.

Elle traversa un labyrinthe de couloirs, trouva la chambre du tribunal où il officiait et s'installa dans le public. C'était une sombre affaire de coups de couteau dans un bar du Lower East Side. Le client de Rutherford, un Irlandais à l'air morose, plaida coupable. Rutherford ne fit aucun effort pour convaincre le juge que son client était digne de confiance et n'allait pas se faire la malle – il passa le plus clair de son temps à consulter sa montre. Le juge donna le montant de la caution, l'accusé sortit lentement et tout fut terminé en quelques minutes.

Ida quitta la chambre et attendit l'avocat dehors.

« Monsieur Rutherford », l'appela-t-elle.

Il se tourna vers elle et la toisa des pieds à la tête.

« Oui ?

— Je m'appelle Ida Young. Je suis détective privée et j'ai été engagée par la famille de Thomas James Talbot. »

Rutherford resta sans réaction, puis il comprit qui elle était.

« Ah oui, bien sûr. Si cela ne vous dérange pas, j'ai une autre audition. Vous n'avez qu'à appeler mon bureau pour organiser un rendez-vous. »

Il tourna les talons et commença à s'éloigner d'un bon pas.

Ida le suivit.

« J'ai déjà laissé un certain nombre de messages à votre bureau. Et j'ai vérifié le registre : vous n'avez rien jusqu'à cet après-midi.

— Je vois. Qu'est-ce que vous voulez, mademoiselle Young ? »

L'irritation était bien perceptible dans sa voix.

« Je voudrais parler de l'affaire avec vous.

— Je ne réponds qu'à mon seul client. Je ne suis pas tenu de partager d'informations avec vous.

— Vous n'êtes pas obligé, mais ça aiderait.

— Pas vraiment. »

Ils avaient atteint le bout du couloir. Rutherford lui tint la porte ouverte.

Elle le remercia d'un signe de tête et ils arrivèrent dans le grand hall plein d'écho.

« Il faut que ce gamin plaide coupable, affirma Rutherford.

— Mais il est innocent. »

Rutherford pouffa.

« J'étais presque de cet avis quand j'ai pris l'affaire en main. Mais aujourd'hui, je suis convaincu de sa culpabilité. Cela dit, ça importe peu. S'il plaide coupable, je peux négocier la peine à la baisse. Il sortira de prison à un âge où il pourra encore profiter un peu de la vie qui lui reste. Je connais les jurys de cette ville, mademoiselle Young. S'il entre dans ce tribunal en plaidant non coupable, c'est comme s'il était mort.

— Il y a assez d'éléments pour qu'il soit libéré.

— Par exemple ?

— L'accusation n'a pas pu trouver le moindre témoin oculaire ni établir une chronologie cohérente. Leur version des événements est, au mieux, tirée par les cheveux – c'en est même ridicule – et ne tient même pas, étant donné qu'il n'y a pas d'arme du crime. Le recueil des éléments matériels a été fait de manière incompétente, voire dommageable pour l'enquête. La conservation des pièces matérielles est remplie d'incohérences. L'affaire ne repose que sur des suppositions, des preuves secondaires et un préjugé racial. N'importe quel avocat disposant d'un peu de temps et de fonds pourrait faire annuler cette inculpation sans même aller jusqu'à un procès. »

Le dernier argument d'Ida était bancal et ils le savaient tous les deux, mais Ida s'était emportée. Il y avait quelque chose chez Rutherford qui l'énervait. Son indifférence, son côté hautain la faisaient sortir de ses gonds.

Il haussa un sourcil.

« Tout cela est bel et bon, répliqua-t-il. Mais cela importe peu, mademoiselle Young. Parce qu'au procès, tout ce que le jury va voir, c'est un Noir qui a massacré une femme et un jeune Blanc. Un noir avec les mains pleines de sang bien rouge. Cela n'en fait pas un personnage très sympathique.

— Un ancien combattant. Un médecin, contra Ida. Un homme qui a passé sa vie à aider les autres et qui est revenu de la guerre traumatisé. »

Rutherford pouffa à nouveau.

« Je crois que vous ne disposez pas de tous les éléments. »

Ils arrivèrent à la porte de sortie. Il tendit la main pour la faire passer devant lui et ils se retrouvèrent dehors, sur les marches du tribunal. Il posa sa mallette par terre pour tirer une paire de gants de sa poche tandis qu'Ida fermait son manteau.

« J'ai parlé avec un ami qui travaille pour le procureur. Ils ont réussi à mettre la main sur son dossier militaire. À la fin de la semaine dernière. »

Rutherford parlait sans élever la voix, tout en glissant ses mains dans ses gants noirs.

« Thomas a reçu une décharge sur papier bleu... Vous savez ce que cela signifie à demi-mot ? Cela veut dire qu'il est homosexuel. »

Il la fixa. Ida ressentit un écœurant mélange de déception et de sidération l'envahir.

« Ils ont également ajouté sa précédente logeuse à la liste des témoins. J'ai jeté un œil à sa déposition. Il a été viré de son précédent logement après avoir été pris s'adonnant à son vice. C'est comme ça qu'il a atterri à l'hôtel Palmer. Vous imaginez comment l'accusation va se servir de ça ? Avec des penchants pareils, il tue une femme et un jeune garçon blanc avec un couteau ? Ils le feront passer pour un pervers. Un tordu. Un marginal. Renvoyé de l'armée et de son appartement, il décide de s'en prendre à la société. Tenez, ou encore un autre scénario : l'employée de l'hôtel le prend *in flagrante delicto* et, devant la perspective de se faire une nouvelle fois expulser, il succombe à une fureur meurtrière. Vous imaginez toutes les hypothèses, mademoiselle Young ? Il n'y aura pas un scénario pour racheter l'autre… »

Rutherford la fixa en silence pour qu'elle comprenne bien qu'il avait gagné.

« Donc vous voyez bien qu'il est dans l'intérêt de tout le monde qu'il plaide coupable. Puis-je me permettre de vous donner un conseil ? »

Ida ne savait pas quoi dire et se contenta de faire oui de la tête.

« Vous n'êtes pas chez vous, ici. Ni vous ni le père de Thomas. On est à New York, ici. Vous ne savez pas comment ça fonctionne. Vous êtes loin de chez vous et cela signifie que vous n'avez pas la main sur ce qui se passe. Mon conseil, c'est que vous retourniez à Chicago avant de causer d'autres problèmes et de pousser ce gamin à la chaise électrique.

— Je suis venue pour le sauver. »

Il lâcha un petit rire exaspéré.

« Est-ce que vous avez lu le journal, ce week-end ? reprit-il. Milton Eldridge, le propriétaire de l'hôtel Palmer. Il a été tué par un chauffard qui a pris la fuite. Mademoiselle Young, êtes-vous assez naïve pour croire qu'il s'agit d'un simple accident ? Est-ce que vous comprenez à quoi vous avez affaire ? Plus vite Thomas plaidera coupable, plus vite il sera hors de danger. J'essaie de lui sauver la mise.

— Je vois, fit Ida.

— Vraiment ? »

Il la regarda et soupira.

« Bon, s'il n'y a rien d'autre, il faut que j'y aille, j'ai du travail. »

Il la salua d'un signe de tête et Ida le regarda descendre les marches et s'en aller. Elle se sentait complètement vaincue.

Elle attendit un moment, descendit les marches à son tour et trouva un banc où elle s'affaissa. Elle sortit son étui à cigarettes de sa poche et s'en alluma une en regardant le flot de la circulation passer devant elle. Elle s'était laissée entraîner dans l'accrochage avec Rutherford. Elle avait pourtant pour règle de ne jamais se quereller avec un homme de loi. Elle était exposée au vent dont la morsure engourdissait ses mains et son visage, lui faisant monter les larmes aux yeux.

Les informations de Rutherford permettaient de comprendre pourquoi Tom s'était retrouvé dans cet hôtel dans l'urgence et pourquoi il avait menti sur les raisons qui l'y avaient amené. Cela expliquait aussi pourquoi il n'était jamais retourné à l'hôpital reprendre son ancien poste : il aurait dû présenter ses papiers militaires. Plutôt que d'être humilié, il avait préféré ne pas y revenir. Il avait utilisé ses économies pour errer dans New York, avait participé à des actions caritatives et menti par honte.

C'est alors qu'elle se rendit compte d'une chose : il allait falloir qu'elle en parle à Michael. Et avant que Rutherford ne le fasse. Elle se demanda comment il allait réagir. Puis elle repensa au fait que Cleveland et Tom s'étaient retrouvés dans le même hôtel. Qu'ils avaient tous les deux reçu le petit papier bleu de l'armée. Et si cela n'était pas une coïncidence ? Elle avait peut-être tout faux dans ses dernières déductions : Tom avait peut-être en fait bel et bien quelque chose à voir avec tout ça. Les doutes et les soupçons qu'elle avait pu avoir au tout début de l'enquête venaient de refaire surface. Tout ça à cause de Rutherford.

Elle repensa au meurtre d'Eldridge. Rutherford avait admis que Tom était en danger. Il lui avait dit ça comme si c'était une évidence.

Elle soupira avec lassitude. Rutherford avait mis à mal sa confiance ; à présent elle doutait de tout. Une autre pensée – encore pire – la traversa : et si Rutherford parvenait à convaincre Tom de plaider coupable ? Il avait déjà réussi à la faire douter, elle. Elle rassembla assez de forces pour se lever et se dirigea vers le métro. Une légère neige commençait à tomber. Comment allait-elle bien pouvoir annoncer la nouvelle à Michael ?

41

Lundi 10 novembre, 11 h 30

Ida retrouva Michael sur la 5e Avenue, sous l'auvent de la bibliothèque. Il paraissait tout petit devant la façade gigantesque, avec les colonnes de style Beaux-Arts, les sculptures et tout cet impressionnant marbre du Vermont.

« Comment ça s'est passé ? » demanda-t-il quand elle s'approcha.

Son souffle faisait de la vapeur dans le froid. Elle aperçut un banc à côté de l'entrée de l'immeuble et l'emmena s'y asseoir. Il l'écouta en hochant la tête, silencieux, le regard braqué sur les arbres et la pelouse entourant le bâtiment, sur les voitures qui passaient comme sur une patinoire, sur la neige qui tombait.

« Je vois », dit-il simplement quand Ida eut fini son récit.

Son expression resta neutre. Elle ne savait pas si c'était parce qu'il se retenait d'exprimer quelque chose ou parce qu'il était encore sous le choc, incapable de ressentir une émotion précise.

« Qu'est-ce que tu veux faire ? demanda-t-elle.

— Dire à Tom de prendre un nouvel avocat.

— Je veux dire, par rapport à Tom ?

— Je ne sais pas, dit-il en secouant la tête. Pourquoi est-ce qu'il n'a rien dit ? Il a menti et maintenant, ça va faire encore plus mauvaise impression devant le tribunal.

— Il avait honte, Michael », dit Ida d'une voix douce.

Il se tut un moment et se frotta les tempes.

« J'ai toujours fait de mon mieux pour lui et sa sœur.

— Je sais.

— Réformé avec le papier bleu… Dire qu'il est allé à la guerre pour exercer comme médecin. »

Michael reprit sa contemplation des voitures empoudrées de neige et des taxis qui filaient sur l'avenue.

« Il faut qu'on lui parle », dit Ida.

Michael consulta sa montre.

« On a manqué le bateau pour Rikers. J'irai demain. Allez, viens. On a du boulot. »

Il se leva et se dirigea vers l'entrée du bâtiment. Rien qu'à le regarder, Ida pouvait sentir son manque de sérénité, comme s'il gardait, bouillonnant à l'intérieur, tout ce qui risquait d'exploser plus tard.

La section des périodiques était au deuxième étage et ressemblait davantage à un manoir de la Belle Époque qu'à une bibliothèque. Ils demandèrent les exemplaires du *Times*, du *Daily Mirror* et du *Daily News* depuis le début de l'année et parcoururent les notices concernant les homicides pour voir s'ils trouveraient des meurtres susceptibles d'avoir été commis par Faron et Helms. Ils avaient demandé à Carrasco de faire une recherche de son côté, mais ils savaient que cela lui prendrait quelques jours, et ils s'étaient dit qu'ils pouvaient essayer de leur côté. Tout en travaillant, Ida gardait un œil sur Michael et se sentit gênée de le surveiller.

Ils établirent une liste.

Des dizaines de meurtres.

Aucun ne semblait l'œuvre de Faron, pourtant. Aucun n'avait le moindre lien avec Bucek, Cleveland ou Helms ou l'hôtel Palmer ou même Vito Genovese. Ces meurtres étaient pour la plupart d'une grande banalité : bagarres de bar, agressions ou cambriolages qui étaient partis en vrille, engueulades financières ou sentimentales.

La journée s'écoula dans la lassitude.

Ils allèrent déjeuner sans conviction, revinrent et reprirent leur travail. Le soleil finit par sombrer derrière la ligne d'horizon et les lumières de la bibliothèque s'allumèrent avec un vrombissement de moustique. Les tables autour d'eux se vidèrent l'une après l'autre et ils n'avaient toujours rien en rapport avec leur enquête. Ils restèrent jusqu'à la fermeture mais, en sortant dans le froid terrible qui pesait comme une enclume sur la 5e Avenue, Ida ressentit la déception d'une journée perdue. Une journée qui avait mal commencé et qui n'avait fait qu'empirer.

« Je vais rentrer à pied », lui dit Michael.

Ida avait compris derrière ses paroles qu'il désirait rester seul, marcher dans la ville pour essayer de faire le tri dans ses pensées. Comme elle, d'ailleurs. Comme Tom, avant eux.

Elle acquiesça et Michael partit sous la neige tandis qu'elle prenait le métro pour rentrer vers Harlem. Le train express était déjà rempli avant même d'atteindre l'arrêt de la 59e Rue et elle dut rester debout jusqu'à sa destination, dans un cahotement assourdissant, avec les passagers chancelants et les lumières agressives. Elle tenta de penser à autre chose qu'à l'affaire. Elle parcourut les unes des journaux que lisaient les autres voyageurs, des bouts d'articles sur l'interminable saga de la construction du bâtiment des Nations unies, le plan de partage de la Palestine, les audiences de la Commission des activités antiaméricaines.

Contre son gré, ses pensées s'orientèrent vers Washington, la CIA et le poste qui désormais l'attendait en Californie. C'était un emploi qui servirait à protéger l'Amérique, et cette lutte ne cesserait jamais. Elle se détourna de ces pensées en sentant remonter une angoisse qui la prenait depuis le départ de Nathan pour l'armée, une impuissance face à l'histoire, l'impression de passer sous les sabots d'une troupe de chevaux lancée vers elle, que l'Histoire en marche lui fonçait dessus.

Elle descendit à l'arrêt de la 125e Rue et se dépêcha de rentrer à son hôtel, sous la neige, baignée par la lueur orangeâtre des lampadaires. Elle passa devant des merceries qui vendaient de pauvres vêtements de mauvaise qualité et des babioles, devant les farfouilles, devant une salle qui accueillait une réunion d'évangélistes, devant un bar à un coin de rue d'où sortait un blues à en faire trembler le trottoir. Elle repensa au club de be-bop. Ce saxophoniste possédé par un feu intérieur et son saxophone qui lui servait de soupape, de robinet à émotions. Ce fut comme si elle entendait à nouveau le saxophone fendre l'air, fragile et solitaire, magnifique.

Ce n'est qu'une fois arrivée à son hôtel qu'elle se rendit compte qu'elle n'avait pas dîné. Elle allait devoir appeler la réception ou ressortir. Elle s'allongea sur le lit pour se reposer un instant, sans enlever son manteau. Les meurtres qu'elle avait passé la journée à éplucher ne cessaient de s'agiter en elle. Tous ces morts. Des meurtres insensés. Des vies perdues pour rien. Elle repensa à Nathan et au grand silence qui avait suivi sa mort. Elle songea au père de Jacob. Elle songea à Michael qui enfouissait sa peine dans le travail, ce qui lui paraissait aberrant.

Et puis elle se rendit compte – avec un désarroi d'une violence corrosive – que s'immerger dans le travail était exactement la tactique qu'elle employait pour affronter la détresse, elle aussi. Un peu plus et elle faisait la leçon à Michael pour un travers dont elle n'était pas moins coupable que lui. Est-ce que cela avait l'air aussi absurde quand c'était elle qui le faisait ? Cela la choquait toujours quand elle constatait ce comportement chez les autres, alors qu'elle le trouvait parfaitement naturel chez elle. Elle sentit ses émotions sur le point de jaillir. Elle ferma les yeux et les laissa venir, se laissant submerger.

Elle se rendit compte qu'elle transpirait. Elle avait toujours son manteau et le chauffage était en marche. Elle ouvrit les yeux et le retira. En roulant sur le côté, elle vit la liste des appels de l'hôtel Palmer qui dépassait de son sac à main et l'attrapa pour s'en servir d'éventail. Peut-être pouvait-elle étudier de nouveau cette liste. Elle la posa sur le lit, et tous les noms et les adresses lui apparurent dans une espèce de flou pendant un instant avant de se clarifier. Elle parcourut les colonnes, et soudain un nom lui sauta au visage.

John Marino.

Elle s'arrêta en fronçant les sourcils et se demanda pourquoi ce nom interpellait sa mémoire. Quelqu'un résidant à l'hôtel Palmer avait appelé ce nom trois fois avant les meurtres. Il y avait aussi deux appels provenant de son numéro. Les appels avaient tous eu lieu le soir, entre 20 et 23 heures.

Et soudain, elle comprit.

Les meurtres.

Ida fouilla dans son sac pour retrouver les notes qu'ils avaient prises à la bibliothèque. Il était là. John Marino, 28 ans. Un ouvrier des docks de Brooklyn qui avait disparu six semaines avant les meurtres de l'hôtel

– la veille du jour où Bucek était parti en cavale. Son corps avait été retrouvé quelques jours plus tard dans le fleuve Hudson. Il avait été poignardé plusieurs fois et jeté à l'eau.

Quelqu'un de l'hôtel avait appelé Marino, Marino s'était fait assassiner et le lendemain Bucek était parti se planquer. Marino devait être le troisième type à avoir pris part au chantage.

Est-ce qu'il y en avait d'autres ?

Ida se redressa, attrapa le téléphone et appela Michael. Une nouvelle victime qui avait passé des appels à l'hôtel Palmer : c'était un lien concret, quelque chose qui pouvait tenir la route devant un tribunal. Et, surtout, c'était une nouvelle piste.

XVI

« La criminalité d'aujourd'hui s'est extraordinairement complexifiée et recourt à présent à des hommes de paille, des transactions en liquide, des avocats de luxe qui savent prendre les raccourcis juridiques, des entreprises et des partenariats, tout cela permettant de cacher qui sont les véritables propriétaires de biens immobiliers ou financiers. Les cartels industriels et autres corporations dotées de conseils d'administration complexes, avec tous leurs enchevêtrements juridiques et financiers, sont des miracles de simplicité en comparaison. »

Herbert Asbury,
Colliers Magazine, 1947

42

Lundi 10 novembre, 13 h 25

Costello sortit du taxi et leva les yeux vers les gratte-ciel de Midtown qui s'élançaient vers le ciel glacial à travers les tourbillons de neige. Il trouva le numéro du bâtiment qu'il cherchait, refila vingt dollars au portier qui le laissa entrer et se rendit à la réception pour demander les bureaux d'ABC.

Pendant toute la montée, le groom ne cessa de le regarder dans le reflet trouble des faux panneaux d'or des portes de l'ascenseur en se demandant probablement s'il était le vrai Frank Costello.

Quand ils parvinrent à l'étage de Joe Glaser, il donna un billet de vingt au gamin et traversa le couloir à moquette rouge pour arriver aux bureaux. C'était opulent et moderne. La classe. Costello reconnaissait certains éléments du mobilier qu'il avait vus dans les magazines de déco que Bobbie laissait traîner partout à la maison. Elle le harcelait pour remplir la baraque avec ces machins scandinaves.

Il se demanda s'il n'avait pas déjà vu la secrétaire quelque part, peut-être dans un spectacle sur Broadway. Elle le conduisit jusqu'aux canapés de la salle d'attente. Il s'assit, attendit, se moucha. Et prit des pastilles pour la gorge.

Il étudia les photos accrochées aux murs, tous ces musiciens noirs dont Glaser avait fait son miel. Lui qui n'était au départ qu'un lampiste de bas étage bossant pour Capone était devenu un éminent notable du quartier des affaires disposant même de bureaux à Los Angeles. Il était devenu respectable. Glaser avait démarré son affaire avec un prêt de Jules Stein, le mafioso de Chicago qui gérait la Music Corporation of America, l'agence d'artistes la plus colossale du pays. Stein avait fait dans le trafic de whisky avec Al Capone pendant la Prohibition et l'avait aidé à améliorer sa comptabilité. En échange, avec l'aide de Capone, Stein avait engagé des hommes de main pratiquant la bombe puante ou l'incendie criminel pour convaincre vigoureusement les lieux de spectacle d'engager des artistes MCA. Il avait négocié des deals juteux avec le Syndicat des musiciens tenu par la Mafia. Stein et ses complices avaient ainsi construit avec MCA la plus grande agence de management d'artistes, et ils avaient pour clients non seulement des musiciens mais la majorité des acteurs d'Hollywood.

Ce n'était pas rien pour une troupe de pauvres Juifs originaires de Russie, issus du quartier de Lawndale à Chicago. Ils étaient partis du bas de l'échelle pour arriver au sommet de l'industrie du spectacle. Au fil des années, Costello avait travaillé avec eux quand il y avait besoin. Ça ne lui avait jamais posé de problème de travailler avec des gangsters juifs. Il avait grandi avec Rothstein, Lansky, Siegel. Il faisait davantage confiance à Gabriel qu'à tous ses autres intermédiaires.

Costello avait toujours été comme ça. Vers 7 ou 8 ans, il s'était un jour retrouvé dans le quartier juif un samedi matin, dans West Harlem, juste à côté du quartier italien pouilleux où il habitait. Devinant qu'il n'était pas du coin, un vieux barbu s'était approché de lui et lui avait proposé un penny pour allumer son poêle. Costello avait trouvé la demande un peu étrange. Le vieil homme lui avait alors expliqué que c'était un péché pour un Juif orthodoxe d'allumer un feu ou de faire le moindre travail le jour de shabbat. Il y était retourné le samedi d'après et ainsi de suite, et il était devenu le *shabbes goy* du quartier. Il avait appris d'autres choses sur la religion juive. Les jours des fêtes, il montait ses prix à cinq cents. Et il avait fini par épouser une fille du quartier.

La réceptionniste s'approcha de Costello et lui fit un sourire.

« Il est disponible pour vous recevoir. »

Puis elle l'amena jusqu'à un grand bureau à l'angle du bâtiment. Joe Glaser n'avait pas l'air très content de le voir.

« Salut, Frank.

— Salut, Joe. »

Glaser lui proposa un fauteuil, un étrange montage moderne de tissu avec des angles bizarres.

« C'est quoi, ce truc ? fit Costello.

— C'est un fauteuil, Frank.

— Ça aurait sa place avec des soucoupes volantes dans un film de science-fiction de série B. »

Glaser lui jeta un regard sombre et Costello finit par s'asseoir. Ils se fixèrent un moment en silence.

« Comment vont les affaires ? demanda Costello.

— Ça va.

— T'es bronzé, dis donc.

— Je reviens de L.A. On met en place notre filiale sur la côte Ouest.

— Tiens donc.

— L'Amérique se déplace vers l'ouest…

— Comme depuis toujours, Joe. »

Costello éternua et s'auto-chloroforma avec un bon coup de mouchoir à l'eucalyptus sous le regard médusé de Glaser.

« Je suis content que tes affaires marchent », reprit Costello en remisant le mouchoir.

Glaser lui lança un regard signifiant « et alors ? ».

« Tu as entendu parler de la grande réunion au Waldorf-Astoria ? demanda Costello.

— Les patrons d'Hollywood ? Oui, bien sûr. »

Costello réfléchit à une façon diplomate de mettre Glaser au courant de ce que le type lui avait raconté à la galerie d'art.

« On raconte des choses sur la MCA. Et sur Ronnie Reagan. Je voulais en parler avec Stein, mais le téléphone n'est pas le moyen le plus sûr, donc je préférais voir ça avec toi avant. »

Les mafiosi qui tenaient la MCA étaient les mêmes que ceux qui étaient derrière l'agence de Glaser, et il était en contact fréquent avec eux. Plutôt que de passer un coup de fil à L.A. avec le risque d'une ligne sur écoute, Costello avait préféré voir Glaser directement, au cas où il puisse l'éclairer un peu sur les derniers événements.

Glaser le regarda d'un air soupçonneux puis se cala dans son fauteuil.

« Et c'est qui, ce "on" ? »

Costello lui parla des deux producteurs, de Vito Genovese qui essayait d'influencer le vote, et du type qui lui avait parlé de possibles liens avec la MCA et Reagan.

Glaser écouta tout ça attentivement, les mains jointes en triangle.

« Je crois que je vois de quoi il s'agit. Je vais te dire ce que je sais, mais il faut que tu en discutes avec Stein dès que possible. »

Costello hocha la tête.

« Reagan est un informateur du FBI, lui expliqua-t-il. Il y a quelques années, il s'est fourré sans le savoir dans des associations liées au Parti communiste. Et maintenant, il a tellement les jetons qu'on l'accuse d'être un coco qu'il s'est lancé dans une campagne anticommuniste pour s'exonérer. Il a contacté le FBI à L.A. et a proposé de leur donner des noms d'acteurs qu'il savait être des cocos. Il leur a filé toute une liste. Il a balancé ses potes, quoi.

— Et quel rapport avec la MCA ?

— Il y a quelques années, Reagan était fini. Il avait enchaîné trop de navets. Et puis il avait tendance à faire un peu trop la fête. MCA lui a proposé de le relancer et l'a poussé à candidater comme président de la *Screen Actors Guild*, le Syndicat des acteurs. Ils s'étaient dit qu'avec Reagan aux commandes, ils allaient pouvoir se régaler.

— Je sais déjà tout ça », interrompit Costello avec un geste évasif de la main.

Il avait appris cette histoire de la bouche de Jack Warner lui-même. Avoir une taupe de la MCA comme président du Syndicat des acteurs offrait le luxe d'avoir un syndicat dirigé par le principal employeur. C'était le conflit d'intérêts le plus flagrant et éhonté qu'on puisse imaginer, mais Reagan avait tout de même été élu, principalement sur sa position anticommuniste. Comme avec les autres syndicats d'Hollywood, la Mafia avait fait bon usage de la paranoïa ambiante concernant la menace communiste prendre le contrôle.

« Si Reagan balance des noms, ajouta Glaser, et que les studios s'inquiètent de la chasse aux sorcières, alors peut-être que Genovese est en train de chauffer sa place pour jouer l'homme providentiel. »

Costello hocha la tête. Ça y ressemblait assez. Comme Glaser, comme la MCA, comme beaucoup de chaînes de radio ou de télé, Genovese allait vers l'ouest lui aussi. La Mafia était censée aider l'industrie du cinéma en la débarrassant des communistes, des enquêtes du FBI et des commissions d'enquête. Genovese, lui, faisait en sorte que tout ça plante et parte en sucette pour donner l'impression que Costello et ses hommes étaient incapables de faire le boulot et d'apporter la protection promise. De cette façon, Genovese lui-même pourrait intervenir au moment propice, quand tout irait vraiment mal, et se présenter comme l'homme providentiel.

« C'est un vieux classique : foutre la merde et se pointer après pour vendre les serpillières.

— Si Genovese veut se proposer comme solution alternative, c'est qu'il doit avoir quelque chose à offrir, nota Costello.

— Tu penses qu'il a un as dans la manche ? »

Costello hocha la tête.

« Tu as une idée de ce qu'il prépare exactement ? » demanda Costello.

Glaser réfléchit et haussa les épaules.

« Il a peut-être quelqu'un sous sa coupe ?

— Tu veux dire au sein de la Commission sur les activités antiaméricaines ? »

Glaser resta songeur.

« Ça se pourrait », conclut-il en haussant les épaules à nouveau.

Pensif, Costello leva les yeux et vit que Glaser le fixait intensément, avec une lueur carnassière dans l'œil.

« Bon, ravi de la conversation. Je vais me débrouiller pour parler à Jules. Je suis sûr qu'on va trouver un moyen de régler tout ça. »

Costello s'arracha dans un grognement à son fauteuil d'astronaute et mit son chapeau. Il s'arrêta un instant pour contempler un tableau bizarre accroché au mur, avec des nègres en robes blanches dans un champ qui jouaient du banjo et chantaient. Il repensa à la masse bleuâtre de l'autre soir à la galerie d'art.

Dans l'ascenseur, il essaya de mettre de l'ordre dans ses pensées : Los Angeles et Chicago, Genovese et les studios d'Hollywood, le FBI. Il devait y avoir un moyen de mettre toutes ces informations à profit, d'utiliser ces éléments à son avantage en prévision de la guerre qui semblait désormais inévitable contre Vito Genovese.

XVII

« Les quais font désormais concurrence aux pires bidonvilles de New York comme lieux d'une criminalité endémique. Selon les autorités compétentes, ce terrible état de fait résulte largement des méthodes d'embauche dépassées qui ont depuis longtemps été abandonnées dans les grands ensembles portuaires du monde entier mais se poursuivent à New York. La précarité de l'emploi des dockers, complètement dépendants du bon vouloir des patrons de gang et des chefs de quai qui décident de l'embauche : tel était le terrain idéal pour que se mette en place la prise de contrôle de l'industrie portuaire par des malfaiteurs. »

Rapport du Procureur
du comté de New York,
1946-1948

43

Dimanche 9 novembre, 21 h 15

Normalement, plus que quatre jours avant de quitter la ville. Pourtant, Gabriel n'était pas plus avancé. Toutes ses pistes avaient tourné court et n'avaient abouti qu'à l'impasse de la frustration, de l'angoisse et de l'attente. Il fallait à présent patienter jusqu'à ce que les détectives lui répondent, ainsi que Salzman et Tomasulo. Jusqu'à ce que son propre cerveau erratique, embrumé par les médocs, parvienne à concocter une solution.

Juste au moment où il allait retourner au Copa, l'une de ses pistes sembla ressusciter grâce à un coup de fil de Salzman.

« J'ai jeté un œil aux meurtres pour toi, commença Salzman. Des filles tuées au couteau ces six derniers mois, à la manière de ton Faron.

— Et ?

— J'ai trouvé quelque chose. Des gonzesses qui se sont fait taillader, ça manque pas. Je me demande comment ça se fait qu'il en reste encore à traîner dans les rues. Mais il y a un cas qui m'a interpellé. Une pute du nom de Pearl Clayton. On a retrouvé son corps dans une casse de bagnoles, du côté de Hell's Kitchen, en juillet. Bien lardée, façon Faron. Ce qui est intéressant, c'est ce qui s'est passé après. Deux flics de la brigade des homicides qui bossent de nuit ont chopé l'affaire parce que le corps a été retrouvé très tôt le matin. Mais quelques heures plus tard, après la relève, l'affaire a été réattribuée.

— À qui ? demanda Gabriel, qui devinait déjà la réponse.

— Aux lieutenants-inspecteurs Doyle et Higgs. Dernièrement affectés au fond de l'East River… »

Les deux flics qui étaient morts en poursuivant Gabriel en voiture. Les complices de Faron, bien sûr.

« À entendre les rumeurs au bureau, ça doit être eux qui ont demandé à travailler sur cette affaire, ajouta Salzman.

— Logique. »

Faron avait dû tuer cette fille et les deux flics, ses complices, avaient récupéré l'affaire pour être certains que Faron ne serait pas soupçonné.

« Et comment est-ce que l'enquête a fini ? demanda Gabriel.

— Ça n'a rien donné.

— Je peux jeter un œil au dossier ?

— Bien sûr. Mais il y a autre chose. J'ai vérifié si la fille avait des antécédents. Et elle en avait. Elle s'était fait choper plusieurs fois pour racolage. La dernière fois, un mois avant sa disparition. Mais cette fois-là, c'était parce qu'elle avait été victime d'une agression. J'ai parlé à des potes qui travaillent aux mœurs. L'agresseur est un certain John Bova. Elle n'a pas porté plainte et ça s'est arrêté là. »

Bova. La taupe dans la famille de Costello. Le maquereau avec la cicatrice. Gabriel repensa à la dernière fois où il l'avait vu, au petit déjeuner chez Costello, quand il lui avait confié la mission de retrouver les deux briques. Il se souvenait que Bova essayait d'avoir des informations, qu'il faisait des allusions à Jack Warner et des blagues sur les Juifs.

Bon, tant pis pour le Copa. Gabriel n'avait plus que quatre jours et enfin un espoir.

« Où est-ce que je te retrouve ? » demanda-t-il.

Vingt minutes plus tard, ils étaient de nouveau dans la rue de Harlem Est où ils se retrouvaient. Salzman avait raison. Doyle et Higgs ne s'étaient pas cassé la tête sur l'enquête, même s'il n'y avait pas beaucoup d'éléments matériels. Pearl Clayton, 23 ans, identifiée grâce à sa carte d'identité dans son sac. Prostituée sans domicile fixe. Sur les photos, on voyait une jeune rouquine maigrelette. Son torse nu avait été tailladé et on avait jeté son cadavre entre deux voitures démolies dans une casse. Elle avait reçu des coups de couteau partout. C'était la marque de Faron. À part la carte d'identité, elle n'avait pas grand-chose sur elle : un peu de monnaie, un mouchoir, un paquet de chewing-gums et le reçu d'une cafétéria.

Gabriel réagit à ce dernier détail. The Greenspot Luncheonette. Il connaissait l'endroit. C'était un boui-boui qui ne fermait pas de la nuit, juste au sud de Columbus Circle, au coin de Central Park. Pas très loin de la casse où le corps avait été retrouvé. En face d'un des bordels de John Bova. Un coin très couru pour les prostituées.

Ça valait le coup d'essayer.

Il tendit l'argent promis à Salzman, qui émit un sifflement admiratif. Gabriel retourna vers le sud de Central Park. Dans le froid glacé. Il passa par l'étendue de lumières de Times Square et arriva au Greenspot Luncheonette, dans une petite rue tranquille et sombre. La cafétéria semblait être le seul endroit ouvert à cette heure-là. Sur le trottoir d'en face, seules ou en groupe au coin de la rue, déambulaient les filles.

Gabriel se gara près du restaurant et s'approcha d'elles pour savoir si elles connaissaient Pearl. Certaines firent semblant de ne pas la connaître. D'autres firent semblant de la connaître. Quand il leur proposa de l'argent, elles lui donnèrent des informations qui se contredisaient toutes. Pearl travaillait pour Bova. Pearl ne travaillait pas pour Bova. Pearl était sympa. Pearl était une fouteuse de merde. C'était la faute de Pearl si Bova l'avait frappée. C'était la faute de Bova. Bova s'était débarrassé d'elle après cet épisode. Bova avait décidé de la garder quand même.

Quand il demanda qui avait pu assassiner Pearl, ce fut un mur de silence. Elles se refermaient toutes comme des huîtres et s'en allaient en hochant la tête. Gabriel y passa une bonne heure et essaya d'aller à la pêche aux renseignements une rue plus loin, et même dans la cafétéria. Il ne trouva pas d'information solide et se contenta d'essayer de donner une cohérence à ce qu'il avait pu récolter. Il parvint finalement à construire une histoire qui tenait à peu près debout : Faron veut une fille ; Genovese lui en procure une par Bova ; Bova choisit une nana qui l'emmerde et avec qui il s'est récemment engueulé. Une fille dont il va se débarrasser de toute manière et dont il se fiche. Il la refile à Faron comme on file un steak à un fauve. En songeant à Faron à qui ses complices fournissaient des filles, Gabriel repensa vaguement à une sorte de mythe dont il n'arriva pas à se souvenir précisément.

Arrivé au bout de ce qu'il pouvait faire, il retourna à sa Cadillac, s'y installa, fuma une cigarette et planifia la suite. Il n'allait pas retourner au Copa. Il ne pouvait plus supporter cet endroit. Au lieu de ça, il fit le tour de la ville en voiture, dans les quartiers où Faron était susceptible de se trouver – dans les replis ombreux de New York, dans ses recoins.

Le temps passa. Son angoisse enfla. D'ici à jeudi soir, il serait en cavale, d'une façon ou d'une autre. S'il survivait jusque-là. Il y avait de quoi céder à la panique et à la folie rien qu'à envisager de fuir la machine exterminatrice de la Mafia. Il se sentit envahi par la peur, assailli par l'angoisse en comprenant que c'était soit le Mexique, soit les enfers.

Quand il consulta sa montre, il était presque 4 heures. Dans quelques heures, huit millions de réveils allaient secouer leurs propriétaires et l'empire de la nuit abandonnerait une nouvelle fois les trottoirs, en attendant de reprendre du service. Gabriel allait continuer à être décalé, tout en se rapprochant de quelques heures de sa perdition.

Il retourna à son appartement et prit deux somnifères pour essayer de dormir. Quelques instants avant de sombrer dans les ténèbres, le mythe auquel il avait pensé lui revint : le Minotaure. Cette bête enfermée dans un labyrinthe à qui on donnait des jeunes filles en sacrifice. Puis il s'endormit et, dans son rêve, Manhattan devint un labyrinthe géant. Les gratte-ciel en constituaient les murs et Faron errait dans les allées, avide de sang.

Il fut réveillé par le téléphone. Combien de temps avait-il dormi ? Il regarda par la fenêtre et vit la neige tomber dans l'obscurité. Il regarda l'heure à la pendule et eut un choc en constatant que la soirée était déjà bien avancée. Les cachets l'avaient assommé pendant une douzaine d'heures. La peur et la panique s'emparèrent de son esprit. Il n'avait que quatre jours et il venait de gaspiller une demi-journée en restant inconscient. Quel imbécile ! Quelle imprudence ! Quelle négligence !

Le téléphone continuait à le réclamer haut et fort. Il essaya de bouger mais tous ses muscles étaient engourdis. Rien que d'essayer de tendre le bras pour attraper le téléphone le faisait souffrir.

« Allô ? » dit-il après s'être enfin saisi du combiné.

Sa voix était pâteuse. Il avait l'impression qu'on lui avait collé les lèvres à la glu.

« C'est Michael Talbot. J'ai parlé à mon associée. »

Gabriel essaya de remettre ses idées en place et de se concentrer.

« Et ?

— Il y a peut-être un point sur lequel tu peux nous aider. Nous avons retrouvé une autre victime. Un Italien qui travaillait comme docker à Brooklyn. Alors on s'est dit que, vu comment ça se passe sur les quais, personne n'allait accepter de nous parler. »

Les détectives avaient besoin de renseignements sur le port. Les quais contrôlés par la Mafia. Et ils étaient assez intelligents pour savoir que le seul moyen d'y parvenir était de passer par un membre de la Mafia.

« Vous voulez que je découvre ce qui s'est passé ?

— C'est ça. Voir ce qu'on peut dénicher. »

Gabriel essaya de réfléchir malgré les dernières brumes de barbituriques.

« C'est qui, ce docker ? Donne-moi quelque chose de concret. »

Il y eut une pause au bout du fil.

« Nous pensons qu'il y a un lien avec la guerre, avec l'Italie, reprit Michael. Cleveland et l'une des autres victimes étaient à Naples pendant la guerre. Faron aussi, peut-être. Et ce docker également. »

Gabriel enregistra ces informations. Un lien avec la guerre. Entre Cleveland et les deux autres victimes. Faron en Italie pendant la guerre. Cet enchaînement d'éléments qui prenait forme dans son esprit acheva de le réveiller.

« Allô ? demanda Michael. Tu es toujours là ?

— Oui, bien sûr. Mais s'il y a quelque chose qui concerne la guerre et Naples, il va falloir m'en dire plus.

— Pourquoi ?

— Parce que moi aussi, je connais quelqu'un qui était à Naples pendant la guerre.

— Qui ça ?

— Vito Genovese. »

44

Mardi 11 novembre, 12 h 07

Ida attendait sur le port, au niveau de la 134e Rue. Elle regarda le ferry qui venait de Rikers Island approcher en négociant les eaux tumultueuses, puis accoster. Les passagers empruntèrent la jetée glissante de neige. Michael fut le dernier à quitter le bateau.

« Comment ça s'est passé ? » demanda-t-elle.

Elle espérait que Michael avait pu parler à Tom, qu'ils avaient bien mis à plat tout ce qu'ils avaient à se dire. Tom avait dû lui avouer la vérité et il n'y avait plus qu'à choisir un nouvel avocat.

« Il a refusé de me voir, annonça Michael. Je suis allé là-bas pour passer une heure dans la salle de visite tout seul, avant de reprendre le ferry pour rentrer. »

Les espoirs d'Ida s'effondrèrent et furent remplacés par un sentiment d'accablement.

« J'imagine que Rutherford est passé avant nous », constata-t-elle.

Michael ne répondit rien. Elle lisait sur son visage toute sa frustration et sa déception. Son désespoir aussi. Elle ressentait la même chose. Ils avaient de moins en moins d'alternatives. Ils avaient progressé dans la compréhension de ce qui avait motivé les assassinats, mais ils n'avaient réuni aucune preuve permettant de faire libérer Tom. Leur rendez-vous sur les quais leur apporterait peut-être l'avancée décisive dont ils avaient tant besoin.

« Allez, viens. Faut qu'on aille retrouver ton type à Brooklyn », dit-elle.

Comme ils étaient dans le Bronx, ils marchèrent dans la neige jusqu'à Cypress Avenue et prirent la ligne de Lexington Avenue jusqu'à Union Square, où ils changèrent pour la ligne 14e Rue-Canarsie qui allait à Williamsburg. Ils sortirent à l'arrêt de Bedford Avenue et débouchèrent sur une rue bordée d'arbres avec des bâtiments qui ne montaient pas très haut et des magasins bas de gamme. De l'autre côté de la rue, sous un auvent, Michael avisa un homme qui faisait les cent pas pour lutter contre le froid. Ils traversèrent et Michael présenta Ida à Gabriel Leveson. Il était assez séduisant, avec un côté brut et ébouriffé.

« Monsieur Leveson, le salua-t-elle.

— Appelez-moi Gabriel. Ou Gabby, même. On y va ? »

Il montra la route qui menait aux quais et ils se mirent en marche.

« Après ton appel d'hier, je me suis renseigné auprès d'amis, dit Gabriel. Apparemment, la victime avait un beau-frère nommé Vinnie Ferrara à qui on pourrait parler. On m'a dit où il travaillait sur les quais. Il n'est pas commode, mais je pense que si on lui refile un peu d'argent il parlera peut-être. La victime faisait quoi, exactement ? »

Ida hocha la tête. Il ne perdait pas de temps. Pourquoi était-il si pressé et qui étaient ces amis capables de lui trouver autant d'informations en si peu de temps ?

« Tu as dit à Michael que c'est sans doute Vito Genovese qui est derrière tout ça ? »

Elle voulait tirer au clair leur théorie faisant de Helms le responsable des meurtres et voir comment cela s'emboîtait avec celle de Gabriel qui ciblait plutôt Genovese.

Elle voulait être sûre que Michael et elle n'avaient pas complètement fait fausse route.

« Comme je l'ai dit à Michael, répondit Gabriel, Genovese était à Naples pendant la guerre. Il s'y est réfugié dans les années 1930 pour échapper à une accusation de meurtre à New York et s'y est acoquiné avec Mussolini. Quand les USA sont intervenus, il a changé de bord. Il est devenu intermédiaire pour l'armée américaine et s'est servi de cette position pour voler des denrées militaires sur les bases alliées et les revendre à ses contacts dans la Camorra. Au bout d'un moment, quelqu'un a fini par s'apercevoir qu'il était recherché et il a été extradé. Comme tous les témoins du procès ont disparu, sont morts ou ont changé leur version des faits, Genovese a été blanchi. Pour moi, tous ces assassinats ont peut-être à voir avec leur histoire de marché noir en Italie. »

Ida réfléchit à cette hypothèse. Helms pouvait être lui aussi impliqué dans cette arnaque au marché noir. Il avait pu se laisser entraîner là-dedans. Cleveland avait pu le rencontrer à Naples et avoir des preuves à utiliser contre lui pour son chantage.

Elle jeta un regard à Michael pour voir s'ils étaient sur la même longueur d'ondes. Il lui adressa un hochement de tête mais elle voyait bien qu'il était distrait, qu'il continuait à penser au refus de Tom de le voir.

« Ça serait logique, dit Ida à Gabriel. Cleveland était dans une unité pour gens de couleur. Ils n'avaient pas le droit de se battre, donc ils travaillaient à l'intendance sur les quais. Ils s'occupaient des fournitures et des entrepôts. Si ça se trouve, Cleveland, Bucek et Marino étaient tous dans la combine de Genovese.

— Et peut-être aussi Faron, ajouta Gabriel. Il faut juste comprendre pourquoi Faron et Genovese se sont mis à tuer tous ceux qui avaient trempé là-dedans. »

Ida acquiesça sans rien ajouter. Avec Michael, ils avaient décidé de ne rien lui dire du chantage et de ce qu'ils savaient sur le député avant d'être certains qu'ils pouvaient lui faire confiance.

Plus ils avançaient, plus le vacarme sur les quais était perceptible. Au bout de quelques rues, les immeubles se firent plus rares et furent remplacés par un gigantesque site industriel, cerné par des clôtures en fil de fer barbelé avec un panneau blanc plein de rouille qui annonçait *Brooklyn Est Terminal Train-Bateaux*. Il y avait deux entrées : l'une pour les voies de chemin de fer, l'autre empruntée par les voitures et les piétons, où deux hommes en chemise de bûcheron montaient la garde.

« Je viens voir Nicky Impellezzeri, dit Gabriel.

— De la part de ?

— Gabriel Leveson. »

Les sentinelles échangèrent un regard et ouvrirent les grilles. Gabriel fit signe à Ida et Michael de passer les premiers. Ils pénétrèrent dans un vaste enclos de béton traversé par des voies ferrées et se dirigèrent vers une rangée de hangars géants qui longeaient le fleuve. Ils allèrent jusqu'au deuxième hangar, à l'intérieur duquel pénétraient des trains qu'une armée de dockers chargeait de cargaisons directement débarquées des navires amarrés sur le fleuve lumineux. Dans le hangar, Ida vit les grues, les piles de chargement, les rangées de camions, les mouettes, dans l'ombre colossale des murs de cette structure gigantesque.

Près de l'entrée se trouvait une cour clôturée dans laquelle une douzaine de types fumaient, bavardaient et jouaient aux cartes sur le béton. Derrière eux, une petite cabane en bois avec un tube de métal qui rejetait une fumée noire et épaisse.

Gabriel les guida à travers le groupe et, arrivé à la cabane, frappa à la porte. Un jeune gars mince avec une blouse de travail ouvrit et les dévisagea.

« Ouais ?

— Nicky Impellezzeri ? demanda Gabriel.

— Qui le demande ?

— Gabriel Leveson. »

Le type eut un temps d'arrêt et acquiesça, l'air inquiet.

« Je vais le chercher. »

Il disparut dans la cabane.

Ida observait les types qui passaient le temps dans la cour.

« Ils attendent de recevoir du boulot sur le quai cet après-midi, expliqua Gabriel en les désignant du menton. Il y a plus de gars que de boulot, alors ceux qui veulent bosser paient une commission au responsable pour être choisi. Ceux qui ont un cure-dent derrière l'oreille, c'est ceux qui veulent bien payer un bakchich. Seulement, entre le bakchich et les cotisations syndicales sur lesquelles la Mafia prélève sa part, ils ont de la chance quand ils ramènent chez eux un tiers de leur salaire. »

Ida fut étonnée par sa manière d'en parler. On sentait bien qu'il n'était pas d'accord avec la façon dont ces hommes se faisaient exploiter et voler, mais il ne le disait pas explicitement. C'était comme s'il acceptait l'idée d'un ordre naturel partagé entre le troupeau et les prédateurs, une sorte de grande chaîne alimentaire à l'échelle industrielle.

La porte de la cabane se rouvrit pour laisser passer un type obèse en costume. Impellezzeri.

« Gabriel ?

— Oui.

— Ouais, Albert m'a prévenu que t'allais passer. Tu cherches Vinnie Ferrara, c'est ça ?

— Il bosse aujourd'hui ?

— Non, il a pas été pris à la sélection de ce matin. Il doit être aux combats de chien. Dans l'entrepôt derrière l'ancienne usine Chesterfield.

— OK. »

Impellezzeri le dévisagea un instant puis referma la porte.

« Allons-y, je sais où c'est, on peut y aller à pied. »

Ils le suivirent le long du chemin qu'ils avaient pris à l'aller et repassèrent devant les dockers à l'air abattu.

« Qui est Albert ? » demanda Ida.

Gabriel s'arrêta, visiblement gêné, comme si la question venait de toucher un point sensible. Une mouette passa en poussant un cri dans le ciel d'automne gris.

« Albert Anastasia, répondit Gabriel.

— De la Mutuelle de l'assassinat ?

— Oui. Nous avons des relations de travail. Est-ce que vous connaissez les quais ?

— Pas vraiment, non.

— C'est le plus gros territoire de la Mafia. Les quais de Manhattan sont sous la coupe des gangs irlandais, mais Brooklyn appartient à Anastasia. Il prend sa part sur tous les bakchichs que paient les ouvriers. Et aussi sur les cotisations syndicales. Et pour ceux qui ne sont pas choisis pour travailler, il a des mecs qui leur prêtent de l'argent à taux d'usurier. Et quand ils n'arrivent pas à payer, il les oblige à voler des cargaisons pour lui. »

Il s'interrompit pour prendre une cigarette. Ida devina une nouvelle fois qu'il désapprouvait la situation. C'était plus perceptible cette fois-ci.

« Anastasia et moi avons quelques intérêts communs. Mais pas sur les quais. Je lui ai parlé hier après notre conversation et j'ai eu son accord pour venir ici et poser des questions. Sans son feu vert, ce n'est même pas pensable. »

À son expression et à l'amertume de sa voix, Ida comprit qu'il y avait une certaine animosité entre eux et elle se demanda quelle collaboration ils pouvaient bien partager.

Ils arrivèrent au bout du terminal et passèrent à nouveau les grilles, remontant la rue le long de trottoirs désolés, bordant une route déserte où passait parfois bruyamment un camion venant des quais. Sur un côté, une file ininterrompue d'entrepôts, sombres et trapus. De l'autre, une vaste étendue de terrains vagues. Après quelques minutes, ils traversèrent un de ces terrains ponctués de trous, toundra boueuse dont la végétation était constituée de fils de fer barbelés et de dalles de ciment sur lesquelles des enfants avaient tracé à la craie les contours de leurs jeux.

Tout au bout, ils entendirent des cris furieux, des grognements et des aboiements portés par le vent. Ils passèrent devant un mur de brique à moitié effondré et parvinrent au terrain vague où se trouvait la fosse des combats de chiens. C'était un grand trou circulaire, couvert d'une boue gelée tapissée de sang. Tout autour, une bonne quarantaine de types excités assistaient au spectacle. L'argent circulait de main en main. Des truands patibulaires rôdaient.

Ida s'arrêta pour voir ce qui se passait dans la fosse. Il y avait deux chiens de même race, tous deux courtauds, avec des pattes puissantes. Des boules de muscles et de crocs. Ils faisaient la même taille et devaient avoir le même âge. L'un était noir, l'autre d'un brun boueux. Leur poil était parsemé de coupures et de sang.

Elle se tourna vers Michael, qui regardait également la fosse. Gabriel, lui, regardait les gens. Il se dirigea vers un bookmaker qui semblait le connaître et qui, après un court échange, lui montra quelqu'un du doigt. Un jeune Italien avec une barbe de trois jours, un blouson de docker avec une fermeture Éclair et un bonnet, accroupi au bord de la fosse, le regard arrimé au combat.

Gabriel revint vers eux et désigna le type.

Ils se dirigèrent vers lui et, sentant leur présence, il leva les yeux.

« Vinnie ? »

Il comprit qu'il avait affaire à la Mafia, ou peut-être à la police, et fit non de la tête.

« C'est quelqu'un d'autre, mon gars, dit-il en détournant le regard vers les chiens.

— Je crois pas, non », fit Gabriel.

Un bruit répugnant monta de la fosse. Ida vit que le chien noir était sur le dos, mort, et le chien marron lui déchiquetait la gorge. Des acclamations et des jurons fusèrent du public. Les gagnants allèrent voir leur bookmaker pour encaisser leur dû.

Ferrara attendit quelques secondes que le public se disperse, et il piqua un sprint. Il bouscula tout le monde et fonça vers le terrain vague qui entourait la fosse. Ils se lancèrent à sa poursuite, traversant le terrain, puis le labyrinthe de taudis au bout, dans la terre gelée pleine de boue et de neige. Ida et Gabriel avaient du mal à suivre, mais Michael était carrément largué.

À un coin de rue, Ferrara se glissa soudain dans une ruelle entre deux bâtiments en ruines. Ils le suivirent et débouchèrent sur une cour semée de wagonnets, de draisines et de carrioles à charbon entre lesquels Ferrara zigzagua pour se précipiter dans une écurie, au bout de la cour. Des chevaux y mangeaient du foin dans des sacs cloués aux murs. Il détala entre les bêtes et disparut dans l'ombre.

Les chevaux étaient luisants de transpiration et leur chaleur faisait des nuages dans l'air froid. Tout était silencieux. On n'entendait que les mouettes au loin. Et puis Ida perçut un bruit au fond de l'écurie. Au moment où elle sortait son .38 de son holster, Ferrara apparut avec un fusil de chasse pointé sur eux.

« On ne bouge pas », dit-il en regardant Ida.

Elle éloigna les mains du holster et les leva. Ferrara indiqua d'un geste que Gabriel devait en faire autant. Il s'exécuta. Elle se demanda où Ferrara avait pu se procurer un fusil. Peut-être que l'écurie lui servait de cache.

« C'est pas moi que vous cherchez, dit-il.

— On voulait juste parler, répondit Gabriel.

— Eh ben moi, non. Donc là, je vais me barrer, et si vous voulez me suivre, ça va devenir vilain. »

Il leur fit signe avec son arme de se placer contre le mur pour qu'il puisse partir par là où ils étaient entrés. Ils obtempérèrent et il recula de quelques pas vers la porte, le fusil toujours dans leur direction. Mais, au moment où il parvenait dans la cour, Michael apparut derrière lui, essoufflé et en sueur, et colla son arme contre son crâne.

« Lâche-moi ça, gamin, ordonna-t-il, le souffle court. J'ai pas envie de faire peur aux canassons en utilisant mon flingue. »

Ferrara hésita puis jeta son arme à ses pieds, dans la boue. Ida le ramassa.

« On se tourne », exigea Michael.

Ferrara obéit. Michael le toisa en attendant de retrouver son souffle.

« Bon, on n'a rien contre toi. On n'a rien à voir avec ceux qui ont buté ton beau-frère. On n'est pas de la police non plus. On veut juste te poser quelques questions. Et en plus, on pourra te filer quelques biftons pour ça. Suffisamment pour que t'arrêtes de placer le salaire que tu n'arrives pas à gagner dans des paris pour des combats truqués que tu gagneras jamais. Alors, on va causer quelque part ? »

45

Mardi 11 novembre, 14 h 19

Dix minutes plus tard, ils étaient sur le toit d'un des taudis environnants, à deux rues des écuries. La neige tombait doucement sur les fils à linge qui zigzaguaient sur le toit, sur les cheminées, les vieilles chaises brantes posées çà et là. Ida se demanda pourquoi Ferrara ne les avait pas emmenés à l'intérieur, dans son appartement. Peut-être avait-il une femme, une famille qu'il préférait ne pas mêler à tout ça.

Ferrara alla jusqu'au bord du toit, essuya la neige fondue d'une des chaises et s'installa. Ida, Michael et Gabriel en firent autant. En bas, on voyait les terrains vagues et, derrière, les toits de Brooklyn, les quais, le fleuve au loin, le pont et les grues géantes du chantier naval. De temps en temps, le paysage était piqué de lueurs orange. C'étaient les feux que les clochards allumaient dans des barils.

Gabriel sortit son portefeuille pour en extraire cinq billets de vingt dollars et les tendit à Ferrara. Il lui expliqua que l'homme qui avait probablement tué son beau-frère était le même qui avait tué sa sœur à lui, et qu'ils avaient besoin d'informations permettant de l'arrêter avant qu'il ne tue quelqu'un d'autre. Pendant que Gabriel parlait, Ferrara sortit une blague à tabac et bourra sa pipe.

« Qu'est-ce que vous voulez savoir exactement ? demanda-t-il avec un soupir.

— Qu'est-ce qui est arrivé à John ? » demanda Gabriel.

Ida avait décidé que ce serait Gabriel qui poserait les questions car il était susceptible de mieux s'entendre avec lui. Cela signifiait aussi qu'elle pouvait rester à l'affût pendant l'interrogatoire pour voir s'il mentait.

« John a été tué par les gars de Vito Genovese », expliqua Ferrara.

Ida se demanda s'il s'agissait précisément de Faron.

« Tu en es sûr ? demanda Gabriel.

— Bah je les ai pas vus faire, mais c'était forcément eux.

— Qu'est-ce qu'il s'est passé ?

— John n'est jamais revenu de sa journée de travail. Quand la cloche annonçant la fin du roulement a sonné, il n'est pas rentré. Moi si, et puis je suis allé chez lui. Je me suis renseigné à droite à gauche. Des gars ont vu des gorilles de chez Genovese traîner sur les quais. Deux jours plus tard, on a repêché John dans le fleuve. Vous voulez en conclure quoi d'autre ?

— Pourquoi est-ce que Genovese voulait sa peau ? »

Ferrara tira sur sa pipe.

« C'est la faute de l'autre nègre de Harlem. Je leur avais dit de pas l'écouter, le négro. »

Ida n'intervint pas. Elle avait eu affaire à ça toute sa vie et avait fait en sorte d'en tirer un avantage dans sa carrière : les Blancs croyaient qu'elle l'était aussi et parlaient librement devant elle. Mais, même si elle s'y attendait toujours, même si elle savait à quel point c'était banal, ça lui faisait quand même un peu mal à chaque fois.

« L'écouter à propos de quoi ?

— Pour faire chanter le député. Helms. »

Gabriel fronça les sourcils et se tourna vers Michael et Ida. Elle lui fit signe qu'elle était déjà au courant. Le seul élément qu'ils avaient caché à Gabriel venait donc de surgir et, à son expression surprise, il n'était clairement pas au courant. S'il était vexé de leur cachotterie, il ne le montra pas.

« Je leur ai dit de pas se lancer là-dedans. Que c'était con. Qu'un type pareil avait forcément des soutiens dans la Mafia. Mais ils ont pas voulu m'écouter. Ils trouvaient que ça valait quand même le coup. Que ce mec n'avait peut-être pas de liens avec la Mafia et, même si c'était le cas, qu'il fallait bien essayer. C'est dire s'ils étaient désespérés. »

Il fit un geste fataliste en haussant les épaules.

« Est-ce que tu sais ce qui s'est passé à Naples, pendant la guerre ? Comment Cleveland, Bucek et John se sont rencontrés ?

— Bien sûr, j'y étais aussi. La 7e Armée. Opération Husky. On a débarqué en Sicile, on est montés jusqu'à Naples et on s'est installés là-bas. J'y suis resté quatre mois avant d'être envoyé dans le nord du pays. Bucek et Johnny, eux, se sont mis à bosser pour Genovese en trafiquant des camions de marchandises volées – nourriture, vêtements, médicaments, tous les cartons de denrées d'urgence qui devaient servir à reconstruire le pays. Ils se les procuraient auprès de Cleveland et des autres négros sur les quais, et ils emmenaient le tout dans les collines. Ça leur rapportait, mais ils étaient pas non plus très finauds. Ce qu'ils gagnaient une semaine, ils le perdaient la semaine d'après en jouant aux cartes ou en allant au bordel. Et puis la guerre s'est terminée et on est rentrés. Johnny et moi, on a repris notre boulot sur les quais. Bucek est retourné dans le Queens. Tout allait bien. On allait même pouvoir aller à l'université avec les subventions du *GI Bill*[1]. Mais Cleveland s'est pointé. Il nous a dit qu'il avait croisé Helms à Manhattan, qu'il était devenu député : il pensait pouvoir lui mettre la pression pour qu'il crache un peu d'oseille. Mais Cleveland ne voulait pas faire ça tout seul. Noir et junkie, il pensait que personne ne le prendrait au sérieux. Bref, il avait besoin de petits Blancs pour monter son truc. Je leur ai dit de ne pas rentrer dans cette combine. Genovese était rentré, lui aussi, et Helms irait le voir pour qu'il couvre ses arrières. Et c'est exactement ce qui s'est passé. C'est d'abord Johnny qui s'est fait buter, sur les quais. Après ils s'en sont pris à Bucek, mais il a réussi à se barrer pour se cacher avec Cleveland à Harlem. Ils l'ont quand même retrouvé et liquidé. Y a que Cleveland qui a réussi à se carapater. Alors que c'est lui qui a tout déclenché. Tu parles d'une justice. »

Ferrara tira sur sa pipe et se rendit compte qu'elle s'était éteinte. Pendant qu'il la rallumait, Gabriel se tourna vers Ida. Ça collait avec ce qu'ils savaient déjà.

« Ils vont finir par retrouver Cleveland, si c'est pas déjà fait, ajouta Ferrara. Et puis ça s'arrêtera là. Helms continuera sa carrière au Congrès et Genovese aura la main sur lui. Pendant ce temps-là, la veuve de Johnny et ses enfants meurent de faim et les parents de Bucek se demandent encore comment leur gamin a fini trucidé dans une piaule de Harlem. »

Il haussa les épaules et considéra son auditoire d'un air indigné. Un vent glacial balayait le terrain vague et ses tourbillons faisaient vaciller les flammes des feux dans les barils.

1. Loi votée le 22 juin 1944 offrant aux anciens combattants différents financements et crédits permettant des formations et des créations d'entreprise, ainsi qu'une année d'assurance chômage. Cette loi prit fin en 1956. *(N.d.T.)*

« Quand tu étais en Italie, reprit Gabriel, tu as entendu parler d'un type qui s'appelait Faron ? Qui bossait pour Genovese ? »

Ferrara réfléchit un instant puis fit non de la tête.

« Tu es sûr ?

— Ouais, certain. »

Ida se demandait comment Cleveland avait pensé pouvoir manœuvrer, pourquoi il s'était imaginé qu'il aurait une emprise sur Helms, qu'il forcerait à cracher au bassinet. Et comment il avait réussi à embobiner Bucek et Marino dans l'histoire.

« Est-ce qu'ils avaient des preuves de l'implication de Helms dans le marché noir ? demanda-t-elle. À part leur témoignage, je veux dire. Est-ce qu'ils avaient des éléments matériels pour prouver les malversations de Helms ? »

Ferrara la regarda sans comprendre.

« Mais Helms n'avait rien à voir avec le marché noir », expliqua-t-il.

Ida et Michael affichèrent une expression déconcertée.

« Mais alors ils le faisaient chanter avec quoi ? »

Ferrara eut un geste signifiant son ignorance.

« Johnny ne m'a jamais raconté comment ils le tenaient. Juste qu'ils avaient trouvé un truc sur lui quand ils faisaient leur trafic pour Genovese. Ça s'est passé après mon départ de Naples.

— Je croyais que ça concernait cette histoire de marché noir.

— Non, pas du tout. »

Gabriel jeta à Michael et Ida un regard interrogatif. Elle hocha la tête. Ils avaient eu ce qu'ils étaient venus chercher.

« Merci de nous avoir tout raconté.

— Merci pour le pognon. »

Ils se levèrent et Gabriel sortit de son portefeuille quelques billets supplémentaires qu'il lui tendit.

« Pour la femme de Johnny et ses enfants. »

Ida contempla Manhattan au loin, le fleuve, les chantiers navals, les immeubles en ruines de Brooklyn, les gens qui vivaient dans ce désert de terrains vagues.

Ils retournèrent à l'intérieur et descendirent les escaliers. Au premier étage, Ferrara s'arrêta à une porte. C'était son appartement. Ils se saluèrent mais, juste au moment où il ouvrait la porte, il s'interrompit et se retourna soudain vers Michael.

« Au fait, pourquoi vous disiez que le combat de chiens était truqué ? »

Michael haussa les épaules.

« L'un des chiens était drogué : ça se voyait à ses pupilles dilatées. »

Ferrara assimila l'information, soupira en hochant la tête et disparut dans son appartement.

Ils marchèrent sous la neige jusqu'à Bedford Avenue.

« Merci pour l'intervention à l'écurie, dit Gabriel à Michael.

— Tu t'en serais tiré sans moi.

— Pas certain. Vous étiez au courant pour Helms ?

— Oui », confirma Ida.

Le regard de Gabriel se plissa à peine ; il réprimait sans doute sa contrariété de ne pas avoir été mis au courant.

Ida lui résuma leur enquête sur Helms et lui expliqua pourquoi ils ne lui avaient rien dit jusqu'ici, espérant que sa franchise lui permettrait de regagner sa confiance. Gabriel l'écouta en se frottant les yeux. Ida constata une nouvelle fois qu'il était rattrapé par la fatigue, par la pression qu'elle avait remarquées.

« Durant votre enquête, est-ce que vous êtes tombés sur le nom de Benny Siegel ? »

Ida fronça les sourcils.

« Non, pourquoi ? »

Gabriel hésita avant de poursuivre.

« J'ai entendu dire que Siegel cherchait Cleveland, lui aussi.

— Siegel est mort l'été dernier, fit remarquer Ida. Tu es sûr ?

— Ouais, sûr. Avant sa mort, Siegel est venu à New York et il a cherché Cleveland. »

Ida essaya de trouver un sens à cette information. Est-ce que Siegel travaillait pour Genovese ? Est-ce qu'il avait essayé d'étouffer cette histoire de chantage, lui aussi ? Elle aurait voulu poser d'autres questions à Gabriel mais elle vit à son expression qu'il n'était pas moins perplexe qu'elle.

Ils continuèrent à marcher en silence pendant un moment. Le vent glacial s'abattait sur la rue et faisait voleter la neige et des détritus qui roulaient sur le trottoir.

« Alors, on fait quoi ? demanda Michael. On n'est pas plus avancés pour mettre la main sur Faron.

— Tu ne pourrais pas utiliser tes contacts pour le retrouver ? demanda Ida à Gabriel.

— C'est ce que je fais depuis que j'ai appris qu'il était de retour à New York. Personne ne m'a donné de renseignement valable. Personne ne sait où il est. La moitié des gens à qui je m'adresse pensent qu'il n'existe même pas.

— Tu ne peux pas aller voir directement Genovese ?

— Pas sans déclencher une guerre… »

Ils tournèrent au coin de Bedford Avenue et, en arrivant à la station de métro, ils s'arrêtèrent et échangèrent un regard.

« J'ai une idée, annonça Gabriel. Et si au lieu de leur courir après on les laissait venir nous chercher ?

— Et comment on fait ça ? demanda Ida.

— Ils cherchent Cleveland. Alors il suffit de faire savoir que Cleveland sera à tel endroit, à tel moment, et on se met en planque. On verra bien si Faron ou quelqu'un d'autre se pointe.

— C'est un plan risqué. Il y a une minute, tu parlais de faire attention à ne pas déclencher une guerre…

— Si on fait ça correctement, il n'y a pas de risque.

— OK, reprit-elle. Mettons qu'on arrive à faire sortir Faron du bois. Ça ne nous aide pas pour autant à obtenir les preuves dont on a besoin.

— Non, mais vous aurez le suspect entre les mains pour l'interroger.

— Si on l'attrape vivant, précisa-t-elle. C'est quand même un sacré pari. »

Gabriel se frotta de nouveau les yeux et soupira.

« Je sais. Mais je ne dispose pas de beaucoup de temps. J'ai besoin d'une solution rapidement, et c'est la meilleure qu'on ait.

— Pourquoi faut-il faire vite ? C'est quoi, l'urgence ?

— Disons que c'est ma dernière chance. Bon, de toute façon, c'est comme ça que je vais procéder, avec ou sans vous. Qu'est-ce que vous en dites ? »

Ida se tourna vers Michael qui lui rendit son regard.

« Il faut qu'on en discute, conclut-elle.

— OK. Tenez-moi au courant d'ici ce soir. »

Gabriel montra une Cadillac noire garée non loin de là.

« Je vous dépose quelque part ?

— Non, merci. »

Il les salua en touchant le bord de son chapeau, monta dans sa voiture et s'en alla vers l'ouest. Ils le regardèrent partir puis se dirigèrent vers le métro.

« Qu'est-ce que tu penses de son plan ? demanda Michael tandis qu'ils descendaient l'escalier.

— Ça peut marcher. Même si le plus probable, c'est qu'on se fasse tous tuer. S'il a choisi cette solution, c'est parce qu'il est désespéré et qu'il n'a pas d'autre choix. Ce n'est pas la bonne façon de procéder.

— Parce qu'on n'est pas exactement dans la même situation ?

— La différence, c'est qu'on a la tête froide. Lui, on ne sait pas comment il réagit. »

Ils arrivèrent dans l'entrée du métro, passèrent les tourniquets et descendirent sur le quai. En attendant le train, Ida examina Michael et vit à quel point il paraissait vieux et fatigué.

« Nous non plus, nous n'avons plus de temps à perdre, reprit-il. On sait peut-être ce qui s'est passé, mais nous n'avons aucune preuve pour innocenter Tom.

— Donc, pour toi, il faut essayer ce qu'il propose ? »

Elle était surprise mais aussi inquiète de voir que Michael était désespéré au point d'envisager cette solution.

« Monter un piège pour attirer un gang de tueurs avec un appât inexistant ? L'un de nous va rester sur le carreau. Ou un des types d'en face. Ou alors tout le monde va y passer. Dans tous les cas de figure, je ne vois pas comment ça nous ferait avancer. »

Michael hocha la tête mais elle voyait bien que ses paroles n'avaient aucun effet sur lui. Un train s'approchait de la station, ses lumières frémissant dans les ténèbres.

« Deux choses. Un : on ne sait rien de ce qui se passe du côté de Tom. Pour ce qu'on en sait, son avocat a peut-être même réussi à le faire changer d'avis pour qu'il plaide coupable. Et tu sais très bien que plus cette histoire dure, plus il y a de chances pour que Genovese ou quelqu'un d'autre s'arrange pour le liquider en taule. Agir vite est peut-être la meilleure chose à faire.

— Et la deuxième chose ?

— Gabriel fera comme ça lui chante de toute manière. Même sans nous. Tu as entendu ce qu'il a dit. Je ne sais pas ce qui le pousse à agir, quelle pression, quelle envie de vengeance, mais il va aller au bout de toute façon. Mettons que ce soit le cas et qu'il tue Faron. On se retrouve sans suspect à cuisiner. Il vaudrait mieux participer pour être certain que ça ne parte pas en vrille, non ? »

Quand il regarda Ida dans les yeux, elle put y lire le même désespoir que dans le regard de Gabriel, la même angoisse déconcertante. Le train fit irruption dans la station, et Ida resta songeuse face à ce qui les animait l'un et l'autre.

XVIII

« Pourquoi la musique devrait-elle rester inerte ? Rien ne reste inerte. Pourquoi considérer que les États-Unis ou l'esprit de la musique devraient en rester là ? La musique est désormais entre des mains expertes. Et elle va aller de l'avant. »

Duke Ellington,
notes du programme du concert
de Carnegie Hall, 1947

46

Mercredi 12 novembre, 11 heures

Costello était installé chez le barbier du Waldorf-Astoria où il profitait de son rasage quotidien avec serviette chaude quand Gabriel arriva. Il lui fit signe d'attendre et Gabriel s'assit dans un des fauteuils en cuir alignés au fond. Costello l'observait du coin de l'œil. La tenue de son meilleur négociateur laissait à désirer. Et il était comme submergé par la même nervosité qu'il avait remarquée la dernière fois qu'ils s'étaient vus. Il était tendu, distrait, épuisé. Qu'est-ce qui avait bien pu lui arriver ?

Le barbier mit une serviette chaude sur le visage de Costello et tout s'éteignit. La vapeur soulageait ses sinus encore irrités et il essaya de se laisser aller à des pensées agréables. Sans succès. Cinq minutes plus tard, le barbier lui enleva la serviette avant de lui tapoter le visage avec de l'eau de Cologne. Costello se leva, donna deux billets de vingt au barbier et rejoignit Gabriel.

« Ça va mieux, le rhume ? lui demanda-t-il en se levant.

— C'est toujours pas fini. Ça fait deux semaines et j'arrive pas à m'en débarrasser. »

Ils prirent la sortie et suivirent le couloir qui les mena à l'accueil. C'était un long couloir qui résonnait, en marbre rose rutilant, parfaitement entretenu par le personnel.

« Tu voulais me voir pour quoi ? » demanda Costello.

Avec les murs en marbre, sa voix se répercutait et paraissait plate et légère.

« On peut parler ici ? demanda Gabriel.

— Nous sommes les deux seules personnes dans ce couloir en marbre, alors, ouais, on peut parler.

— J'ai besoin que tu me donnes ton feu vert pour un truc.

— Dis-moi.

— Faron. C'est lui qui a ton pognon. »

Costello s'arrêta net et se tourna vers Gabriel. Il connaissait son obsession concernant Faron et savait qu'il avait passé des années à le chercher – et que c'était même pour cela qu'il était entré dans la famille. Et maintenant Gabriel prétendait que c'était ce type qui était revenu d'entre les morts pour lui piquer son oseille. Il commençait à se demander si Gabriel n'avait pas vraiment des problèmes. S'il n'avait pas complètement craqué.

« Et comment ça se fait ?

— Benny avait planqué l'argent dans une cache de East Harlem. Je suis arrivé trop tard. Faron était déjà passé et s'était servi. Faron est à la recherche de ce petit dealer, Cleveland. Le même type que Genovese veut retrouver. C'est pour ça que je pense qu'ils travaillent ensemble. »

Gabriel lui raconta une histoire avec un député que Genovese contrôlait et qu'on faisait chanter pour un truc qui s'était passé en Italie pendant la guerre. Costello avait déjà entendu parler de ce type. Une étoile montante de la politique. Il fit le lien avec les tentatives de Genovese d'infiltrer les syndicats de Californie. Tout s'emboîtait. Ça devait être ça, l'autre partie du plan de Genovese. Ce député allait être la clé qui lui permettrait de proposer une protection aux studios d'Hollywood.

« Je cherche Faron depuis des jours, mais je n'arrive pas à mettre la main dessus. Personne n'a d'infos. Personne ne sait rien.

— Tu veux que je me renseigne ?

— Non, je veux lui tendre un piège. »

Costello le scruta à nouveau, s'interrogeant sur son état.

« À quoi tu penses exactement ?

— Je connais quelqu'un aux stups. Il se chargera de faire savoir que j'ai demandé les listes des passagers de l'aéroport de Newark et que je cherche un certain Gene Cleveland. Les taupes de Genovese vérifieront par eux-mêmes les listes et constateront qu'il y a un Gene Cleveland qui part pour la France ce soir sur un vol Pan-Am : j'ai réservé un billet à son nom avec une fausse carte d'identité. Ils transmettront l'info et quand Faron et ses complices se pointeront, on sera là pour les choper. »

Costello chercha des faiblesses dans ce plan, des négligences. Il calculait les risques.

« C'est coton, un aéroport. Il y a des flics, des témoins.

— Pas trop, sur un vol de nuit. Ça sera désert. Tu connais l'endroit : le commissariat le plus proche est à un quart d'heure. Tu me donnes le feu vert, et j'y vais direct. »

Gabriel le regarda fixement, impatient.

« Tu penses que c'est Genovese qui m'a piqué mon pognon ?

— Non, je pense que c'est Faron et qu'il se le garde pour lui. C'est juste qu'on peut se servir de Cleveland pour le faire sortir de sa cachette. Sinon, j'ai aucune idée de la manière dont on pourrait le retrouver. Personne ne sait où Faron se cache. Sauf si tu préfères aller voir Genovese directement et lui faire cracher le morceau à coups de poing, bien sûr. »

Costello pesait le pour et le contre. Deux millions de dollars et Gabriel dans une fusillade avec des gars de chez Genovese. Ou récupérer le pognon et, peut-être, déclencher une guerre ouverte.

« Si tu te fais choper, ça me revient dans la gueule. Tout le monde pensera que je t'ai envoyé pour attaquer Genovese.

— Je sais. C'est pour ça que je viens te demander la permission. »

Costello était partagé. Il sortit une cigarette de sa poche et l'alluma. Il calculait les variables. Il arrivait à évaluer tous les éléments de l'équation, sauf Genovese et Gabriel. Et c'étaient les deux variables les plus importantes.

« Je peux pas te laisser faire, Gabriel, finit-il par dire. C'est un trop gros risque. Surtout vu comme tu es remonté contre Faron. Je sais qu'il a tué ta sœur, mais on ne peut pas démarrer une guerre pour ça.

— C'est pour nous protéger que je veux faire ça, répliqua Gabriel. Et pour récupérer ton argent. Tôt ou tard, il va falloir affronter Genovese, Frank. Autant le faire maintenant, tant que la mairie est de ton côté. Et tant que les deux briques sont encore récupérables. »

Costello savait que Gabriel avait raison et qu'il lui faudrait affronter Genovese à un moment ou à un autre, au risque de tout perdre. Mais il savait aussi que plus il repousserait cette échéance, plus il y avait de chances que Genovese explose en vol tout seul. Parfois, la procrastination est la meilleure option.

« Pas de guerre, Gabriel. La guerre, c'est ce qui te vaut de te retrouver dans les journaux. La guerre, ça veut dire le FBI aux fesses. Pour l'instant, ils s'occupent des communistes. Ça serait bien que ça continue comme ça.

— Stratégie d'apaisement ?

— C'est la bonne stratégie – jusqu'à ce que je décide qu'il faut passer à autre chose. »

Gabriel tentait de maîtriser sa colère, cette même colère qu'il avait repérée chez lui dix ans plus tôt, quand il se consumait de fureur après la mort de sa sœur.

« Bon, très bien », conclut Gabriel.

Son visage était empreint d'une détermination inébranlable. Gabriel était peut-être venu demander la permission, mais s'il le fallait il ferait sans.

« Si tu dois tuer Faron pour sauver ta peau, je comprends. Mais si tu t'en prends à des gars de Genovese, je ne pourrai pas te soutenir. Et tu passeras le reste de ta vie à te cacher.

— Je sais. »

Costello hocha la tête.

« Alors, va faire ce que tu as à faire. »

L'écho aigrelet de leurs pas sur le marbre les accompagna jusqu'au bout du couloir. Une fois dans le hall, ils se saluèrent et Gabriel se dirigea vers la sortie. Costello tira sur sa cigarette et le regarda disparaître parmi les passants. Puis il entra dans le bar et demanda le téléphone au barman. Il écrasa sa cigarette.

La soirée allait être très remplie à New York. Glaser lui avait envoyé des places pour aller écouter Louis Armstrong, les journaux allaient publier la décision des patrons de l'industrie cinématographique et, de l'autre côté du fleuve, dans le New Jersey, se déroulerait une bataille qui pouvait bien déclencher une guerre.

Costello sortit son carnet noir de sa poche, trouva le numéro de Vito Genovese à Middletown et le composa.

Ça l'embêtait de balancer Gabriel à Genovese, de l'envoyer comme ça dans une souricière, mais c'était nécessaire. Il fallait préserver la paix et la confiance dans la puissance de l'argent : du moment que tout le monde se faisait un petit paquet de dollars, la guerre n'avait d'intérêt pour personne. C'est ça qu'est chouette dans le capitalisme.

47

Mercredi 12 novembre, 22 h 31

Louis, seul près de l'entrée des artistes, attendait qu'on le conduise dans la salle de concert. La neige qui tombait dans les petites flaques noirâtres à ses pieds semblait voguer dans le miroitement des lampadaires.

Un jeune gars blanc au visage juvénile vêtu d'un gilet finit par ouvrir et son visage s'illumina quand il reconnut Louis. Il lui adressa un grand sourire.

« Désolé de vous avoir fait attendre, monsieur. Si vous voulez bien me suivre. »

Il tendit la main pour montrer le chemin et Louis le suivit le long d'un grand couloir en béton bordé de tuyaux. Ils tournèrent dans un autre couloir et le gamin ouvrit une porte : c'était une salle de réception bondée et bruissante de cette animation propre aux coulisses des salles de concert. Il y avait des tables où étaient servis des petits canapés et des plateaux de flûtes de champagne, de vin rouge et de vin blanc.

« Votre loge est juste à côté », dit le gamin en indiquant une porte à l'autre bout de la pièce.

Les gens arrêtaient Louis pour le saluer : des amis, des admirateurs, des journalistes, des musiciens. Ils poursuivirent leur chemin à travers cette foule et arrivèrent face à deux hommes noirs côte à côte, un verre à la main, qui interrompirent leur conversation en voyant Louis.

Le premier était Big Sid Catlett, le batteur du concert, et le second, un jeune homme avec des lunettes à monture d'écaille et une barbichette. C'était Dizzy Gillespie, un trompettiste qui faisait partie des critiques les plus virulents de Louis. Il avait déclaré que sa musique ne servait plus qu'à faire plaisir aux Blancs, qu'il jouait les Oncles Tom et représentait tout ce que la jeune génération de jazzmen rejetait. Ils s'étaient rencontrés quelques mois plus tôt et s'étaient raccommodés, mais il restait encore entre eux une certaine froideur.

« Salut Louis, fit Big Sid Catlett.

— Salut Sid, fit Louis en s'arrêtant alors qu'il n'en avait pas envie et qu'il se demandait ce que Dizzy Gillespie faisait là.

— Diz m'a dit qu'il voulait venir ce soir, alors je lui ai refilé des tickets », précisa Catlett en le montrant d'un geste de la main.

Louis hocha la tête pour le saluer. Dizzy fit de même. Catlett avait déjà joué avec lui sur un certain nombre d'enregistrements de be-bop. C'était un des rares batteurs de l'ancienne génération à être capable de passer d'un style à l'autre. Louis nota que Dizzy avait préféré s'adresser à lui pour obtenir des billets.

« Cool, fit Louis. Ça va, Diz ?

— Ouais, ça roule, fit-il en haussant les épaules. J'ai hâte d'entendre le concert de ce soir.

— Super. Bon, on se voit après.

— OK, je te dis merde, hein ? »

Louis opina et se retourna vers le gamin, pressé de se soustraire à l'inconfort de cette conversation tendue. Tout en continuant à progresser parmi tous ces gens, il repensa à la succession d'infortunes qu'il vivait, à tous les signes qui lui montraient clairement que sa période dorée était terminée. Et quel meilleur symbole de ce tournant que de croiser l'ambassadeur de la jeune génération du jazz juste avant de monter sur scène ?

Ils parvinrent finalement à la loge. Louis entra et referma derrière lui avec soulagement. C'était une pièce en longueur, avec des sofas d'un côté, des miroirs et des coiffeuses de l'autre. Au bout se trouvait un portant à vêtements avec le costume de Louis qui sortait du pressing, encore enveloppé dans l'emballage de cellophane du teinturier. C'était l'organisation méticuleuse de Glaser. Il serait d'ailleurs là ce soir, au balcon. Il n'avait pas pour habitude d'assister aux concerts, mais c'était un concert inhabituel.

Sur l'une des coiffeuses, Louis vit un carton à son nom et s'y installa. Il remarqua un papier à côté de la carte. C'était la liste des morceaux de la soirée. Il la parcourut rapidement.

On frappa à la porte.

« Entrez. »

C'était Ernie Anderson. Le jeune producteur était radieux, plein d'une excitation juvénile. Il était animé par la même nervosité joviale qu'il avait la semaine précédente, dans le bureau de Glaser. Louis se demanda s'il en était la cause ou s'il était tout le temps comme ça.

« Comment ça va, monsieur Armstrong ?

— Tout va très bien. Merci de t'être occupé des arrangements. Et pour ce groupe, que des gens bien ! C'est vraiment chouette. »

Le visage d'Anderson s'illumina.

« Les morceaux vous conviennent, l'ordre aussi ?

— C'est parfait.

— Bon. Juste pour que vous sachiez : les places assises sont complètes. Il y a juste un problème.

— Ah oui ?

— Sidney Bechet a appelé pour dire qu'il ne viendrait pas. »

La vivacité d'Anderson s'éteignit un peu quand il l'informa de cette mauvaise nouvelle.

Bechet. On lui avait demandé de venir jouer avec le groupe sur quelques morceaux. Louis se demanda si le destin était à nouveau contre lui ou s'il s'agissait seulement d'un nouvel exemple du narcissisme de son camarade. Déjà, à La Nouvelle-Orléans, vingt-cinq ans plus tôt, il lui avait joué le même tour.

« Pas grave. On se débrouillera sans lui.

— Oui, je crois qu'on peut », assura Anderson.

Il sourit et sortit, emportant son énergie fébrile dans son sillage. La pièce parut soudain terriblement vide et solitaire. Louis avait prévu de mettre son costume et de rejoindre les gens pour se détendre. Mais là, assis tout seul dans sa loge, avec son manteau encore sur le dos, il contempla son reflet dans le halo des ampoules qui encadraient le miroir et hésita.

Bechet avait annulé à la dernière minute. Gillespie lui avait dit merde. La nervosité que Louis avait ressentie sur le trajet était revenue. Cela faisait des années qu'il n'avait plus été nerveux avant un concert. Parce que depuis des années il savait qu'il était toujours le meilleur musicien sur scène et aussi que le public n'attendait plus grand-chose de lui. Le dernier concert qu'il avait fait, c'était dans une salle pourrie à Altoona, en Pennsylvanie, où le proprio de l'hôtel leur avait dit qu'il valait mieux ne pas sortir la nuit. Mais là, il allait jouer avec quelques-uns des meilleurs musiciens au monde, devant le public le plus exigeant qui soit. Une affiche de stars pour le concert de la dernière chance. Et tout ça après une série de malchances qui lui donnait l'impression de devoir combattre le sens de l'Histoire tout seul, à mains nues.

Il s'arrêta sur cette pensée. C'était peut-être ça, la solution. Combattre. Ne pas faire attention aux chats noirs, au sel renversé, aux miroirs brisés et à tous les autres signes qui prétendent fabriquer le destin. Il fallait être le forgeron de son propre avenir. Envers et contre tout.

La porte s'ouvrit et deux personnes entrèrent : Jack Teagarden et Bobby Hackett, le tromboniste et le deuxième trompette. Ils étaient en train de rire et ils s'interrompirent brusquement en voyant Louis.

« Ah merde, désolé, Louis. On savait pas que t'étais là.

— Ça va, les gars. »

Les deux hommes firent un sourire et reprirent leur bavardage. Ils furent bientôt suivis du reste du groupe : Dick Cary, Sid Catlett, Bob Haggart, Peanuts Hucko, qui firent entrer avec eux la chaleur de leur conversation, le bruit de leurs rires. Louis se sentit soulagé d'avoir des gens autour de lui. Des amis musiciens. Il repensa à la période où il vivait à Chicago, à ses vieux potes de La Nouvelle-Orléans, ses mentors, morts depuis longtemps.

Il alla prendre son costume sur le portant et retira l'emballage, qui dégagea une odeur terne et synthétique. Il s'habilla et vérifia sa mise dans le miroir.

Derrière lui, les autres s'habillaient aussi, bavardaient, partageaient une clope dont la fumée formait un nuage qui dansait sous le plafond bas de la pièce. Louis ouvrit l'étui de sa trompette et assembla l'instrument. Il l'essaya, s'échauffa avec ses exercices. Ses doigts glissaient sur les pistons. C'était la transpiration. Il regarda les autres personnes à ses côtés : personne d'autre ne transpirait. La climatisation ronronnait près de la porte. Il attrapa un mouchoir, essuya ses doigts et ses pistons puis reprit ses exercices.

Le régisseur vint les avertir qu'ils devaient monter sur scène dans cinq minutes. Quand il revint pour leur dire que c'était l'heure, Louis eut l'impression que le temps s'était arrêté dans l'intervalle.

Tout le monde se leva, prit ses instruments, vérifia une dernière fois sa chemise et son nœud papillon dans les miroirs.

Il se leva en dernier.

« Tout va bien, Louis ? lui demanda Jack Teagarden.

— Ouais. Ça roule. »

Mais même lui ne trouvait pas sa voix très convaincante.

Ils sortirent un par un dans l'espace de réception déjà bien vidé. Ils prirent le couloir qui les amenait en coulisses et attendirent là.

Fred Robinson était sur scène pour chauffer la salle. Il lança quelques blagues, à la manière enjouée qui avait fait de lui un des disc-jockeys les plus appréciés à la radio. Il y eut quelques rires et il présenta le groupe, qui fut accueilli par un tonnerre d'applaudissements. Quand ils entrèrent sur le plateau, Robinson les croisa et adressa un sourire à Louis.

Il était 23 h 15. La salle était pleine. On sentait l'excitation du public. Il avait l'impression d'être à une fête de bienvenue, quand on rentre chez soi après un long voyage. Mais Louis n'était parti nulle part. Les gens l'avaient-ils oublié ? Comme King Oliver qui vendait ses légumes à son stand en Géorgie, Bunk Johnson et son camion de canne à sucre. Est-ce qu'il fallait toujours se réinventer pour rester au même niveau ?

Le silence se fit.

Dans la lueur aveuglante des projecteurs flottaient des grains de poussière.

Le premier morceau de la liste était « Cornet Chop Suey », un morceau plein de phrases sinueuses façon clarinette, que Louis avait écrit dans les années 1920 pour exhiber sa virtuosité. Il jeta un regard à Sid Catlett, qui s'était installé derrière la batterie. Puis il regarda Jack Teagarden, Bobby Hackett et les autres. Ils l'attendaient. Il sentit le silence peser sur la scène. Pour la première fois de sa vie, Louis misait tout sur un coup de dés.

« Allez, il faut se battre ! » songea-t-il.

Et il porta la trompette à ses lèvres.

48

Mercredi 12 novembre, 23 heures

Ida aurait préféré ne pas être là. Prendre la voiture avec Gabriel sous la neige, sortir de New York et rouler jusqu'à l'aéroport… Et tout ça pour aller à la rencontre de Faron et probablement d'autres tueurs envoyés par Genovese. Mais Michael avait raison : Gabriel était sur le sentier de la vengeance et il valait mieux être là pour s'assurer qu'il ne gâche pas tout. Alors Ida était venue, et Michael était resté à l'appartement de Gabriel pour s'occuper de sa nièce. Michael avait dit qu'il était trop vieux pour participer à une embuscade. Trop fragile, pas fiable. Qu'il ne ferait que les ralentir. Il avait proposé de rester s'occuper de la gamine, au cas où ils se feraient doubler.

Et c'était donc Ida qui s'enfonçait dans les ténèbres aux côtés de Gabriel, presque à son corps défendant, déjà abattue par un pressentiment lugubre. Si Gabriel percevait l'appréhension, le malaise et les doutes d'Ida, il ne le montrait pas. Il gardait le regard fixé sur la route, sur les champs plongés dans l'obscurité, sur les bois sinistres, sur la nuit qui les avalait.

La radio était allumée et diffusait une émission avec de la musique de danse. À un moment, l'animateur annonça une retransmission en direct du Copa Lounge.

Elle se tourna vers Gabriel qui fit un sourire et haussa les épaules.

« Pourquoi est-ce qu'on est que tous les deux ? » demanda Ida.

Nouveau haussement d'épaules.

« Parce que je ne peux pas faire confiance à mes gars sur ce coup-ci.

— Peut-être qu'il y aura toute une armée en face…

— Faron est une armée à lui tout seul. Il y aura juste lui et quelques gars. Juste assez pour remplir la voiture. Pas plus. »

Elle hocha la tête. Elle ne voulait pas le contredire. Et puis, une voiture remplie de tueurs, ça lui semblait déjà pas mal.

Le macadam se déroulait sous leurs roues, les cônes de lumières projetés par les phares découpaient un chemin dans le noir et d'innombrables flocons voltigeaient dans l'éclat lumineux.

« Parle-moi de Faron, demanda-t-elle.

— Pourquoi ?

— J'ai besoin de savoir qui c'est. Michael m'a dit que tu avais passé des années à sa recherche. »

Gabriel ne répondit pas tout de suite. Puis il lui raconta sa longue poursuite. Il avait pisté les crimes de Faron, suivant le sillage de meurtres qu'il avait laissés derrière lui au fil de la Grande Dépression dans tous les terrains vagues d'Amérique jusqu'aux brumes montagneuses des Appalaches, où s'étaient perdues les dernières traces. Il lui raconta la façon dont Faron torturait les femmes avant de les tuer. Il allait les chercher dans les tréfonds les plus anonymes et les plus démunis que comptait le pays.

« Là où y a des gens pauvres, vulnérables, on peut être sûr qu'il se balade dans le coin. Pour trouver de quoi tuer. »

Ida acquiesça et un silence inconfortable s'installa. Ils regardaient fixement l'obscurité devant eux, chacun plongé dans la noirceur de ses propres pensées.

À un moment, Ida aperçut au loin des lueurs, un champ de lumières. C'était l'aéroport qui scintillait dans le noir. C'était elle qui avait eu l'idée de choisir l'aéroport et cette heure tardive pour l'embuscade. L'idée que Cleveland quitte la ville en pleine nuit paraissait vraisemblable. Elle supposait aussi que l'endroit serait relativement calme. Mais elle n'avait pas imaginé à quel point le lieu était isolé et désert.

Gabriel se gara dans le parking devant le bâtiment principal de l'aéroport. Il était vide, hormis cinq ou six véhicules, une petite file de taxis et deux limousines. Ils se mirent le plus près possible de l'entrée, dans le bon sens pour repartir. Ida regarda l'heure sur le tableau de bord. Ils avaient deux heures d'avance.

L'aéroport était un petit bâtiment ovale d'un étage. Le verre de la façade était en relief et les lumières blanches et brillantes à l'intérieur jaillissaient sur l'asphalte du parking. Derrière se trouvaient la piste et les hangars.

Ils entrèrent et firent le tour. Nulle trace de Faron, personne qui ressemble à un gangster. Ils se rendirent à la cafétéria à l'étage et commandèrent des cafés. Installés près de la fenêtre qui donnait sur le parking, ils attendirent.

Toutes les demi-heures environ, un avion passait au-dessus d'eux et disparaissait derrière le toit du bâtiment. Avec la même fréquence, des bus arrivaient de la ville pour déposer et prendre des voyageurs aux mines épuisées. Autrement, le seul mouvement perceptible était causé par le vent qui soulevait de grands rideaux de neige et de glace à travers le champ et le parking.

Ils continuèrent à fumer et à attendre. La radio passait de la musique brésilienne. Ida tenta d'oublier le danger qui pesait sur eux en pensant à la Californie, au Pacifique, aux plages dorées.

Environ une heure plus tard, un bus arriva sur le parking, se gara près de l'entrée et débarqua des passagers à moitié endormis. Ida supposa qu'ils devaient pour la plupart prendre le vol sur lequel Cleveland était censé embarquer.

Tandis que les bagagistes faisaient passer les valises des boyaux du bus aux chariots, Ida scruta les passagers, cherchant à repérer d'éventuelles bosses révélant une arme ou d'autres signes trahissant des acolytes de Faron. L'un des voyageurs était un grand type avec un manteau en poil de chameau. Il ne regardait pas l'aéroport ni les bagages qu'on déchargeait mais passait en revue les voitures sur le parking.

Quelques instants plus tard, une voiture apparut sur la route. Elle entra très lentement dans le parking et passa au ralenti devant quantité de places vides. L'homme au manteau en poil de chameau fit un signe de tête au chauffeur.

« Ce sont eux. Ils ont suivi le bus, dit Gabriel.

— Ou ils s'en servent comme couverture. »

La voiture s'arrêta et laissa tourner son moteur. L'homme au manteau se tourna vers l'aéroport et y pénétra, sans bagages.

« Ce n'est pas Faron, ça ? demanda Ida.

— Non. »

Deux hommes sortirent de la voiture et attendirent sous la neige.

« Et ces deux-là ?

— Non. Et il n'est pas au volant non plus. »

La voiture se remit en marche et entama un nouveau tour du parking.

« Ils ne se préoccupent pas des passagers du bus, nota Gabriel. C'est le parking qui les intéresse.

— Ils savent que nous sommes là, conclut Ida en se tournant vers Gabriel.

— On va choper celui qui est entré tout seul, annonça-t-il. Avant que les autres raboulent. »

Il se leva précipitamment, Ida à sa suite. Ils dévalèrent les escaliers et arrivèrent au rez-de-chaussée, près d'une longue rangée de guichets réservés à l'enregistrement. Ils étaient tous inoccupés. Après les escaliers, une salle d'attente. L'homme qu'ils cherchaient n'y était pas.

Ils jetèrent un œil dans le hall à côté, où entraient les passagers qui venaient de descendre du bus. Derrière se trouvait une boutique qui vendait des articles de voyage, un bureau d'information et un restaurant où un cuisinier au gril et un serveur ravitaillaient quelques clients.

C'est alors qu'ils l'aperçurent. Il se dirigeait vers la boutique. Ils lui emboîtèrent le pas tandis qu'il y entrait et regardait dans une allée. Gabriel mit son revolver dans la poche de son manteau et le plaqua dans le dos du type.

« Où est Faron ? » demanda-t-il.

L'homme se raidit. Gabriel appuya un peu plus fort et le type trébucha en avant.

« Il n'est pas là. Il y a juste nous. »

Gabriel avait l'air inquiet.

« Bon, on va aux toilettes. Allez, bouge. »

Le type attendit quelques secondes avant d'obéir puis ils avancèrent dans l'allée, sortirent de la boutique et retrouvèrent le hall parsemé de voyageurs, d'où ils se dirigèrent vers les toilettes de l'autre côté.

Ils étaient à peu près à mi-chemin quand deux des types de la voiture entrèrent.

Gabriel et Ida les virent aussitôt et Gabriel poussa le type pour qu'il avance plus vite. Il se tourna, vit lui aussi ses complices et fit brusquement demi-tour, s'écartant de Gabriel et criant pour les alerter.

Tout se déroula comme au ralenti. Les nouveaux venus sortirent leurs armes de leurs manteaux et mirent en joue Gabriel et Ida, et l'aéroport fut soudain agité d'une éruption de coups de feu. Les étagères de la boutique furent détruites, le verre vola de partout. D'épouvantables hurlements s'élevèrent.

Ida courut se mettre à couvert dans la salle d'attente, derrière les escaliers, où elle s'aplatit au sol. Elle sortit son arme de son holster et la leva devant elle, dans la direction des détonations. Les balles sifflaient toujours dans la boutique, se fichaient dans les murs tout autour, traversaient le restaurant et le bureau d'information.

Elle aperçut une flaque de sang au milieu du hall et des traces qui disparaissaient de l'autre côté des escaliers. Quelqu'un avait été touché et traîné à l'écart.

Et puis soudain les coups de feu cessèrent. Ce fut le silence.

Ida scruta le hall. Les gens se cachaient derrière des sièges, terrifiés, ou se plaquaient dans des coins. La boutique était à moitié détruite. Sur les présentoirs, les journaux et les magazines avaient été transformés en papier mâché par la pluie de balles. Le comptoir du restaurant était vide. On entendait la viande et les œufs qui continuaient à grésiller sur le gril abandonné. Le souffle du vent dehors. Les gémissements des gens. Quelque part près de l'entrée, du verre se brisa sur le sol.

Ida repéra la manche du manteau poil de chameau qui dépassait de derrière les guichets d'enregistrement, plus loin dans le hall. Puis elle vit Gabriel, accroupi derrière la caisse de la boutique.

Où étaient les deux tireurs ?

Elle se tourna dans la direction du verre brisé. Ils étaient là, près de l'entrée. Si l'homme au manteau voulait rejoindre les autres, il faudrait qu'il passe dans la ligne de feu de Gabriel et Ida.

C'était une impasse.

Elle jeta un regard à Gabriel : ni l'un ni l'autre n'était blessé. Et ni l'un ni l'autre ne savait quoi faire. Elle regarda dans la direction de l'homme au manteau et le vit se pencher. Il échangea un regard avec ses acolytes et soudain il se mit à courir mais, au lieu de passer entre Gabriel et Ida pour retrouver ses complices à l'entrée, il fonça dans l'autre sens, vers les profondeurs de l'aéroport.

Gabriel bondit et se lança à sa poursuite, sous les balles des deux tireurs qui recommencèrent à arroser le hall. Les gens se remirent à hurler. Gabriel et sa cible disparurent dans un couloir et les tireurs cessèrent leurs coups de feu. Ida vit l'un d'eux se précipiter dehors tandis que l'autre partait à la poursuite de Gabriel.

Elle entendit la voiture démarrer sur les chapeaux de roues, puis un coup de feu en provenance de l'endroit où avait disparu Gabriel. Elle se releva à son tour et courut le long des guichets d'enregistrement. Au bout du couloir, le tireur passait une porte réservée au personnel. Devant gisait un agent de sécurité qui devait avoir l'âge de la retraite. Il tenait son épaule ensanglantée.

Il n'avait pas perdu connaissance mais il grimaçait de douleur, les doigts crispés sur la blessure. Ida se pencha et évalua les dommages. Ce n'était pas trop grave. Elle se releva et repartit.

« Vous allez les poursuivre ? demanda-t-il, incrédule. Madame ! Madame ! »

Elle passa la porte au bout du couloir et s'enfonça aussitôt dans un tourbillon de neige et de vent. Devant elle, la grande piste d'asphalte. Elle parcourut l'espace du regard tout en le balayant avec le museau de son arme : les noires ouvertures béantes des hangars, les avions alignés, les camions de carburant, les escaliers d'embarquement mobiles.

Elle entendit des coups de feu sur sa gauche. Au loin, un grillage courait le long de l'aéroport. Elle y aperçut deux silhouettes en mouvement et distingua la lueur orange s'échappant du canon d'une arme dans le noir.

Elle se précipita dans cette direction, les yeux rivés aux deux formes et à la clôture. De l'autre côté s'étendaient des champs, déserts et gelés.

« Par ici ! »

C'était Gabriel qui l'appelait.

Il était quelques mètres devant elle, caché derrière un véhicule de transport de bagages.

Elle le rejoignit en courant.

« Ils sont près du grillage, dit-il en montrant l'endroit où elle avait aperçu les silhouettes.

— Ils ont un plan pour s'échapper, répondit Ida. J'ai entendu leur voiture démarrer au moment où tu es parti à sa poursuite. »

Dans l'obscurité, derrière la clôture, ils virent les phares se rapprocher rapidement. Le chauffeur allait les rejoindre et les récupérer avant de s'enfuir. Les deux hommes avaient déjà atteint le grillage séparant les champs de l'aéroport et commençaient à l'escalader.

« Ils vont s'échapper », constata Gabriel.

Il avait une expression troublante, le visage déformé par une succession d'émotions douloureuses.

Il se leva soudain, courut vers la clôture et Ida fit de même.

Les deux hommes étaient à présent dans les champs de l'autre côté, ils disparaissaient dans l'ombre.

Ida et Gabriel arrivèrent au grillage et l'escaladèrent pour se jeter dans la pénombre à leur tour. Ils glissèrent et tombèrent sur le sol gelé et irrégulier. Dans le noir, elle arrivait à peine à distinguer la ligne d'horizon. Inutile d'espérer apercevoir deux formes s'enfuyant au loin.

Et puis il y eut soudain un bruit qui couvrit le souffle du vent. C'était un avion qui s'apprêtait à atterrir. Ida leva les yeux vers les nuages et la neige. L'avion était devant eux et volait à basse altitude, ses feux perçant la neige qui tombait et éclairant les champs. Dans quelques secondes, il serait au-dessus d'eux.

« Gabriel ! » cria-t-elle en l'attrapant par le bras.

Il se retourna, déconcerté.

« L'avion ! À terre ! »

Il comprit ce qu'elle avait en tête et ils se jetèrent sur le sol glacé, braquant leurs armes sur les ténèbres devant eux. Le vrombissement de l'avion approchait et il envahit bientôt tout l'espace devant eux d'une lumière puissante, mètre par mètre, comme un projecteur de prison. Les deux silhouettes émergèrent soudain de la pénombre. Ils étaient presque au bout du champ, là où la voiture les attendait. Ida et Gabriel tirèrent en même temps. Un des hommes s'écroula.

Puis l'avion les dépassa et les deux hommes furent à nouveau engloutis par les ténèbres. Il passa au niveau d'Ida et Gabriel en leur brûlant les yeux, atteignit la piste, et sa lumière disparut.

Quelques secondes plus tard, ils virent les phares de la voiture s'éloigner et s'évanouir.

« Merde ! » cria Gabriel.

Ils se relevèrent doucement. Le vent hurlait autour d'eux. Ida tenta de retrouver son souffle, de se calmer et de réfléchir.

« Quand on a tiré, tu as vu un des hommes tomber ? »

Elle voulait en être sûre. Gabriel confirma.

« Tu l'as vu se relever ?

— Non. J'étais aveuglé par l'avion.

— Il y est peut-être encore.

— A priori, ses potes ont dû le ramasser et partir avec.

— Sauf s'il était déjà mort. Ou s'ils ont paniqué dans le noir et qu'ils étaient pressés de s'enfuir. Il est possible qu'ils l'aient laissé sur place. Il y a peut-être quelque chose à en tirer. »

Il la fixa puis se tourna vers l'obscurité dans laquelle gisait peut-être un homme.

« On ne peut pas aller le chercher maintenant, sans lumière, avec la police qui va arriver. »

Il fit un geste pour montrer ce qui se passait derrière elle. Sur la route qui menait à l'aéroport, une file de lumières rouges et bleues s'approchait. D'autres lueurs rouges et bleues arrivaient vers l'aéroport depuis la route que les tireurs avaient prise pour s'échapper.

« Il faut qu'on se tire d'ici, dit Gabriel. On pourra revenir chercher le corps quand il fera jour.

— On ne peut pas retourner au parking. On n'y arrivera jamais à temps.

— Suis-moi, il y a une petite bourgade à côté, avec des trains. C'est à peine à trois kilomètres.

— Tu connais le chemin ? »

Il se tourna, se repéra et ils reprirent leur marche à travers champs. Tout en avançant, Ida regardait du côté de la ligne formée par les arbres, là où la voiture avait filé. Loin derrière, tout au-dessus, les lumières de Manhattan se reflétaient dans le ciel et donnaient aux nuages une teinte angoissante, comme si une présence spectrale pesait sur la ville.

Ils atteignirent enfin l'extrémité du champ et prirent une petite route qui montait une colline.

« Ils savaient qu'on serait là, dit Ida en se tournant vers Gabriel. Ils ne venaient pas chercher Cleveland, c'est nous qu'ils venaient cueillir.

— Je sais.

— Alors qui nous a piégés ?

— Il n'y a que deux personnes qui savaient. Mon pote flic qui a diffusé l'info. Et Costello.

— Tu fais le plus confiance à qui ?

— Au flic.

— Donc maintenant, on a Genovese et Costello à nos trousses ?

— C'est ça.

— Il faut que tu retournes à New York. Récupère Sarah et mets-la en sécurité. Cachez-vous ou quittez la ville. »

Il acquiesça. Un peu trop facilement. Comme s'il avait déjà envisagé la vie en cavale et qu'il avait accepté ce fait depuis longtemps, se dit Ida.

« Oui. Et le corps ?

— J'y retournerai. Prends un train et va-t'en », répéta-t-elle.

Il réfléchit et fit ses calculs.

« Non. C'est à toi de prendre le train. Va à l'appartement, récupère Sarah et planquez-vous. Tu as plus de chances que moi d'y arriver : tu n'as pas un contrat sur la tête. Je vais retourner pour trouver le corps. Je connais les routes du coin et je sais me débarrasser d'un cadavre. »

Ida le dévisagea. Il y avait quelque chose qui clochait dans sa logique. Elle sentait qu'il avait une autre raison de retourner là-bas seul. Mais elle acquiesça. Elle voulait rentrer à New York et retrouver Michael.

« OK. On se retrouve chez Michael ?

— Oui. Je faucherai une bagnole. Je devrais être arrivé à New York une heure après le lever du soleil. »

Ils continuèrent à gravir la colline enneigée. Elle ne dit rien des multiples questions qu'elle se posait, notamment la plus terrible d'entre elles, qui la taraudait depuis qu'elle s'était rendu compte que Faron ne faisait pas partie de ceux qui les avaient attaqués : s'il n'était pas à l'aéroport, alors où était-il ?

49

Mercredi 12 novembre, 23 h 31

Michael était installé sur le sofa de Gabriel. Il considérait tout le luxe autour de lui. Visiblement, ça payait bien, le business des boîtes de nuit. L'appartement était rempli de meubles de prix, la sélection de whiskies écossais en aurait remontré à bien des clubs privés et il y avait des œuvres d'art un peu partout, dont un tableau étrange, une œuvre abstraite qui était posée contre un mur. Il se demanda si c'était la gamine qui l'avait peint. Plus il contemplait le tableau, plus il avait l'impression que la peinture dansait sur la toile, de droite à gauche, de haut en bas, comme une file indienne de petites formes. Il se perdit dans cette contemplation et se rendit compte à quel point il était groggy.

Il alla au chariot des boissons et se servit un *single malt*. Puis il aperçut le scanner radio à côté et l'alluma. Il ne fut guère surpris d'y entendre la fréquence de la police.

« Un corps retrouvé dans un bus. Terminal des bus de la 40e Rue Est. On demande l'envoi d'agents de la brigade criminelle… »

Il baissa le volume pour ne pas réveiller la nièce de Gabriel qui dormait dans sa chambre et écouta les communications de la police, réfléchissant à l'affreux tableau de la nuit new-yorkaise que ces annonces dépeignaient. Le mauvais temps ne semblait pas décourager le crime.

Il entendit un bruit et vit Sarah émerger du couloir dans une robe de chambre rose douillette qui était tellement surdimensionnée que le bas lui faisait comme une traîne.

« Je t'ai réveillée ?

— Non, je n'arrivais pas à dormir. »

Elle s'affala sur le sofa et sa robe de chambre forma comme une gigantesque boule de peluche autour d'elle. Elle ramassa une BD et la feuilleta d'un air morne. Michael se demanda s'il devait éteindre le scanner et lui épargner ces horreurs, mais cela n'avait pas l'air de la déranger.

Quand ils étaient arrivés avec Ida un peu plus tôt dans la soirée, Gabriel avait expliqué à Sarah qu'ils allaient sortir travailler et que Michael resterait avec elle pour lui tenir compagnie car Mme Hirsch avait pris sa soirée. Sarah avait très correctement refoulé son angoisse et pris les choses comme elles venaient. À voir sa réaction, Michael avait compris qu'elle savait à quoi s'attendre concernant le travail de son oncle.

« Ils en ont pour longtemps ? » demanda-t-elle sans lever les yeux.

Il se demanda comment cela se passait à l'aéroport pour Ida et Gabriel. Il avait beau savoir qu'il ne pouvait pas offrir mieux que de surveiller la gamine, cela lui faisait mal de n'avoir absolument aucun moyen d'influencer le cours des événements.

« J'en sais rien, ma cocotte. Ils peuvent en avoir pour un moment, oui. »

« On signale des violences domestiques. 2082 Lexington Avenue, au niveau de la 125e et de la 126e Rue. Les agents à proximité doivent se faire connaître… »

Il se rapprocha de la fenêtre et contempla la 64e Rue et la 4e Avenue. La neige commençait à tenir et formait un voile blanc luisant sur les trottoirs et les voitures. Il vit une Ford noire garée en face et comprit en voyant la marque, le modèle et l'antenne à l'arrière qu'il s'agissait d'un véhicule de police banalisé. Il n'arrivait pas à distinguer s'il y avait quelqu'un à l'intérieur.

Il s'éloigna de la fenêtre et contempla de nouveau ce tableau étrange.

Sarah leva les yeux de sa BD avec un regard interrogateur, presque espiègle.

« Vous ne ressemblez pas aux gens avec qui mon oncle travaille d'habitude.

— Ah bon ? »

Il avait parfaitement compris ce qu'elle voulait dire : il avait plus l'air d'un flic que d'un gangster.

« Comment ça se fait que vous travailliez ensemble ? »

C'était une bonne question.

« Nous sommes tous les deux à la recherche du même homme. Alors on s'est dit qu'on pouvait faire équipe.

— Qui ça ? »

Il n'était pas trop sûr de savoir comment répondre. Elle avait l'air inquiet et il aurait voulu la rassurer, mais il était hors de question qu'il lui dise qu'ils cherchaient l'assassin de sa mère.

« Un meurtrier. Il a tué des gens à Harlem et mon fils a été accusé du crime. Nous essayons de l'innocenter.

— En attrapant le vrai meurtrier ?

— Exactement.

— Donc votre fils est en prison.

— Oui.

— Je suis désolée. Vous allez arriver à le faire sortir.

— J'espère, oui.

— Pourquoi est-ce que mon oncle aussi essaie de l'attraper ? »

Michael ne répondit pas tout de suite.

« J'aimerais pouvoir te le dire, mais c'est à ton oncle de t'expliquer. Il n'apprécierait pas que je te parle de ses affaires. »

Elle hocha la tête. Elle avait l'air de comprendre la situation, mais une ombre de tristesse passa sur son visage.

« Il fait ça souvent.

— Il fait ça pour te protéger. Parce qu'il t'aime. »

Elle n'avait pas l'air convaincue.

« Je sais qu'il m'aime, mais il a une drôle de façon de le montrer. En ayant tout le temps des secrets.

— Parfois, il faut que les choses restent secrètes. Pour que les proches ne soient pas mis en danger. »

Cela la laissa songeuse et elle tripota le coin de son livre nerveusement. Elle releva les yeux sur Michael, et il eut le sentiment qu'elle essayait de le jauger. Puis son expression s'adoucit, comme si elle avait deviné la douleur derrière ses cicatrices.

« C'est ce qui se passe entre votre fils et vous ? »

Michael y réfléchit. Il pensa à Tom, enfermé à Rikers Island, qui refusait sa visite. Tom qui avait préféré rester terré à New York depuis qu'il avait reçu son papier bleu, et qui avait caché la vérité à Michael, même face à la perspective de la chaise électrique, qui avait gardé ses secrets pour que d'autres ne soient pas mis en danger. Il se sentit soudain stupide. Il avait été un vieil idiot incapable de se mettre à la place de son fils.

« Oui, c'est comme ça entre lui et moi. »

Il se tourna vers la fenêtre pour qu'elle ne voie pas son visage.

« Cambriolage probable sur la 67ᵉ Rue Est au niveau de la 3ᵉ Avenue. Au numéro 201 de la 67ᵉ Rue Est. Cambriolage en cours. Intervention demandée à tous les véhicules dans le voisinage. »

Il essuya ses larmes et regarda dehors. La Ford aurait dû démarrer à toute allure pour répondre à cet appel qui indiquait une adresse à quelques rues d'ici. Mais elle ne bougea pas. Moteur éteint. Lumières éteintes. Il reprit une gorgée de whisky et resta sur le qui-vive.

« Je répète. Cambriolage probable au numéro 201 de la 67e Rue Est. C'est en cours. Toutes les unités sont demandées en intervention. »

À part la neige qui tombait, tout était immobile. Et puis un porteur de télégrammes apparut au coin de la rue et s'approcha de leur bâtiment. Il regarda en direction de la voiture. Avait-il fait un signe de tête ? Est-ce qu'une ombre avait bougé dans le véhicule pour y répondre ? Michael s'irrita de la neige qui l'empêchait de bien voir, des ombres, et surtout de son âge et de sa vue défaillante.

Et puis le téléphone retentit, le faisant sursauter. Il se tourna et vit que Sarah tendait le bras pour attraper le combiné.

« Non ! »

Son ton avait dû être plus brusque qu'il n'aurait voulu, elle le regarda avec une expression inquiète.

« Je m'en occupe. »

Il traversa la pièce et décrocha.

« Allô ?

— C'est David, monsieur Leveson, annonça une voix nasillarde.

— M. Leveson est sorti. Je suis un ami à lui.

— Ah. C'est David, le concierge, en bas. Il y a un télégramme pour M. Leveson. Je vous envoie le porteur ? »

Michael se figea. Il n'avait pas rêvé le signe de tête. Stratégies, manœuvres, alternatives et scénarios de fuite se bousculèrent soudain dans sa tête.

« Je vous l'envoie ? répéta le concierge.

— Non, répondit Michael après un temps de réflexion. Je descends. Dites-lui d'attendre deux minutes.

— Je peux le prendre pour vous sinon, proposa le concierge.

— Non, non, je vais descendre, j'ai besoin de prendre l'air.

— Pas de problème, monsieur. »

Michael raccrocha.

« Il faut qu'on parte. Maintenant. »

Sarah le regarda sans comprendre.

« Comment ça ?

— Il y a des hommes qui sont là. Il faut qu'on parte. Est-ce qu'il y a un ascenseur de service dans l'immeuble ? »

Elle fit signe que non.

« Il faut que je me change…

— Mets vite un pantalon par-dessus ton pyjama. Où sont ton manteau et tes chaussures ?

— Dans le placard près de la porte d'entrée.

— Je vais te les chercher. Change-toi vite. »

Michael se précipita à la fenêtre. La voiture était toujours là. Il alla chercher les souliers et le manteau de Sarah et les lui apporta. Elle était déjà en pantalon. Il lui lança ses affaires puis l'entraîna jusqu'à la cuisine, où il avait aperçu l'escalier de secours. Il ouvrit la fenêtre et jeta un œil.

Le téléphone se remit à sonner, les effrayant tous les deux.

Il examina la rue en contrebas. C'était la 4e Avenue, adjacente à la rue où était garée la voiture. Il y aurait sûrement un type pour faire le guet à l'arrière. Pourtant, il ne voyait personne. Mais il ne pouvait pas faire confiance à ses yeux.

« Est-ce que tu vois quelqu'un dans la rue ? » demanda-t-il à Sarah.

Elle regarda et fit signe que non.

Ils descendirent l'escalier de secours, aussi vite et aussi silencieusement que possible. Au premier étage, Michael sortit son arme de sa poche et la vérifia.

« Je vais déplier l'échelle. »

Il lui donna une consigne en montrant l'intersection avec la 64e Rue.

« Si jamais quelqu'un arrive de ce coin de la rue, tu t'en vas de l'autre côté, peu importe ce qui se passe. T'as compris ? »

Sarah le regardait avec une expression effarée, mais elle acquiesça.

Une fois tous les deux dans la ruelle, ils se mirent à courir.

Comme la dernière fois qu'il avait couru, sur les quais, chaque pas secouait tous ses os et ses jointures et provoquait une onde de choc qui lui donnait l'impression que son corps allait se briser, qu'il allait trébucher et s'effondrer. Quand Sarah arriva au coin de la 63e Rue, elle avait déjà pas mal d'avance et lui était complètement essoufflé, les poumons en feu.

Elle se retourna, ralentit et l'attendit.

« Ne t'arrête pas ! » lui cria-t-il.

Elle fit signe qu'elle comprenait et repartit. Michael suivait du mieux qu'il pouvait. Ils arrivèrent à la 3e Avenue et coururent sous les voies du métro aérien. À l'intersection de la 62e Rue, ils tombèrent sur des travaux ; un grillage barrait la route et, derrière, un échafaudage grimpait le long du soubassement endommagé du métro aérien. Plus loin, il y avait davantage de lumières, une station de métro sur la 59e Rue, une file de taxis et un peu d'activité. Sarah avait pris cette direction. C'était un bon choix.

Le moteur d'une voiture se fit soudain entendre. Il se retourna et vit la Ford qui déboulait de l'avenue derrière eux. Il se remit à courir et Sarah et lui dépassèrent bientôt le grillage qui entourait l'échafaudage. Mais en voulant se retourner pour vérifier où en était la Ford, Michael trébucha et fit un vol plané, terminant avec fracas entre le grillage et les voitures garées le long du trottoir.

Sarah fit volte-face, prête à le rejoindre.

« Continue ! » lui cria-t-il.

Elle s'immobilisa. Elle ne voulait pas le laisser, mais son visage trahissait sa peur.

« Continue ! »

Elle finit par lui obéir et se remit à courir.

Michael se releva. La douleur à son genou lui confirma qu'il ne pourrait pas repartir. La Ford n'allait pas tarder. Tout ce qu'il pouvait faire, c'était gagner du temps pour Sarah. Se sacrifier. Il espérait au moins y parvenir.

Il se releva et boitilla jusqu'aux voitures, derrière lesquelles il se posta. Il sortit son arme, se mit en position de tir. Et attendit.

Bloquée par le grillage, la Ford dut piler à quelques mètres de lui. La portière passager avant s'ouvrit et un géant en sortit. Faron. Ça ne pouvait être que lui. Grand, élancé, musclé, il n'avait pas du tout l'allure lourde d'une armoire à glace à laquelle Michael s'attendait. C'était un athlète. Faron sortit son arme de sa poche et, dans un grand arc de cercle, la dirigea en direction de Sarah, à travers le grillage. Michael visa Faron et tira à trois reprises. Il disparut derrière la Ford, mais Michael n'aurait su dire s'il l'avait touché ou pas.

Sarah venait de franchir l'intersection suivante et s'approchait des lumières et des gens, près de la station de métro. Quand Michael se retourna vers la Ford, il vit que Faron, indemne, le braquait. Le canon de son arme lâcha un éclair et comme une traînée noire.

Michael fut touché en pleine poitrine. Il fut projeté sur le trottoir, derrière la voiture qu'il utilisait comme protection, et atterrit violemment sur le dos, le souffle coupé. Sa tête tournait. Il essaya de se relever mais n'y parvint pas. Il n'arrivait plus à respirer, il se noyait. À travers la rangée des voitures, il vit Faron se lancer à la poursuite de Sarah. Michael essaya de se concentrer. S'il parvenait à le retarder, la gosse avait une chance de s'en tirer. Au prix d'un immense effort de volonté, il parvint à s'asseoir.

Il prit son arme à deux mains et, malgré ses bras qui tremblaient, visa le dos de Faron, entre les omoplates. Il tira. Manqua son coup. Mais il avait touché la cuisse. Faron vacilla et s'écroula. Une seconde. Puis il se releva et reprit son chemin en boitant. Avant de s'effondrer de nouveau.

Michael parvint à expirer et s'étendit doucement en arrière en prenant appui sur ses coudes, avant de s'allonger sur l'asphalte. Il sentit le froid de la neige sur sa nuque. Il posa ses doigts sur sa blessure au torse.

C'était comme ça qu'il allait finir.

Pas dans un hôpital, pas chez lui. Mais dans la rue. Sous les étoiles. Ce n'était pas si mal, après tout. Il serait mort en sauvant une gosse, et peut-être aussi la vie de son fils. Finalement, il n'y avait pas meilleure façon de mourir, en aidant les autres, comme il avait toujours fait.

Il leva les yeux vers le ciel, vers les flocons qui tombaient en voltigeant avec un petit éclat lumineux et fugace, et il comprit que la lueur de l'éternité transparaissait dans les choses les plus éphémères.

XIX

DAILY NEWS

LE JOURNAL ILLUSTRÉ DE NEW YORK

Quotidien du soir — Mercredi 12 novembre 1947

NOUVELLES NATIONALES

L'INDUSTRIE DU CINEMA DÉVOILE SON COMMUNIQUÉ ANTICOMMUNISTE

LE SORT DES « DIX D'HOLLYWOOD » ENFIN RÉVÉLÉ

Charles Judson

Manhattan, 11 novembre. Après une réunion de plusieurs jours au Waldorf-Astoria, le président de l'*Association of Motion Picture Producers* a annoncé l'établissement d'une liste noire des hommes jugés pour outrage par la Chambre des représentants il y a quelques semaines. Le président de l'AMPP, Eric Johnston, a déclaré qu'aucun studio n'emploierait plus les « Dix d'Hollywood » tant qu'ils n'auraient pas été acquittés ou n'auraient pas déclaré sous serment ne pas être communistes. Ces dix employés avaient été accusés d'outrage pour avoir refusé de répondre à la Commission sur les activités antiaméricaines ou pour avoir témoigné sans renoncer à leurs précédentes ou actuelles déclarations en faveur du communisme.

La déclaration (intégralement reproduite ci-dessous) a été rendue publique après une réunion d'urgence des différents directeurs des studios ayant pour but de décider d'une position collective concernant ce dernier épisode dans la saga que constitue l'investigation anticommuniste qui secoue Hollywood en profondeur. Quarante-huit représentants des studios étaient présents à cette réunion, et, malgré des rumeurs de discorde, la déclaration a été approuvée par tous les directeurs.

Déclaration de l'AMPP :

« Les membres de l'Association des producteurs de cinéma déplorent l'action des dix hommes qui ont été cités à comparaître par la Chambre des représentants. Nous ne souhaitons pas porter atteinte à leurs droits, mais leurs actions ont desservi leurs employeurs et ont réduit leur utilité pour l'industrie. Nous congédions ou nous suspendons sur-le-champ sans aucune compensation ceux d'entre eux qui... »

50

Jeudi 13 novembre, 6 heures

Il faisait encore nuit quand le train pénétra dans la station dans un rugissement. Ida et Gabriel se dirent au revoir, et il repartit d'un pas harassé vers la petite bourgade, dans la neige et le vent glacial. Devant l'épicerie, il repéra une voiture. Le magasin n'avait pas encore ouvert. Le soleil ne s'était pas encore levé. Il trouva une pierre et s'en servit pour briser une des vitres de la voiture. Il se glissa à l'intérieur, retira le cache de la direction et tripota les fils pour faire démarrer le véhicule. Il ne fallut que quelques tentatives pour que le moteur se réveille. Gabriel fut agréablement surpris de constater que, malgré les années, il n'avait pas perdu la main. Il se mit en route sans tarder, avec le chauffage à fond pour compenser le courant d'air glacé qui s'engouffrait par la fenêtre. Il eut enfin chaud, pour la première fois depuis ce qui lui parut des années.

En moins d'un quart d'heure, il était de retour à l'aéroport. Il se gara sur la petite route, près de là où la voiture de leurs assaillants avait ramassé les deux hommes quelques heures plus tôt. Il attendit que le ciel s'éclaire, que l'obscurité se dissolve.

Quand il sortit, le vent lui mordit la peau, lui brûla les narines. Il entra dans le champ où Ida et lui avaient pourchassé les deux types. La neige s'était solidifiée et il glissait sur la glace, ce qui au moins lui évitait de s'enfoncer dans la boue détrempée.

Il apercevait l'aéroport au loin, la pointe des tours métalliques qui chatouillaient le ciel, le grillage qui floutait la perspective, les repères lumineux sur les pistes comme des fruits tombés par terre. Il voyait le parking et l'entrée. Il y avait encore des véhicules de police, de petites silhouettes qui s'affairaient. Ils n'avaient pas l'air d'avoir étendu leurs recherches au-delà du périmètre de l'aéroport. La neige avait dû recouvrir leurs traces, mais il se sentait tout de même vulnérable. Car, c'est bien connu, le meurtrier revient toujours sur les lieux du crime.

Alors qu'il n'avait fait que quelques pas dans le champ, le silence fut fracassé par un grondement venu du ciel. Quelques secondes plus tard, un avion passa bruyamment au-dessus de lui, si près qu'il avait peine à y croire. Il contempla son grand ventre lisse et tout blanc, incrusté de glace, qui laissait dans son sillage une brume mêlée de carburant qui irisait le ciel. Il songea à une baleine jaillissant de la mer. Il observa l'avion qui plongea vers l'aéroport et alla se nicher parmi les lueurs clignotantes de la piste.

Gabriel continua son chemin jusqu'à arriver près d'un rassemblement de corbeaux qui se pavanaient en picorant la glace. Au milieu de cette nuée d'oiseaux se trouvait le corps. Face contre terre, il était recouvert de glace, comme le reste du champ. On pouvait facilement le manquer, même en étant à quelques mètres. Il s'agenouilla et l'arracha à la terre gelée dans un grand craquement. Il fit rouler le corps sur le dos et les corbeaux s'envolèrent et montèrent en spirale dans le ciel en criant, avant de s'abattre de nouveau sur le sol comme une vague qui retombe.

Gabriel examina l'homme. Le visage, blafard à cause du froid, avait gardé une grimace figée. Sous le film blême, il avait le teint rougeaud, les cheveux blonds et courts. Il avait dû se faire casser le nez plusieurs fois et il était costaud. La balle était ressortie au niveau de son cœur, laissant une béance noirâtre. Il portait une alliance et devait avoir une quarantaine d'années. Il ne le connaissait pas.

Qui l'avait tué ? Était-ce Gabriel ou Ida qui avait tiré la balle fatale ? La culpabilité l'envahit. Il avait beau être un gangster, avoir passé des années à nettoyer les crimes des autres, il n'était pas un tueur.

Il se releva, attrapa le corps par les chevilles et le tira dans son dos, comme s'il traînait une brouette. Le sol était trop dur pour creuser une tombe, et le corps trop rigide pour pouvoir le rendre méconnaissable en retirant les dents et les mains, en le défigurant pour rendre toute identification impossible. Il en connaissait un bout sur la question. Et voilà qu'après toutes ces années il se retrouvait à la case départ, à devoir de nouveau se débarrasser d'un cadavre.

Un autre avion lui passa au-dessus, un autre ventre blanc de baleine molle. Il imagina les passagers qui voyaient par le hublot un type traîner un cadavre à travers un champ, laissant une longue traînée dans la neige. Bienvenue à New York.

Il laissa le corps à quelques mètres de la voiture et, après avoir vérifié qu'il n'y avait personne, il l'amena sur la route et le chargea dans le coffre. Puis il s'affaira de nouveau sur les fils en suppliant Dieu d'être capable de faire démarrer le moteur une seconde fois.

Il fut exaucé et s'éloigna de l'aéroport en réfléchissant à ce qu'il allait bien pouvoir faire du cadavre. Au bout de trois kilomètres, il s'arrêta et alla ouvrir le coffre. Maintenant qu'il avait le temps, il pouvait fouiller les poches du mort. Un paquet de cigarettes, des allumettes et un portefeuille, dans lequel il trouva quelques petites coupures, la photographie d'une femme réalisée en studio et une carte de membre d'un club de boxe avec son nom dessus. Gabriel connaissait ce club : il était fréquenté par la Mafia et appartenait à John Bova. La taupe infiltrée chez Costello, le maquereau qui était là le matin où on lui avait refilé la mission de retrouver l'argent. Il se rappela la fille qui faisait partie de son écurie et que Faron avait découpée. Et maintenant, c'était un des gorilles de Bova qu'on envoyait pour buter Gabriel.

Bova, Faron, Genovese.

Et peut-être Costello aussi, à présent.

Gabriel essuya le portefeuille et le remit dans la poche du mort. Il avait espéré trouver un indice qui le mettrait sur la piste de Faron et de l'argent. Avec l'argent, il pourrait remettre Costello dans son camp et peut-être quitter la ville sans avoir toute la Mafia à ses trousses. Mais ça aurait été trop facile, bien sûr.

Il avait tout foutu en l'air. Costello et Genovese allaient vouloir le liquider. Et quand les comptables allaient comprendre qu'il avait trafiqué les comptes du champ de courses, ce qui arriverait presque en même temps, Gabriel aurait aussi Anastasia sur le dos. Impossible de disparaître discrètement. Il lui avait fallu des années pour mettre au point un plan d'évasion et il n'en restait plus rien. Quelle allait être leur vie, maintenant, en cavale perpétuelle ? Il avait toujours voulu le meilleur pour Sarah, l'emmener au Mexique pour vivre dans un semblant de normalité. Et tout ce qu'il avait réussi à faire, c'était détruire toute chance de normalité.

Il lutta contre le désespoir qui montait en lui et menaçait de le submerger. Il ne pouvait pas laisser cet échec, aussi complet qu'irréversible, l'anéantir. Il fallait encore qu'il se débarrasse du cadavre, qu'il récupère Sarah et l'emmène loin de New York. Il alluma une cigarette et essaya de se situer géographiquement. En regardant autour de lui, des souvenirs ressurgirent : il y avait une ferme à quelques kilomètres de l'endroit où il estimait être. Sur une petite route en prenant le chemin de New York.

Mais, quand il y arriva, il ne fut pas sûr de reconnaître la ferme. Cela faisait tellement d'années – et en général, il venait au beau milieu de la nuit. C'était pourtant bien le même nom sur la barrière.

Il entra avec la voiture et s'arrêta devant le long bâtiment en bois encadré par deux granges. Deux hommes sortirent aussitôt et le fixèrent sans comprendre. Quand Gabriel demanda à voir le fermier qu'il connaissait, il apprit qu'il était mort. Mais l'un des deux hommes était son fils, et il se souvint de Gabriel et des affaires qu'ils faisaient en famille. Ils sortirent le cadavre du coffre et le type empocha l'argent sans dire merci. Il s'en occuperait.

Gabriel fit demi-tour et reprit la route principale. Il fallait qu'il aille récupérer Sarah et file le plus vite possible, avant qu'un des hommes qu'on avait envoyés à ses trousses ne finisse par les tuer tous les deux.

Alors qu'il allait s'engager sur l'autoroute, il dut piler pour laisser passer un camion qui brisa le silence matinal. C'était un mastodonte immatriculé en Floride. Sur le côté, il avait le logo de l'entreprise : un flamant rose de dessin animé, d'une couleur intensément artificielle. Gabriel regarda s'éloigner le flamant rose géant, avec sa couleur criarde qui se détachait sur les nuances hivernales du paysage.

Il pensa à Benny et se demanda s'il était poursuivi par des flamants roses. Il faillit en rire. Puis il se rendit compte que le soleil avait fini par briser le gel ambiant et que les champs étaient tout humides autour de lui. Il fixa la route déserte, regarda l'heure, passa une vitesse et fonça vers New York.

51

Jeudi 13 novembre, 8 h 44

Ida était assise dans la salle d'attente. Elle avait l'impression de se débattre dans un océan noirâtre qui l'étouffait. Elle leva les yeux et vit que le policier assis en face d'elle s'était endormi. Elle était là, seule, avec un .38 qui n'avait plus que la moitié de ses munitions.

Elle se demanda combien de temps l'opération chirurgicale allait prendre et quand on lui dirait enfin s'il allait survivre. Une balle dans la poitrine. Les médecins l'avaient emmené au bloc. S'il avait été touché au cœur ou au poumon, il lui faudrait un miracle. Elle eut un haut-le-cœur qui réveilla le policier.

« Vous allez bien ? »

Ida fit signe que oui ; les vertiges tourbillonnaient dans sa tête.

« Vous voulez un seau ? »

Elle ne comprit pas tout de suite pourquoi il parlait de seau.

« Non, non, ça va aller. Je vais me chercher de l'eau. »

Elle se leva, chancelante, et le policier la rattrapa et la stabilisa.

« Vous êtes sûre que ça va ? »

Elle fit signe que oui.

« N'allez pas trop loin. »

Elle se rendit en titubant jusqu'au distributeur d'eau et continua dans le couloir pour trouver les toilettes. La lumière crue lui brûla les yeux. Il y régnait une odeur âcre de désinfectant au citron. Elle s'aspergea le visage et cette fraîcheur sur sa peau l'apaisa un peu. Elle se fixa dans le miroir ; la personne qui lui rendit son regard était une inconnue.

Elle était arrivée chez Gabriel vers 7 heures. À l'appartement, personne ne répondait. Elle avait parlé au concierge qui s'était contenté de faux-fuyants. Elle avait insisté et il avait fini par lui parler d'une fusillade sur la 3e Avenue. Elle avait couru jusque là-bas pour se retrouver en plein sur les lieux du drame. En parlant aux curieux qui s'étaient amassés pour regarder, aux commerçants, aux livreurs de journaux, elle avait fini par apprendre qu'un vieux type s'était fait tirer dessus très tôt dans la matinée. On l'avait emmené à l'hôpital.

Elle s'était précipitée vers les agents de police pour demander si la victime avait été identifiée, s'il s'agissait de Michael Talbot, et leur avait expliqué qu'elle travaillait avec lui. Au bout de vingt minutes d'un échange de questions et de réponses stérile des deux côtés, elle s'était retrouvée embarquée pour l'hôpital dans un véhicule de police. Tout ce qu'elle savait, c'était que Michael était encore en vie et qu'il n'y avait pas d'autres blessés. Aucune mention de la nièce de Gabriel ni de Faron ou de qui que ce soit d'autre.

À l'hôpital, on lui avait dit que Michael était en train de se faire opérer. C'était « une opération délicate ». Elle s'était renseignée pour savoir si on avait prévenu ses proches. La femme de Michael était déjà dans le train pour New York.

Ils avaient emmené Ida dans la salle d'attente, et quand elle avait regardé dans le couloir menant au bloc, elle avait été choquée de constater qu'il n'y avait personne pour monter la garde, juste un policier somnolent qui s'occupait de la surveillance. Les hôpitaux n'étaient pas des endroits sûrs. Même si Michael s'en sortait, ils pouvaient revenir l'achever. Elle était restée avec le policier pour attendre, ne s'absentant que pour passer quelques coups de fil à Carrasco. Mais elle n'arrivait à le joindre nulle part. Tant pis, ça serait elle et le flic endormi contre le reste des gangsters qui viendraient finir le boulot.

Elle ne pouvait s'empêcher d'imaginer le pire : le médecin qui venait pour lui annoncer la mort de Michael, qu'il avait perdu trop de sang, qu'il y avait une infection, un caillot, que la balle avait perforé le poumon, touché le cœur, qu'il fallait qu'elle vienne identifier le corps. Elle pensait à Annette quand elle apprendrait la nouvelle. Elle se rappelait les tréfonds de son désespoir quand elle avait appris la mort de son mari, et fut envahie par la colère. Il fallait qu'elle retrouve Faron et le livre à la justice. Pour Michael. Pour tout ce que son ami avait fait pour elle. Pour tout ce qu'il lui avait appris. Elle avait une dette.

Elle quitta les toilettes et retourna à la salle d'attente. Alors qu'elle tournait à l'angle du couloir, elle aperçut deux hommes qui se dirigeaient vers les blocs opératoires. Dans leur démarche et leur expression, tout annonçait des flics. Mais quel genre de flics ?

Ida accéléra le pas et les observa. Quand ils arrivèrent à la double porte ouvrant sur le bloc, elle tira maladroitement son revolver de son holster et le pointa dans le dos des deux hommes.

« On ne bouge plus ! » cria-t-elle.

Ils se retournèrent et, instinctivement, portèrent la main à leur arme. Mais, en voyant le .38 dans ses mains, ils s'immobilisèrent, déconcertés à la vue de cette femme qui les tenait en joue dans une salle d'attente d'hôpital. Elle entendit les hoquets de surprise des gens derrière elle, les bruits de pas. Le policier endormi s'était réveillé et se tenait à ses côtés, son regard décrivant des allers-retours entre elle et ses cibles.

L'un des deux s'adressa à lui.

« On est envoyés par le procureur. On peut savoir ce qui se passe ici ? »

Le policier s'adressa à Ida.

« Baissez votre arme, madame, demanda-t-il.

— Montrez-moi vos papiers », exigea-t-elle des deux flics.

Ils lancèrent à leur collègue un regard signifiant clairement « Non mais vraiment, sans blague ? ». Le policier se contenta de hausser les épaules.

Ils finirent par glisser lentement la main dans leur poche pour sortir leur portefeuille et montrer leur badge.

« Qu'est-ce que vous faites là ? leur demanda Ida.

— Ils sont avec moi », fit une voix qu'elle connaissait dans son dos.

Carrasco arrivait au bout du couloir.

« Tu peux baisser ton arme, Ida. On est venus pour protéger Michael. »

Elle sentit une telle vague de soulagement qu'elle faillit éclater en sanglots.

« Désolée », dit-elle en laissant ses bras glisser le long de son corps.

Quand Carrasco la prit dans ses bras, elle sentit l'océan noirâtre qui l'enserrait relâcher légèrement son emprise.

Carrasco donna des instructions et les deux hommes partirent se mettre en place dans le couloir, tandis qu'il s'asseyait avec Ida dans la salle d'attente. En levant les yeux, elle constata que tout le monde la regardait.

« J'ai cru qu'ils étaient venus pour le tuer.

— Il est encore au bloc, Ida. Ils attendront de voir s'il s'en sort avant de tenter autre chose. »

Ida acquiesça.

« Bien sûr. Je ne suis plus très lucide.

— Tu sais où il en est ?

— Une balle dans la poitrine. C'est tout ce qu'on m'a dit. Ça fait des heures qu'ils opèrent. Ce n'est pas bon signe. »

Il assimila l'information et hocha la tête.

« On s'en occupe, Ida. Tu peux rentrer chez toi si tu veux. Va te reposer. »

En l'entendant parler de rentrer, Ida pensa à Chicago et eut envie de pleurer. Elle pensa à sa chambre d'hôtel : c'était à peu près aussi accueillant que la morgue.

« Je préfère rester.

— Qu'est-ce qui s'est passé ? » demanda Carrasco.

Elle lui raconta les événements de l'aéroport avec Gabriel ; Michael qui était resté pour surveiller sa nièce. Elle se rendit compte qu'il la fixait avec une drôle d'expression.

« Quoi ? Qu'est-ce qu'il y a ?

— Il s'est passé autre chose. Il n'y a pas que toi et Michael qui avez été attaqués ce soir. Tom aussi. À Rikers. Il serait mort si un gardien n'était pas passé au bon moment. C'est là-bas que j'étais toute la matinée, à l'infirmerie de Rikers. »

Ida encaissa. Ils avaient coordonné toutes leurs actions : Gabriel et Ida à l'aéroport, Michael à l'appartement et Tom en prison.

« Comment il va ?

— Il avait la tête gonflée comme un ballon, mais ça va aller. Le truc, c'est que… »

Il secoua la tête en lui adressant un regard désolé.

« C'est qu'il va changer sa défense. Il pense que s'il plaide coupable les autres le laisseront tranquille et qu'il aura ses chances en prison. Dès que son avocat sera passé, ils rendront cette décision officielle. J'ai essayé de le convaincre de tenir bon, mais il ne m'a pas écouté. »

Ida sentit le désespoir l'envahir. Plaider coupable, cela voulait dire passer devant le juge, admettre sa culpabilité, faire des aveux. C'était quasiment impossible de revenir là-dessus ensuite. Une fois l'audience effectuée, Tom était bon pour une quarantaine d'années de prison. Dans le meilleur des cas.

Carrasco sortit des papiers de sa poche.

« Les communications téléphoniques de la pension d'O'Connell, quand il a reçu les appels de Cleveland, le mois dernier. »

Ida posa un regard vide dessus.

« Ça sert à quoi ? C'est fichu. On a perdu. »

52

Jeudi 13 novembre, 9 h 24

Malgré la neige qui tombait de plus en plus dru et commençait à former une couche épaisse même dans la ville, Gabriel parvint à rentrer à Manhattan avec sa voiture volée. Il arriva dans l'Upper East Side et fit le tour de son pâté de maisons plusieurs fois pour être certain que personne ne l'attendait. Il allait prendre les passeports, Sarah, acheter une nouvelle voiture et quitter New York aussi vite que possible, avant que le poids cumulé des cinq familles ne lui tombe dessus. Si ce n'était pas déjà le cas.

Il se gara à une rue de son immeuble, vérifia son arme et courut dans la neige pour atteindre le perron. Dès qu'il arriva dans le hall, il sentit qu'il s'était passé quelque chose. Le concierge le regardait avec les yeux écarquillés de terreur.

« Qu'est-ce qu'il y a ? demanda Gabriel.

— Il y a eu une fusillade. »

Le concierge lui raconta le porteur de télégrammes qui était venu au milieu de la nuit pour faire diversion et, quelques minutes plus tard, le bruit des coups de feu et le porteur qui avait filé illico. Et le vieux qui s'était fait descendre dans la rue.

« Et Sarah ? demanda Gabriel, le cœur battant.

— Je suis monté et personne n'a répondu. »

Gabriel essaya de raisonner et de prendre en compte toutes les possibilités. Michael s'était fait tirer dessus dans la rue, ce qui voulait dire qu'il avait peut-être pu tenir Sarah hors de danger.

« Est-ce qu'une femme est venue me voir ? » demanda Gabriel.

Il décrivit Ida au concierge.

« Oui, elle est venue et elle est repartie.

— Elle a laissé un message ?

— Désolé, monsieur Leveson, mais non. »

— OK… Ne dis à personne que je suis passé. Compris ? »

Le concierge acquiesça. Gabriel courut jusqu'aux ascenseurs et frappa le bouton d'appel.

Arrivé devant son appartement, il sortit son arme, colla son oreille contre la porte et écouta. Silence total. Il ouvrit et entra, progressant lentement dans le couloir. Avant même d'arriver au bout, il sentit que quelque chose n'allait pas. Il s'arrêta, aux aguets. Il pouvait entendre la circulation dehors : la fenêtre était restée ouverte.

Il leva son arme et se jeta dans la pièce. Tout était en désordre. On avait tout fouillé. Les tableaux avaient été jetés à terre, les fauteuils et les canapés avaient été retournés. Tous les tissus, toutes les tapisseries avaient été éventrés au couteau. Il avança dans ce capharnaüm, jeta un œil à la cuisine, aux chambres, aux salles de bains et enfin à l'escalier de secours.

Sarah n'était nulle part. Est-ce qu'elle avait réussi à s'enfuir ? Ou est-ce que Faron l'avait rattrapée ? Dans l'hypothèse où elle avait pu s'échapper, Gabriel espérait qu'elle se souviendrait de tout ce qu'il lui avait appris : que faire dans ces situations, où aller, qui contacter et – pour imaginer le pire des scénarios – comment utiliser une arme. Il fallait qu'il appelle l'appartement de Michael, au cas où elle s'y serait réfugiée. Mais il ne pouvait pas le faire depuis le téléphone de son appartement.

Il contempla le chaos autour de lui et songea à la mise en scène qu'il avait lui-même prévue dans son plan. Il l'avait sous les yeux. Mais il n'était plus possible de disparaître discrètement pour refaire sa vie. Tout ce qui l'attendait, c'était la cavale.

Il vérifia les caches. Ils avaient trouvé les deux plus évidentes : l'argent et les armes avaient disparu. Les trois autres étaient intactes. Il ramassa vingt mille dollars et une boîte de munitions. Il espérait que les intrus ne seraient pas montés jusqu'au toit. Il salua son appartement qu'il voyait pour la dernière fois et, en sortant, remarqua son courrier parmi les divers débris disséminés sur le sol, près de la porte. Il se figea. Sarah avait dû le prendre la veille. Il repéra une enveloppe avec l'écriture de Doc.

Celui qui veut venger ses injures en rendant haine pour haine ne peut manquer d'être malheureux. Celui au contraire qui s'efforce de combattre la haine par l'amour trouve dans ce combat la joie et la sécurité. Il résiste avec une égale facilité à un seul homme et à plusieurs, et a moins besoin que personne du secours de la fortune.

Spinoza

Le rendez-vous avec Doc, quand Gabriel lui avait demandé ce que le philosophe pensait de la vengeance. Doc lui avait dit qu'il chercherait et il avait tenu parole. Gabriel fixait les derniers mots de la citation – *le secours de la fortune* – et eut envie de rire ; il mit la lettre dans sa poche, quitta l'appartement pour la toute dernière fois et monta l'escalier menant au toit pour récupérer les passeports.

Il se saisit de son arme, ouvrit la porte et examina l'endroit. Il n'y avait personne, pas de traces de pas dans la neige et, heureusement, le pigeonnier était intact. Il s'approcha en faisant craquer la neige sous ses pieds. Devant le pigeonnier, il constata que la porte était ouverte, le cadenas cassé et le coffre-fort par terre.

« Lâche le flingue », fit une voix qu'il connaissait.

Gabriel posa le revolver dans la neige.

« Tourne-toi. »

Gabriel se retourna et vit Havemeyer face à lui, les passeports à la main et une arme pointée dans sa direction.

« C'est ça que tu cherches ? » fit-il en agitant les passeports.

Son cœur se serra. Ce bon vieux Havemeyer, son assistant au Copa. Évidemment. C'était lui qui s'occupait de la sécurité du club, et les videurs qu'il employait s'entraînaient tous dans la salle de Bova. Genovese n'avait pas que Bova comme taupe chez Costello. Visiblement, il avait aussi Havemeyer.

« Pourquoi tu fais ça ? »

Havemeyer mit un instant à répondre, le visage marqué par une expression de regret, d'excuse même.

« Je suis trop vieux pour continuer le travail de nuit, Gabby. Avec le contrat qu'ils ont mis sur ta tête, j'ai assez pour prendre ma retraite. Les autres se sont contentés de fouiller ton appartement. Je savais que tu reviendrais. Je me suis gelé les couilles, mais ça valait le coup. Je suis désolé, mon gars. »

Gabriel hocha la tête.

« OK. Je peux te demander un service avant que tu tires ?

— Quoi donc ?

— Tu peux me dire où est Sarah ? »

Havemeyer haussa les épaules.

« Aucune idée. Elle s'est sauvée. Maintenant, tu vas t'approcher du bord du toit », ordonna Havemeyer.

Il voulait faire croire au suicide de Gabriel.

« Avec les empreintes de deux personnes, ça va être dur à croire…

— Il neige : le temps que les flics viennent jusqu'ici, ça sera recouvert. Allez, bouge. »

Gabriel s'avança jusqu'au bout. Il était revenu au bord de l'immeuble, comme une gargouille scrutant la ville.

« Je te laisse t'en charger toi-même », proposa Havemeyer.

Il lui dit cela comme s'il lui faisait une fleur. Et c'était peut-être le cas. Gabriel regarda par-dessus le bord, vers la rue tout en bas. Il vit la voiture de Havemeyer. Il aurait dû la repérer quand il avait fait son tour de reconnaissance.

Il observa la neige qui tombait au-delà du toit, délimitant l'espace dans lequel il allait devoir se jeter. Il s'était toujours imaginé périr dans un plongeon. Il en rêvait presque chaque soir depuis la mort de sa sœur. Et voilà que le moment était venu. Il allait mourir à cause des ailes qui lui manquaient, gargouille pulvérisée sur le trottoir.

La neige continuait à danser dans le vide. Gabriel se retourna et fixa Havemeyer.

« Non. Je sauterai pas. Si tu veux me tuer, sois un homme et fais-le toi-même. »

Havemeyer le fixa de ses yeux rougis et chassieux, et Gabriel le vit hésiter. Alors il se jeta sur lui. Havemeyer tira, mais la balle passa au-dessus de l'épaule de Gabriel et ils se retrouvèrent tous les deux à terre, à se battre pour attraper le revolver. C'est Gabriel qui s'en saisit.

Il y eut une détonation et Havemeyer devint tout mou. Il faisait un bruit bizarre qui rappelait le sifflement rauque d'un ballon qui se dégonfle. Puis il eut un soubresaut. Il était sur le dos et une mare rougeâtre commençait à se former et à s'étendre sous son corps. Des flocons se posèrent dessus et flottèrent un instant avant de rosir et d'être engloutis dans le sang chaud.

Gabriel regardait le corps de son ami. Il ne pouvait plus respirer. Comme si ses poumons s'étaient remplis d'une glace en ébullition. Il songea soudain que le sang allait tacher les passeports et fouilla fébrilement dans les poches pour les récupérer. Il resta encore un moment face au cadavre de Havemeyer et laissa échapper un sanglot. Puis il repensa à la dernière fois où il était venu sur le toit pour cacher les passeports : une vieille femme l'observait par sa fenêtre.

Il se retourna mais constata qu'il n'y avait personne aujourd'hui.

Il finit par se relever et traîna le corps jusqu'au pigeonnier, où il le dissimula maladroitement. Il avait besoin de réfléchir. Il ne pouvait pas laisser Havemeyer sur le toit. Il ne pouvait pas avoir en plus la police aux trousses.

Il fallait qu'il réfléchisse.

Il prit les clés de voiture de Havemeyer dans sa poche, courut chercher son propre revolver, redescendit à l'appartement. Il prit une paire de gants et une grosse malle, mit les gants, essuya la malle, la monta jusqu'au toit où il chargea Havemeyer et la ferma à clé en espérant que le sang ne coulerait pas. Puis il traîna la malle jusqu'aux escaliers et à l'ascenseur.

Arrivé dans le hall, il demanda au concierge de veiller sur la malle pendant qu'il courait chercher la voiture de Havemeyer. Il se fit aider par le concierge pour charger la malle dans le coffre.

« Vous partez en voyage ?

— C'est ça. »

Il essuya discrètement la malle aux endroits où le concierge l'avait touchée et ils restèrent un moment dans la rue à se regarder. Gabriel prit les clés de son appartement et les lui lança.

« N'oublie pas : je ne suis pas venu aujourd'hui.

— Je ne vous ai pas vu.

— Va dans mon appartement et prends-y ce qui te fait plaisir. Il y a un tableau qui ressemble à un dégueulis mais qui vaut quelques dollars. Si la police demande – si qui que ce soit demande –, tu ne m'as pas vu aujourd'hui.

— Pas de problème, monsieur Leveson. »

Gabriel monta dans la voiture de Havemeyer et partit. À la première cabine téléphonique, il sortit en trombe et appela l'appartement de Michael. Pas de réponse. Il remonta dans la voiture et se rendit au Copa, où il se gara dans la ruelle près de l'entrée des artistes. On trouverait le cadavre de Havemeyer dans une malle dans le coffre de sa propre voiture, devant le lieu où il travaillait. Gabriel n'avait aucune idée de ce que la police pourrait bien en penser, mais il pouvait espérer que cela les troublerait suffisamment pour qu'ils ne viennent pas fouiner sur le toit de son immeuble.

Il s'arrêta un instant pour contempler la façade du Copa. L'auvent bordeaux. La Brésilienne avec son turban. Havemeyer l'avait aidé pendant des années à faire fonctionner cette illusion. Rio de Janeiro dans une cave de Manhattan. Et maintenant, il était mort. Gabriel repensa à sa sœur, à leur enfance passée dans les rues de New York, à traîner dans le caniveau, il y a si longtemps. La Grosse Pomme lui manquerait, mais il avait raison de lui tourner le dos. Un crève-cœur à la mesure de sa détresse.

À présent, il fallait qu'il retrouve Sarah et qu'il quitte New York avant de tomber sur quelqu'un d'autre qui serait ravi d'encaisser les dividendes du contrat qu'il avait sur la tête.

Il marcha jusqu'à la 5e Avenue, prit un taxi jusqu'à l'endroit où il avait garé la voiture volée et se rendit jusqu'à une casse qu'il connaissait, où il l'échangea pour une DeSoto de 1942 en bout de course.

« Vous voulez que je rajoute de l'antigel ? Que je l'équipe avec des chaînes antidérapantes ? » demanda le gamin de la casse.

Gabriel étudia le ciel et vit que la neige tombait de plus en plus fort. Si on en était là à Manhattan, il imaginait l'état des routes de campagne qu'il aurait sans doute à négocier dans leur fuite.

Gabriel fit signe que oui, et finit par payer bien plus cher que prévu pour ce tas de ferraille.

Il passa des heures à chercher Sarah sans en trouver la moindre trace. Il essaya toutes les caches, les points de rendez-vous qu'ils avaient établis. Il alla chez trois amies à elle dont il connaissait les adresses. Elles le regardèrent de travers et lui apprirent qu'elles ne l'avaient pas vue depuis la veille.

Il fit à nouveau le tour des caches et points de rendez-vous. Il essaya d'imaginer les endroits où elle aurait pu aller. Au Copa ? Chez la sœur de Mme Hirsch, dans le Queens ? Chez Havemeyer ? Elle s'était peut-être fait ramasser par les flics. Il appela Salzman sans parvenir à le joindre. Il appela l'hôtel d'Ida et se rendit à l'appartement de Michael.

Rien, nulle part.

Il fallait qu'il continue. Tant qu'il restait dehors à arpenter les rues, tant qu'il restait en mouvement, Sarah était encore en vie.

Quand il retourna à la gare de Grand Central pour voir si elle n'y était pas, c'était l'heure de pointe du soir. Il y avait plus de monde que d'habitude, les gens prenaient d'assaut le guichet des renseignements, faisaient la queue devant les panneaux des départs. Gabriel força le passage dans cette multitude, tendant le cou à droite, à gauche pour tenter de l'apercevoir dans la foule.

Et soudain, il la vit, pelotonnée dans son manteau. Il fut débordé par un sentiment de soulagement, de joie, de gratitude. C'était si intense qu'il dut reprendre son souffle. Il se précipita, bouscula des gens qui se mirent à protester. Mais, avant d'avoir fait la moitié du chemin, il se rendit compte que ce n'était pas elle. C'était une autre gamine, seule au cœur de la ville. Il s'arrêta net et son euphorie retomba, remplacée par de l'amertume et très rapidement par une angoisse d'autant plus forte qu'il avait un instant cru à la fin de ses problèmes. Il s'en voulut de se laisser aller à de pareilles illusions.

Il resta à regarder la jeune fille. Elle avait l'air perdue, abandonnée. Encore une pauvrette qui débarquait. Il repensa au panneau décrivant des personnes disparues à Times Square. Il se demanda si le nom de cette gamine finirait dessus. GONZESSES À GOGO. Il ne put s'empêcher de se demander si Sarah aussi n'allait pas finir dessus.

C'est seulement à ce moment-là qu'il perçut les mots qui sortaient du haut-parleur : perturbations… annulations… blizzard… En étudiant le hall de la gare, il se rendit compte que la foule ne se précipitait pas comme à l'ordinaire. Les gens étaient immobiles, figés, et attendaient des informations. Seul le guichet des renseignements était assailli par une horde de passagers.

Gabriel se fraya un chemin en bousculant les gens et finit par arriver à portée de voix des préposés derrière le guichet.

« Aucun départ, aucune arrivée ! annonça l'un des employés, l'air aussi irrité que les passagers qui l'entouraient.

— Et il n'y a pas des bus de remplacement ? cria l'un des voyageurs.

— Écoutez, monsieur, il y a un blizzard qui arrive. Depuis le Maryland jusqu'au Maine. On va vous mettre dans quel bus ? Les autoroutes sont fermées. Pas de routes, pas de bus, pas de train, pas de métro, pas d'avion, pas de bateau. Alors, je serais vous, j'irais au guichet d'information touristique et je me trouverais un hôtel avant qu'il n'y en ait plus de disponible. »

Un grondement de réprobation parcourut la foule. Les voyageurs criaient après le préposé qui leva les yeux au ciel et croisa les bras sur sa poitrine. Gabriel rebroussa chemin à travers la masse, l'esprit aux abois. Il était coincé à New York. La nuit même où il était censé se sauver avec Sarah, la ville était bloquée.

Il fut pris d'une nausée et de vertiges. La panique, le stress, le manque de sommeil, les médicaments. Il fallait qu'il s'extraie de cette foule, qu'il s'asseye avant de s'effondrer. Tout chancelant, il parvint à s'extirper de la cohue, titubant comme une toupie. Il aperçut des bancs le long d'un mur et se laissa tomber sur l'un d'eux, penchant la tête en arrière et fermant les yeux. Il respira profondément. Les paupières closes, il vit un carnaval d'horreurs défiler dans son esprit, des images de massacre. Il avait complètement échoué à protéger sa famille. Tous ses stratagèmes n'avaient servi à rien.

Quand il rouvrit les yeux, il se retrouva le regard fixé sur la Voie lactée qui traversait le plafond de la gare. Les constellations dorées étaient figées dans une vaste étendue d'un bleu profond. Il étudia les silhouettes, drapées dans leurs vêtements fluides, qui flottaient au-dessus des gens comme les panneaux publicitaires au-dessus de Manhattan, et filaient vers d'invisibles orbites, vers un monde auquel la plupart des hommes n'avaient pas accès.

Il se prit la tête dans les mains et respira longuement. Il essaya de réfléchir. S'alluma une Lucky Strike. Essaya de nouveau de réfléchir.

Il avait perdu Sarah et il était coincé à New York. Elle n'était pas à la gare de Grand Central. Ni dans aucun des lieux sûrs dont ils avaient décidé au préalable. Que faire ? Retourner à chacun de ces endroits ?

L'image de Havemeyer ressurgit soudain dans son esprit. Il le revit, sur le toit, dans la neige, l'arme braquée sur lui. Et si Havemeyer lui avait menti quand il avait dit qu'il ne détenait pas Sarah ? Peut-être que Faron l'avait. Une peur glaçante l'envahit. Il fallait qu'il en ait le cœur net. Et il savait comment.

Il se leva et sortit précipitamment de la gare, débouchant sur la 42e Rue et l'obscurité. La neige donnait l'impression que des plumes tombaient du ciel. Il faisait toujours quelques degrés de plus à Manhattan que dans la campagne environnante. C'était un peu protégé, comme une bulle. La fermeture des routes et les barrages seraient mis en place plus tardivement à Manhattan qu'ailleurs. Il avait peut-être encore quelques heures avant que les rues de Manhattan ne deviennent impraticables. Quelques heures pour trouver Sarah.

53

Jeudi 13 novembre, 12 h 36

Le temps s'écoula. L'opération de Michael s'était terminée et on l'avait installé dans une chambre. Personne n'était autorisé à entrer mais la porte avait un hublot et Ida commit l'erreur de jeter un œil. Il était dans le lit, branché à une machine qui avait l'air d'une pompe respirant à sa place, qui se gonflait et se vidait, émettait un gémissement, puis un sifflement, avant de reprendre son gémissement. Les tubes qui sortaient de l'appareil passaient dans son nez, ou peut-être sa bouche, c'était difficile à dire. Tout son visage était masqué par du sparadrap et on distinguait de part et d'autre des contusions anormalement enflées. Elle avait entendu parler de nez qu'on brisait pour pouvoir y glisser des tubes, de dents malencontreusement cassées. Le peu qu'elle parvenait à voir laissait deviner un visage vieilli, usé, parcheminé. Allongé ainsi, Michael ressemblait à un homme dans son cercueil. Cette image transperça Ida et la peur et la panique à l'idée de le perdre lui traversèrent le corps, accélérant les battements de son cœur et crispant ses muscles. Des images défilaient en toute anarchie dans sa tête.

Elle resta un moment à fixer les guirlandes de tubes autour de son visage, la machine qui pompait et se décompressait, la poitrine de Michael qui se soulevait et retombait. Puis elle s'éloigna du hublot et retourna s'asseoir dans le couloir avec Carrasco et ses hommes, laissant échapper un sanglot.

« Il va s'en sortir. J'ai jamais vu un type aussi increvable », dit Carrasco en lui passant un bras autour des épaules.

Ida acquiesça et se dit que c'était dans les moments de stress que les gens utilisaient le plus de clichés. Elle prit un mouchoir dans son sac et s'essuya les yeux.

« Merci d'être venu. Et pour tout ce que vous avez fait jusqu'ici. »

Carrasco haussa les épaules.

« Sans lui, je serais pas là aujourd'hui. Ni moi ni ma famille. »

Il lui raconta son histoire. Celle de ce jour, à Chicago, bien des années plus tôt, où tout aurait été fini pour lui si Michael n'était pas intervenu en se mettant en danger.

« Des gens généreux comme lui, il n'y en a pas des masses. S'il y a une justice en ce bas monde, il s'en sortira. »

Elle savait qu'il avait raison. Michael était quelqu'un de foncièrement bon. Et ce n'était pas par simplicité ou par naïveté, ni parce qu'il espérait quelque chose en retour. Il lui avait souvent répété qu'il essayait toujours de se comporter de façon intègre parce qu'il pensait que, dans un monde aussi violemment corrompu, la seule boussole en laquelle avoir confiance, c'est l'éthique d'un homme, la rectitude qu'il faut cultiver par la sincérité et l'action. C'était ce qu'il avait transmis à Ida, ce qu'il lui avait expliqué, ce dont il l'avait rendue témoin. Elle se rendit compte soudain du poids que cela représentait, et que c'était aussi son devoir à elle de le transmettre, même si elle ne savait pas à qui.

Elle posa la tête sur l'épaule de Carrasco et ferma les yeux, appréciant la douceur réconfortante de sa veste en coton contre sa joue. Une infirmière vint la voir pour lui proposer d'aller se reposer dans une des chambres vides, à quelques pas. Au lieu de se coucher, elle préféra s'installer dans le fauteuil et regarder par la fenêtre les briques jaunes du bâtiment en face, l'espace entre les deux immeubles dans lequel tournoyaient les flocons avant d'atteindre le sol. C'était la même neige que celle qui tombait sur Chicago presque trente ans plus tôt, quand elle était descendue du train en arrivant de La Nouvelle-Orléans et s'était présentée à l'agence Pinkerton. Quand elle avait vu Michael pour la première fois. Elle avait bien changé depuis, passant de la jeune fille apeurée à la mère et à la veuve, en moins de temps qu'il n'en faut à un flocon pour passer devant une fenêtre.

Elle ferma les yeux et somnola, à moitié consciente, dans l'inconfort d'un sommeil haché.

Elle fut réveillée par des coups à la porte et ouvrit les yeux avec un frémissement d'espoir dans la poitrine, s'attendant à ce qu'un médecin entre pour lui dire que tout allait bien. Mais c'était un des flics qui étaient venus avec Carrasco.

« Il y a une gamine qui veut vous voir », annonça-t-il.

Ida se leva. La nièce de Gabriel était dans le couloir. Elle avait les yeux rouges, les épaules voûtées, le manteau de travers, les cheveux en désordre. Elle portait un sac à dos sur une épaule.

Ida lui fit signe d'entrer et Sarah pénétra dans la chambre, les mains crispées devant elle.

« Est-ce que Michael va bien ? »

Elle avait les yeux remplis de larmes et de culpabilité.

« On ne sait pas encore. »

Sarah hocha la tête.

« Il m'a sauvé la vie.

— C'est ce que j'avais deviné. Ton oncle sait où tu es ?

— Non.

— Il doit être en train de retourner tout New York pour te trouver. »

Sarah haussa les épaules.

« Tu n'es pas en sécurité, ici.

— Mais il y a la police.

— Même... »

Il y eut un moment de silence, puis Sarah fondit en larmes.

Ida la prit dans ses bras.

« Il faut que je t'emmène dans un endroit sûr. Et que je prévienne ton oncle que tu vas bien.

— Mais où on peut aller ? »

Ida réfléchit. Elle demanda à Sarah d'attendre dans la chambre et alla voir Carrasco, à qui elle expliqua où elle allait, au cas où Gabriel appellerait. Puis elle repartit dans le couloir, descendit les escaliers et sortit. La neige tombait plus fort que jamais, conférant à l'atmosphère une densité presque odorante.

Elle repéra un taxi, le fit s'approcher et lui demanda d'attendre. Puis elle rentra chercher Sarah et l'entraîna par la main jusqu'à l'entrée de l'hôpital, où elle la précipita dans le taxi. Elle donna l'adresse de Michael et le véhicule se mit en route sous la neige, dans la circulation laborieuse de l'après-midi et le demi-jour d'un soleil fragile. Ida regarda par-dessus son épaule pendant tout le trajet.

54

Jeudi 13 novembre, 16 h 56

Gabriel gara la DeSoto sur la route qui menait à Columbus Circle. Il faisait complètement nuit et les lampadaires étaient allumés. Au centre de la place, la statue de Christophe Colomb sur son piédestal était déjà couverte d'une mousse blanche.

Il alluma une cigarette et attendit, les yeux fixés sur l'immeuble un peu plus loin, dans la rue qui abritait le principal salon tenu par Bova. Tous les bordels de New York fonctionnaient de la même manière : les filles les plus jeunes et les plus coûteuses travaillaient de 17 heures à minuit ; ensuite c'étaient les filles moins fraîches qui venaient pointer, celles qui risquaient le plus de se faire dérouiller par les ivrognes qui traînaient dans ces heures-là.

Bova faisait sa tournée au moment du changement d'équipe. Gabriel espérait ne pas être arrivé trop tard. Il jeta encore un regard à Christophe Colomb, transformé en bonhomme de neige sur son piédestal. Il trônait au zénith du rond-point qui l'encerclait, balayé par les phares rouges et blancs des voitures qui tourbillonnaient sans cesse autour de lui. De l'autre côté de la place, derrière la statue, un immeuble était surmonté d'un gigantesque panneau Coca-Cola. Cela faisait quelques milliers de lueurs rouges et blanches supplémentaires qui clignotaient dans la nuit. *La soif ne connaît pas les saisons*. Sous la lumière criarde déversée par le panneau, deux putes déambulaient dans la rue en bravant la neige, se calfeutrant le cou dans leur fausse fourrure.

Au moment où Gabriel écrasait sa cigarette, l'entrée du salon s'ouvrit et Bova en sortit. Timing parfait. Gabriel se dirigea vers lui. Il le rejoignit alors que Bova arrivait près d'une Cadillac garée le long du trottoir.

Bova se retourna et vit Gabriel, qui le braquait avec un .38. Il n'y avait personne d'autre dans la rue. Les voitures passaient sans ralentir et ne faisaient pas attention à eux.

« Eh ben, bonsoir alors, lança Bova sur un ton ironique.

— Ouvre les deux portes et monte devant », ordonna Gabriel en montrant avec son arme les portières de leur côté.

Bova évalua la situation et obéit. Gabriel s'installa à l'arrière.

« Les mains sur le tableau de bord.

— Mais t'es sérieux ? » fit Bova en regardant Gabriel dans le rétroviseur.

Gabriel ne répondit pas. Bova soupira et hocha la tête, exaspéré, en obtempérant.

« Je peux au moins mettre le contact, histoire qu'on gèle pas sur pied ?

— Non.

— Oh ! putain…

— Je veux l'adresse de Faron, exigea Gabriel.

— T'es dingo.

— Tu sais très bien où il est.

— Mon cul, oui.

— Vous travaillez tous les deux pour Genovese. Tu lui as prêté des hommes de ta salle de sport pour votre opération à l'aéroport. Tu lui as refilé une de tes filles parce qu'elle te causait des problèmes. Ne me dis pas que tu ne sais pas où il crèche. Tu me donnes son adresse ou je te descends.

— T'es pas un tueur.

— Ma nièce a disparu et grâce à toi et à tes potes, j'ai un contrat sur la tête. J'aurai toutes les familles de New York sur le dos jusqu'à ce que je calanche, alors j'ai vraiment plus rien à perdre, tu sais. »

Bova le considéra dans le rétroviseur et Gabriel entrevit une fine lamelle de doute dans son regard.

« Et si tu me tues, comment tu vas le retrouver ?

— Je peux toujours te mettre une balle dans le bide et te regarder crever très lentement. Crache le morceau et tu t'en sors vivant. »

La lueur incessante des voitures tournoyait autour du rond-point tandis que se jouait leur partie de bras de fer. Gabriel avait pour lui l'arme, l'effet de surprise et la mine de quelqu'un qui n'a vraiment plus rien à perdre. Cela lui conférait un avantage évident.

« Est-ce que je peux au moins mettre le chauffage, putain ? demanda Bova en admettant sa défaite.

— Non », fit Gabriel pour imposer son ascendant.

À un bout du rond-point, le feu passa au rouge et des véhicules commencèrent à s'immobiliser à côté d'eux. Ils étaient là, dans la pénombre, baignés par la lueur rougeâtre des feux de stop. Bova soupira à nouveau de manière théâtrale.

« Il est dans un appartement à l'étage d'une usine de fringues dans Hell's Kitchen. La rue en face de la jetée 85.

— Tu vas nous conduire jusque là-bas. Si tu me mens, t'es mort. T'es sûr que tu maintiens ton histoire ?

— Je te dis la vérité, insista Bova. Il a tout l'étage au-dessus de la manufacture. Ça fait des mois qu'il vit là. Mais ça sert à rien d'y aller ce soir. Il est sorti pour un boulot.

— C'est ça, bien sûr.

— Il exécute un boulot pour Genovese et ensuite, il quitte la ville. Comme il fait toujours. T'as loupé le coche, Gabby. »

Bova lui fit un sourire moqueur dans le rétroviseur.

« Qui m'a balancé à Genovese, pour l'aéroport ? »

Bova se mit à rire.

« Tu veux vraiment savoir ?

— Vas-y.

— Costello. »

Bova sourit encore et ses dents en or brillèrent dans l'obscurité. La cicatrice sur son visage faisait un sillon d'ombre plus dense.

Le feu passa au vert et les voitures se remirent à avancer, leurs phares balayant une nouvelle fois l'intérieur de la Cadillac.

« Ça te turlupine, de t'être fait balader par Costello sur le coup de l'aéroport ? Mais ça fait treize ans que tu te fais balader, Gabby ! Costello a toujours su qui tu étais, pourquoi tu travaillais avec lui. Il a toujours su que Faron était planqué à Naples. Et toi, t'étais là à courir dans le noir comme un imbécile, à essayer de le retrouver, alors que tout le monde savait où il était. T'es qu'une cloche, Gabby. »

Sans même s'en rendre vraiment compte, Gabriel avait lancé la crosse de son arme contre le crâne de Bova. Il y eut un craquement, un cri, un jet de sang. Sous le choc de la douleur, il partit en avant en portant les mains à sa tête. Quand il les retira, il vit qu'elles étaient pleines de sang.

« Connard, marmonna Bova, sale connard. »

Il voulut se retourner pour faire face à Gabriel, mais les muscles de son cou étaient trop douloureux et il ne put faire qu'un quart de tour, ce qui accentua son impuissance.

« Regarde devant toi. Les mains sur le tableau de bord. »

Bova obéit. Du sang lui coulait sur la nuque.

« On va aller jusqu'à chez Faron. Et puis après, tu vas faire passer un message à Genovese de ma part. S'il s'en prend à moi, je fais savoir à la commission des familles qu'il était de mèche avec Benny Siegel pour l'arnaque du Flamingo.

— T'es à côté de la plaque ! Benny et Vito pouvaient pas se blairer.

— C'est des conneries, ça. Vito est le seul à New York à ne pas avoir investi dans le casino, parce que Benny lui avait dit que c'était juste un moyen de siphonner du pognon. »

Bova fronça les sourcils, un peu surpris.

« Non, Vito n'a pas mis de ronds dans cette affaire parce qu'ils étaient fâchés.

— Ils se sont vus quand Benny est venu à New York, contra Gabriel.

— Pour parler de l'acheminement de la came. Vito avait recommencé à se fournir chez les Asiats et il avait lâché les Mexicains que Benny lui avait fait rencontrer. Ça voulait dire que Benny ne touchait plus sa com, juste au moment où il en avait besoin pour le casino – ils se détestaient. T'as rien du tout sur Vito. »

Gabriel le fusilla du regard. Il essaya de réfléchir, de réarranger ses cartes en fonction de ce que Bova venait de lui apprendre. Il comprit enfin ce qui s'était passé : Benny n'était pas venu à New York pour chercher Cleveland pour Genovese, mais *contre* lui. Benny avait dû apprendre l'existence de Cleveland, et il le cherchait pour s'en servir comme monnaie d'échange dans leur querelle concernant la drogue.

Juste au moment où Gabriel commençait à remettre de l'ordre dans ses pensées, il capta soudain un mouvement. Bova retira ses mains de sa tête et ouvrit la boîte à gants d'un coup sec. Gabriel perçut un reflet métallique dans l'obscurité. Gabriel leva son arme, Bova se retourna avec un .38. La voiture fut soudain éclairée par deux éclairs et la tête de Bova explosa en projetant un nuage de sang et de poudre.

Gabriel fut complètement assourdi par les détonations.

Tout devint noir. Une sonnerie suraiguë résonnait dans ses oreilles, l'odeur de la fumée lui saturait les narines. Il sentit comme une chaleur sur son visage, sur son cou, et se rendit compte qu'il avait fermé les yeux. Il les ouvrit. La voiture n'était plus la même. Elle avait été aspergée par le sang de Bova. Cette chaleur dans son cou, c'était du sang. Il se rendit compte qu'il en avait aussi dans sa bouche. Elle devait être ouverte quand la balle avait explosé le crâne de Bova dans toute la voiture.

Gabriel se mit à vomir. Un jet de liquide âcre jaillit à ses pieds, sur ses chaussures. Il lâcha le revolver et essuya ce qu'il pouvait, ses dents, sa langue. Il espérait ne pas en avoir avalé. Et, tout en se nettoyant la bouche avec frénésie, il devina que rien ne pourrait jamais le laver de cette horreur.

Il n'avait jamais tué jusqu'alors, et il venait de tuer deux personnes en quelques heures. Il avait besoin de réfléchir. Et de s'enfuir. Il ramassa son arme, la glissa dans sa poche et sortit de la voiture. Il essuya la poignée de la portière, remonta le col de son manteau, baissa le rebord de son chapeau et se dirigea vers la DeSoto en s'efforçant désespérément de ne pas courir, de ne pas vomir. Éclairé par la danse des phares autour de lui, il s'éloigna, le regard de Christophe Colomb dans le dos.

55

Jeudi 13 novembre, 17 h 03

Ida était dans la cuisine et attendait que l'eau arrive à ébullition. À la fenêtre, tout n'était que neige et nuages. Central Park devenait tout blanc. Les gens, bien emmitouflés, allaient et venaient dans la rue. C'était un Manhattan de carte postale, un Manhattan pour boule à neige.

La bouilloire siffla. Ida finit de préparer le thé et retourna dans le salon. Sarah était exactement là où Ida l'avait laissée, sur le sofa. Elle lui tendit une tasse et elles restèrent toutes les deux assises à regarder par la fenêtre pendant un moment.

« Ça vous dérange si je mets la radio ? demanda Sarah.

— Non, vas-y. »

Le générique de *Boston Blackie* s'éleva juste au moment où elle alluma, suivi de l'animateur annonçant d'une voix forte :

« Boston Blackie, l'ennemi de ceux qui se cherchent des ennemis. L'ami de ceux qui n'en ont pas. »

Dans l'épisode, Boston Blackie allait jusqu'à Honolulu pour aider une femme dont le mari essayait de la tuer. Ida pensa aux bruiteurs qui faisaient tout pour donner l'impression que le fameux « voleur de bijoux devenu détective » était sur quelque île tropicale – le son des guitares hawaïennes, le frou-frou des jupes en raphia, les glaçons s'entrechoquant dans les verres à cocktail, un volcan entrant en éruption.

Sarah écouta, pelotonnée sur le sofa, les bras serrés autour des genoux.

« Vous et Michael, vous êtes flics ?

— Nous sommes détectives privés.

— Pour de vrai ? Comme Boston Blackie ?

— J'imagine, oui.

— Je savais pas que des filles pouvaient faire ça.

— Bien sûr que si, confirma Ida. Même si ça fait longtemps que je ne suis plus une "fille". D'ailleurs, un des tout premiers détectives était une femme, Kate Warne. Elle travaillait pour l'agence Pinkerton. »

Cela fit sourire Sarah.

« Moi aussi, j'aimerais bien être détective.

— Un jour, peut-être.

— Je crois que je suis pas assez courageuse.

— Le courage n'est pas un trait de caractère, c'est un savoir-faire. Si on y travaille, on s'améliore. C'est ce que j'ai fait. »

Sarah assimila ce qu'Ida venait de lui dire et son visage s'illumina d'un sourire.

« D'où tu viens ? J'aime bien ton accent.

— De La Nouvelle-Orléans, mais je vis à Chicago. »

Sarah hocha la tête. Ida s'attendait à un commentaire sur le jazz, le vaudou, les ouragans ou les bayous, mais il n'y en eut pas.

« Tu es mariée ?

— Je l'ai été, oui. J'ai un fils, Jacob. Il est un peu plus âgé que toi. Il aimait bien les émissions de détectives, lui aussi. »

Dehors, le vent changea de direction et une bourrasque de neige heurta la fenêtre. À Hawaï, Boston Blackie était de retour dans son hôtel de luxe, le tueur avait été arrêté et il expliquait à l'inspecteur Faraday comment il avait résolu l'affaire. On passa le générique et la publicité du sponsor.

« Je sais que tu ne veux pas en parler, mais j'ai besoin de savoir ce qui s'est passé cette nuit. »

Sarah lui raconta la fusillade, comment elle s'était enfuie, épouvantée par ce qui venait de se produire. Elle était montée dans un métro et avait parcouru la ligne d'un bout à l'autre jusqu'à reprendre ses esprits.

« Je savais que je ne devais pas aller voir la police. Mon oncle me l'avait expliqué. Je suis retournée à l'appartement, même si je savais que j'aurais pas dû. Il y a des gens qui étaient venus. J'ai ramassé quelques affaires et je suis partie. Je suis allée à différents endroits. Des points de rendez-vous, des caches qu'oncle Gabby m'avait indiquées. Mais il n'y était pas. Et puis j'ai vu dans le journal que Michael était à l'hôpital et j'ai voulu savoir s'il allait bien. »

Elle essayait de ne pas se laisser aller, de ne pas sangloter. Ida lui prit la main et la serra. Sarah était secouée par le traumatisme des événements mais aussi par la culpabilité, parce qu'elle avait obéi à Michael et l'avait laissé seul.

Sarah sécha ses larmes et continua d'une voix tremblante.

« Est-ce que c'était Faron, le type qui était après nous ? Le grand ? »

Ida tiqua, surprise qu'elle connaisse son nom.

« Peut-être. Il ressemblait à quoi ? »

Sarah lui fournit une description qui correspondait.

Ida hocha la tête et Sarah comprit qu'il s'agissait de lui. Une expression troublée se lisait sur son visage.

« Il m'a tiré dessus. Il m'a regardée, il a compris qui j'étais, et il m'a tiré dessus. »

Sa façon de raconter dérouta Ida. On aurait dit qu'il manquait un élément. Un élément dont Sarah considérait qu'Ida le connaissait déjà.

« Tu ne l'avais jamais vu avant ?

— Non. »

La jeune fille conservait son expression troublée, à laquelle s'ajoutait à présent une certaine confusion, comme si Sarah se demandait pourquoi Ida ne réagissait pas avec davantage d'émotion. Elle se demanda quel détail pouvait lui échapper.

Les larmes coulaient maintenant librement sur le visage de Sarah. C'est quand elle s'essuya les yeux qu'Ida comprit ce qu'elle avait manqué jusqu'alors. Elle se trouva bête de ne pas y avoir pensé.

C'étaient les yeux bleus de Sarah.

Ils étaient très différents des yeux marron de Gabriel mais correspondaient en revanche parfaitement à la description qu'il lui avait faite de Faron. Gabriel avait dit à Ida que sa sœur avait été agressée et violée par Faron et qu'elle s'était jetée par la fenêtre des mois plus tard. Cette agression datait d'il y a treize, quatorze ans.

À présent, elle avait du mal à détourner les yeux de la jeune fille.

« Faron est ton père ? » finit-elle par demander dans un murmure.

Sarah hocha la tête et éclata aussitôt en sanglots. Ida la prit dans ses bras. Elle sentait les spasmes qui la traversaient, comme si les sanglots étaient tout ce qui lui permettait de tenir. Les vagues de convulsions montèrent en intensité avant de ralentir puis de cesser. Ida la garda dans ses bras, essayant de se représenter l'effet que cela pouvait faire de subir cela de son propre père.

« Tu es en sécurité, maintenant. Je suis là, ton oncle ne va pas tarder. Vous quitterez New York et tout ira bien. Il ne t'attrapera pas. »

Sarah ravalait ses dernières larmes.

« Je ne suis pas censée le savoir, précisa Sarah.

— Que Faron est ton père ?

— Oui. Oncle Gabby ne me l'a jamais dit. Il m'a juste dit que Faron avait tué ma mère après ma naissance. Mais je savais qu'il ne me disait pas la vérité.

— Comment ça ?

— Il y a environ un an, on est allés à la bibliothèque avec l'école. La grande bibliothèque, celle de la 42e Rue. Ils nous ont montré la salle des périodiques et expliqué comment ça marchait. Le week-end suivant, j'y suis retournée toute seule et j'ai vérifié ce qui s'était passé. Faron a violé ma mère et, après ma naissance, elle s'est tuée. Elle a attendu que je naisse pour se jeter par la fenêtre. La nuit même. Elle attendait juste que j'arrive. »

Sarah regarda tristement Ida, qui la reprit dans ses bras. Puis elle lui suggéra d'aller s'étendre un moment. Ida changea les draps de la chambre de Michael et Sarah s'endormit dès que sa tête toucha l'oreiller. Ida s'immobilisa sur le pas de la porte et la contempla un moment, attristée du sort de cette gamine, mais aussi impressionnée par sa résilience juvénile.

Elle retourna dans le salon. La radio diffusait un bulletin d'informations concernant une réunion au Waldorf-Astoria : l'industrie du cinéma avait choisi de sacrifier les Dix d'Hollywood. Comme quoi, les gens élisent leurs méchants de la même manière qu'ils élisent leurs dirigeants.

Elle prit une gorgée de thé et se rendit compte qu'il était tiède. Elle vérifia son arme puis chercha dans la pièce si Michael en avait caché une autre quelque part. Puis elle vérifia les angles de vue depuis les fenêtres, les issues de secours. En apercevant le sac de Sarah, elle se dit qu'elle avait peut-être pu récupérer une arme dans une des caches.

Il contenait dix mille dollars en liquide, quelques vêtements, un carnet avec des dessins et des crayons de couleur. Ida ouvrit le carnet et vit des dessins étranges mélangés à des superhéros, façon jour des morts, squelettes mexicains en mariachis ou en gangsters. Cela rappela à Ida les Barons vaudous de chez elle, à La Nouvelle-Orléans. Elle repensa à la violence que cette gamine venait de vivre, à celle de sa naissance, à ce qu'elle savait de son père. Quand elle regarda de nouveau les dessins de gangsters avec leurs armes, ils se teintèrent d'une signification nouvelle.

Elle remit tout dans le sac et se refit du thé. Elle vit que la neige s'était accumulée sur le rebord de la fenêtre. Quand Jacob était petit, elle faisait des boules de neige qu'elle servait dans des bols avec du sirop de framboise. Ils dégustaient ça en écoutant la radio. Ce n'était pas fameux, mais l'idée de transformer la météo en dessert leur paraissait magique à tous les deux.

Elle repassa dans le salon. À la radio, un bulletin météo parlait d'une tempête de neige qui balayait tout le nord-est. Mais elle n'écoutait qu'à moitié. Son esprit n'était pas avec elle, il était resté à l'hôpital. Elle regarda par la fenêtre les tourbillons de neige qui s'épaississaient, les lumières des gratte-ciel qui brillaient en face d'elle.

Elle se leva pour appeler l'hôpital.

L'opérateur la mit en relation et elle put parler à l'infirmière du service.

« Il s'est réveillé, lui annonça-t-elle joyeusement. Apparemment, le pire est passé. »

Ida fondit en larmes. De gros sanglots la secouèrent. Elle dut pleurer un moment car, quand elle releva les yeux, Sarah était à côté d'elle.

« Il va bien ? »

Incapable de dire un mot, elle se contenta d'un hochement de tête. Sarah lui sourit et s'agenouilla pour l'étreindre. Ida s'imagina que c'était Jacob qu'elle prenait dans ses bras. Jacob, si loin en Californie, de l'autre côté de cette nuit dont les lueurs scintillaient dans le lointain.

56

Jeudi 13 novembre, 17 h 33

Gabriel quitta Columbus Circle aussi vite qu'il put. Il fallait qu'il s'éloigne de Bova et de l'atrocité sanguinolente de cette voiture, qu'il laisse ce cauchemar loin derrière lui. Les paroles de Bova l'avaient remué. Faron avait un boulot ce soir : est-ce que cela avait à voir avec Sarah ? Est-ce que ça expliquait qu'il n'arrive pas à la retrouver ? Et puis il réfléchit à ce que Bova avait dit concernant les tensions entre Benny et Genovese, et le fait que Costello était au courant depuis toujours de la localisation de Faron. Si c'était vrai, alors tout ce que Gabriel croyait savoir était faux.

Au coin de la 38e Rue, il vit une boutique de spiritueux. Il gara négligemment la DeSoto, retira son manteau taché de sang et courut dans la boutique se procurer une bouteille de vodka.

De retour dans la voiture, il se versa de l'alcool dans la bouche, rinça, cracha la vodka par la fenêtre. Il recommença. Encore et encore. Jusqu'à ce que la bouteille soit vide. Mais il n'arrivait pas à se sentir propre. Il se demanda même s'il pourrait jamais boire ou manger sans repenser à Bova et à l'horreur sanglante qu'il venait de vivre.

Il jeta la bouteille vide par la fenêtre et démarra. Au moment où il allait partir, son regard fut attiré par quelque chose sur le trottoir : un kiosque. Le vendeur essayait tant bien que mal de repousser la neige et le vent en fixant des planches avant que n'arrive le plus fort du blizzard. Sur les panneaux bordant le toit du kiosque, des affiches montraient les unes des journaux du soir. Cela faisait comme une bande défilante résumant les événements du jour : *L'industrie du cinéma rend son verdict ; Inde et Pakistan : c'est la guerre ; Jackie Robinson est élu Rookie de l'année.* Et parmi les nouvelles locales, en tête d'affiche : *Une fusillade terrifie les résidents de l'Upper East Side. La victime emmenée à l'hôpital.*

La victime emmenée à l'hôpital. Gabriel bondit hors de la voiture, courut vers le vendeur du kiosque et attrapa un exemplaire du journal. Michael était vivant. Gabriel avait supposé qu'il était mort.

« Le téléphone le plus proche ? » demanda Gabriel.

Il lui montra un tabac à cent mètres de là.

Gabriel s'y précipita et appela l'hôpital. Il demanda s'il y avait d'autres personnes avec la victime de la fusillade. Mais l'hôpital n'avait pas le droit de donner des informations de ce type.

Alors il s'y rendit directement. Il se gara en double file et se précipita dans le bâtiment. Il trouva le bon couloir, repéra les deux flics devant la chambre. En le voyant, ils l'identifièrent immédiatement comme un gangster. Il passa devant eux et attendit sans trop savoir quoi faire. Il finit par faire demi-tour et s'approcha d'eux.

« Je suis un ami de la victime. Et de son amie Ida, expliqua Gabriel.

— Ben voyons. »

Ils se levèrent de leurs chaises.

« On peut te fouiller ? »

Gabriel se figea. L'arme avec laquelle il avait tué Bova était encore dans sa poche. Dans sa précipitation, il avait oublié de la laisser dans la voiture. C'était un coup à se choper un ticket pour la chaise électrique.

« J'ai un .38 dans la poche de mon manteau », avoua-t-il.

Les flics l'observèrent et sortirent leur arme.

« Les mains en l'air.

— Tout ce que je veux, c'est savoir si Ida est passée.

— Je vais pas te le redemander », prévint l'un des policiers.

À ce moment-là, un autre flic arriva du bout du couloir. Il s'approcha, l'air vaguement curieux, et fronça les sourcils en essayant de se rappeler où il avait pu voir Gabriel.

« Tu es Gabriel Leveson, non ? »

Gabriel acquiesça.

Il fit signe aux deux autres de baisser leurs armes.

« Je suis le lieutenant David Carrasco. Il paraît que t'as un contrat sur la tête… »

Gabriel tiqua. Si même les flics étaient déjà au courant, c'était comme s'il était déjà mort.

« Je cherche juste Ida.

— Elle n'est plus là. Ta nièce est venue ici cet après-midi et Ida l'a emmenée à l'appartement de Michael. Ils t'attendent là-bas.

— Elle va bien ? »

L'espoir qui envahit Gabriel monta si vite qu'il lui donna un étourdissement. Il se sentit soudain tout flageolant.

« Oui, ça va. Elles t'attendent. »

Gabriel laissa échapper un sourire et son corps ressentit une vague chaude de soulagement. Il en avait les larmes aux yeux.

« Merci.

— Va la chercher et barrez-vous, conseilla Carrasco. On ne dira à personne qu'on t'a vu. »

Un peu soucieux, Gabriel se demanda pourquoi ce flic était aussi sympa avec lui.

« Comment va Michael ?

— Il s'est pris une balle dans la poitrine. En sauvant ta nièce. »

C'était pour ça que Carrasco voulait qu'il s'en aille : pour que le sacrifice de Michael n'ait pas été inutile.

« Il va s'en sortir ?

— Le pire est passé.

— Dites-lui que je le remercie.

— Je le lui dirai. »

Gabriel tourna les talons et partit sans perdre de temps.

Le premier téléphone qu'il trouva était dans le hall de l'hôpital. Il appela l'appartement de Michael.

Ida décrocha aussitôt.

« Elle va bien. Elle est avec moi. Il faut que tu viennes le plus vite possible.

— Bien sûr », répondit Gabriel, des larmes ruisselant sur son visage.

Il y eut un instant de silence avant qu'Ida ne reprenne la parole.

« Ils s'en sont pris au fils de Michael à Rikers. Il va plaider coupable. C'est fini, on a perdu la partie.

— Non. C'est eux qui ont raté leur coup. Ils ont essayé de tous nous liquider en même temps, et on s'en est tous sortis. »

Ida laissa passer un long moment avant de répondre, peu convaincue.

« Peut-être. »

Gabriel se rendit soudain compte d'autre chose. Si Sarah était saine et sauve, quel était le boulot que Faron était censé exécuter ce soir ? Il comprit brusquement de quoi il s'agissait.

« Écoute, j'ai parlé à quelqu'un qui travaille avec Faron. Il m'a dit que Faron avait un job ce soir pour Genovese, et qu'après ça il quittait la ville directement. Au début, j'ai cru qu'il parlait de tuer Sarah. Mais je pense qu'en fait, il s'agit de Cleveland. Cleveland, c'est la dernière trace qu'il lui reste à effacer. »

Il y eut un silence au bout de la ligne.

« C'est logique. S'il est resté à New York, c'est uniquement pour finir le boulot. S'ils liquident Cleveland ce soir, alors c'est vraiment fini.

— Peut-être pour le fils de Michael et pour moi, mais Sarah pourrait encore s'en sortir. Je sais où Faron est planqué. »

Maintenant qu'il savait Sarah en sécurité, il se dit que même si Bova avait prétendu que Gabriel arrivait trop tard, il pouvait avoir menti ou s'être trompé. Gabriel avait l'adresse de Faron. S'il avait planqué les deux millions chez lui, Gabriel pourrait en retirer un avantage. Il n'avait peut-être pas une main formidable à jouer, mais il pouvait se débrouiller pour bluffer et ne pas se retrouver perdant. L'argent de Faron contre la sécurité de Sarah. Lui-même était peut-être déjà mort, mais il pouvait encore faire quelque chose pour sa nièce.

« Si vous restez chez Michael pendant deux heures, je vais peut-être pouvoir arranger les choses. »

Il y eut de la friture sur la ligne.

« Gabriel, tu as un contrat sur ta tête, au moins deux familles de la Mafia après toi, sans compter la police. Il faut que tu viennes la chercher et que tu quittes New York le plus vite possible.

— Impossible. Tu n'as pas entendu les bulletins météo ? Tout est bloqué à cause du blizzard. Les routes sont fermées. Il n'y a pas de bus ni de train. Aucun moyen de s'en aller. »

Et il se rendit compte d'autre chose : le blizzard allait peut-être l'empêcher de s'enfuir, mais Faron aussi allait se retrouver bloqué.

« Je ne peux pas m'en aller, mais Faron non plus.

— Alors il faut que tu restes planqué.

— Non. Il faut que j'utilise ces circonstances au mieux pour trouver une solution. Je ne peux pas rester caché dans une chambre d'hôtel alors qu'il y a encore une chance de changer le cours des événements. Il faut que j'essaye, Ida. J'ai besoin de deux heures.

— Et si jamais tu… »

La voix d'Ida baissa et elle reprit dans un murmure.

« Et si tu n'y arrives pas ?

— Alors tu diras à Sarah que je l'aime. Elle sait où est l'argent. Dis-lui de se servir et d'aller voir Mme Hirsch. »

Un silence, de nouveau.

« T'as intérêt à revenir, Gabriel.

— Ne t'inquiète pas. »

Il sortit de l'hôpital pour retourner dans la neige et avisa une pharmacie, en face. Il traversa pour acheter trois inhalateurs contre l'asthme contenant de la Benzédrine.

Installé dans la voiture, il regarda sa montre. Puis il ouvrit deux des inhalateurs à coups de clé de voiture, arracha les bandes de papier imprégnées de Benzédrine à l'intérieur et en fit des boulettes qu'il avala directement.

Il appuya sur l'accélérateur et fonça à travers la ville vers la cachette de Faron.

57

Jeudi 13 novembre, 19 h 04

Ida reposa le téléphone et s'approcha de Sarah qui était dans le sofa et la regardait.

« C'était Gabriel. Il va bien. Il doit finir quelques petites choses et il ne tardera pas. »

Sarah fit un sourire puis reposa sa tête.

Ida alla dans la kitchenette, où elle se servit un whisky en réfléchissant à ce que Gabriel lui avait dit. Faron devait liquider Cleveland ce soir, et sans doute se débarrasser du cadavre quelque part où personne ne le retrouverait. Si on suivait cette hypothèse, leur témoin allait mourir et leur suspect s'enfuir dès que le temps le permettrait, et personne ne pourrait plus jamais lui mettre la main dessus. Tom n'aurait plus qu'à griller sur la chaise électrique ou passer sa vie derrière les barreaux.

Elle repensa à Tom dans sa cellule de Rikers, à Michael sur son lit d'hôpital. À Annette dont le train avait dû se retrouver immobilisé quelque part à cause de la tempête et qui ignorait dans quel état se trouvait son mari. Ida l'ajouta à la liste de tous ceux qui avaient souffert de cette histoire. Elle avait tout raté. Est-ce que Boston Blackie ou Dick Tracy auraient fait mieux ?

Assise sur le rebord de la fenêtre, elle vit que la neige s'était accumulée et formait de véritables bancs de blancheur arctique sur les trottoirs de la ville.

« J'espère que cela ne te dérange pas mais, pendant que tu dormais, j'ai regardé s'il y avait des armes et des caches dans l'appartement et j'ai regardé dans ton sac. Comme tu m'avais parlé d'une cache, j'ai pensé que tu aurais peut-être trouvé une arme. Bref, je suis désolée d'avoir fouillé dans ton sac, mais c'était nécessaire. »

Sarah eut l'air inquiète, puis elle hocha la tête.

« Non, pas de problème.

— J'ai vu ton carnet de croquis. Tu es douée.

— Merci.

— On a des squelettes comme les tiens à La Nouvelle-Orléans. Je les aime bien. »

Sarah sourit mais elle avait de nouveau l'air inquiète.

« C'était pour un truc à l'école. Les squelettes. Pour le jour des morts au Mexique. »

Elle avait un ton un peu brusque et Ida se rendit compte qu'elle mentait. Elle fronça les sourcils et se demanda pourquoi. Il y avait aussi des vêtements et de l'argent dans son sac, mais est-ce que le carnet n'était pas la vraie raison pour laquelle elle était retournée à l'appartement ? Y était-elle si attachée qu'elle avait pris ce risque pour ne pas le perdre ?

Elles se turent. Ida regardait la neige tomber derrière la fenêtre tout en buvant le bourbon de Michael. Sarah écoutait la radio sur le sofa. Elle finit par s'endormir, et Ida lui mit une couverture.

Elle baissa le volume de la radio puis essaya d'autres fréquences. Elle finit par s'arrêter sur une station qui diffusait du jazz moderne, le même genre que ce qu'elle avait entendu dans ce club de la 52e Rue. C'était bizarre d'entendre ça à la radio. Elle alla se resservir un verre et retourna s'asseoir sur le rebord de la fenêtre.

Le morceau s'arrêta et le disc-jockey intervint avec une belle voix grave de Blanc qui emprunte le jargon cool du jazz.

« Ici Symphony Sid Torin, votre frénétique *swingman* nocturne. Vous nous écoutez sur WMCA. Nous vous apportons votre dose de be-bop, tout frais tout chaud, ce morceau du Charlie Parker Quintet, sur le magnifique label Savoy Records. Écoutez-moi ça… »

Ida perçut le grattement du vinyle puis la musique se fit entendre. C'étaient des dissonances et des accords pleins de nodosités, des solos qui faisaient des loopings de l'aigu au grave avec une agilité de casse-cou. Elle sourit en repensant au club de jazz, au groupe, à sa conversation avec Shelton. À ce morceau qu'elle avait entendu, « Relaxin' at Camarillo ».

« Camarillo », murmura-t-elle pour elle-même, sans trop savoir pourquoi.

Elle repensa à ce qu'on lui avait raconté sur Charlie Parker, à la crise de folie à L.A. qui l'avait mené à l'hôpital psychiatrique. À Billie Holiday et à tous les gens à la rue qu'elle avait pu croiser depuis son arrivée à New York. À toute une génération devenue folle, démolie par l'addiction. Aux hôpitaux psychiatriques, aux centres de désintoxication pour les musiciens de jazz. À l'endroit que Louis avait mentionné, où Billie Holiday irait, une fois sortie de prison. Shelton lui avait dit qu'on n'avait pas le choix des notes, mais qu'on pouvait choisir de les jouer à sa manière. Plutôt que d'avoir peur du vide, ces musiciens et cette génération en proie à la folie lui donnaient forme.

« Camarillo », répéta-t-elle.

Dans le roulement de ces syllabes, elle entendit le bruissement bleu du Pacifique. Un frémissement de souvenir. Camarillo. Et c'est alors qu'un éclair de lucidité la traversa.

Elle savait où Cleveland se trouvait.

Ses pensées jaillissaient, explosaient comme des feux d'artifice. L'énergie gonflait son cœur, à la fois lourd et léger.

Elle savait où Cleveland se trouvait.

Et Faron allait attaquer ce soir.

Peut-être restait-il un peu d'espoir, après tout.

58

Jeudi 13 novembre, 19 h 12

La neige s'abattait sur la ville par nappes quand Gabriel parvint à l'adresse de Faron. Il aperçut l'usine de vêtements qui se dressait au coin de la rue, lumières éteintes. La rangée de fenêtres en haut était éteinte également.

Il regarda autour de lui. En face de l'usine se trouvaient les quais avec les jetées, sombres et silencieuses, qui se lançaient dans le fleuve comme des doigts de neige. À côté, un gazomètre portait l'inscription *Bienvenue à la maison, les gars !* peinte en grandes lettres, sans doute pour les soldats qui revenaient par bateau.

Gabriel attendit de voir s'il y avait du mouvement au dernier étage de l'usine. Au bout de cinq minutes, il sortit le dernier inhalateur de sa poche, le brisa et récupéra la bande de Benzédrine, qu'il avala.

Il sortit dans la neige et traversa la rue, puis fit le tour complet du bâtiment pour inspecter les lieux. Il laissait des traces de pas partout, mais la neige tombait si dru que cela n'avait pas d'importance. À l'arrière, il tomba sur les issues de secours et un appentis en tôle sur le côté, où deux voitures étaient garées.

Apparemment, les appartements au-dessus de l'usine avaient une entrée séparée : un escalier qu'on avait vissé sur le côté du bâtiment. Gabriel examina la porte de l'escalier et se dit qu'il pouvait la défoncer. Il lui fallut quand même six tentatives. À la fin, son épaule était toute meurtrie et il se demanda même s'il ne s'était pas cassé quelque chose.

S'il y avait quelqu'un à l'intérieur, il lui avait annoncé son arrivée.

Il vérifia l'état de son arme et pénétra dans une entrée minuscule. Au-dessus de lui se dressait l'escalier. Il monta cinq ou six étages et arriva sur un palier dont la porte était fermée par un volet roulant fermé par un verrou, lui-même accroché à une barre de fer vissée dans le sol.

Il redescendit, fouilla dans la boîte à outils de la DeSoto et remonta avec un cric. Il lui fallut quinze minutes pour parvenir à caler le coin du cric dans le verrou et à le lever de toutes ses forces, stimulé par les effets des amphétamines. Quand il parvint enfin à casser le verrou, il était en nage, essoufflé, les jambes flageolantes.

Il prit le temps de retrouver son souffle, releva le volet et entra dans un espace ouvert qui couvrait toute la superficie de l'édifice. De part et d'autre, un alignement de fenêtres montrait le ciel nocturne, la neige qui tombait. Avec le peu de lumière qui pénétrait, Gabriel put discerner des rangées de colonnes en ciment, un sol poussiéreux, du béton nu. Tout était vide. Sauf un coin où des cloisons formaient un espace rectangulaire.

Gabriel leva son arme dans cette direction et s'avança. Il y avait deux portes dans ces cloisons. Il arriva à la première, le revolver braqué, et entra.

C'était une chambre de fortune. Un matelas par terre, une couverture, un drap, un oreiller. Tout bien rangé, plié, propre. Comme à l'armée. Près du lit, une lampe électrique, une chaise et une malle. Et rien d'autre.

Gabriel s'agenouilla et ouvrit la malle.

Elle était vide.

Il passa à la pièce suivante, une salle de bains basique. Carrelage, toilettes, évier et un robinet en hauteur, qui avait servi de douche. Mais Gabriel remarqua autre chose : des anneaux en acier. Pris dans le ciment au-dessus de sa tête et dans le sol. Il y en avait quatre et ils formaient un carré. Il s'agenouilla et les examina. Ils avaient été nettoyés, contrairement au reste du sol en ciment poussiéreux. Mais, dans les interstices entre les dalles de carrelage, il y avait du sang séché.

Il se releva et retourna dans l'espace principal, scruta l'ensemble. Cette fois-ci, il repéra des traînées brunâtres sur le sol. De la salle de bains à l'entrée. Gabriel repensa à Pearl, la fille que Bova avait envoyée à Faron, à son corps lardé de coups de couteau et balancé dans une casse.

Il resta dans la pénombre silencieuse et sentit les amphétamines faire effet dans son corps. Il était venu pour fouiller, pour chercher une cache, retourner le parquet, taillader les fauteuils, arracher les lambris. Pour retrouver l'endroit où ce type avait pu cacher les deux millions de dollars.

Mais il n'y avait rien à retourner. Faron vivait dans une boîte en ciment. Avec un carré pour dormir et un carré pour torturer les gens. Rien de plus. Pas d'indices ni d'objets personnels, quoi que ce soit pour indiquer où Faron pouvait se trouver, d'où il pouvait venir ni où il allait.

Pas d'argent. Pas d'humanité.

Faron était venu. Il allait repartir. Sans laisser la moindre trace.

C'était tout. Et c'était une défaite pour Gabriel. Définitive et irrévocable.

Il dut se retenir pour ne pas se mettre à pleurer. Il émit une sorte de gémissement, secoua la tête, fit demi-tour et partit : il savait très bien que plus il restait là, moins il avait de chances de quitter New York sain et sauf.

Alors qu'il retournait à sa voiture, il s'immobilisa soudain.

L'appentis.

Il retourna dans la ruelle où il avait vu les voitures. Près de l'entrée, un grillage avec un petit portail était fermé par un cadenas. Les deux voitures étaient garées là. La deuxième voiture était une berline marron Chrysler. La même qu'à East Harlem, quand il avait découvert la cachette avec l'argent. La voiture dont Faron était sorti pour aller parler aux deux flics qui avaient fini dans le fleuve.

Gabriel grimpa par-dessus la grille et se laissa tomber de l'autre côté. Il n'y avait rien à l'intérieur de l'habitacle.

Mais, quand il ouvrit le coffre, il le trouva rempli de quatre sacs de voyage bien serrés les uns contre les autres. Faron était prêt à partir. Gabriel les ouvrit les uns après les autres. Dans le premier se trouvaient des vêtements, dans le deuxième des armes et une machette. Dans le troisième et le quatrième, deux millions de dollars en liquide.

Gabriel réfléchit. Il pouvait attendre Faron caché dans l'ombre de la ruelle et le tuer quand il reviendrait de sa mission, le meurtre de Cleveland. Mais il pensa à Sarah et à la note que lui avait laissée Doc : *Celui qui veut venger ses injures en rendant haine pour haine ne peut manquer d'être malheureux.*

Il sortit les deux sacs du coffre, le referma et retourna au grillage, qu'il escalada avec un sac puis l'autre, parvenant finalement à les balancer dans la neige, de l'autre côté.

Vingt minutes plus tard, il était sur Central Park Ouest et s'arrêtait devant le Majestic. Il entra en courant et demanda au concierge d'appeler les appartements de Costello.

« M. Costello est sorti.

— C'est Mme Costello que je veux voir. Dites-lui que c'est Gabriel et que je l'attends dans le hall. Il faut qu'elle descende. »

Le concierge fronça les sourcils mais passa l'appel. Gabriel alla prendre les deux sacs dans la voiture.

Deux minutes plus tard, la porte de l'ascenseur s'ouvrit et Bobbie apparut, vêtue d'un pantalon et d'un pull. Elle l'examina avec inquiétude : il avait encore des traces de Bova sur lui, sans parler de la poussière et de la boue récoltées chez Faron. Elle parvint à ne pas trop laisser paraître le choc de le voir dans cet état.

« Gabby, qu'est-ce que tu fais là ? Frank est sorti.

— Je sais.

— Il paraît qu'ils vont s'en prendre à toi ?

— C'est déjà fait. J'ai besoin que tu me rendes un service. »

Il montra les sacs à ses pieds.

« Il y a deux millions de dollars là-dedans. C'est le pognon que Frank cherchait. Il m'a demandé de le lui retrouver. Dis au concierge de les mettre dans l'ascenseur et donne-les à Frank. »

Elle regarda les sacs d'un air indécis puis hocha la tête.

« Qu'est-ce que tu veux en échange ?

— Il faut laisser Sarah en dehors de tout ça. Je quitte New York. Sarah va rester, avec la dame qui s'occupe de notre appartement. Je veux que tu me donnes ta parole que personne ne s'en prendra jamais à elle, que personne ne se servira d'elle pour remonter jusqu'à moi. Qu'on la laisse tranquille, point barre. »

Il vit que Bobbie avait changé d'expression. L'appréhension avait laissé place à la compassion. Bobbie, qui n'avait pas d'enfant, et qui demandait toujours des nouvelles de Sarah.

« Je te fais confiance, Bobbie. Je sais que si tu me donnes ta parole je n'ai pas à m'en faire. Tu te débrouilleras pour que Frank te le promette. Et si Frank te le promet, je sais qu'il respectera cet accord. »

Elle acquiesça, les larmes aux yeux.

« Bien sûr, Gabby. Je te donne ma parole. Il n'arrivera rien à Sarah. »

59

Jeudi 13 novembre, 21 heures

Jeudi 13 novembre, 21 heures. C'était l'horaire qui guidait la vie de Gabriel depuis six ans. Le moment précis où son plan était censé se mettre en branle : mise en scène de cambriolage et disparition. Des années de préparation et il se retrouvait là, à traverser le blizzard en bagnole pour aller chercher Sarah avec la moitié des truands de New York aux trousses. La mission que Costello lui avait confiée avait causé sa perte. Sans cela, il n'aurait jamais appris que Faron était revenu, il n'aurait pas tenté son coup foireux à l'aéroport et il n'aurait pas gâché la mise en place de son stratagème par manque de discernement.

Arrivé sur la 59e Rue, il se gara et traversa en courant. Il appela l'appartement de Michael, et Ida lui ouvrit la porte par l'interphone. Arrivé en haut, il vit que la porte était entrouverte. Ida était derrière, une arme à la main.

Elle le laissa entrer et il pénétra dans un salon de petite taille où il aperçut Sarah qui dormait, blottie sur le canapé.

« Tu as pu régler tes affaires ? »

Gabriel hocha la tête.

« J'ai arrangé les choses avec Costello pour que Sarah puisse rester à New York sans être inquiétée. Elle habitera avec Mme Hirsch. Moi, je pars en cavale.

Mais Sarah peut vivre sa vie. Une fois que Costello aura passé le mot, elle vivra en toute sécurité. »

Il sentit qu'Ida l'observait en se demandant ce qu'il avait bien pu faire pour obtenir ce genre de garantie. Il espérait qu'elle ne le lui demanderait pas, et en effet elle s'abstint.

« Et qu'est-ce qui se passe, en attendant que Costello donne le mot ?

— Il faut qu'elle reste planquée. »

Ida acquiesça et Gabriel sentit une certaine impatience chez elle, comme une forme d'énergie qui ne demandait qu'à jaillir.

« Qu'est-ce qu'il y a ? demanda Gabriel.

— Je sais où est Cleveland. »

L'esprit de Gabriel mit un moment à assimiler cette information.

« Tu m'avais dit que Benny Siegel cherchait lui aussi Cleveland, non ? fit Ida.

— Oui.

— Et s'il l'avait trouvé ? Si Siegel avait trouvé Cleveland mais ne l'avait dit à personne ? »

Gabriel commençait à comprendre, et il ressentit comme une chaleur intérieure se répandre dans tout son corps.

« Où aurait-il pu le planquer ? Un junkie qu'il voulait garder en sûreté ?

— Une clinique de désintox, répondit Gabriel avec un sourire.

— On n'a pas pensé à aller chercher dans les hôpitaux de luxe ou les cliniques privées parce qu'on n'imaginait pas que Cleveland ait les moyens…

— Il ne les avait pas, mais Benny Siegel, oui », conclut Gabriel.

L'appartement de Benny à East Harlem, les joints dans le cendrier, la seringue et la came cachée dans le buffet. Benny avait retrouvé Cleveland et l'avait planqué dans son appartement. Et quand il avait dû retourner à Los Angeles, il l'avait installé dans une clinique. C'était pour ça que Cleveland avait laissé sa réserve de drogue à l'appartement. Un junkie qui abandonne sa came ne pouvait pas avoir d'autre destination qu'un centre de désintoxication.

« J'ai un ami musicien dont le manager connaît un endroit comme ça. C'est cher, c'est discret et ils acceptent les gens de couleur. Je l'ai appelé, j'attends qu'il me donne l'adresse. »

Gabriel se souvint d'un détail. Le chauffeur de Benny avait parlé d'une visite qu'ils avaient faite à Joe Glaser : il avait un centre qu'il utilisait pour ses clients musiciens. Benny y était allé pour avoir le contact. Et Gabriel se souvint soudain d'autre chose.

« Je sais où c'est. Le chauffeur de Benny m'a raconté qu'ils s'étaient arrêtés à une clinique au nord de Harlem. J'ai cru que Benny était malade, mais en fait ça devait être pour y installer Cleveland.

— Tu connais l'adresse ?

— Riverside Drive, près du pont George Washington.

— Tu m'as dit que Faron avait une mission à exécuter ce soir ? Avec la neige, il va peut-être remettre à demain. On a peut-être encore une chance. J'y vais.

— Toute seule ?

— S'il le faut, oui. J'ai appelé l'ami de Michael, le flic à l'hôpital. Je lui ai laissé un message pour qu'il vienne me chercher. »

Gabriel lut le désespoir sur son visage. Elle sentait que la dernière chance de sauver le fils de Michael leur glissait entre les doigts. Depuis combien de temps savait-elle où se trouvait Cleveland ? Et elle était restée coincée à l'appartement à attendre son retour, à veiller sur Sarah le temps qu'il vienne la chercher. Pendant ce temps-là, la neige s'était accumulée.

« Ida, cette clinique est tout au nord de Harlem. L'ami de Michael que tu as appelé ne pourra même pas arriver ici depuis l'hôpital. J'ai eu toutes les peines du monde à revenir, et j'ai des pneus neige. Et s'il vient te chercher, il laisse Michael sans protection…

— Alors j'irai toute seule.

— Comment ? Il n'y a plus de taxis ni de bus, le métro est arrêté. Sans parler du métro aérien.

— J'irai à pied. »

Gabriel la fixa, se retenant de pousser un soupir. Il essaya de mettre en place un plan et fut surpris de constater qu'il y parvenait.

« J'ai des amis dans la police. Des gens de confiance. Ils sont là-bas, pas loin de la clinique. Je peux leur dire d'aller chercher Cleveland et de le mettre sous protection.

— Je dois y aller, Gabriel. Je ne peux pas laisser des gens que je ne connais pas s'en occuper. »

Le désespoir envahit à nouveau son visage, son ton. Sa voix tremblait, son attitude pleine de retenue semblait s'effriter.

« Je peux appeler les flics que je connais et puis t'amener là-bas après. Je te dépose.

— Non. Tu dois rester caché en attendant que la météo s'améliore.

— Je te dépose et après, je me planque.

— Et Sarah ?

— Je l'emmène.

— Non.

— C'est plus sûr que de la laisser ici toute seule. Je t'emmène, les flics arrivent et Sarah et moi, on repart. On se trouve un hôtel où on attend que ça se tasse.

— Et si Faron décide d'attaquer au moment où on est sur place ?

— Ça serait vraiment improbable. Tu l'as dit toi-même, Ida : avec la neige, ils ont dû remettre le coup à demain. »

Il s'interrompit pour que la logique de ce qu'il venait de dire fasse son effet.

« Michael a failli mourir en sauvant Sarah. Laisse-moi faire quelque chose pour aider son fils. »

Ida voulait désespérément accepter son aide, Gabriel désespérément la lui offrir. Ils se fixèrent en silence jusqu'à ce qu'une petite voix se fasse entendre :

« Oncle Gabby. »

Ils se tournèrent en même temps et virent que Sarah s'était réveillée et les regardait. Gabriel lui sourit et elle sauta du canapé pour se jeter dans ses bras. Son visage était trempé de larmes. Gabriel sentit sa chaleur contre lui.

« Qu'est-ce qui se passe ? » demanda-t-elle.

Dix minutes plus tard, ils étaient tous les trois dans la DeSoto. Ils avançaient péniblement dans la tempête, les feux de brouillard traçant deux tunnels dorés à travers la neige qui tombait. Ils durent contourner des accidents, les badauds qui regardaient, les véhicules abandonnés au milieu de la rue. Ils avançaient à moins de 10 kilomètres-heure. Plus loin, dans le nord, la situation empira encore : la neige avait recouvert la ville, l'avait enfouie sous une couche encore plus épaisse. Elle l'enveloppait d'une nappe de silence lugubre qui donna à Gabriel l'impression de traverser la sombre nécropole de ses cauchemars.

Ils parvinrent enfin à Riverside Drive et progressèrent laborieusement sur cette artère perchée sur une crête. Ils passèrent sous le pont et la pente s'accentua d'un coup. Puis ils arrivèrent devant une rangée d'immeubles en brique rouge. Juste derrière se trouvait la clinique. C'était le seul bâtiment de faible hauteur, peut-être la seule construction de Washington Heights qui n'ait pas été remplacée par de hautes tours modernes. Il y avait un jardin bien délimité par une grille. C'était un endroit luxueux et paisible pour se débarrasser d'une addiction, en haut des falaises qui donnent sur le fleuve.

« On y est », constata Gabriel.

Il passa devant et se gara un peu plus loin dans la rue étroite, au milieu d'une rangée de véhicules que la neige avait transformés en une sorte de longue digue hérissée de petits reliefs. Il arrêta le moteur et examina les lieux par la vitre arrière. D'un côté de la rue se trouvait la clinique. De l'autre, la route donnait sur une berge qui faisait un à-pic avec le Henry Hudson Parkway en contrebas, une route bordée de verdure. Plus loin, le pont George Washington projetait sa grande ombre en enjambant Manhattan pour rejoindre le New Jersey, de l'autre côté du fleuve.

Ils attendirent. Au bout d'un moment, une voiture de police banalisée se profila dans la rue puis s'arrêta non loin d'eux. Ida et Gabriel sortirent leurs armes. En jetant un œil dans le rétroviseur, il vit le regard de Sarah, qui faisait tout son possible pour ne pas paraître effrayée. Il lui lança un regard rassurant puis fit un appel de phares. Deux hommes sortirent du véhicule de police et s'approchèrent. Ils s'installèrent sur le siège arrière, à côté de Sarah, en se débarrassant de la neige qu'ils avaient dans les cheveux.

Salzman adressa un signe de tête à Gabriel, qui présenta Ida.

« Ida Young, voici le lieutenant Salzman, brigade des stupéfiants de New York.

— Et voici le lieutenant Gallo, ajouta Salzman en montrant son collègue, un grand gars en imperméable beige.

— Merci d'être venus », dit Ida.

Salzman éluda d'un geste les remerciements.

« Gabriel m'a expliqué au téléphone ce qui se passait. Le témoin est à l'intérieur ?

— C'est ce qu'on pense, répondit Ida. Il a un passé de dealer, donc je pense que vous pouvez l'arrêter pour ça.

— D'accord. On a des agents qui vont nous rejoindre, mais avec la neige ils ont du mal à arriver. Ce qu'on va faire, c'est qu'on va entrer dans la clinique pour aller chercher ce témoin. Les agents monteront la garde quand ils arriveront pour protéger la clinique en cas d'attaque. Ça vous va ? »

Ida acquiesça.

Salzman s'adressa à Gabriel.

« J'ai appris ce qui s'est passé. »

Gabriel supposa qu'il parlait du contrat qu'il avait sur la tête, de sa cavale imminente.

« Ce sont des choses qui arrivent.

— Bonne chance.

— Merci, l'ami. »

Salzman hocha la tête et se tourna vers Ida et Gallo.

« Allez, on y va, on va régler cette histoire. »

Salzman et Gallo sortirent de la voiture et Ida se tourna vers Gabriel puis vers Sarah.

« Merci, à tous les deux.

— Allez, va le chercher », se contenta de répondre Gabriel.

Elle sortit dans le blizzard hurlant et, quelques secondes plus tard, on ne la voyait déjà plus.

Gabriel contempla la neige qui tournoyait, baignée par la pénombre orangée des lampadaires. Il s'inquiéta pour Ida. Et si Faron décidait d'attaquer malgré la neige ? Est-ce que ça irait, seulement à trois ? Il hésitait à attendre l'arrivée des agents de police.

« Qu'est-ce que tu as entendu de notre conversation à l'appartement ? demanda Gabriel.

— Que vous vouliez venir ici, dit Sarah en fronçant les sourcils.

— Est-ce que tu m'as entendu parler de quitter la ville ?

— Non. »

Il attendit un instant puis lui expliqua.

« Je vais partir, Sarah. Et toi, tu vas rester.

— Comment ça ?

— Tu peux rester à New York avec Mme Hirsch. Je me suis arrangé pour que personne ne s'en prenne à toi. Tu pourras poursuivre ta vie en sécurité à New York. »

Des larmes apparurent dans les yeux de Sarah, et Gabriel sentit son propre regard s'embuer.

« Je suis désolé d'avoir essayé de tout contrôler. C'est ma faute. Comme toujours.

— Non, je veux venir avec toi, dit-elle en faisant non de la tête.

— Ça ne va pas se passer comme j'avais prévu. Je ne vais pas pouvoir disparaître incognito. Je risque de passer le reste de ma vie à regarder par-dessus mon épaule. Mais toi, tu n'as pas besoin de vivre comme ça. J'ai déjà assez foutu ta vie en l'air, Sarah. Je suis désolé. »

Elle fit non de la tête de nouveau.

« Je viens avec toi. Tu peux pas m'abandonner comme ça. Tu es la seule famille que j'aie. »

Il avait le cœur serré. Il se pencha et la prit dans ses bras. Ils restèrent ainsi un moment.

« Allons trouver un hôtel pour attendre la fin de la tempête de neige », proposa Gabriel.

Il démarra le moteur et commença, millimètre par millimètre, à avancer dans la petite rue étroite. Au moment où ils allaient tourner au coin, Gabriel aperçut dans son rétroviseur des phares qui luisaient dans son dos.

60

Jeudi 13 novembre, 22 h 03

Ida progressait à grand-peine à travers les tourbillons de vent et les bourrasques de neige qui la fouettaient violemment. Dans le cocon de la voiture de Gabriel, elle ne s'était pas rendu compte de l'intensité du blizzard. Les deux flics lui jetèrent un regard, puis ils poussèrent la grille et pénétrèrent dans le jardin de la clinique qui n'était plus qu'une vaste ondulation neigeuse.

Ils montèrent les marches du perron et sonnèrent.

Après un petit moment, on vint leur ouvrir. C'était une grande femme d'une quarantaine d'années au visage fin, l'air sévère, avec une coupe stricte.

Salzman lui montra son badge.

« Police de New York, madame.

— Oui ? dit-elle avec un très léger froncement de sourcils.

— Nous avons des raisons de penser qu'un de vos résidents est recherché dans le cadre d'une enquête pour une série de meurtres. Nous pensons également que des hommes pourraient être sur le point de s'en prendre à lui.

— Mon Dieu !

— Non, madame, inspecteur Salzman. »

Déconcertée, elle resta à les regarder d'un air troublé et finit par les faire entrer.

« Entrez, je vous en prie. Je vais aller chercher le directeur. Il n'a pas pu partir, à cause de la neige », dit-elle d'une voix devenue étonnamment chaleureuse.

Ils pénétrèrent dans un grand hall avec une belle hauteur de plafond. Les dalles de carrelage, les murs lasurés de blanc, le mobilier constitué d'antiquités donnèrent à Ida l'impression d'une clinique qui faisait tout pour ne pas ressembler à une clinique.

Ils suivirent la femme dans le hall, puis dans un couloir. Elle s'arrêta au bout et frappa à une porte.

« Attendez ici, s'il vous plaît », dit-elle avant d'entrer.

Quelques instants plus tard, elle rouvrit la porte et sortit avec un homme rondouillard d'une cinquantaine d'années, avec de grosses lunettes et une épaisse chevelure châtain désordonnée.

« Je suis le docteur Howard. Qu'est-ce qui se passe ? »

Salzman montra à nouveau son badge et se répéta.

« De qui s'agit-il ? demanda le docteur.

— Gene Cleveland. Mais il a sans doute été inscrit sous un faux nom. Son traitement a été payé par Benjamin Siegel. »

On put lire sur le visage du docteur qu'il venait de comprendre. Son expression se durcit soudain.

« Je vois. Est-ce que vous avez un mandat ?

— Non, répondit Salzman. Nous ne pourrions pas en obtenir un avant demain. Mais comme nous avons des raisons de penser qu'il peut y avoir une attaque ce soir, je crois qu'il est dans l'intérêt de tous que vous nous laissiez lui parler pour voir s'il veut bien nous suivre de son plein gré. Pour sa propre sécurité. Des agents de notre commissariat sont en route pour protéger la clinique en cas d'attaque. »

Le docteur fixa Salzman en réfléchissant.

« Très bien, finit-il par concéder. Attendez dans le salon, je vais aller lui parler. »

Le docteur les conduisit le long du couloir qu'ils avaient emprunté auparavant puis ils prirent un escalier et, au deuxième étage, parvinrent dans un grand salon avec des canapés et des fauteuils luxueux, des bibliothèques, des tables de jeux et de grandes fenêtres d'où l'on voyait la tempête de neige.

Le docteur les laissa et ils restèrent à attendre.

Gallo s'affala dans un fauteuil, alluma une cigarette et observa le plafond décoré de moulures.

« J'ai jamais vu des cliniques comme ça », fit-il remarquer.

Ida songea à Michael dans sa chambre d'hôpital, avec le masque à oxygène sur la tête.

Elle se dirigea vers les fenêtres et contempla le pont qui faisait un arc de cercle vers le ciel pour disparaître dans la tempête, englouti par la pente plantée d'arbres qui se précipitait dans le fleuve. Deux minutes plus tard, le docteur revenait avec un homme noir à la mine décharnée qui portait un pantalon en toile et un gros pull en laine. Ida l'examina avec un sentiment de déception. Il était d'une parfaite banalité.

« Je vous laisse parler entre vous », dit le docteur en quittant la pièce.

Cleveland resta planté où il était, près de la porte. Il était nerveux, agité.

Salzman lui montra son badge de police.

« Genovese et ses hommes ont découvert où tu te caches. Ils viennent ce soir pour te liquider. Viens avec nous et on pourra te protéger.

— Vous me racontez des conneries. »

Salzman émit un grognement et se tourna vers Ida.

« Monsieur Cleveland, dit-elle en s'approchant de lui. Je suis Ida Young, détective privée. J'ai été embauchée par la famille de votre ancien voisin pour enquêter sur cette affaire.

— Quel voisin ?

— Quand vous vous êtes enfui de l'hôtel Palmer, c'est votre voisin du dessus qui a été arrêté pour meurtre. J'essaie de l'innocenter. »

Cleveland, l'air soucieux, enregistrait les informations au fur et à mesure.

Ida se demandait s'il était au courant de tout ce qui s'était passé depuis les meurtres de l'hôtel, s'il avait lu les journaux depuis sa fuite et son entrée à la clinique.

« Putain, mais je suis au courant de rien, moi !

— On l'a forcé à plaider coupable, ajouta Ida. J'ai besoin d'une déclaration de votre part. Un témoignage. Quelque chose pour le faire libérer. »

Cleveland faisait non de la tête.

« Nous n'avons pas beaucoup de temps. Faron est en route. Vous savez ce dont il est capable.

— J'irai pas en taule, avertit Cleveland.

— Qui a dit que vous devriez y aller ? Personne ne va vous poursuivre pour chantage. Ni pour la drogue qu'on a trouvée à l'hôtel : pour la police, ça appartenait à Bucek. Tout ce que nous voulons, c'est une déclaration permettant d'innocenter votre voisin.

— Vous voulez que je témoigne contre Genovese ? fit Cleveland en pouffant. Il était accusé de meurtre l'an dernier. Vous vous rappelez comment ça a fini ? Tous les témoins ont terminé à la morgue !

— Nous n'avons pas besoin de témoignage contre Genovese. Juste de la vérité sur ce qui s'est produit à l'hôtel cette nuit-là. La simple présence de Faron peut innocenter votre ancien voisin. S'il vous plaît, le temps presse. »

Cleveland la fixa. Il nourrissait visiblement une intense méfiance envers les autorités, beaucoup trop pour accepter de mettre sa liberté entre leurs mains.

« Vous n'avez aucune raison de nous faire confiance, reprit Ida. Mais la vie d'un innocent est en jeu. Et vous êtes sa dernière chance. Si vous faites une déclaration qui n'implique aucun des acteurs importants de cette histoire, ils vous laisseront peut-être tranquille. Sinon, on vous trouvera un endroit sûr où vous enfuir. Dans un cas comme dans l'autre, vous allez passer le restant de vos jours en cavale. Nous vous apportons de meilleures conditions de fuite que vous ne pourriez en trouver par vous-même. Vous croyez que vous allez échapper à Faron sans aide ? Aujourd'hui, demain et le reste de votre vie ? »

Elle s'interrompit pour qu'il comprenne bien tout ce que cela impliquait.

« On pourra parler de tout ça plus tard. S'il vous plaît. Il faut se réfugier au poste de police avant qu'ils ne viennent vous liquider. »

Son expression se décontracta un peu.

« Si je viens avec vous, qu'est-ce qui se passe ? »

Ida se tourna vers Salzman.

« On t'emmène au poste. On te fait faire une déposition qu'on transmettra demain à la première heure au procureur et au juge. Tu deviendras alors témoin sous protection jusqu'au procès, tu seras dans un appartement avec des flics pour te protéger. En sécurité. Et après le procès, la police t'aidera à rejoindre un endroit sûr où personne ne pourra te retrouver. »

Cleveland s'agita.

« Si je suis enfermé des semaines tout seul dans un appartement, je vais replonger dans la drogue. Je me connais.

— La police sera là, précisa Ida. Ils vous en empêcheront. »

Il pesa le pour et le contre. Dehors, la neige continuait de tomber dans l'obscurité.

Il montra le cadre luxueux où ils se trouvaient et eut un petit sourire triste.

« J'imagine qu'il y a rien qui dure éternellement, surtout pas ce genre de vacances. »

61

Jeudi 13 novembre, 22 h 24

Ils sortirent dans la tempête qui, étrangement, avait réussi à gagner encore en violence depuis qu'ils étaient entrés dans la clinique. Ida arrivait à peine à voir sa main devant elle.

Ils réussirent à arriver en bas des marches, à traverser le jardin et à atteindre la rue. Même distinguer les voitures relevait de l'exploit.

« On va pas pouvoir conduire ! » cria Salzman.

Ida était d'accord.

« Le poste de police est loin ?

— Faut remonter un peu plus d'un kilomètre. On ferait mieux de rentrer et d'attendre. »

Ida fit non de la tête.

« Vaudrait mieux pas être là s'ils se pointent. »

Salzman se rangea à son avis.

Alors ils prirent vers le nord. Ils n'étaient pas encore arrivés à la rue suivante que Gallo s'effondra. Ida pensa qu'il avait trébuché. Puis elle entendit les coups de feu, les détonations assourdies par la neige.

Elle se jeta au sol en entraînant Cleveland et le tira derrière la rangée de voitures enneigées. Quand elle releva les yeux, elle vit une balle traverser la gorge de Salzman et une autre lui frapper le crâne. La puissance de l'impact le projeta en arrière, contre la grille du bâtiment derrière eux, et fit tomber la neige qui s'y était déposée. La détonation lui parvint de nouveau en décalage. D'autres balles sifflèrent autour d'eux et s'enfoncèrent dans les voitures, les murs, la grille. Il y avait plus d'un seul tireur, plus d'une seule mitraillette. Et Ida et Cleveland étaient coincés dans cette rue, avec des bâtiments d'un côté et la falaise de l'autre.

Elle progressa à quatre pattes vers le corps de Salzman. En voyant la trajectoire plate des balles qui avaient déchiré sa gorge et son crâne de gauche à droite, elle put se représenter la position des tireurs. Accroupie, elle se releva légèrement pour regarder par-dessus la barrière de neige et vit qu'une voiture arrêtée en diagonale barrait la rue. Des silhouettes armées de mitraillettes s'approchaient en arrosant la rue de lueurs orange. Les balles volaient perpendiculairement à la neige qui tombait.

Ida se recroquevilla à nouveau derrière la voiture.

« Il va falloir qu'on coure. »

Cleveland opina et lui montra l'autre côté de la rue : une ouverture donnait sur des marches qui descendaient le long de la falaise, vers l'avenue Henry Hudson Parkway.

Ils s'élancèrent, traversèrent et prirent les escaliers tellement ensevelis sous la neige qu'il était impossible de discerner les marches. Ils attaquèrent convenablement les premières, par pure chance, puis trébuchèrent, tombèrent, roulèrent, se remirent d'aplomb, retombèrent.

Enfin, ils purent apercevoir la route en contrebas. Il n'y avait pas une voiture. La neige était intacte. Et, derrière, ils virent la pente abrupte et arborée qui descendait jusqu'au fleuve.

Ils traversèrent en courant tant bien que mal, freinés par la neige qui leur arrivait presque aux genoux. Tant qu'ils n'auraient pas atteint le couvert, ils resteraient des cibles faciles pour les tireurs au-dessus d'eux.

Ils avaient parcouru la moitié quand des balles commencèrent à trouer la couverture de neige autour d'eux. Le bruit des coups de feu résonna de nouveau. Ils étaient presque en bordure des arbres quand une balle atteignit Cleveland, qui s'écroula. Ida fut saisie de panique.

Elle l'attrapa et le releva, priant pour qu'il soit encore en vie. Il avait du sang sur le bras et l'épaule, mais elle le força à avancer. Ils parvinrent enfin aux arbres, s'engagèrent de quelques mètres sur la pente et s'effondrèrent dans la neige.

« Ça va ? »

Il fit une grimace en se tenant l'épaule gauche. Comme ils leur avaient tiré dessus de derrière, c'était une blessure de sortie.

« Tournez-vous. »

Il s'exécuta en grimaçant et elle put voir le point d'entrée de la balle, un centimètre ou deux plus haut, en haut de son omoplate. Aucun organe n'était touché, mais il perdait pas mal de sang. Si elle ne faisait rien, l'hémorragie allait le tuer.

« Vous pouvez marcher ?

— Bien sûr que je peux marcher. Mais pour aller où ? »

Elle se retourna pour étudier le parcours qu'ils venaient de suivre. Au-dessus, la route courait le long de la crête. Devant eux la berge, très abrupte, descendait jusqu'au fleuve à travers les arbres. Leur couverture n'était pas d'une grande densité, mais avec la neige c'était jouable.

« On va essayer de les perdre dans les arbres, proposa Ida.

— C'est idiot, comme plan !

— Dans quelques instants, ils prendront l'escalier et nous retrouveront en suivant nos traces. C'est notre seule chance. Allez ! »

Il fit une grimace, réussit à se lever, et ils descendirent prudemment la berge avant de longer le fleuve. Mais le sang de Cleveland laissait une trace facile à suivre.

Ida avait beau se retourner toutes les trente secondes pour repérer les tireurs, elle ne les voyait nulle part. Elle commençait à croire qu'ils avaient réussi à les semer quand elle entendit un bruit et vit une silhouette se diriger vers eux. Ils se mirent à courir, titubant à travers les congères. Cleveland trébucha et tomba sur la berge avant de dégringoler droit vers le fleuve.

Ida se précipita à sa suite, sous les cris des poursuivants qui se rapprochaient. Elle prenait trop de vitesse dans la pente verglacée et, devant elle, les arbres se raréfiaient. Il n'y aurait bientôt plus que le ciel au-dessus d'elle.

Les derniers mètres qui séparaient encore Cleveland de l'eau n'étaient qu'une corniche de pierre recouverte de glace, sur laquelle il était en train de glisser. Il allait tomber dans le fleuve glacé et mourir. Ida parvint à s'accrocher à un arbre pour ralentir sa course et ne pas suivre le même chemin. Elle parvint difficilement à s'arrêter et, horrifiée, vit le jeune homme rouler encore et rebondir jusque dans la nappe blanche du fleuve. Il se passa alors quelque chose d'inattendu : il toucha la surface du fleuve, mais continua de glisser. Elle mit un moment avant de comprendre que c'était parce que le fleuve avait gelé.

Ida se retourna. Les silhouettes approchaient rapidement. En priant, elle lâcha son tronc d'arbre et se laissa glisser le long de la corniche de pierre. Elle entendit la glace craquer quand elle atterrit dessus, et des fissures apparurent tout autour d'elle. Cleveland s'était déjà relevé et avait repris sa course en claudiquant le long du fleuve gelé. Il disparut dans les remous du blizzard. Ida se releva avec précaution, inquiète de l'épaisseur de la glace.

Elle entendit du bruit et leva les yeux. Les trois hommes armés se trouvaient au niveau des arbres, exactement là où elle avait trouvé refuge avant de se laisser glisser. L'un d'eux se distinguait nettement par sa carrure. Faron. Elle enjamba prudemment les fissures dans la glace et se mit à courir. Quand ils l'entendirent, de nouveaux coups de feu ne tardèrent pas à éclater dans son dos. Elle vit qu'ils avaient commencé à descendre la corniche. Puis il y eut un hurlement : l'un des hommes avait atterri exactement au même endroit qu'Ida et la glace s'était brisée sous son poids. Il fut englouti aussitôt.

Elle fonçait devant elle sans parvenir à apercevoir Cleveland. Sans trop savoir où elle allait, elle continuait, droit vers le néant.

Une violente bourrasque la frappa soudain et la fit déraper. Elle se cogna la tête contre la glace et tout disparut. Le monde virevolta autour d'elle. Bascula. Se renversa.

Quand elle rouvrit les yeux, la berge n'était plus là. Elle ne discernait rien qui puisse lui servir de repère. En proie à la panique, elle vit que partout autour d'elle il n'y avait qu'une vaste nappe de glace, des ténèbres luisantes, la neige qui tombait. Il n'y avait plus de coups de feu. Il n'y avait que le vent qui hurlait.

Et puis même cela finit par s'arrêter.

Les flocons ralentirent leur chute.

Ce moment d'éternité s'étira. C'était peut-être ça, le grand plongeon dans l'inconnu. Le néant. Toute peur et toute panique s'étaient évanouies. Remplacées par quelque chose d'infime et de puissant à la fois qui ne pouvait naître que de la solitude.

Et puis elle entendit quelque chose. C'était très faible au début, mais elle l'entendit se rapprocher. C'était son propre battement de cœur. Son souffle. C'était ça qui remplissait le vide.

La neige recommença à tomber, envahissant l'espace.

Elle se releva et parvint de nouveau à distinguer le sol du ciel, à percevoir la gravité, le temps, la peur. Il y avait quelque chose devant elle. Les tireurs. Comment pouvaient-ils être devant elle ?

Bien sûr. Elle avait dû se retourner en tombant. Elle n'avait plus ses repères. Elle se retourna et courut dans la direction opposée à celle que sa boussole intérieure lui dictait de prendre.

Quelques secondes plus tard, elle aperçut Cleveland qui avançait péniblement. Et, plus loin devant lui, une ombre énorme qui barrait la rivière. C'était un embarcadère. Elle se retourna et vit éclore les bourgeons orange de nouveaux coups de feu. Il y avait deux mitrailleuses qui tiraient en rafale n'importe comment. Ils ne savaient pas où Cleveland et elle se trouvaient. Ils étaient tous aussi perdus sur cette nappe de glace. Mais Cleveland laissait toujours une piste de sang.

Elle le rattrapa.

« Ça va ? demanda-t-elle quand elle parvint à le rejoindre.

— Oui, ça va. »

Elle examina son épaule qu'il tenait d'une main, imprégnée de rouge, le sang séché luisant comme de la glace.

Il montra l'ombre devant eux.

« C'est un embarcadère. Il y aura des bateaux, des cabines, des kits de premiers secours, des endroits où se cacher. Des radios aussi, peut-être. »

Ida scruta la jetée dont ils étaient séparés par cette grande étendue de glace et étudia le jeune homme. Il était très affaibli. Elle passa son bras sous son épaule valide et ils se mirent à courir sur la glace, le poids de Cleveland pesant sur elle. Elle ne cessait de se retourner, tendue et angoissée, pour apercevoir les silhouettes émerger du mur de neige.

Ils continuèrent. Lentement, douloureusement, l'ombre de la jetée grossissait, se précisait, gagnait en substance. Ils parvinrent finalement à distinguer les bateaux amarrés tout du long : des remorqueurs, des navires de plaisance, des yachts se dressaient, englués dans la glace, figés dans des postures bancales, comme si une vague s'était jetée sur eux et s'était soudain immobilisée dans son mouvement avant de s'abattre.

Juste au moment où ils arrivaient au premier bateau, les tirs reprirent et sifflèrent sur la glace derrière eux. Ils titubèrent le long de la coque et se cachèrent entre le bateau et l'embarcadère.

Elle jeta un œil pour voir ce qui se passait de l'autre côté du bateau. Leurs deux poursuivants se rapprochaient. Ils n'étaient plus qu'à quelques mètres maintenant, et pour la première fois elle vit Faron de près. Il était grand et dégageait une impression de puissance, même s'il marchait en boitant légèrement. Lui et son acolyte avaient chacun un pistolet dans leur main gantée. Ida, de son côté, avait les doigts tellement gourds qu'elle n'aurait même pas pu tenir son revolver.

Elle se retourna vers Cleveland.

« Il faut qu'on bouge.

— Je peux plus bouger. Je peux plus courir. Pas tout de suite. Il me faut quelques minutes. »

Elle comprit qu'il n'en pouvait plus. Mais c'était une question de secondes, pas de minutes, avant que les autres ne les trouvent.

« OK. On va juste bouger un tout petit peu, alors. »

Elle passa derrière Cleveland, l'aida à se relever et l'installa à quelques pas de là, appuyé contre l'un des pilotis à la base de la jetée. Elle vérifia que la manœuvre avait bien laissé une traînée de sang dans la neige immaculée. Puis elle courut sous la jetée et se cacha derrière l'un des étançons en face, en position pour pouvoir tirer sur les deux hommes quand ils dépasseraient le bateau et suivraient les traces de sang. Elle sortit maladroitement son arme de son holster et, comme elle l'avait imaginé, se rendit compte que ses doigts étaient tellement gelés qu'elle arrivait à peine à tenir le revolver en serrant sa paume.

Elle se concentra sur la portion de neige où elle s'attendait à voir arriver les deux hommes et pointa son arme. Puis elle attendit, le cœur battant avec une force étourdissante.

Faron apparut. Il suivait la piste de sang, inspectait les bateaux et la jetée. Il vit Cleveland affalé contre le pilotis et leva son arme.

Ida appuya de toutes ses forces sur la détente. Les deux premières balles passèrent loin de sa cible et allèrent se planter dans les pieux de la jetée. Faron se tourna vers elle. Leurs yeux se croisèrent et elle sentit son regard pénétrer en elle. Ses yeux la transpercèrent comme de l'acide sulfurique.

Elle se demanda pourquoi il ne lui tirait pas dessus et se rendit compte qu'elle avait son arme pointée vers lui tandis qu'il braquait la sienne ailleurs, vers Cleveland. Il avait peut-être pris ses tirs pour des avertissements.

« Lâche cette arme ! » hurla-t-elle pour couvrir le vacarme de la tempête.

Il continua à la fixer et fit non de la tête.

Du coin de l'œil, elle vit que Cleveland parvenait à se relever et à s'enfuir en passant sous la jetée.

Le deuxième poursuivant fit alors son apparition, la mitraillette pointée vers Ida.

Elle se précipita derrière un pilotis au moment où les deux hommes faisaient feu vers elle. La glace se mit à craquer et tout trembla autour d'elle. Elle s'accroupit et se fit minuscule face à la pluie de balles, submergée par la peur de la mort. Il fallait qu'elle se reprenne, qu'elle réfléchisse.

Elle ne pouvait pas s'enfuir sans être fauchée par les balles. Elle ne pouvait pas rester où elle était parce que la glace allait céder. Il lui restait trois balles. Cleveland avait pu se sauver. Elle bougea les muscles de ses doigts pour les réchauffer et attendit que la pluie de balles cesse.

Alors elle inspira un grand coup et sortit de derrière le pilotis suivant. Tout se passa très vite. Les deux hommes pointèrent leurs armes sur elle et tout parut patiner sur la glace vacillante. Le deuxième tireur prit soudain la forme d'une bouillie rougeâtre et tomba en avant. Faron aussi s'effondra, alors qu'Ida n'avait pas encore tiré une seule balle.

Elle s'éloigna de la glace en train de craquer et gagna le pilotis suivant. Du sang sortait du crâne du complice de Faron et inondait la blancheur alentour. Faron était accroupi derrière la quille du bateau où Cleveland et elle s'étaient cachés un peu plus tôt.

Gabriel s'approchait, venant du même endroit d'où Faron était venu, l'arme levée, le regard en alerte. Mais, d'où il était, Gabriel ne pouvait pas le voir.

Ida hurla. Trop tard. Faron se redressa et tira sur Gabriel, qui s'effondra sur un bout de glace en train de se détacher, prêt à partir à la dérive. Il était touché au flanc. Il roula sur le côté et tenta de se relever, mais ses mouvements maladroits menaçaient de faire chavirer la presqu'île de glace. Il allait tomber, glisser dans l'infini des ténèbres glacées.

Ida vit Faron s'approcher de Gabriel en boitant. Puis Sarah apparut, comme sortie de nulle part. Elle ramassa l'arme de Gabriel et la pointa vers Faron, qui s'arrêta net, les sourcils froncés. Ida s'immobilisa elle aussi, envahie par un sentiment de répulsion. La gamine était à présent, elle ne savait comment, près de Gabriel. À genoux, elle pointait l'arme sur Faron, à quelques mètres, de l'autre côté des fissures.

Faron sourit à Sarah et lui dit quelque chose qu'Ida ne put entendre. Sarah poussa un cri et tira à deux reprises. Le deuxième coup le toucha à la poitrine et il tituba en arrière tandis qu'Ida vidait à son tour son chargeur sur lui. Une autre balle percuta son flanc et il s'affala. Son arme glissa sur la glace et disparut dans l'eau noire.

Ida s'approcha, son revolver vide pointé sur Faron qui se débattait sur le dos, tentant de se relever. Il glissait, agitait furieusement les bras et tachait de rouge le blanc virginal de la neige.

Un peu plus loin, Sarah suppliait Gabriel de se relever et essayait de le soulever.

Quand elle arriva à leur niveau, elle constata la gravité de la situation : l'îlot de glace sur lequel ils se trouvaient était à présent complètement encerclé par les eaux noires et nerveuses du fleuve, qui essayaient de l'arracher à la rive.

Ida leur hurlait de se rapprocher mais ils n'entendaient rien.

Une nouvelle bourrasque la heurta de plein fouet et elle retomba sur la glace en se cognant le coude. Un tourbillon de neige l'aveugla. Elle réussit à se mettre à genoux, s'essuya les yeux et les chercha du regard.

Ils avaient disparu.

À la place de l'îlot, il n'y avait plus qu'une eau noire. Ils avaient été emportés.

Ida garda le regard fixé sur l'endroit où ils étaient quelques instants plus tôt. Un désespoir tranchant la transperça. Ses muscles la lâchèrent, son cœur accéléra. Elle hurla dans le vent. Tout n'était plus que hurlement.

Puis elle sentit une pression derrière elle, quelque chose qui la tirait en arrière.

Cleveland. Elle se releva, repassa son bras sous son épaule, et ils poursuivirent laborieusement leur chemin sur la glace jusqu'à un remorqueur. Quand elle se retourna, Ida constata que là où se trouvait Faron auparavant, il n'y avait plus qu'une traînée rougeâtre sur la glace. Le sang faisait une trace parallèle au bord du fleuve et disparaissait dans la tempête.

« Tu as vu où il est passé ? » demanda-t-elle à Cleveland.

Il secoua la tête. Il était gelé, il titubait, il n'arrivait plus à parler.

Ils se hissèrent sur le pont du remorqueur et entrèrent dans sa cabine sans éclairage. Ida y trouva une trousse de premiers secours et fit un bandage de fortune à Cleveland. C'était toujours ça. Puis elle chercha la radio, même si elle n'avait pas la moindre idée de comment la faire fonctionner.

« Je sais m'en servir », dit Cleveland.

Elle se tourna vers lui. Il était affalé dans le coin de la cabine et la fixait dans l'ombre.

« J'ai appris à l'armée. Aide-moi. »

Elle le souleva et il clopina jusqu'à la radio, qu'il examina un instant. Puis il tourna quelques boutons et l'appareil se réveilla dans un chuintement de parasites. Il prit le micro, s'avachit sur le sol et marmonna un signal de détresse.

Ida le rejoignit en priant pour que quelqu'un les entende et puisse les localiser. Elle ferma les yeux, pria, pleura. Pour son fils. Pour Michael. Pour Tom. Pour Gabriel et Sarah.

À côté d'elle, Cleveland continuait à marmonner, comme une incantation. Dehors, la tempête rugissait dans les ténèbres.

XX

DAILY NEWS

LE JOURNAL ILLUSTRÉ DE NEW YORK

Quotidien du soir — Lundi 17 novembre 1947

NOUVELLES LOCALES

LE PIRE BLIZZARD DE L'HISTOIRE DE LA VILLE

UN RETOUR À LA NORMALE DIFFICILE

Manhattan, 16 novembre. Le Bureau national de la météorologie a confirmé que le blizzard de la semaine dernière est bien le pire que la ville ait connu, avec des chutes de neige supérieures à celles du blizzard de 1888. Alors que les dommages causés par les intempéries font encore l'objet d'un recensement, on estime que plus de cinquante personnes ont péri dans la tempête. Les autorités municipales chargées des secours ont souligné que ce nombre était susceptible d'augmenter, de nouveaux corps étant malheureusement découverts à mesure que la neige fond et le nombre de personnes portées disparues grandissant chaque jour.

Si les trains et les bus ont repris du service dans le centre, la plupart des banlieues et des zones périphériques sont encore isolées. Les milliers de voitures abandonnées, sur les autoroutes et dans les rues, viennent accentuer les problèmes de circulation.

Même si les effets du blizzard se sont fait sentir du nord du Maine jusqu'à Washington, c'est la ville de New York qui a surtout été frappée par l'intensité des chutes de neige. Il reste un tel volume à déblayer que personne ne sait quoi en faire. Dans certaines rues, le déblaiement a généré des congères de plus de trois mètres de haut et les autorités de Manhattan ont demandé au département de la voirie d'autoriser le déversement directement dans les égouts. Des entreprises privées ont quant à elles rejeté la neige directement dans les fleuves, Hudson River et East River.

COUR D'ASSISES DE MANHATTAN

ÉTAT DE NEW YORK

ÉTAT DE NEW YORKCondamnation n° : 47GSC-21883

VS

TALBOT (accusé)

Ordonnance de non-lieu

L'État de New York est amené à proposer une demande de non-lieu dans l'affaire susmentionnée pour les raisons suivantes : de nouveaux éléments matériels portés à la connaissance du procureur viennent démontrer l'innocence de l'accusé concernant les chefs d'accusation présentés. Un résumé des moyens de preuves est joint comme ANNEXE 1. Sur la base de ce qui précède, l'État a déterminé de recommander un non-lieu dans cette affaire.

En ce jour, le 20 novembre 1947,

Frank S. Hogan
Procureur
Comté de New York

DAILY NEWS

LE JOURNAL ILLUSTRÉ DE NEW YORK

Quotidien du soir — Jeudi 20 novembre 1947

NOUVELLES POLITIQUES

UN DÉPUTÉ DE L'ÉTAT DE NEW YORK REJOINT LA COMMISSION SUR LES ACTIVITÉS ANTIAMÉRICAINES

Washington DC, 19 novembre. Après l'annonce de sa démission, la semaine dernière, le député Paul J. Helms a accepté de remplacer Herbert C. Bonner (démocrate, Caroline du Nord) à la Commission sur les activités antiaméricaines. Le président de la commission, Edward J. Hart (démocrate, New Jersey), a annoncé sa nomination aujourd'hui et déclaré que le député de New York serait un atout précieux pour cette commission chargée de combattre la subversion et la propagande qui menacent le pays.

Cette décision constitue une surprise dans la mesure où tout laissait à penser que le député allait plutôt bénéficier d'une nomination au sein de la commission que le député Estes Kefauver (démocrate, Tennessee) est en train d'essayer de mettre en place pour s'attaquer à ce qui est présenté comme le développement national du crime organisé. Selon le député Helms : « La vraie menace que subit notre pays, ce n'est pas un prétendu syndicat du crime organisé, dont l'existence n'est même pas certaine, et certainement pas à une échelle nationale, mais bien la menace des communistes et des agitateurs dont la présence est avérée, ainsi qu'en atteste l'enquête actuelle sur leurs agissements à Hollywood. C'est pour ces raisons que je suis fier de pouvoir apporter ma pierre à cette commission. J'adresse également mes meilleurs vœux pour l'avenir au député Bonner. »

L'enquête de la commission a abouti à l'inculpation pour outrage par la Chambre des représentants des « Dix d'Hollywood » et à leur placement sur une liste noire établie par l'Association of Motion Picture Producers dans ce qui est désormais connu comme « la Déclaration du Waldorf », suite à la réunion du Waldorf-Astoria ce mois-ci.

62

Vendredi 21 novembre, 11 h 30

L'hôpital prétendait avoir un jardin, mais ce n'était guère plus qu'une cour intérieure. Il y avait certes quelques bancs et des buissons, mais ils ne suffisaient pas à faire oublier les ternes murs de béton de chaque côté. Quand Michael voulait prendre l'air ou aller fumer, il préférait encore aller sur le trottoir, devant l'hôpital. Les docteurs lui avaient dit qu'il faisait trop froid pour sortir et l'avaient prévenu des risques d'infection, mais il n'avait que faire de leurs consignes. Malgré la morsure du vent que soufflait l'East Side River, il demandait à une infirmière de pousser son fauteuil roulant dehors.

Michael était déjà là depuis quinze minutes, les yeux fixés dans la direction d'où Tom, selon ses calculs, ferait son apparition. Il espérait que son fils et lui parviendraient à surmonter leurs désaccords et à revenir à la relation qu'ils avaient avant cette affaire, à retrouver leur complicité. Il consulta l'heure à l'horloge de la banque en face et fuma une autre cigarette en regardant les pigeons blottis les uns contre les autres sur les lampadaires en fer forgé. La circulation s'écoulait dans la rue, bordée par de gros tas de neige noircie que les déblayeuses avaient écartés de la chaussée. Les New-Yorkais, pressés, passaient sans lui prêter attention. Est-ce qu'il avait à ce point l'air d'un clochard ?

Il aurait voulu être présent quand Tom avait été libéré de la prison de Rikers Island. Il aurait aimé être avec lui sur le ferry pour qu'ils débarquent à Manhattan ensemble. Il avait imaginé leurs retrouvailles sur le fleuve. Mais ça ne s'était pas passé comme ça. À cause d'une balle dans la poitrine, de quelques litres de sang en moins et de larges doses de morphine.

Tom avait été libéré et c'était Annette qui l'avait accueilli à sa sortie. Alors Michael se contentait d'imaginer la scène, sa femme attendant Tom dans le miroitement des marécages de Rikers Island, leur trajet jusqu'au ferry, jusqu'à l'appartement, et puis Tom qui venait à l'hôpital retrouver son vieux père.

Il regarda l'heure une nouvelle fois, observa les employés de l'épicerie d'en face qui plaçaient dans la vitrine une affiche annonçant les offres pour Thanksgiving. Il avait pourtant l'impression qu'Halloween venait d'avoir lieu. Il termina sa cigarette et la jeta dans le caniveau.

Et puis il vit enfin Tom arriver, vêtu du costume bleu marine qu'il portait pour ses audiences au tribunal. Il avait le visage marqué par des coupures et des bleus, encore gonflé après le passage à tabac qu'il avait reçu. Il boitait légèrement et Michael espéra que ce n'était que temporaire.

Il aperçut Michael et sourit autant que le permettaient ses contusions.

« Papa…

— Tom… »

Tom se baissa et ils se prirent dans les bras. Sa poitrine lui fit un mal de chien, mais il s'en fichait. Les passants regardaient bizarrement ce vieil homme blanc mutilé en chaise roulante qui prenait dans ses bras un Noir à la gueule abîmée.

Ils relâchèrent leur étreinte et s'examinèrent ; leurs blessures mettraient du temps à cicatriser.

« On n'est pas beaux à voir, hein ?

— Mais on s'en est sortis, répondit Michael avec un sourire.

— Eh oui… Tu veux rentrer ?

— Là-dedans ? Il n'y a que des hypocondriaques ! » fit Michael en montrant l'hôpital.

Tom rit en fixant le bâtiment.

« J'ai fait une partie de ma formation ici », dit-il d'un ton nostalgique, comme s'il évoquait un monde perdu.

Il y avait un banc, un peu plus loin. Tom y amena Michael et s'assit. Ils regardèrent passer les voitures, les gens, observèrent les préparatifs de Thanksgiving dans la boutique d'en face.

« Merci, dit enfin Tom en se tournant vers Michael.

— Tu rigoles ?

— Sans toi et Ida, je serais encore en taule. Mort même, peut-être.

— Sans moi et Ida, tu n'aurais pas cette tronche toute gonflée. »

Tom eut à nouveau un sourire un peu douloureux.

« Pas faux.

— Qu'est-ce que tu veux faire, maintenant que tu es libre ?

— Ce que je veux vraiment ? Me prendre une bonne douche bien chaude. J'ai l'impression d'avoir passé trois mois congelé. Et après la douche, au lit… pour dormir plusieurs jours de suite !

— Je vois très bien.

— Et puis je me disais qu'après ça je pourrais retourner à Chicago. Voir si je peux trouver un boulot là-bas. »

Michael se sentit rasséréné, rempli d'une joie qui était à la fois stimulante et apaisante.

Ils se sourirent et Michael eut l'impression que Tom partageait le même sentiment, une forme de paix, comme si tout était enfin à sa place.

« Bien », répondit Michael.

Ils restèrent encore un moment à observer la rue secouée par le vent hivernal qui agitait les auvents, malmenait les panneaux des boutiques. Michael s'était demandé s'il devait lui en parler. Il avait tout d'abord été d'avis de ne rien dire. Puis il s'était rendu compte que ne rien dire avait justement été le problème depuis le début. Il fallait mettre un terme à tout cela. Ou plutôt repartir de zéro.

« Je sais pour quelle raison tu as atterri dans cet hôtel pourri. Le procureur a mis la main sur ton dossier militaire et a parlé à ton ancienne logeuse. »

Tom se figea. Puis son regard se planta sur les dalles du trottoir. Michael se demanda si finalement il n'avait pas commis une erreur en abordant le sujet.

« Tu aurais pu m'en parler, fiston. »

Tom secoua la tête. Quand il releva les yeux, Michael vit que son visage était baigné de larmes. Il posa son bras sur son épaule et, malgré la douleur physique, le serra fort. Tom se tourna vers lui et accepta son étreinte.

« Je ne voulais pas que tu me détestes, expliqua-t-il à travers ses larmes.

— C'est impossible, voyons. Tu vois bien ce que ta mère et moi avons dû endurer. »

Tom digéra ses paroles, hocha la tête et réprima un sanglot. Michael aussi sentit les larmes monter. Ils pleurèrent ensemble, partageant leurs douleurs mais aussi la puissance d'une étreinte plus forte que les balles, que le vent glacé qui balayait la rue, que l'assaut de l'hiver.

Ils restèrent ainsi, prisonniers des bras l'un de l'autre parmi le ballet des passants pressés autour d'eux, comme deux cailloux dans le lit d'un fleuve.

AGENCE PRIVÉE
IDA YOUNG LTD

CHICAGO, ILLINOIS

CONFIDENTIEL

INFORMATIONS SENSIBLES. USAGE RESTREINT.

Transcription
Date : lundi 17 novembre 1947
Heure : 10 h 35
Lieu : Salle 403, Cour d'assises de Manhattan
Participants : Ida Young, Gene Cleveland, lieutenant David Carrasco (police de New York)

IY : Merci, lieutenant.
DC : Tout est prêt.
IY : Je suis Ida Young. Pouvez-vous vous présenter, s'il vous plaît ?
GC : Gene Cleveland.
IY : Merci. Est également présent le lieutenant David Carrasco, de la police de New York. Il s'agit d'une déposition volontaire dont le contenu ne sera pas rendu public. Vous en êtes bien conscient ?
GC : Oui, je vous l'ai déjà dit. Faut que je vous le répète combien de fois ?
IY : C'est pour l'enregistrement.
GC : Ah OK, d'accord.
IY : Vous êtes prêt ?
GC : Ouais, je suis prêt. Allons-y.
IY : On commence par le début ?
GC : Je vous parle de Helms ?
IY : C'est vous qui voyez où est le début…

GC : Je pense que tout démarre avec Helms. Je pensais que ce serait facile de lui soutirer du pognon. Je me rendais pas compte qu'il avait la protection de la Mafia. Jamais j'aurais pensé que ça finirait avec autant de morts.

IY : Mais vous saviez qu'il avait trempé dans des affaires avec Genovese pendant la guerre ?

GC : Oui, pendant la guerre. Je pensais pas qu'ils étaient encore potes à New York. Ni moi ni les autres. Et puis c'était censé se dérouler sans faire de vagues.

[PAUSE]

IY : Est-ce que vous pouvez nous raconter ce qui s'est passé durant la guerre ? C'est là que vous avez rencontré Arno Bucek et John Marino, c'est ça ?

GC : Oui. À Naples. En 1944. Opération Husky.

IY : Racontez-moi ce qui s'est passé à Naples.

GC : C'était dingue, Naples en 1944. C'était l'enfer. Vraiment. Les nazis avaient piqué tout ce qu'ils pouvaient avant de se barrer. Les Alliés avaient bombardé la ville à fond avant qu'on fasse l'intervention terrestre. Quand on est arrivés, c'était une ambiance de fin du monde. Pas d'eau, pas d'électricité. La moitié des bâtiments étaient détruits. Les gens étaient maigres comme des squelettes et bouffaient des rats.

On s'est installés sur les quais et les bateaux ont commencé à arriver. C'était à Naples que l'armée acheminait toutes les fournitures pour l'invasion de l'Italie. Notre régiment faisait partie de l'intendance, le *Quartermasters Corps*. C'était un régiment de couleur, et on n'avait pas le droit de combattre. Toujours ces mêmes conneries, comme les places séparées dans les bus. On était chargés de s'occuper des cargaisons, de la distribution du matériel vers les autres villes et les villages. Un boulot de sous-fifre. Ça m'allait très bien.

IY : C'est sur les quais que vous avez fait la connaissance d'Arno Bucek et de John Marino ?

GC : Oui. On avait entendu des rumeurs comme quoi la Mafia payait des soldats pour voler des chargements, tout embarquer dans des camions et amener le tout dans la cambrousse où la Mafia récupérait la marchandise. J'avais entendu parler de ça. Et puis Bucek m'a contacté : il avait quelqu'un qui était intéressé par les cartons de bouffe, de fringues, de médicaments, un peu tout ce qu'on pouvait choper. Il proposait une commission si on les aidait. Tout ce qu'il y avait à faire, c'était de charger les camions et de signer le registre. Les entrepôts étaient remplis de marchandises. Tous les jours, il y avait des bateaux qui se pointaient avec le matos pour les troupes et les fournitures pour la reconstruction. Toutes les denrées pour amadouer la population locale. Avec d'autres gars du bataillon, on a dit d'accord. Personne s'est fait prendre parce que tout le monde en croquait. Les Blancs et les Noirs. Mêmes les officiers. Vous savez qui les Alliés ont nommé comme responsable de l'Italie occupée ?

IY : Non.

GC : Charles Poletti. L'ancien gouverneur de New York. L'associé de Lucky Luciano. On a foutu un mafioso new-yorkais comme responsable de l'Occupation en Italie ! Et le premier truc qu'il a fait, ça a été de prendre Genovese comme assistant. Autant envoyer un message pour faire comprendre à chaque GI que question vol, c'était *open bar* ! Un tiers de tout ce qui arrivait au port finissait sur le marché noir. Avec les compliments de Genovese et Vizzini, les parrains locaux. Ils se faisaient des millions pendant que les gens crevaient de faim, ou crevaient tout court à cause d'infections qu'on ne pouvait pas soigner parce que tous les antibiotiques avaient été volés.

IY : Est-ce que vous saviez que la personne à qui vous apportiez les marchandises était Vito Genovese ?

GC : Oh non ! Pas à l'époque. Je croyais que ça atterrissait dans les mains de Vizzini. C'est plus tard que j'ai appris qu'ils étaient associés. Genovese utilisait son poste dans l'Administration pour graisser les pattes en haut lieu : tout le monde regardait ailleurs pendant qu'il se servait dans les fournitures militaires. Et l'Administration s'en foutait. De toute façon, là-bas, la plupart des Américains détestaient les Italiens. Ils les traitaient comme des rats. Il faut dire que quelques semaines plus tôt, c'étaient nos ennemis. Du coup, le seul vrai perdant, c'était le contribuable américain. Tous ces braves gens qui achetaient des obligations de guerre… Eh ben tant pis pour eux, s'ils avaient pas les couilles de venir se battre sur le front. Ils pouvaient bien lâcher quelques ronds, non ?

IY : Comment avez-vous rencontré Helms ? Est-ce qu'il participait lui aussi au marché noir ?

GC : [rires] Je n'ai jamais rencontré Helms. Je l'ai vu. Grosse différence.

IY : Participait-il au marché noir ?

GC : Peut-être. Comme je vous l'ai dit, tout le monde avait la main dans le pot de confiture. C'était la ruée vers l'or !

IY : Mais alors sur quoi portait votre chantage ?

GC : Vous voulez vraiment savoir ?

[PAUSE]

GC : Un jour, sur les quais, Bucek et Marino sont venus me voir. Ils étaient bien embêtés. Ils devaient amener deux camions dans les collines, au point de rencontre avec Vizzini, mais l'autre conducteur avec qui ils devaient y aller avait disparu et ils ne savaient pas comment faire. Quand je leur ai dit que je pouvais conduire l'autre camion, ils se sont regardés, sous le choc. Ils auraient jamais imaginé qu'un Noir sache conduire. On s'est mis d'accord. Marino conduirait le premier camion et Bucek et moi, on le suivrait.

Bref, on sort de Naples, on va dans les collines, vers le village sur lequel Vizzini avait la main. On passe les check points du gouvernement militaire allié et on se retrouve au milieu de nulle part. On continue notre route, ça monte, ça monte. On finit par arriver sur une falaise et je vois qu'il y a un véhicule de l'armée américaine qui a été balancé en contrebas, tout carbonisé. On arrive au village perché sur la falaise, on descend des camions et Marino va parler aux mecs de Vizzini, parce que c'est le seul à jacter italien.

On repère un petit bar. Bucek veut y aller pendant qu'on attend que Marino revienne. Moi, ça me rend un peu nerveux. Des fois, les Italiens aiment bien les Noirs parce que les Américains et les Allemands en ont après nous. Alors finalement, on est tous un peu pareils. Mais des fois, ils nous détestent… Du coup, j'étais pas trop sûr de l'accueil qu'on allait me réserver dans ce bar. Bucek me dit que ça va aller, qu'il y est déjà allé et que les Américains ont l'habitude d'aller y boire un coup. Il y a même un bordel derrière. Il me dit qu'il a terriblement soif, mais moi je me demande s'il aurait pas plutôt envie d'aller tirer son coup. Bref, on rentre dans le fameux bar.

Il y a d'autres GI mais ils n'adressent pas la parole à Bucek, vu que je suis avec lui. On commande à boire et on se met dans un coin. Bucek est de bonne humeur, mais moi je me fais tout petit en espérant qu'on va pas me jeter dans le ravin que j'ai aperçu en venant.

Et puis on entend du chahut dehors. Il y a un vieux Rital qui gueule en frappant à la porte d'une maison, plus loin dans la rue. Il a un fusil de chasse. Des mecs du village, des costauds, sortent et l'embarquent. Le mec, il hurle en italien : *il demone, demonio !* Un truc dans le genre. Du coup, il y a un gros attroupement. On va tous à la baraque où le vieux tapait comme un fou à la porte et on rentre. Ça ressemble à un bordel. Il y a des vieilles qui pleurent et des types du village qui discutent ensemble. Y a une sacrée agitation, et le vacarme vient d'une pièce à l'arrière de la maison. Le couloir pue le vomi. On arrive à se frayer un chemin et on va jeter un œil dans la pièce : c'est un putain de bain de sang. Il y a deux filles à poil, mortes. Et puis Helms, à poil aussi, couvert de sang. Et il y a encore un autre mec. Helms est tout ahuri, comme s'il était en plein trip. Ou alors c'est parce que les Italiens l'ont déjà amoché. Les filles ont l'air jeunes. Très jeunes. À peine des adolescentes. Marino arrive à son tour et les gens lui expliquent ce qui s'est passé. Apparemment, le vieux avait filé ses petites-filles au bordel. C'était fréquent, ça : les Italiens nous accostaient dans la rue pour nous vendre leurs épouses, leurs filles, leurs nièces. Ils proposaient même aux nègres, pour dire s'ils avaient faim. Comme je vous ai dit, Naples en 1944, c'était l'enfer. L'autre type est très grand. Façon armoire à glace. L'air d'un péquenot. Les cheveux bruns. Il s'engueule avec les Ritals en italien.

IY : Ce type, c'était Faron ?

GC : Sans doute. Je ne savais pas qui c'était, Faron, à l'époque. Et puis il faisait sombre, ils étaient pleins de sang. J'ai pas une image nette.

IY : D'accord, continuez.

GC : Donc les Ritals veulent lyncher Helms et cet autre type, mais il y a un des Ritals qui a entendu parler des liens que ce type aurait avec Vizzini. C'est ça, le sujet de la discussion. Nous, on préfère pas traîner là et on retourne à la base. Il se passe quelques semaines et je continue à apercevoir Helms à Naples, tout sourire, qui rigole bien fort et continue sa vie comme si de rien n'était. J'insiste auprès de Bucek et Marino pour avoir des infos, vu qu'eux vont dans ce bar toutes les semaines. Et au final, j'apprends que Helms et l'autre type ont pas été inquiétés parce que Vizzini est intervenu. Mais le vieux, le grand-père des filles, il est dingue de culpabilité et il lâche pas l'affaire. Il finit par aller voir la police locale et le juge à Naples, et il porte plainte. Résultat, quelques jours plus tard, on le retrouve au fond du ravin.

Un peu après ça, Marino voit une affiche devant un tribunal : c'est un appel à témoins. Moi, je suis prêt à aller témoigner, mais Marino dit qu'on va se faire dézinguer si on l'ouvre. Bucek aussi veut y aller - lui et moi, ça fait deux contre un. Alors on va voir les officiers qui dirigent le gouvernement allié et on leur raconte ce qu'on a vu. Plusieurs jours se passent. Toujours rien.

Marino nous emmène au tribunal à Naples et il nous aide à traduire nos dépositions en italien. Rien ne se passe. La police délivre un mandat d'arrêt contre Helms. Rien ne se passe. Après plusieurs mois, toujours rien ! Je continue à voir Helms se balader en ville. Comme si le mandat d'arrêt n'avait aucune valeur. On s'est dit qu'il devait avoir des protections. Ou que des papiers s'étaient perdus. La bureaucratie, le bordel, c'était comme ça à l'époque. C'était contre ça qu'on se battait finalement : pas contre le fascisme, les Italiens ou la Mafia, mais contre le chaos.

IY : Qu'est-ce qui est arrivé à Helms ?

GC : Rien du tout. C'est ce que je vous explique. Le gouvernement militaire allié l'a muté dans le Nord et je l'ai plus jamais revu. Enfin, jusqu'au jour où je suis tombé sur lui, des années plus tard, ici à New York.

IY : Racontez-moi cet épisode.

GC : Ce qui s'est passé après la guerre ? Je suis revenu à l'été 1946. Je pensais que c'était fini, que j'allais bien tranquillement retrouver ma routine et le racisme. Je me suis remis au sax, j'ai repris de l'héro, j'ai dégoté quelques clients de Midtown. Des mecs du monde des médias, du ciné. Et c'est à une de ces soirées que je suis tombé sur lui. Le lieutenant Paul Helms. Sauf que son nouveau titre, c'était « monsieur le député » et que tout le monde lui passait de la pommade et trouvait que c'était un type extra. Je me suis dit que je devais être le seul gars au monde à savoir qu'au fin fond de l'Italie il y avait un mandat d'arrêt pour double meurtre avec son nom dessus. Et pendant ce temps-là, je vivais comme un clodo à dealer de la came à des potes pour m'en sortir.

Je me suis dit que je pouvais lui mettre la pression - sauf qu'un mec comme moi n'a aucun poids. J'avais besoin de Blancs pour m'aider. Alors je suis allé voir Bucek et Marino. Ils étaient aussi fauchés que moi. Bucek vivait chez ses vieux et Marino se faisait entuber par la Mafia, comme tous les autres cons qui bossent sur les quais. Je leur ai raconté qui j'avais vu et je leur ai expliqué qu'on pouvait se faire de l'oseille facile en lui mettant la pression. Bucek et Marino sont allés lui dire deux mots. Il a accepté de payer et demandé un peu de temps pour réunir le pognon. Et nous, on a cru à ses conneries.

[PAUSE]

IY : Gene ?

GC : Quoi ?

IY : Qu'est-ce qui s'est passé ensuite ?

[PAUSE]

GC : Au bout de quelques jours, peut-être deux semaines, quelque chose comme ça, je n'ai toujours pas de nouvelles. Je me dis que Bucek et Marino ont peut-être voulu me doubler et qu'ils se sont barrés avec l'argent. Je commence à m'énerver, mais Bucek vient frapper à ma porte, complètement paniqué. Il m'apprend que Marino s'est fait dessouder sur les quais et qu'il y a des types qui rôdent près de chez lui. Pour lui, c'est des mecs de la Mafia : ils l'ont repéré, ils l'ont poursuivi mais il les a semés. Mais il sait qu'ils vont revenir. Je lui propose de s'installer avec moi le temps que ça se calme ou qu'on trouve une solution. C'est ce qu'il a fait, et moi j'ai payé le gérant de l'hôtel pour qu'il ferme sa gueule. Ça faisait louche, un Blanc dans cet hôtel, alors il passait sa vie enfermé dans la piaule. Il était comme un lion en cage. Il disait que le diable de Naples était après lui.

IY : Bucek savait que l'homme que vous aviez vu dans le village, c'était Faron ?

GC : Je suppose. Les types qui attendaient Bucek devant chez lui, ceux qu'il avait réussi à semer, il y en a un qui était costaud comme Faron. Bucek pensait que c'était lui. Moi, j'y croyais pas trop. Au début, en tout cas. Mais Bucek s'était renseigné. On lui avait raconté des histoires qui prouvaient clairement que Faron était un tueur, un dingue. Bucek angoissait. Au point que j'ai dû lui refiler un peu de came pour qu'il reste tranquille. Il est resté un mois chez moi, et pendant ce temps-là j'ai fait mon enquête de mon côté. Je connais quelques personnes. J'ai appris que Helms était protégé par Genovese et que la plupart des trucs que Bucek avait entendus sur Faron étaient parfaitement vrais. C'est là que j'ai compris : Genovese, Faron et Helms avaient dû se rencontrer en Italie pendant la guerre. Et quand on a commencé à faire chanter Helms, il est allé voir Genovese pour qu'il le tire d'affaire. C'est comme ça qu'on s'était retrouvés avec toute une famille de la Mafia après nous. Il fallait quitter New York fissa. On était en train de mettre un plan au point quand, un soir, la porte a éclaté : ils venaient de la défoncer et ils étaient là, le couteau à la main.

IY : Qui ça ?

GC : Faron et un autre gorille de Genovese.

IY : Comment saviez-vous que c'était Faron ? Vous l'aviez reconnu en vous rappelant ce qui s'était passé en Italie ?

GC : Non, je savais pas que c'était lui. Je savais pas si c'était le même type qu'en Italie. Tout ce que je savais, c'est qu'il avait la même carrure que Faron et que ça devait être lui.

GC : D'accord, continuez.

GC : Bucek était le plus près de la porte, c'est lui qu'ils ont chopé en premier. J'ai plongé vers la fenêtre et je me suis barré. J'ai couru, couru, avec l'autre type qui essayait de me rattraper.

IY : Pas Faron mais l'autre, c'est ça ?

GC : Ouais. J'ai réussi à le semer et j'ai passé la nuit chez un ami.

IY : O'Connell ?

[PAUSE]

GC : Ouais. Vous êtes au courant ? Ensuite, je suis allé voir un ami qui tient un bar dans le centre et je me suis caché dans un appartement à lui. Mon ami du bar est venu me voir et m'a expliqué qu'un autre gangster, qui déteste Genovese, pourrait m'aider. C'est comme ça que j'ai rencontré Benny Siegel. Il est venu me rencontrer. Il parlait bien, il portait beau, il avait des bijoux. Le genre de mec qui a beaucoup de charme, très convaincant. Il m'a filé de la came, du pognon même.

IY : C'était quand ?

GC : Comment ça, quand ?

IY : Est-ce que vous avez une date pour cette première rencontre avec Siegel ?

[INAUDIBLE]

GC : Siegel me promet qu'il peut me protéger et me trouver un endroit tranquille. Comme ça, la prochaine fois qu'il revient, on met en route le chantage bien comme il faut. Il me dit qu'il connaît une clinique de désintoxication qui pourrait me prendre, que c'est la meilleure dans le genre, qu'ils prennent même les gens de couleur. Moi, je marche à fond. Le mec était vraiment convaincant. Il m'emmène dans un appartement, dans le coin italien de Harlem, et me laisse là-bas quelques jours le temps de tout organiser. Et puis il me met dans un taxi qui m'emmène à la clinique et me dit qu'il va revenir, qu'il doit aller à L.A. pour une semaine ou deux et qu'après, il revient me voir.

IY : Et donc c'est là que vous êtes entré à la clinique ?

GC : Ouais, il vous faut une date encore ? Je sais pas, vous avez qu'à leur demander.

IY : OK.

GC : Donc je suis à la clinique et je suis en train de devenir dingue. Je suis accro à la méthadone, j'en ai plus, et là je sais plus où j'habite. Pendant des semaines, j'ai la tête dans le sac. Et puis j'entends un truc à la radio : la police enquête sur la mort de Benjamin Siegel. C'est comme ça que je comprends que ça fait des semaines qu'il s'est fait buter. Je demande aux médecins qui paie pour mon traitement, parce que j'ai peur de me retrouver avec une addition énorme, mais ils me disent que Siegel a payé six mois d'avance. Sauf que je calcule que je vais pas tarder à me faire éjecter, dès le mois de décembre. Je me dis que je vais encore me retrouver à la rue. Et, pile au moment où je me pose toutes ces questions, vous débarquez.

IY : OK.

GC : Et je jure que j'étais pas au courant que Talbot s'était fait arrêter. Je ne savais pas que le patron de l'hôtel s'était fait tuer. C'était pas prévu, tout ça !

[INAUDIBLE]

DC : Et c'est ton plan à la con qui a fait tuer tous ces gens !

IY : Lieutenant, s'il vous plaît.

GC : Va te faire foutre.

DC : Fais gaffe… [INAUDIBLE]

GC : Vous avez fait la guerre, lieutenant ?

[INAUDIBLE]

GC : Je suis allé là-bas combattre le fascisme. Sauf qu'une fois là-bas, c'était pas les gentils contre les méchants. Nos propres soldats se bourraient la gueule et après se tiraient dessus. Les officiers étaient occupés à se remplir les poches. Les gens se faisaient tuer, violer. Il n'y avait plus de bien et de mal – juste de la démence. Et cette folie nous poursuivait comme une ombre.

Quand je suis revenu de la guerre, j'étais fauché comme les blés. Il n'y avait pas de boulot, rien. Avec mon dossier militaire, le GI Bill, j'y ai pas eu droit. Tous les changements qu'on nous avait promis pour après la guerre – la fin du racisme, des ghettos, du boulot pour tout le monde –, bah c'étaient des mensonges. Il y a cent mille noirs qui sont revenus de la guerre, et qui se sont rendu compte qu'ils s'étaient battus pour un pays qui les a trahis. Alors il va se passer quoi ? On va en faire quoi, de tous ces anciens combattants ultra-entraînés qu'on a balancés à la poubelle quand ils ont fini de défendre l'Oncle Sam ?

DC : Quand on n'aime pas la société dans laquelle on vit, on essaye de la changer, pas de monter des plans à la con…

IY : Lieutenant…

GC : Mais qu'est-ce qu'elle a fait pour nous, la société ? La civilisation ? Vraiment ? Ça nous a apporté quoi ? La bombe atomique et les camps de concentration ! Si c'est tout ce que la civilisation a à offrir, je crois que je vais essayer autre chose.

[INAUDIBLE]

IY : Bon, allez, on fait une pause de dix minutes pour que tout le monde se calme. Gene, vous voulez boire quelque chose ?

[PAUSE]

63

Jeudi 27 novembre, 8 h 12

Costello tira de nouvelles cartes du paquet. Rien. Nouvel essai. Il ajouta un six de cœur à l'une des piles étalées sur son bureau. Encore deux bonnes cartes et il aurait terminé la partie. Il tira à nouveau. Un cinq de carreau. Il le posa, déplaça des colonnes, et des modifications en cascade réorganisèrent la structure, cassant les ensembles et les réordonnant : tout un monde se repositionnait. Il prit le temps d'assimiler tout cela.

On frappa à la porte et Bobbie passa la tête.

« Elle est là.

— Fais-la entrer. »

Costello ramassa les cartes et se tourna vers la fenêtre en attendant sa visiteuse. La neige recouvrait Central Park d'une couche épaisse et pesait sur les arbres et les buissons. La blancheur tapissant l'herbe était zébrée des cicatrices infligées par le mouvement des gens et des choses. Le vert de la pelouse apparaissait sous des marbrures aléatoires, rappelant que le printemps attendait son heure, enfoui sous une fine couche imposée par la saison sombre.

La porte s'ouvrit et une femme mince apparut. La quarantaine, très brune, séduisante.

Costello se leva.

« Madame Young, joyeux Thanksgiving !

— À vous également.

— Asseyez-vous, je vous en prie. »

Elle acquiesça et vint s'installer devant son bureau, face à lui. Elle le regarda dans les yeux et il eut le sentiment qu'elle était, très subtilement, en train de l'étudier.

« Merci d'être venue durant cette période de congé, dit-il. J'espère que cela ne dérange pas vos plans ?

— Non. J'ai rendez-vous avec des amis, mais plus tard. »

Elle avait un petit accent chantant – louisianais, peut-être ? – qui allait bien avec ses manières un peu collet monté. Costello repensa aux conseils du docteur Hoffman lui disant qu'il devrait fréquenter des gens d'un meilleur niveau social.

« D'où vient votre accent ? Si cela n'est pas indiscret de vous le demander.

— De La Nouvelle-Orléans.

— Je connais bien.

— Oui. Jusqu'à l'an passé, vous y contrôliez toutes les machines à sous. »

Elle n'avait pas lancé ça avec l'air moqueur d'un flic ni avec l'arrogance d'un gangster voulant montrer qu'il était au parfum. Elle s'était exprimée avec une sorte de candeur, comme si elle formulait un simple constat. Costello se demanda quel argument elle voulait mettre en avant. Il était un peu déboussolé. C'était peut-être le but.

« Je n'ai rien à dire sur ce sujet, répliqua-t-il. Voulez-vous quelque chose à boire ou à manger ?

— Ça va, mais merci de proposer. »

Il hocha la tête et l'étudia à nouveau. Collet monté.

« Alors, comment se passe votre séjour à New York ?

— J'ai fait ce que j'étais venue faire.

— Sortir le gamin de Rikers Island ? C'est très bien, bravo.

— Merci.

— Je crois qu'un de mes amis vous a un peu aidée.

— Gabriel ? Oui, il m'a bien aidée.

— C'est terrible, ce qui est arrivé. »

Selon ses contacts à la brigade criminelle, cette femme était présente quand Gabriel était mort. Il avait besoin de lui demander si c'était vraiment le cas. Il lui fallait un témoin oculaire pour calmer Anastasia, qui était d'une humeur littéralement massacrante depuis qu'il s'était rendu compte de ce que Gabriel s'était mis dans la poche grâce à son champ de courses.

« Mais, Albert, de toute façon, tu gardes le champ de courses pour toi tout seul », lui avait fait remarquer Costello.

Dommage qu'Anastasia ait été imperméable à toute logique. Du coup, il n'arrêtait pas de divaguer en disant que Gabriel avait mis en scène sa propre mort. Ce qui était quand même assez peu probable. Si Gabriel avait eu ce genre d'idée, il n'aurait pas choisi de la mettre à exécution sur un bout de glace à la dérive en plein Hudson River, quelques heures après avoir déposé deux millions de dollars chez Costello en échange de la protection de sa nièce.

Toute cette histoire le déroutait. Qu'il lui rende les millions, bien sûr, mais surtout que Gabriel ait détourné de l'argent. Costello l'avait toujours pris pour quelqu'un de scrupuleusement honnête, pour un homme respectant un code d'honneur. Cela ne lui ressemblait pas de gruger Anastasia. Et le plus étrange, c'était d'avoir été aussi maladroit et d'avoir laissé des traces qu'un comptable allait forcément repérer. Est-ce que Gabriel voulait à ce point quitter la Mafia ? Autant que Costello lui-même ?

« Vous étiez là quand il est mort ? » finit-il par demander.

Elle fronça les sourcils, ce qui forma un délicat plissement entre ses yeux. La question l'avait surprise. Elle avait dû penser qu'on lui avait demandé de venir pour une autre raison. Costello se demanda laquelle.

« J'étais là, oui. Pendant la tempête.

— Pouvez-vous me raconter ce qui s'est passé ? Gabriel était l'un de mes amis les plus proches. »

Elle essaya de le masquer, mais Costello eut l'impression qu'elle n'était pas dupe. Elle venait de comprendre pourquoi on l'avait fait venir : parce qu'il voulait être certain que Gabriel était vraiment mort.

Elle lui raconta comment Gabriel et elle s'étaient retrouvés sur le fleuve, qu'il y avait eu une confrontation avec Faron et que la glace s'était rompue, emportant Gabriel et Sarah.

Il sondait son regard pour voir si elle disait la vérité. Des yeux d'un brun profond, qui allaient avec ses cheveux noirs et son teint mat. Il se demanda si elle était métisse. Elle venait de La Nouvelle-Orléans, après tout.

« Une bourrasque a retourné l'îlot sur lequel ils se trouvaient. »

Costello hocha la tête d'un air affligé. Depuis la fin du blizzard, les cadavres n'en finissaient plus de refaire surface. Il en sortait un peu tous les jours, dans les deux fleuves, sur les quais, certains même à plusieurs kilomètres des côtes. Mais aucun n'avait encore été signalé comme étant le corps de Gabriel ou celui de Sarah.

« Et Faron ? demanda Costello.

— Je ne sais pas. Je ne l'ai pas revu. »

Il remarqua que son expression avait changé. Elle paraissait plus abattue, comme si le fait de ne pas l'avoir arrêté lui causait un certain chagrin.

« Un personnage détestable, conclut Costello.

— En effet.

— Vous rentrez à Chicago, maintenant que votre travail est terminé ?

— Oui.

— Je connais de nombreuses personnes de qualité à Chicago.

— Je les connais aussi. »

Elle avait à nouveau fait cette remarque d'un ton neutre et dépourvu d'émotion, comme si elle n'avait aucun jeu à jouer. Elle aurait fait un excellent gangster, si elle n'avait pas été une femme. Costello se rendit compte qu'il venait une nouvelle fois de se laisser distraire.

« Si jamais vous avez besoin de rencontrer des gens, n'hésitez pas à me le faire savoir », proposa-t-il.

Il lui tendit aimablement une carte de visite, qu'elle prit avec un sourire et glissa dans son sac. Elle le salua et il contempla sa silhouette gracile traverser la pièce et s'en aller. Quand elle eut disparu, il resta à regarder la porte qu'elle venait d'emprunter.

Quand Anastasia viendrait le trouver tout à l'heure, il lui dirait que la femme avait confirmé la mort de Gabriel. Il lui expliquerait : « C'est une détective. Elle n'est pas d'ici et n'a aucune raison de mentir. » Il lui expliquerait encore qu'il gardait le contrôle intégral du champ de courses en espérant que, cette fois-ci, ça le calmerait.

Et puis il se demanda pourquoi il était toujours en train de contempler la porte.

Il regarda sa montre. Il lui restait cinquante minutes avant son rendez-vous avec le docteur Hoffman. Il le redoutait déjà. Il s'alluma une cigarette et sentit quelque chose au fond de sa gorge, peut-être un nouveau rhume qui commençait. Il se tourna vers la fenêtre pour contempler Central Park et les gratte-ciel tout au fond. Faron était quelque part dans la ville.

Quand Costello avait vu Genovese, ce dernier l'avait assuré qu'il ne soutenait plus Faron. Costello n'était pas sûr de pouvoir lui faire confiance sur ce point, mais l'avoir prévenu du coup de l'aéroport leur avait donné un peu de temps. Costello avait pu faire voter les patrons d'Hollywood comme il le voulait. Genovese avait cependant réussi à soustraire au chantage le député qu'il avait dans sa poche et à le placer dans la commission. Match nul, donc. Une nouvelle guerre interne avait été évitée. L'âge d'or pouvait continuer. Au moins encore un peu.

On frappa de nouveau à la porte.

C'était Adonis.

« Un coursier vient de nous livrer ça. Ça vient de Las Vegas. »

Il avait une grande enveloppe dans les mains. Il la tendit à Costello, qui en sortit quelques feuilles : c'étaient les comptes du Flamingo. Il s'enfonça dans son fauteuil et parcourut les colonnes, assimilant les chiffres. Il alla à la balance des pertes et profits, fit quelques calculs, déchiffra ce qu'il fallait comprendre entre les lignes.

Adonis s'était installé dans le fauteuil où la détective se trouvait quelques minutes plus tôt.

« Alors ?

— C'est le Flamingo.

— Tout va bien ?

— Ouais, ça va. On a gagné de l'argent le mois dernier. Trois cents briques. Normalement, ça sera encore mieux ce mois-ci.

— Tu rigoles ? »

Adonis n'en revenait pas. Il prit les documents et commença à les éplucher à son tour.

« Qui aurait pu croire une chose pareille ? Un casino à Las Vegas… »

Costello repensa à ce cinglé de Benny Siegel et aux deux millions manquants. Il ne savait toujours pas avec quelle famille Benny avait travaillé pour détourner ce pactole, mais au moins il avait remis la main dessus. Et voilà qu'en prime le Flamingo rapportait de l'argent.

« Eh oui, qui aurait pu croire une chose pareille… » répéta Costello avec un sourire.

Adonis lui jeta un regard incertain et retourna à l'examen des chiffres.

Costello réfléchissait à ce nouvel élément. Cela allait avoir des effets en cascade, faire bouger les lignes, modifier les rapports de forces, changer les perspectives.

Peut-être que l'âge d'or allait continuer très longtemps, en fait.

Il reprit son paquet de cartes, qu'il mélangea, organisant un chaos de hasard. L'impénétrable inconnu qu'il allait devoir affronter. Il tira sur sa cigarette, une English Oval, et le picotement se réveilla. Oui, il sentait qu'il allait encore avoir un rhume.

64

Vendredi 28 novembre, 9 h 55

Elle ne devait rendre sa chambre qu'à 11 heures, mais Louis avait insisté pour venir la chercher en voiture et il passait la prendre une heure plus tôt. Déjà prête, elle descendit payer puis l'attendit à la réception.

« Ah ! j'allais oublier, vous avez reçu ça », lui dit l'employé en lui tendant une enveloppe étrangement rigide. Il y avait une carte postale dedans. Peut-être de Carrasco, pour lui dire au revoir. Elle s'installa près de la fenêtre qui donnait sur la 7e Avenue et guetta Louis.

Dans les jours qui avaient suivi la tempête de neige, Carrasco et Ida avaient étroitement travaillé ensemble. Il avait fallu organiser l'interrogatoire, la déposition, se rendre au tribunal pour demander le non-lieu, aller voir Michael pour le tenir au courant. Carrasco était avec eux quand ils avaient fait le repas de Thanksgiving au chevet de Michael. Ils avaient mangé dans des assiettes en carton, sur leurs genoux, le menu préparé par Annette à l'appartement.

Annette avait insisté pour qu'Ida reste à New York au moins jusqu'à Thanksgiving. Si elle avait dû retourner à Chicago, elle s'y serait retrouvée seule, alors elle avait accepté volontiers. Tom était là aussi, le visage encore enflé et contusionné, mais il avait repris du poil de la bête, et Ida avait noté que la barrière invisible qu'elle avait remarquée entre lui et Michael lors de leur visite à Rikers semblait avoir disparu. C'était sans doute ce qui la réjouissait le plus.

Dans sa déposition à la police, Ida n'avait pas mentionné le député ni Genovese. Cleveland non plus. Ils s'étaient concentrés sur les meurtres qui avaient eu lieu à l'hôtel, sur Faron. Heureusement, cela avait été rapporté à Genovese, et Cleveland avait donc des chances de voir la nouvelle année. Il avait apporté son témoignage puis avait disparu. Ida se demanderait toujours où on l'avait emmené.

Elle avait suivi ce que racontaient les journaux, et les noms de Helms et Genovese n'étaient pas du tout apparus en lien avec les meurtres. Tout ce qu'elle avait vu, c'était que Helms avait été nommé à la Commission sur les activités antiaméricaines. Elle ne pouvait s'empêcher de se demander si cela n'avait pas un lien avec Genovese et Costello. Quand elle avait reçu son appel lui demandant une entrevue, elle avait supposé que c'était pour lui forcer la main et aider à étouffer l'affaire. Mais en fait il avait simplement voulu s'assurer que Gabriel était bien mort. Elle lui aurait bien posé des questions sur Faron, mais Costello n'avait pas l'air d'en savoir plus qu'elle.

Elle ne saurait peut-être jamais ce qu'il était devenu. Le tueur le plus sanguinaire qu'elle ait jamais rencontré – et elle l'avait laissé s'envoler. Elle repensa à ce qui s'était passé là-bas, sur le fleuve gelé, à leur confrontation, à Faron qui était prêt à tuer sa propre fille. Depuis, elle s'était imaginé tous les scénarios : Faron à l'agonie, gelé et perdant son sang, qui finissait par mourir dans un coin. Ou bien Faron qui arrivait à gagner un appartement où il se soignait et parvenait ensuite à prendre un train pour quitter New York. Il pourrait alors vivre encore quelques décennies de plus, s'adonnant au meurtre et au viol jusqu'à mourir enfin, remplacé aussitôt par une autre créature qui viendrait prendre sa place dans le vide qu'il laissait. Elle l'imaginait immortel, comme une présence éternelle, comme s'il était le dieu de la pauvreté et de l'injustice, compagnon permanent de l'humanité. Elle préféra couper court à ces pensées. Elle savait à quels recoins ténébreux cela menait.

Un klaxon retentit et, par la fenêtre, elle aperçut Louis garé en double file. Elle fit signe au réceptionniste, glissa l'enveloppe dans sa poche et sortit.

Elle jeta sa valise à l'arrière, à côté de l'attaché-case de Louis, et s'installa avec lui à l'avant. Louis s'inséra dans le flux des voitures.

« Merci pour la course !

— De rien. »

Elle sourit, s'alluma une cigarette et ouvrit légèrement la fenêtre, laissant entrer l'air froid comme une pointe effilée. Ils roulèrent vers le sud de Manhattan en bavardant joyeusement. Ida constata que Louis avait retrouvé son énergie, la vivacité qu'elle avait crues disparues la dernière fois. Elle avait lu dans la presse les réactions à son concert, les comptes rendus et les commentaires extatiques. En une soirée, il avait rappelé à tout le monde qu'il restait l'un des plus grands virtuoses du jazz. Sa carrière repartait du bon pied.

« Des nouvelles concernant ton orchestre ?

— Oh oui, on va sans doute faire une tournée en Californie pour le lancer.

— C'est super, dit-elle en souriant.

— Il y a des propositions qui arrivent de partout. Mais on va commencer par la côte Ouest, comme ça on pourra faire des émissions télévisées. Et puis on a le nom du groupe. Louis Armstrong and His All-Stars. Ça te plaît ?

— Bien sûr. C'est ce que tout le monde veut – des stars, des étoiles. »

Il lui fit un grand sourire.

« Bon, alors je te verrai à Los Angeles quand j'y serai en tournée ? demanda-t-il en levant les sourcils.

— Ça se peut. Mais je ne vais pas accepter le boulot qu'on me propose. »

Louis ne comprenait pas.

Elle était en partie venue à New York pour se tester, voir si elle se sentait capable d'affronter une ville inconnue. Mais ce n'était pas ce que son séjour lui avait permis de vérifier. La leçon la plus importante qu'elle en tirait, c'était que son agence à Chicago tournait très bien toute seule. Alors, oui, elle irait à Los Angeles. Mais pas pour travailler pour le gouvernement.

« Je vais laisser mon agence de Chicago et m'installer à Los Angeles pour y ouvrir une deuxième agence. L'agence Ida Young va se développer sur la côte Ouest… »

Elle adressa un grand sourire à Louis, qui éclata de rire.

« Je savais que tu allais rigoler. Qu'est-ce qu'il y a de si drôle ? »

Il se contenta de hocher la tête en souriant. Ida regarda par la fenêtre la ville qui défilait à toute allure sous ses yeux. Elle serait bientôt de retour à Chicago. Elle rentrerait chez elle, ferait ses préparatifs et quitterait son appartement. Elle lirait enfin la lettre que lui avait laissée ce soldat, ami de Nathan, qui l'avait vu mourir. Et, une fois sa lecture terminée, elle mettrait tout dans un garde-meuble et partirait pour L.A. Elle aurait toujours un peu peur de l'avenir, mais cela ne l'empêcherait pas d'y sculpter ses projets.

Ils prirent à droite au niveau de la 112e Rue, foncèrent le long de Central Park West, traversèrent Columbus Circle et poursuivirent jusqu'à la 42e Rue. Louis s'arrêta dans la file de taxis, devant la gare de Grand Central, provoquant un chœur de klaxons agacés.

« Vaut mieux que tu te dépêches avant qu'on se fasse lyncher », précisa Louis.

Elle rit et le prit dans ses bras. Puis elle attrapa sa valise et sortit, regardant la voiture de Louis disparaître dans la brume polluée du trafic de Manhattan. En traversant le hall, elle remarqua une nouvelle fois que la grande agitation des gens autour d'elle coïncidait avec le parcours des constellations peintes sur la voûte au-dessus, avec le déplacement uniforme des dieux dans ce globe bleu. Mais, cette fois-ci, elle se sentit rassurée en contemplant cet ordonnancement synchronisé.

Elle arriva au tableau des départs, chercha son train et nota la voie d'où il allait partir. En vérifiant qu'elle avait bien son ticket dans la poche, elle sentit l'enveloppe que le réceptionniste de l'hôtel lui avait remise. Elle fronça les sourcils et l'ouvrit.

Ce n'était pas une carte de Carrasco. C'était bien une carte postale, mais elle comportait un dessin exécuté à la main. Un squelette mexicain avec un sombrero sur la tête et une guirlande de fleurs autour du cou. Il fumait un cigare en jouant de la guitare. Ida retourna la carte et lut l'inscription au dos.

« Pour Ida Young, l'ennemie de ceux qui se cherchent des ennemis. L'amie de ceux qui n'en ont pas. »

Elle vérifia la provenance de la carte.

Le Mexique.

Elle se mit à sourire, réchauffée intérieurement par un mélange de soulagement et une prise de conscience joyeuse. Puis, hochant la tête, elle garda son sourire et remit soigneusement la carte dans sa poche.

En fendant la foule grise pour se diriger vers le quai où l'attendait son train, elle se sentit revigorée en pensant à la Californie, à l'océan Pacifique scintillant et à la lumière éclatante de nouveaux horizons remplis d'espoir.

POSTFACE

Comme mes précédents romans, j'ai voulu que cet ouvrage soit le plus précis possible du point de vue historique. Mais je n'y suis pas parvenu, bien sûr. Les inexactitudes que l'on y trouvera sont essentiellement dues au fait que j'ai modifié la date de certains événements ayant eu lieu en 1947 pour qu'ils aient tous lieu au mois de novembre, moment où se déroule l'action. Dans d'autres cas, j'ai choisi d'interpréter des faits controversés pour qu'ils aillent dans le sens du récit. Pour cela, j'ai parfois dû inventer des scènes et des situations, tout en faisant en sorte que cela reste dans le domaine du possible et corresponde aux thématiques de l'ouvrage. Voici certaines remarques concernant l'histoire officielle et les libertés que j'ai pu prendre. Ce que j'omets ici est soit trop peu important pour être mentionné, soit un oubli dont je m'excuse par avance.

À bien des égards, on peut considérer l'année 1947 comme le début de l'après-guerre, car c'est à ce moment que se mettent en place de nombreux éléments qui vont définir les grandes lignes de la seconde moitié du XXe siècle. C'est l'année de la création de la CIA, du lancement du Plan Marshall, du début de la guerre froide, de l'indépendance de l'Inde, du premier plan d'une ONU naissante pour la constitution d'un État arabe et d'un État juif en Palestine. C'est aussi l'année où Jackie Robinson remet en question la séparation raciale dans le baseball et où un mystérieux objet volant s'écrase à Roswell, au Nouveau-Mexique.

Sur le plan culturel, 1947 fut également un moment décisif : W. H. Auden écrit *The Age of Anxiety* (*L'Ère de l'angoisse*), qui donne son nom à la période ; le film noir atteint son zénith ; Jackson Pollock (lui-même fan de Louis Armstrong) commence son premier tableau en *dripping* en janvier, tandis que de nombreux autres expressionnistes abstraits font de New York le cœur de l'art contemporain occidental.

On comprend mieux comment tant d'œuvres capitales ont été créées en un si bref laps de temps et en un seul lieu si l'on prend en compte l'afflux d'individus qui avaient trouvé refuge à New York dans la décennie précédente – ainsi que, malheureusement, l'état des autres grandes villes du monde après la guerre. Cela reste un fait remarquable. Tandis que Pollock, de Kooning, Rothko et Kline fondaient le premier véritable mouvement artistique authentiquement américain à New York, Dizzy Gillespie et Charlie Parker écrivaient les codes du be-bop sur la 52e Rue ; Elia Kazan créait l'Actors Studio dans le quartier de Hell's Kitchen, et Allen Ginsberg, William Burroughs et consorts formaient les rangs de la Beat Generation dans des bouges de Greenwich Village, y semant les graines de la contre-culture d'après-guerre au fil des rencontres de divers marginaux et asociaux. Sans oublier un musicien de jazz à moitié oublié et à la carrière en déconfiture, sur le point de donner un concert qui allait changer son destin.

C'est le premier événement dont j'ai modifié la date réelle. Le célèbre concert de Louis Armstrong à Town Hall a eu lieu le 17 mai, c'est-à-dire cinq mois et demi avant le début de mon roman. Les avis divergent pour décider si ce concert fut un moment décisif dans la carrière de Louis Armstrong, mais tous sont d'accord sur l'impact majeur que fut le passage du *big band* à un ensemble plus réduit, connu sous le nom de *Louis Armstrong and His All-Stars*. Dans le roman, j'ai peut-être exagéré l'importance de ce concert. Mais cela reste un point symbolique capital, et l'inflexion qu'il a donnée a été le point de départ du renouveau de Louis Armstrong et de son accession au statut d'icône de la culture populaire.

J'ai également repoussé la date de la mort d'Al Capone. Celui qui avait été l'employeur de Louis Armstrong est en effet décédé en janvier. La mort du mafioso Benjamin Siegel est elle aussi légèrement inexacte. Il fut abattu en juin, mais, pour correspondre au déroulement du roman, je situe cet événement deux mois plus tard, en août. Le Flamingo a en réalité commencé à faire des bénéfices en mai (et non en octobre, comme dans le roman), c'est-à-dire avant l'assassinat de Siegel, ce qui rend les raisons de sa liquidation un peu moins claires – pourquoi le tuer alors que le casino commençait enfin à démarrer ? On n'a jamais mis la main sur les assassins.

Malgré la mort de Siegel et les débuts hésitants de la Mafia à Las Vegas, la fin des années 1940 et le début des années 1950 furent l'âge d'or de la Mafia américaine, jusque-là basée à New York, en même temps que la ville connaissait un développement culturel sans précédent. L'influence de la Mafia à l'époque est bien résumée par l'ouvrage *American Mafia* de l'historien Thomas A. Reppetto :

> « Dans les années 1940, Costello allait choisir le maire de New York, Moretti allait devenir la vedette préférée de l'Amérique, Lansky allait prendre le

contrôle d'une véritable petite nation et Siegel allait créer le Las Vegas d'aujourd'hui, tandis que Lansky et Dalitz allaient en assurer la retentissante réussite. »

Cette montée en puissance est largement l'œuvre de Frank Costello. Excellent gestionnaire, négociateur et organisateur, il amena la Mafia à son zénith, alors même qu'il n'avait jamais voulu ce poste et sans même éprouver le besoin de s'entourer de gardes du corps, de chauffeurs ni d'hommes en arme. Un autre élément de sa réussite fut le rôle du FBI et de son directeur, J. Edgar Hoover, lequel avait publiquement déclaré qu'il ne pensait pas qu'il existait de crime organisé au niveau national. Les raisons de cette déclaration sont encore aujourd'hui l'objet de débats. Ce qui est certain, en revanche, c'est que l'agence nationale, bien que disposant de la capacité et des ressources pour s'attaquer à la Mafia, préféra s'en prendre au communisme, permettant ainsi à la Mafia de prospérer. On peut établir un parallèle contemporain avec le fait que la Mafia, après des décennies de perte de vitesse, a connu une certaine résurgence à la suite de l'attentat du 11 septembre 2001, lorsque le FBI a détourné une partie de ses ressources de lutte contre le crime organisé pour les consacrer à la lutte contre le terrorisme.

Malgré la vaste influence de Costello, il n'existe pas de preuves qu'il ait directement joué un rôle dans le résultat de la réunion des patrons d'Hollywood au Waldorf-Astoria. Mais ses manœuvres dans le roman correspondent bien à ce que l'on connaît de lui – Costello a bel et bien employé un expert en téléphonie surnommé Cheesebox pour mettre des gens sur écoute, et il était connu pour avoir déjà influencé des élections (en particulier sa contribution à l'élection de Roosevelt comme candidat à la présidence lors de la convention du Parti démocrate en 1932). Costello s'était également déclaré opposé au communisme, et il soutenait l'action du sénateur McCarthy (les deux hommes s'étaient rencontrés). Étant donné les intérêts des syndicats californiens infiltrés par la Mafia, les décisions qu'il prend dans le roman sont particulièrement plausibles.

De même, l'idée que Genovese ait voulu influencer le résultat de cette réunion dans un sens inverse a beau être une invention de ma part, cela reste conforme aux efforts de Genovese pour tenter de reprendre la Mafia des mains de celui qui avait été son subalterne. Genovese finit d'ailleurs par parvenir à en reprendre la tête et, comme Costello et Luciano le craignaient, par entraîner l'organisation dans une série de désastres et une dégradation de son pouvoir. Les détails concernant l'exil italien de Genovese, d'abord sous Mussolini puis sous le gouvernement allié, sont tous véridiques, ainsi que les éléments concernant son extradition et son procès.

Costello a bel et bien sollicité les services d'un psychiatre, le docteur Hoffman, bien longtemps avant que Tony Soprano ne fasse une thérapie. Étrangement, le docteur Hoffman avait révélé l'identité de son célèbre client à la presse, ainsi que divers détails de son état psychologique. Que ce soit sur les conseils du docteur ou non, Costello s'efforça de fréquenter l'avant-garde artistique new-yorkaise.

Les éléments concernant Ronald Reagan, son rôle d'indicateur auprès du FBI et sa proposition de fournir des preuves contre ses amis, se fondent sur les dossiers du FBI (lesquels ne furent rendus publics que suite à une bataille juridique menée par le *San Francisco Chronicle* pendant dix-sept ans pour leur ouverture). Les liens de Reagan avec le syndicat de la MCA, qui était soutenu par la Mafia, sont notoires. Quand Robert Kennedy réunit un grand jury fédéral pour enquêter sur les allégations de corruption et de monopole de la MCA en 1962 (il y eut de nombreuses enquêtes sur l'entreprise), Reagan témoigna devant le jury et mentit, se rendant alors coupable d'un crime fédéral.

Joe Glaser, manager de Louis Armstrong et Billie Holiday, avait de nombreux contacts avec la MCA et la Mafia, et il est l'incarnation des imbrications du monde criminel avec le monde du spectacle de l'époque (du jazz, en particulier). Il n'est pas établi qu'il ait contribué à l'emprisonnement de Billie Holiday.

Le personnage du médecin auquel Michael rend visite à l'hôpital de Harlem s'inspire du chirurgien et militant afro-américain Louis Tompkins Wright.

Le blizzard de 1947 a eu lieu en réalité le jour de Noël, c'est-à-dire quelques semaines plus tard que dans le roman.

Enfin, le jeune Stanley Kubrick est bel et bien allé prendre des photos dans les coulisses du Copa pour le magazine *Look*, mais c'était une année plus tard, en 1948. Les photographies qu'il a réalisées sont d'ailleurs disponibles en ligne sur le site du Museum of the City of New York. On en trouve également le lien sur mon propre site, www.raycelestin.com, tout comme d'autres photographies de la période, des cartes, une bibliographie ainsi que diverses informations sur la tétralogie dont le présent roman constitue la troisième partie.

La quatrième et dernière partie se déroulera à Los Angeles en 1967, avec des personnages présents dans les trois précédents volumes. Les détails sont encore un peu flous car je n'ai pas commencé à l'écrire… mais vous trouverez des informations au fur et à mesure sur mon site.

Ray Celestin,
Londres, août 2018

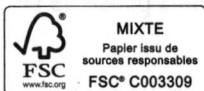

MIXTE
Papier issu de
sources responsables
FSC® C003309

10/18, une marque d'Univers Poche,
est un éditeur qui s'engage pour
la préservation de l'environnement
et qui utilise du papier fabriqué à partir
de bois provenant de forêts gérées
de manière responsable.

10/18 – 92 avenue de France, 75013 PARIS

Imprimé en France par CPI

N° d'impression : 3041373
X07636/01